당나라
—동유라시아의 대제국

모리베 유타카 지음 | 권용철 옮김

AK

일러두기

1. 이 책에 나오는 외국 지명과 외국인 인명은 국립국어원 외래어 표기법에 따랐다.
2. 서적 제목은 겹낫표(『 』)로 표기하였으며, 그 외 인용, 강조, 생각 등은 작은따옴표를 사용하였다.

목차

당 역대 황제 계보도	8
당 전도-성당(盛唐)시대의 판도	9
머리말	10

서장 당의 역사를 어떻게 볼 것인가?

1. 공간 ― '중국'이란 무엇일까? 16
'중국'의 범위 | 당의 지배 공간

2. 시간 ― 시대구분과 시기구분 21
당송변혁(唐宋變革)이라는 획기(劃期) | 시대구분 논쟁의 시말(始末) | 시기구분이란? | 제2기의 동유라시아 세계 | 시기구분의 특징

3. 시각 ― 당조를 파악하는 방법 31
당은 귀족제의 시대 | '관롱 집단'과 탁발 국가 | 당을 유목적 관점에서 바라보는 것 | 당조의 관점

제1장 동유라시아 제국으로의 비상 — 7세기

1. 당의 건국 42
수 말기의 반란 | 이연의 출신 | 이연, 몸을 일으키다 | 수당혁명 | 혁명 성공의 배경 | 소그드인의 협력 | 당의 율령 | '당령'(唐令)의 복원과 발견 | 당의 관제

2. 이세민, 텡그리 카간이 되다 75
이세민의 성장 | '현무문의 변'과 소그드인 | 현무문의 변이 일어난 배경 | '정관의 치'와 명군(明君) 태종의 실상 | 돌궐 제1제국 | 당과 동돌궐 | 동돌궐의 멸망 | 텡그리 카간

3. 태종의 내정과 외정 94
『씨족지』의 편찬과 '팔주국가'의 창출 | 돌궐 유민 | 서역 경영 | 동유라시아 제국의 탄생 | 태종과 현장(玄奘) | 『대당서역기』 | 태종의 사망

제2장 무주혁명(武周革命) — 7세기 후반~8세기 초

1. 고종과 무 황후 118
당조의 세 번째 황제 | 정관 시대의 유풍(遺風) | 고종의 평가 | 무측천, 후궁에 들어오다 | 소의에서 황후로 | 권력의 장악 | 새로운 질서 | 수렴정치 | 고종의 사망

2. 주의 건국 146
포석 | 당대의 장안과 낙양 | 동란과 밀고 | 요승 설회의(薛懷義) | 혁명을 향한 준비 | 무주(武周)혁명 | 무측천과 법장(法藏) | 무측천을 지탱한 '호인'들 | 장역지(張易之)와 장창종(張昌宗) 형제 | 무측천과 도교 | 종언

3. 흔들리는 당의 지배 174
소그드계 돌궐의 출현 | 돌궐 제2제국 | 거란의 '반란'과 발해국의 탄생 | 서역의 공격과 방어 | 전환기로의 서막

제3장 전환기 — 8세기 전반~8세기 중엽

1. 무위(武韋)의 화(禍) ······ 190
중종의 복벽(復辟) | 무삼사와 위 황후 | 쿠데타 실패 | 중종 암살 | 태평공주와 예종

2. 개원의 치 ······ 198
현종의 시대 | 아베노 나카마로(阿倍仲麻呂)와 세이신세이(井眞成) | 정치의 쇄신 | 천하태평 | 당대 전기 급전제(給田制)와 부역(賦役) | 괄호정책(括戶政策) | 율령군제(律令軍制) | 절도사의 탄생 | 조운(漕運)의 개혁과 화적(和糴) | 불교 탄압

3. 현란한 천보(天寶) 시대 ······ 227
이림보(李林甫)의 등장 | 장구령과의 대결 | 고력사(高力士)의 암약(暗躍) | '번장'(蕃將)의 등용 | 국방의 재편성 | 양귀비와 양국충 | 도교신앙

4. 폭풍 전야 ······ 246
소그드계 돌궐의 '반란' | 위구르 제국의 탄생 | 아바스왕조와의 충돌

제4장 제국의 변용 — 8세기 후반~9세기 전반

1. '안사의 난' ······ 256
안록산 | 은총과 출세 | 배경 | 안록산, 거병하다 | 당조의 반격 | 대연 제국과의 공방

2. 당조의 혼미 ······ 275
대종과 환관 | 장안 함락 | 복고회은의 '난' | 번진의 발호 | 당 후반기의 번진 | 위구르와의 견마교역

3. 재정 국가를 향해 ······ 291
소금의 전매와 조운 개혁 | 양세법 | 하북과 하남 번진의 독립 | 경원의 병란 | 혼란의 종식 | 서역의 상실 | 이필(李泌)의 계책 건의 | 구카이(空海)와 사이초(最澄)

제5장 중국형 왕조로의 전환 — 9세기 전반~중엽

1. 당조의 '중흥' 316
순종의 즉위 | 영정혁신(永貞革新) | 헌종의 등장 | 재정 개혁 | 번진의 평정 | 원화(元和)의 중흥과 헌종의 암살

2. 게으른 황제들 333
목종의 즉위 | 하삭삼진의 귀순과 이반 | 당, 티베트, 위구르의 삼국회맹 | 청년 황제에서 소년 황제로 | 격화하는 붕당의 싸움 | 당대의 과거 | 우이의 당쟁 | 왕수징 암살 | 감로의 변

3. 종교 탄압의 돌풍 358
무종의 즉위 | 동유라시아 재편의 태동 | 소의(昭義)의 자립 | 숭불과 폐불 | 마니교 탄압 | 회창의 폐불 | 배외사상의 대두

제6장 이어지는 시대로 — 9세기 후반~10세기 초

1. 일어나는 군인과 민중 376
'소태종'의 치세 | 군대의 연이은 반란 | 강회 번진의 착취 | 절동(浙東)의 구보(裘甫) | 무녕군절도사(武寧軍節度使)와 그 군대 | 냉대받는 서주(徐州)의 병사 | 방훈의 운명

2. '황소의 난' 391
희종(僖宗)과 전령자(田令孜) | 왕선지(王仙芝)와 황소 | 염상(鹽商)과 염적(鹽賊) | 강적(江賊) | 유적(流賊) | 황소, 북상하다 | 장안 입성, 피의 강이 흐르다 | 사타족 | 이극용, 용서를 받다 | 동란의 종언

3. 당의 멸망 413
희종, 도성으로 돌아오다 | 두 번째 몽진 | 희종 시대의 종언 | 소종(昭宗)과 양복공 | 이무정과 이극용의 대립 | 금군 재건의 실패 | 주온에서 주전충으로 | 주전충, 세력을 확립하다 | 소종의 유폐 | 소종, 봉상으로 | 소종 암살 | 선양

종장 세계사 속의 '당송변혁'

1. '오대십국 시대'의 관점　　　　　　　　　　　　　　438
당 이후의 세계 | 후량에서 후당으로 | 사타 왕조 | 남중국의 역사적 전개 | 유목 세력과 하남세력

2. 동유라시아 세계 속의 당조　　　　　　　　　　　　449
다시 당조를 파악하는 방법 | 거란국의 건국 | 당에서부터 탄생했던 중앙유라시아형 국가

덧붙이는 말	456
문헌 안내	464
사진 출전	493
당 관련 연표	496
색인	502
역자 후기	509

당 역대 황제 계보도

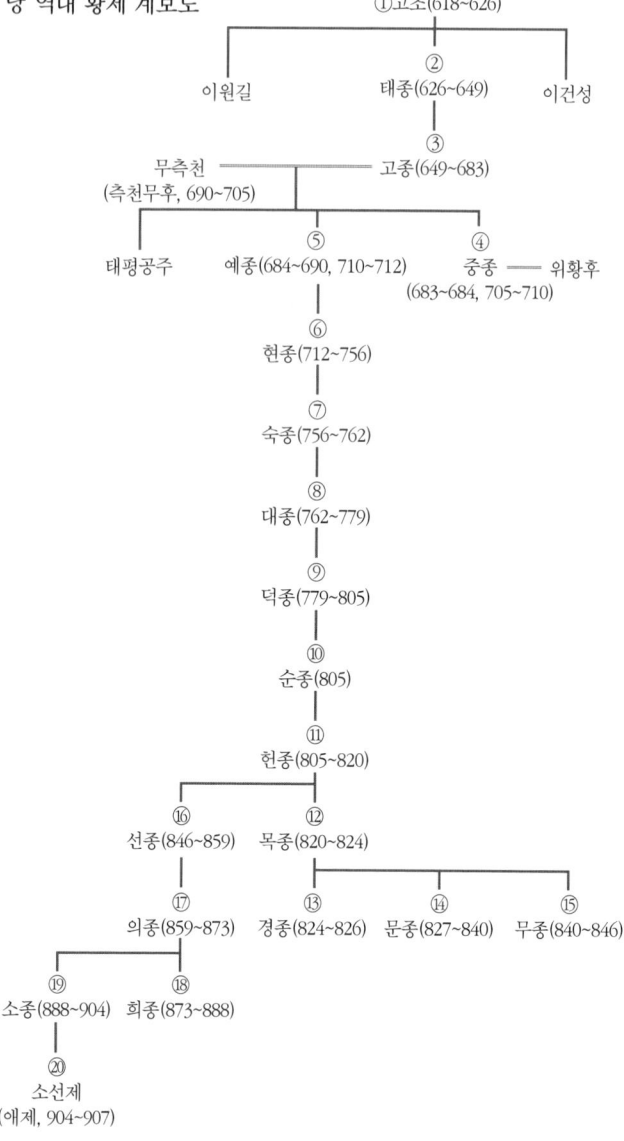

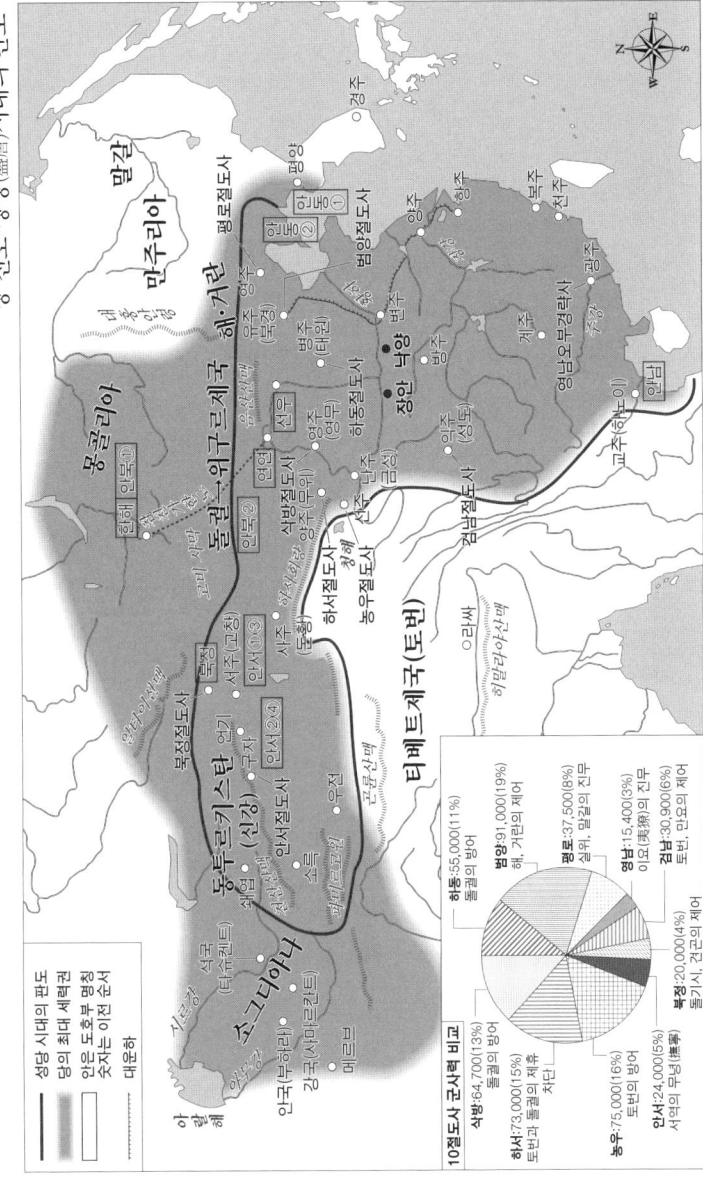

머리말

독자들 중에서 '당'(唐)이라는 이름을 들어보지 못한 사람은 거의 없을 것이다. 618년부터 907년까지 유라시아 대륙의 동부에 존재했던 당은 일본이 '국가'라고 하는 것을 건설하기 시작한 초기 단계에 커다란 영향을 주었던 왕조이기 때문이다.

그렇다고 해도 당에 대한 이미지는 다양한 것 같다. 지금 일본에서 당을 어떠한 왕조로 보고 있을까 신경이 쓰였는데, 필자가 일하고 있는 대학의 학생에게 그 이미지를 들어보았다. 가장 먼저 학생들의 머리에 떠오른 것은 '견당사'(遣唐使)인 것 같다. 일본은 문화적으로 선진적이었던 당을 모델로 삼아 율령, 불교 등을 받아들였다는 것이다. 혹은 실크로드를 통한 동서 교류, 당은 다민족국가라는 것, 여성도 활약했던 자유로운 분위기가 있는 왕조라고 하는 학생들도 있었다.

이러한 관점들은 많은 일본인이 당에 대해 막연하게 가지고 있는 이미지일지도 모르겠다. 그리고 덧붙이면,

일본은 당으로부터 한자를 매개로 문화를 받아들였다. 당시(唐詩)의 이미지와도 겹쳐지면서 당은 중국 대륙에서 흥하고 망했던 '한자 문명'의 왕조 중 하나로 간주되고 있는 것 같다.

그러나 이는 당의 한 가지 측면에 불과하다. 당은 문화적으로도, 인종적으로도, 언어적으로도 복잡하고 다민족으로 이루어진 하이브리드 왕조였다. 당 황실 그 자체가 선비족의 혈통, 혹은 그 문화에 짙게 물들어 있었을 뿐만 아니라 당의 역사를 살펴보면, 곳곳에 투르크계 기마유목민이나 이란계 소그드인, 혹은 한반도 출신의 인물 등 다양한 출신의 사람들이 활약하는 모습을 확인할 수 있다.

이러한 당의 역사를 서술한 기본적 사료로는 기전체(紀傳體)로 기록된 『구당서』(舊唐書), 『신당서』(新唐書)라는 정사가 있다. 기전체란, 처음에는 역대 황제의 사적을 기록한 '본기'(本紀)가 있고 그 뒤에 중요한 인물의 기록인 '열전'(列傳)을 배열한 스타일을 일컫는다. 그리고 정사에는 제도·지리·문물 등을 기록한 '지'(志)도 편성되어 있다. 덧붙여서 『구당서』는 당조 멸망 이후인 오대십국 시대의 후진(後晉)에서 편찬되었고, 『신당서』는 북송 시대가 되어 새롭게 발견된 역사서를 참조하면서 내용을 더해 편찬된 역사서이다. 이것과는 별도로 북송의 사마광(司馬光)이 전국시대부터 북송 성립 직전까지의 역사를 편년체(編年體)로 편찬한 『자치통감』(資治通鑑)이라는 역사서도 있다.

이외에도 다양한 전적(典籍) 사료가 있지만, 당 시대의 모든 것이 기록되어 있지는 않아서 복원이 가능한 당의 역사상에는 한계가 있다. 또한, 이러한 역사서들은 당이 멸망한 이후에 편찬된 것이기 때문에 후세 중국인의 가치관 등이 투영되어 있다는 것에도 주의하지 않으면 안 된다. 예를 들면 당조의 유명한 제도로 고등학교 세계사 교과서에도 등장하는 '균전제'(均田制), '조용조(조조용)제'(租庸調(租調庸)制), '부병제'(府兵制), '기미 지배'(羈縻支配)에는 후세 중국인의 상상과 창조가 뒤섞여 있다. 그래서 지금은 그 이해가 크게 바뀌고 있고, 당의 역사상도 업데이트 되고 있다.

이러한 전적 사료를 보완하는 것으로는 20세기 이후에 발견되었던 사료들이 있다. 예를 들면, 중국의 감숙성 서쪽 끝에 있는 돈황(敦煌)과 신강위구르자치구의 투루판 등지에서 발견된 문서 사료와 중국 전역에서 확인되고 있는 석각 사료 등이 있다. 석각 사료 중에는 사망한 사람과 함께 매장된 묘지(墓誌)라고 하는 것이 있다. 묘지에는 매장된 사람의 생전의 사적이 새겨져 있고, 여기에는 정사 같은 전적 사료에 기록되어 있지 않은 정보가 기록되어 있을 뿐만 아니라, 묘지의 발견으로 인해 처음 알게 된 당대(唐代)의 사람들과 역사적 사실도 있었다.

묘지는 당대사 연구를 크게 진전시킨 연구 사료 중 하나라고 할 수 있다. 1980년대 이후, 중국에서 묘지를 중심으로 한 석각 사료집이 차례차례 출판되기 시작했다. 2015년 말까지 간행되었던 자료집에서 다루고 있는 당 시대 묘지의 숫자는 12,000점이 넘는다고 한다. 이 책도 묘지를 이용해서 집필을 진행했다.

이 책은 당 시대의 역사를 개설한 것이다. 일본에는 이미 당의 역사를 서술한 우수한 개설서가 다수 출판되었다(이 책의 뒤에 수록된 문헌 안내를 참조). 그러나 당의 역사만을 다룬 것은 거의 없을 것이다. 왜냐 하면, '당'의 역사를 그 전후의 시간축에서 잘라내서 말하는 것은 역사학이라는 학문의 입장에서 보면 난센스라고 생각되기 때문이다.

세계의 각지에서 전개되어 온 인류의 역사를 볼 때에 우리는 '왕조'나 '국가'가 존재했던 시공간을 초월하여 별도의 시간 범주를 두어 시대의 변화를 관찰하고, 여기에서 인류사의 의의를 찾으려고 한다. 그러한 입장을 취하려고 할 때에 어느 하나의 왕조나 국가의 역사를 잘라내서 역사를 보는 것은 인류가 만들어낸, 보다 긴 범주의 역사상을 놓쳐 버리게 만든다.

그래서 지금까지 일본에서 출판된 이 시대를 서술한 개설서는 짧아도 수·당을 아울러 서술했고, 때로는 위진 남북조부터 수와 당까지, 혹은 당의 중반부에서 오대, 송대를 아울러 개설하는 것이 일반적이었다. 이것은 '당'이 갑자기 만들어진 왕조가 아니라 후한이 멸망한 이후 '분열'했던 중국이 다시 '통일'되는 과정에서 탄생하게 된 것이라는, 하나의 연속된 시대라고 생각했기 때문이다. 그리고 대략 290년에 이르는 당의 역사 중에서 그 후반기에 만들어진 다양한 시스템이 다음 시대인 송, 거란국 등에 이어지고 있기 때문이다.

그러나 이 책은 감히 그러한 기성(既成) 역사관에서 벗어나, 순수하게 290년 동안 이어지면서 그 사이에 동유라시아에 큰 영향을 끼친 당이라는 왕조가 흥하고 망했던 역사를 더듬어보고자 한다. 이는 어느 한 인물의 전기와 비슷할지도 모르겠다. 마치 역사의 커다란 전환기를 만든 인물의 기구한 삶을 이야기하는 것처럼.

서장

당의 역사를 어떻게 볼 것인가?

1. 공간 ─ '중국'이란 무엇일까?
'중국'의 범위

당은 중국사의 일부라고 많은 사람들이 생각할지도 모르겠다. 그렇다면 그 '중국'이라는 것은 어디를 가리키는 것일까? 이러한 질문을 던지게 되면 곧바로 "중국이란, 이웃 국가인 중화인민공화국이다"라고 하는 대답이 돌아올 것 같다. 그러나 일본인이 '중국'을 들었을 때 떠올리는 것이 정말로 '중화인민공화국'일까?

예를 들어 중국이라는 말을 듣고 끝없이 멀리 보이는 광범한 초원에 하얀 게르(유목민의 이동식 텐트)와 양 떼가 있는 풍경을 연상하게 될까? 그리고 모래 언덕의 기슭에 윤기가 흐르는 오아시스가 있고, 낙타를 끌고 가는 대상(隊商)이 걸어가는 풍경을 보았을 때에 이것을 곧바로 중국이라고 생각하게 될까? 중국의 국토는 아주 광범하기 때문에 분명히 그러한 풍경을 가진 장소도 있다는 것은 틀림이 없다. 그러나 일반적으로 일본인이 연상하는 '중국'이란 중화인민공화국의 일부, '중국 본토'(China Proper)라고 불리는 공간이지 않을까?

'중국 본토'란 황하(黃河)와 장강(長江) 유역에 동남 해안 지역(복건福建), 영남(嶺南, 광동廣東과 광서廣西), 운귀(雲貴, 운남 雲南과 귀주貴州)를 추가한 공간이고, 예전부터 한인이 거주하고 있었거나 혹은 한인이 지배하고 있던 장소라고 할 수 있다. 한인들은 '한어'를 모국어로 쓰고 있다. 이 '한어'를 일본인은 '중국어'라고 부른다. 중화인민공화국에는 몽골어, 위구르어, 티베트어 등 다양한 언어를 사용하는 사람도 있는데, 일본인은 이 언어들을 '중국어(중화인민공화국의 언어)'라고 말하지 않고 그렇게 생각하지도 않을 것이다. 이로부터도 일본인에게 '중국'은 한정된 지역을 가리키고 있음을 상상할 수 있다.

그렇다면 지금 사례를 언급했듯이 현재의 '중국'에는 다양한 언어로 말하고 각각 독립적인 생활 문화·관습을 가진 사람들도 있는 것이다. 이러한 사람들이 거주하는 곳은 주로 중국의 동북 지역(앞으로는 만주리아라고 쓰겠다), 몽골리아(북쪽 절반은 몽골국이다), 신강(新疆, 앞으로는 동투르키스탄이라고 쓰겠다), 티베트이다. 첫머리에서 언급했던 풍경도 이 공간에 포함되어 있다. '중국 본토(내중국內中國)'에 대비하여 이 네 곳의 공간을 '외중국'(外中國)이라고 부르는 경우도 있다. 역대의 중화 왕조는 '중국 본토'만을 통치한 왕조(진秦, 송, 명 등)도 있었고, 양쪽 공간을 지배한 왕조(원, 청)

도 있었다.

당의 지배 공간

그렇다면 당이 지배했던 공간은 어디에 위치하고 있었을까?

당의 지배 공간은 현재의 중화인민공화국보다는 어떤 의미에서는 좁다. 이렇게 말하는 것은 당 초기의 지배 영역이 황하 유역을 중심으로 삼고 있고, 운남을 제외한 '중국 본토'에 불과했기 때문이다. 7세기 초부터 전반에 걸쳐 만주리아부터 몽골리아에는 고구려(高句麗), 말갈(靺鞨), 거란(契丹), 해(奚), 동돌궐(東突厥) 등 기마유목민, 기마수렵민의 국가 혹은 부족집단이 있었고, 또 동투르키스탄 북부의 초원지대에는 서돌궐(西突厥) 등 투르크계 기마유목민의 세력이 있었으며, 남부의 타림분지 주변에는 '이란 계열, 토하라 계열, 한인 계열의' 오아시스 왕국들이 있었다. 이들 모두는 독자적인 세력권을 구축하고 있었다. 그리고 당의 건국 이후에 탄생한 티베트 제국(토번吐蕃)과 운남의 남조(南詔)는 끝까지 당이 직접 지배하는 영역이 되지 않았다.

  그런 반면에 당은 지금의 중국보다 어떤 의미에서는 넓다. 그것은 당이 7세기 전반부터 중반에 걸쳐서 외부를 향해 그 세력 범위를 확장했기 때문이다. 그 결과 몽골리아, 만주리아, 동투르키스탄, 그리고 서투르키스탄까지 지배권에 편입시켰다. 그러나 7세기 후반에 몽골리아에서 돌궐이 다시 독립하면서 7세기 말에는 몽골리아 동부에서 거란이 이탈했고, 이어서 만주리아에서 발해(渤海)가 건국되는 등 당의 위세가 기울어지는 것이 보이기 시작한다. 그리고 8세기 중반 '안사의 난'을 경계로 당은 다시 황하 유역과 장강 유역 이남만을 통치하는 왕조가 되어 버린다.

  이렇게 당의 역사를 공간으로 바라보게 되면 '안사의 난'을 기준으로 전반과 후반의 역사에는 커다란 차이가 있다는 것을 알 수 있다. 안사의 난까지는 '중국 본토'의 북부(황하 유역)와 몽골리아, 만주리아, 그리고 동투르키스탄을 포함하는 공간이 당의 역사의 주요한 무대가 되었다고 해도 과언이 아니다. 이를 근거로 이 책에서는 이 공간('중국 본토' 전역도 포함)을 하나로 간주하여 동유라시아라고 부르고자 한다.

한편, 안사의 난 이후 당의 역사에는 장강 유역이 큰 역할을 발휘하게 된다. 이 시기의 당조는 황하 유역과 장강 유역 이남의 공간만을 통치하는 왕조로 변화했다. 이 책에서 '중국'이라고 부르는 것은 이 공간이다. 이 '중국'은 청조사 연구자 등이 '한지'(漢地)라고 부르는 공간이고, 앞에서 보았던 '중국 본토'라고도 부르는 공간에 대개 해당한다(운남에는 남조가 있었기 때문에 포함하지 않는다).

이 책에서는 당의 역사를 동시대 유라시아의 움직임을 시야에 넣으면서 이야기하려는 목적이 있기 때문에 '동아시아'라는 말은 쓰지 않고, '동유라시아'를 쓰고자 한다. 그 이유는 '동아시아'라는 말은, 이론(異論)의 여지가 있겠지만, 일본과 중국 및 한반도를 포함한 지역을 연상시키기 때문이다(특히 일본을 강조하는 것이 특색이다). 또한 동유라시아와 중국이라는 두 공간의 관점을 사용하는 것을 통해 당의 역사를 서술하고자 생각하고 있다. 이로 인해 당을 '중국사'가 아닌 동유라시아에서 전개되었던 역사로서 다시 파악하는 계기가 되기 때문이다.

2. 시간 — 시대구분과 시기구분

당송변혁(唐宋變革)이라는 획기(劃期)

'당송팔대가'라는 말이 있다. 당대에 활약했던 유종원(柳宗元)과 한유(韓愈), 송대의 구양수(歐陽脩), 소식(蘇軾) 등 8명의 문장가를 가리킨다. 그러나 당과 송을 하나로 묶는 에도시대 이래의 표현은 역사의 실태에서 동떨어진 것이다. 예전 교토제국대학 교수인 나이토 코난(內藤湖南, 1866~1934)은 당과 송 사이에는 커다란 단절이 있다고 주장했다. 이는 정치적인 측면에서는 당대까지의 귀족정치가 무너지고 송대에는 군주독재정치가 탄생했고, 아울러 서민이 대두했던 것, 그리고 경제적인 측면에서는 화폐경제가 발전했던 것, 문화적 측면에서는 고문부흥 운동이 일어나 귀족문화를 타파했던 것으로 정리되었다. 이러한 역사관은 '당송변혁'이라 불렸고, 지금에 이르기까지 중국 역사 연구자에게 큰 영향을 미치고 있다.

또한 나이토 코난은 당과 송 사이에 사회적 변화가 있었다는 것을 지적했을 뿐만 아니라 그 변화를 '중고(중세)'에서 '근세'로의 이행으로 파악했다. 나이토 코난에 따르면 중국의 역사에는 단계가 있다고 한다. 중국 문명의 탄생에서부터 후한 중엽까지가 '상고'(上古)이고 오호십육국부터 당 중엽까지가 '중고(中古. 중세)'이며, 송부터 '근세'가 시작된다고 보는 것이었다.

그러나 제2차 세계대전 이전의 일본에서는 나이토 코난처럼 중국의 역사에 변화가 있다는 것을 파악한 사람이 일부의 전문가를 제외하고는 많지 않았다. 대부분의 일본인이 중국은 정체된 사회라고 생각했던 것은 아닐까? 또한 동양사학계에서도 일본의 대륙 진출과 호응하면서 만주리아(滿洲)와 몽골리아(蒙古)의 기마유목민과 기마수렵민의 역사를 연구하는 '만몽학'(滿蒙學)이 성행했다. 이는 중국의 사회 내부에서부터 역사를 움직이는 힘이 있었다는 것을 경시 혹은 무시하면서, 중국 사회는 외부의 힘에 의해서 '변화'하고 '발전'했다는 관점과 겹쳐졌던 것은 아닐까?

그래서 1945년 일본의 패전과 1949년 중화인민공화국의 탄생은 전쟁 이전의 일반 일본인이 가지고 있었던 중국의 역사에 대한 이미지를 타파하는 커다란 충격이었다. 왜냐 하면 중국 사회가 내부에서 스스로 발전하는 힘을 갖추고 있다는 것이 증명되었기 때문이다. 그리고 사회주의 중국의 탄생은 중국에도 노예제, 봉건적 농노제,

자본주의사회를 거친 공산주의 사회에 이른다고 하는 '세계사의 기본 법칙'이 존재한다는 것을 중국 스스로가 증명해낸 것처럼 보였다. 이렇게 전쟁 후 일본에서는 갑자기 마르크스의 유물사관에 의한 '기본 법칙'을 중국사에 적용시켜 연구하려는 분위기가 고조되어 갔다.

시대구분 논쟁의 시말(始末)

그런데 일본에서는 중화인민공화국이 탄생하기 1년 전인 1948년에 도쿄제국대학 출신의 마에다 나오노리(前田直典, 1915~1949)가 나이토 코난의 '당송변혁설'에서는 내용이 충분하지 않았던 사회경제사의 문제점을 제기하면서 당까지가 '고대'이고, 송부터 '중세'가 시작한다는 새로운 시대구분론을 발표했다. 이로 인해 당은 '고대'인가, 아니면 '중세'인가를 놓고 시대구분 논쟁이 시작되었다. 일본의 동양사학계는 중국의 역사를 그 내재적인 발전력에 주목하여 연구하는 방향으로 향해 갔다.

당의 역사에 대해서도 정치사, 사회경제사 등 다양한 테마가 연구 대상이 되어 당이 '고대'인지 아니면 '중세'인지 활발한 논의의 교환이 이루어졌다. 그러나 중국의 사회는 서유럽 사회와는 근본적으로 다른 구조를 가진 사회였다. 예를 들면 중국에는 협소하기는 해도 스스로의 토지를 소유해서 경작하는 자영 소농민이 널리 존재했다. 그들을 노예 혹은 농노라고 하는 개념으로는 파악할 수 없다. 즉 생산양식에서부터 당의 사회를 '세계사의 기본 법칙'에 무조건 적용시키는 것은 무리가 있다고 하지 않을 수 없다. 그리고 연구가 진행되어 정교하고 치밀해지자 연구의 테마도 세분화되었고, 시대구분 논쟁도 점차 수그러들게 되었다.

이러한 학계의 경향과 나란하게 1980년대 이후 중국에서는 '개혁·개방' 정책에 의한 경제 성장이 현저해졌다. 이는 중국이 스스로 발전하는 힘을 가지고 있었다는 것을 세계에 알리는 한편, 제2차 세계대전 이후에 태어난 일본의 젊은 중국사 연구자들에게도 많든 적든 영향을 끼쳤다는 것은 분명하다고 생각된다. 즉 중국이 내재적 발전력을 가지고 있는 것이 당연한 일이 되었고, 중국사 연구의 접근법으로서 '기본 법칙'에 대한 관심이 줄어들게 되었던 것이다.

어쨌든 21세기 현재의 일본에서는 당을 포함한 중국의

역사를 공통의 시대구분으로 바라보는 기준은 아직 완성되지 않았다. 그뿐만 아니라 글로벌화가 진행되고 있는 현재는 국경이 의미를 가지지 못하는 시대(borderless)를 맞이하고 있다. 그 결과 유럽에서 생겨난, 하나의 국가나 공동체를 체계적으로 묘사하는 데에 편리한 시대구분이라고 하는 역사의 관점 그 자체에 대한 의문조차 발생하고 있다.

시대구분으로 세계사를 서술하려고 하면, 같은 시기에 존재하는 지구상의 지역 사이에 다른 시간이 진행되고 있는 상태가 발생해 버린다. 예를 들어서 당을 '중세'라고 하면, 그때 이웃해 있는 일본은 '고대'이다. 왜 이렇게 되는 것인지를 설명하려면 가치판단을 하지 않을 수 없다. 즉 당의 문화(문명)가 나라(奈良)·헤이안(平安) 시대의 일본보다 선진적으로 뛰어났기 때문이라는 문화의 우열론이 되어 버리는 것이다(공간적 가치 차별).

또한 시대구분의 입장에 서게 되면 스스로가 지금 존재하는 시점에서 바라보게 되어 과거의 시대는 부정되어야만 하는 것으로 파악하는 경향이 있다(시간적 가치 차별). 중세를 '암흑시대' 등으로 보는 관점은 현재 서유럽에서도 수정이 계속 가해지고 있지만, 얼마 전까지는 그것이 일반적인 관점이었다. 그에 따르면 '중세'의 당은 '암흑시대'라는 것이 되어 버린다. 그러나 적어도 당의 역사에 '암흑'의 이미지는 없고(이 책에서는 '암흑'과 비슷한 서술이 있기는 하다), 실제 당의 모습과도 동떨어져 버린다.

시기구분이란?

그래서 21세기가 되면서부터 시대구분에서 확인되는 우열의 가치관을 없애고 세계사의 형성을 바라보려는 새로운 시기구분이 제창되었다. 예를 들면 일본에서는 세오 다츠히코(妹尾達彦)가 세계의 역사를 간단하게 세 시기로 나누고 있다.

그에 따르면 제1기는 고전 국가의 형성기(기원전 4000년~기원후 3세기 전후)라고 한다. 우선 유라시아 각지의 큰 강 유역에 초기 국가가 성립한다. 이때 현대와 연결되는 제도, 문화가 만들어져 간다. 이어서 그 지역과 인접한 유목 지대에서 기마유목국가가 탄생하고, 이에 대응하여 농경문화권에서도 통일 왕조가 생겨나 고전 국가가 완성된다. 다만 이 시기는 유라시아 각지에 존재하는 고전 문화권은 연결성이 약하고 분산적이라는 특징이 있다.

제2기는 유라시아 역사의 형성기(4세기 무렵~15세기 무렵)이다. 이 시기는 기마유목민의 활동이 활발해지는 것이 커다란 특징이다. 기마유목민의 이동은 농경문화권에서 생겨난 각지의 고전 국가에 타격을 주었고, 그 결과 두 문화가 충돌하여 얼마 지나지 않아 공존하며 융합해 가게 된다. 이와 동시에 기마유목민의 이동은 유라시아 각지의 도시를 연결시켜 유라시아 육지 구역 네트워크의 형성에 크게 관여하게 된다. 그리고 이 시기의 마지막 주자로 몽골이 등장하여 유라시아의 통일로 연결되는 것이다.

제3기는 지구의 일체화가 진행되는 시기(16세기 무렵~현재)이다. 유럽 세력이 해로를 통해 지구 전역으로 진출한 것을 계기로, 유라시아와 다른 여러 대륙이 인간의 이동과 정주에 의해 결합되고 정치적, 경제적으로 일체화가 진행되어 가면서 현대에 이르게 된다.

제2기의 동유라시아 세계

당의 시대를 이 세계사의 시기구분에 적용시키면 제2

기에 해당한다. 이 시기의 동유라시아에서는 3세기 무렵부터 기후가 한랭해지면서 이에 피해를 입은 몽골리아에 있던 선비(鮮卑)와 갈(羯) 등 기마유목민이 차례차례 황하 유역(북중국)의 농경사회로 이동하기 시작했다.

대략 400년 동안 지속되던 한(漢) 왕조가 멸망(220년)하자 삼국이 정립하는 시대를 거쳐 진(晋) 왕조(서진西晉)가 탄생했고, 다시 중국을 통일했다(280년). 그러나 4세기 초에 서진이 종실의 내분으로 혼란해지면서 후한 시대에 북중국으로 이동한 남흉노(南匈奴)의 후예들이 자립했다. 이를 계기로 여러 유목 세력이 황하 유역 각지에서 정권을 수립한 시대(이른바 '오호십육국')가 시작되었다. 진의 종실은 장강 유역(남중국)으로 이동해 정권을 재건했고(동진東晉, 318년) 그 이후 이 지역에는 송(宋), 제(齊), 양(梁), 진(陳)의 한인 왕조(남조南朝)가 흥망했다. 남조에서는 후한 이래 한자 문화와 유교에 의해 형성된 중국 고전 문화를 재생하여 '육조 문화'(六朝文化)로 원숙하게 만들었다.

한편 선비 종족 중의 한 부족이었던 탁발 부족(拓跋部族, 수령을 배출하는 탁발씨를 중심으로 몇 개의 씨족이 연합했던 집단)이 북위(北魏)를 세우고, 5세기 전반까지 북중국에서 할거하던 여러 유목 정권들을 정리하여 통일시켰다(439년). 이때 남중국에는 한인 왕조가 있었기 때문에 이후 시대를 중국사의 틀에서는 '남북조시대'라고 부른다. 실제로는 몽골리아에 유목국가인 유연(柔然)이 있어서 동유라시아 전역에서 바라보게 되면 세 개의 세력이 병립하는 이른바 '삼국시대'라고 할 수 있는 형세였다. 북위는 효문제(孝文帝) 시대에 '한화 정책'(漢化政策)이라는 일련의 개혁을 행했지만, 여기에 불만을 가진 북위의 군인들이 반란을 일으켜 (육진六鎭의 난) 이를 계기로 북위는 분열되고 말았다(534년).

이러한 혼란 속에서 북제(北齊)와 북주(北周)가 탄생했고, 북중국은 이 두 세력이 다투는 형세가 되었다. 얼마 지나지 않아 북주가 북제를 멸망시켰지만, 북주는 수(隋)에 선양(禪讓)했고(581년) 수는 남조의 진을 멸망시키면서 중국을 하나로 통합했다(589년). 이렇게 수는 남중국에 온존되어 오던 중국 고전 문화를 흡수하여 유목 문화와 융합시킨 새로운 세계를 만들어 가게 된다.

그리고 그 유산을 계승한 국가가 바로 당이었다. 즉 당은 기후의 한랭화로 인해 몽골리아에서부터 북중국으로 이동해 온 기마유목민인 선비인이 한인 세력 및 다른 기마유목민과 때로는 다투고 때로는 공존하는 과정에서 탄생한 왕조였다고 할 수 있다.

시기구분의 특징

그런데 이 시기구분의 특징은 같은 시기의 세계에서 일어났던 사상(事象)을 가치의 우열을 배제하면서 바라보는 것이 가능하다는 점에 있다. 종래의 시대구분으로는 같은 시기의 지구상에 서로 다른 '발전 단계'에 있는 사회가 존재하게 되지만, 시기구분에 따르면 그렇게 될 수 없다. 또한 다른 지역에서 성립한 문화권·공동체·국가 들의 교류나 상호 간의 영향을 가시화할 수 있어 비교 연구가 가능해진다.

시기구분을 통해서 바라볼 때에 당이 '고대'인지 '중세'인지는 문제가 되지 않는다. 또한 이 시대의 중국사를 이해하는 배경으로 중시되던 '당송변혁'은, 유라시아 동부에 있는 '중국'이라는 공간 내부에서 벌어진 '작은' 사회적 변동에 불과해지게 된다. 이러한 관점은 지금까지 존재해 온 중국의 왕조 중심 사관을 상대화하는 계기가 될 것이다. 그리고 세계사가 형성되어 가던 제2기의 전반부에 당의 역사를 위치시키게 되면, 이 시기에 확인되는 활발한 기마유목민의 활동과 그들에 의한 유라시아 여러 도시 사이의 네트워크 형성이 당의 흥망과 어떠한 관계를 가지고 있었는지를 유라시아 규모의 관점에서부터 확인할 수 있을 것이다.

3. 시각 — 당조를 파악하는 방법
당은 귀족제의 시대

나이토 코난 이래 위진남북조시대부터 수·당까지를 '귀족'제 시대로 파악하는 것이 일본의 중국사 전문가들의 관점이다. 이 '귀족'이라는 말은 연구를 위해 편의적으로 부르는 칭호이다. 중국의 '귀족'은 본래 그들이 거주하고 있던 지역사회에서 명망을 얻은 지도자가 되었고, 또한 중국 고전 문화의 교양을 몸에 지녀 구품관인법(九品官人法)을 통해 중앙정부의 관료가 된 사람들을 말한다.

구품관인법이란, 삼국시대의 위를 건국한 조비(曹丕)가 즉위하기 직전에 진군(陳羣)이 방책을 올린 것에서 시작된 관료 등용법이었다. 이는 지방의 행정단위인 군(郡)에 중정(中正)이라고 하는 관료를 두어 그들이 책임을 지고 그 지방의 관료 후보자를 평가하고 결정하여 이들을 9개의 등급으로 구분한 것이다(향품鄉品). 중앙정부의 관료도

9개의 등급(관품官品)으로 나누어 양자를 연결시켰다. 초기의 목적은 지방의 우수한 인재(유력자)를 발견하여 그를 중앙정부에 연결시키는 것이었는데, 중정의 관직에 임명되던 사람도 귀족이었기 때문에 귀족의 자제에게 높은 평가(2품 이상)를 주었고 얼마 지나지 않아 이것이 그 가문의 기득권이 되어 갔다. 그래서 점차 그 가문의 위상이 고정되어 문벌(門閥)이 되었던 것이다.

남조에서는 중국 고전 문화의 계승자를 자인하는 강남 문벌(江南門閥)이 있었고, 북조에는 서진이 멸망했을 때에 남쪽으로 도망가지 않은 한인 유력자인 산동 문벌(山東門閥)이 있었다. 그들의 지위는 황제로부터 부여된 것이 아니었으며, 또한 그 가문이 황제의 가문을 억누르고 정치적으로 독립해 있었다. 위진남북조시대에 왕조가 잇달아 교체되었을 때에도 문벌들은 왕조의 흥망을 초월하여 변함없이 존속했던 것이다. 당조를 이러한 귀족제 사회의 최종 단계로 파악하는 견해가 있다.

'관롱 집단'과 탁발 국가

그런데 북주·수·당의 창업자들은 모두 북위가 유연과의 경계에 설치해 놓은 국방의 전선 기지인 무천진(武川鎭) 출신이었다. 이 점에 주목한 중국의 석학 진인각(陳寅恪, 1890~1969)은 북주·수·당이 선비계의 군인 집단과 관중(關中, 섬서성)·농서(隴西, 감숙성 동부)의 한인 유력자들이 연합한 정권이라고 생각했다. 그들은 북위 말기에 일어난 육진의 난을 계기로 관중으로 이동하여 거기에서 무천진의 군인들을 핵심으로 삼아 유목계의 여러 씨족들과 이 지역의 한인 유력자들을 지배 아래에 조직하여 새로운 집단을 만들어냈다고 본 것이다. 진인각의 고찰을 토대로 중국사 연구자들은 이 집단을 '관롱 집단'(關隴集團)이라고 불렀고, 이것이 북주·수·당의 지배 집단으로서 역사를 만들게 된 것이라고 보았다.

당조의 유목적 색채를 보다 강력하게 주장한 인물은 중앙유라시아 역사학자인 스기야마 마사아키(杉山正明, 1952~2020)이다. 스기야마 마사아키는 북위에서부터 당을, 북위의 황제를 배출한 탁발씨를 중심으로 삼은 부족 연합체가 세운 일련의 왕조들로 파악했고 이를 '탁발 국가'(拓跋國家)라고 불렀다. 이에 대해 본래 북제·북주·수·당은 탁발씨가 세운 것이 아니고, 또한 유목적 요소를 강조하는 것이 실태에 꼭 들어맞지 않는다는 반론도 있다.

그러나 8세기 투르크인이 남긴 기록(돌궐 비문)에 따르면, 옛 투르크어에서는 당을 '타브가치'라고 부르고 있다. 이것은 탁발, 즉 '타크바츠'가 와전된 형태였다. 당의 외부 세계에 있던 8세기 사람들은 당을 '탁발'이 통치하는 국가로 보고 있었던 것이 분명하다.

다만, 예를 들어 당 초기 정권의 구성원을 보더라도 '관롱 집단' 이외에 산동 문벌, 강남 문벌 등 옛 북제 계열과 남조 계열 사람들이 모습을 드러내고 있어서 단순하게 '당의 지배 집단은 관롱 집단이었다', '당은 탁발 국가이다'라고 말할 수 없는 것이 사실이다. 이를 발판으로 삼아 당의 역사에 대한 새로운 서술이 요구되고 있다.

당을 유목적 관점에서 바라보는 것

그 과제는 일단 보류하기로 하고, '관롱 집단'으로 보든 아니면 '탁발 국가'로 보든 이러한 관점들은 연구자의 자세와 크게 관련되어 있다. 중국이라고 하는 공간에서 전개된 역사를 중국=한자 문화로 묶어서 볼 것인가? 아니면 더 큰 시야에서 유목 세계와 농경 세계의 길항(拮抗) 속에 위치를 부여하고자 할 것인가? 그러나 적어도 당 초기의 역사로 제한해서 말한다면, 유목적 색채를 과소평가하지 않는 것이 좋다. 너무나도 당의 '한자 문화' 측면을 중시하고 당을 중국 왕조의 하나로 간주해 버리면, 확인할 수 있는 것이 보이지 않게 되어 버리는 것도 사실이다. 사례를 한 가지만 언급해 보려고 한다.

당이 건국하고 얼마 지나지 않았을 무렵, 왕부(王府)에 '고직'(庫直)과 '구질직'(驅哐直)이라고 하는 무관의 직함이 있었던 것은 정사에 기록되어 있다. 당대를 연구하는 역사가인 이케다 온(池田溫)은 이 직함들이 선비어를 음사한 것으로, 당 초기의 군제에 선비족의 제도가 전달된 것임을 지적했다. 이 어구는 1972년에 발견된 소그드인 안원수(安元壽)의 묘지(墓誌)에는 '우고진'(右庫眞)이라고 되어 있다. 안원수는 당 태종이 진왕(秦王)이었을 때에 복무했고, 그때의 관직명이 우고진이었다. 이와 관련하여 현행(現行)의 정사 등에서 보이는 '고직'은 기록할 때에 '고진'을 잘못 쓴 것이다. 그리고 이 '고진(고직도 포함)'에 대해 검토해 보면, 당에 앞선 수 그리고 동위·북제에서도 확인할 수 있다. 그 역할은 친왕(親王)의 측근으로 시위나 숙위를 담당했다. 그 연원은 아마도 북위로까지 거슬러 올라갈 것이다.

중국사 연구의 경우에는 여기에서 '고진은 선비가 남긴 제도의 군직 이름이다'라고 생각이 멈추어 버린다. 그러나 동유라시아 세계까지 시야를 넓히게 되면 이 '고진'은 다른 의미를 지니면서 부상하게 된다. 그것은 '고진'의 역할이 훗날 몽골제국 시대의 '케식텐(몽골어로 '당직을 맡은 사람', '윤번을 행하는 사람'이라는 뜻)'과 유사하다는 점이다.

'케식텐'이란 유목 군주에 직속된 정예 친위대이다. 그들은 군주의 호위를 담당함과 동시에 일상생활에 관계된 다양한 직무도 행했고, 혹은 국가의 사무를 맡기도 했다. 그 구성원은 원래부터 유목 군주를 따랐던 부족 수령의 자제들로 이루어졌는데, 그 이후의 세력 확대와 동반하여 군주 휘하에 새롭게 복속한 부족 집단 수령의 자제도 받아들이면서 확대해 가는 성질을 가지고 있다. 그러한 자제들을 친왕의 측근으로 교육하고 장래에 국무를 맡을 인재로 양성하는 유목 사회의 시스템 중 하나였던 것이다.

실제로 북위에서는 '~진(眞)'이라는 관직명이 있었고 이는 북위 황제(유목 군주)의 측근으로 복무하는 사람의 직함이었다. 즉 북위와 동위·북제, 수 그리고 당 초기에는 유목 사회의 시스템이 유지되고 있었고, 당조가 막 창업한 단계에서는 아직 유목적 색채가 짙게 전해지고 있었음을 말해 주는 것이다.

당조의 관점

그러나 당조는 300년 가까운 역사를 지속하면서 그 기간에 매우 짙은 유목적 색채를 계속 보이지는 않았다. 유목의 기억은 점차 희미해졌고, 당조와 당 황실의 성격도 완만하게 변질되어 갔다는 점은 쉽게 상상할 수 있다. 그러나 이것을 '한화'(漢化)라고 하면서 중국인(한인) 중심주의와 같은 아주 흔한 말로 묶어 버리는 것은 그다지 좋을 것 같지 않다. 아무래도 우리에게는 한자를 사용하고, 한자 문화를 몸에 지닌 사람은 모두 중국인(한인)이라고 믿는 버릇이 있을지도 모르겠다.

당의 경우에 분명히 한자 문화를 받아들였고, 또한 진

한시대(秦漢時代)부터 발달했던 '중국적' 정치제도와 경제 시스템을 기반으로 성립된 왕조라는 측면은 존재한다. 그러나 이것이 모두 고전 중국의 부활은 아니었고 상당히 변용되었던 것임이 분명하다. 그러한 변용을 초래한 것은 기마유목민의 존재였고, 유목 문화와 중국적 고전 문화가 융합한 귀착점이 당이었다고 할 수 있다.

또한 그것과는 별도로 대략 290년 동안 지속된 당 시대에는 상당히 대규모의 인적 이동이 이루어지고 있었다는 점도 무시할 수 없다. 당은 얼핏 보면 기마유목민의 활동을 통해서 '분열'했던 중국을 '통일'한 왕조이고 그 결과 '민족'의 이동도 가라앉은 것처럼 보인다.

그러나 실제로는 7세기 전반에 동돌궐이 멸망한 결과, 몽골리아에서부터 북중국으로 적어도 10만, 최대 100만 규모의 유목민이 이동했다. 여기에 8세기 중반 '안사의 난'에서는 동유라시아는 물론이고 중앙아시아와 서아시아에서부터도 사람들의 이동을 확인할 수 있다. 그리고 8세기 후반부터 9세기 초에 걸쳐 티베트 제국과 위구르 제국의 충돌에 수반하여 투르크계 사타(沙陀)와 그 이외의 부족이 동투르키스탄과 하서(河西, 감숙성)에서부터 중국으로 이동해 왔다. 이러한 인적 이동들은 당의 역사에 큰 영향을 끼치게 된다. 이와 같은 사람들과 광범위한 이동을 보지 않고서 당의 역사는 서술될 수 없을 것이다.

그리고 또 한 가지 잊어서는 안 되는 것이 중앙아시아 출신의 이란계 소그드인의 활동과 그들이 당에 끼친 영향이다. 종래에는 소그드인이라고 하면, 상인으로서 '실크로드 무역'과 관련되어 비단 교역에 종사했다든가, 중앙아시아에서 당으로 불교, 기독교, 마니교, 조로아스터교 같은 종교들을 전한 매개를 담당했다는 등 경제적, 문화적인 관점에서 언급하는 경우가 많았다. 그러나 최근 20여 년 사이에 소그드인 연구가 비약적으로 진행되면서 그들이 중국 왕조 안에서 담당했던 정치·외교·군사적 역할이 뚜렷해졌다.

이 책에서는 이러한 관점을 근거로 삼아 통사적으로 당의 역사를 바라보려고 한다.

제 1 장

동유라시아 제국으로의 비상

― 7세기

1. 당의 건국

수 말기의 반란

수의 2대 황제이자 사실상 최후의 황제가 되는 양제(煬帝, 재위 604~618)는 후대에 종종 '폭군'이라고 일컬어진다. 그가 새로운 수도 낙양을 건설하고, 중국의 남북을 연결하는 대운하를 개착했으며, 장성의 수축과 같은 대규모 토목공사를 벌이면서 고구려를 상대로 세 차례에 걸친 군사 원정(611~614년)까지 강행하여 백성들을 피폐하게 만들었기 때문이다.

당시에는 아직 '폭군'이라는 이미지가 정착되어 있지 않았을 수도 있겠지만 이러한 토목공사와 국외 원정의 결과, 양제와 나아가서는 수 왕조에 대한 불만이 쌓이게 된 점은 틀림이 없다. 수가 '정복'했던 옛 남조(南朝)의 영역에서 수에 반발하는 감정도 변함없이 지속되고 있었다. 그러한 요소가 뒤얽히면서 결국 왕조 말기에 보이게 되는 반란의 불길이 솟아오르기 시작했다.

수 말기의 반란은 약탈을 목적으로 한 사소한 것에서 시작되었다. 이것이 대규모로 확대된 것은 양현감(楊玄感)의 반란(613년)부터였다. 이 반란은 2개월 만에 진압되었지만 양제에게 준 충격은 컸음이 분명하다. 왜냐 하면 양현감의 부친 양소(楊素)는 수 건국의 원훈임과 동시에 양제를 옹립한 공적자이기도 했기 때문이다.

 이후에 각지에서 반란이 일어나 점차 규모가 커져 갔다. 양현감의 반란 이후 3년 정도 이후가 되면 반란의 지도자들 중에 '황제'를 칭하는 자가 나타나기 시작하면서 군웅할거의 시대에 돌입한다. 수에 대한 반란을 일으킨 군웅은 40명 이상이었는데, 그중에서는 북주와 수의 건국에 연관된 중심 세력의 구성원도 있었다. 예를 들어 군웅 중 한 사람인 이밀(李密)은 서위(西魏) 이래의 명문 출신으로 '팔주국가(八柱國家, 8명의 주국대장군의 가문, 이에 대해서는 후술)'가 된 이필(李弼)의 증손이었다. 1장의 주인공으로 당을 건국하게 되는 이연(李淵, 565(6)~635)도 역시 '팔주국가'였던 이호(李虎)의 손자로, 군웅 가운데 한 사람이었다. 그의 가계는 무천진에 있던 이후에 생겨났고, 이연은 수의 정권 중추에 있던 사람이었다. 이는 도대체 무엇을 의미하는 것일까?

 본래 북위가 무너진 계기는 육진의 난이었다. 이 반란은 북위 효문제가 평성(平城, 산서성 대동大同)에서 낙양으로 수도를 옮기고 선비어의 사용과 선비 복장의 착용을 금지하는 등 이른바 '한화 정책'을 급격하게 시행하면서 여기에서 격차가 생겨났기 때문에, 기마유목민 본래의 생활양식을 유지하던 육진의 병사들이 반발을 일으킨 것이었다. 육진의 난이 이러한 성격을 가지고 있었는데, 그 와중에 탄생한 북제와 북주는 원래 선비족의 색채가 짙은 왕조였다. 이것은 두 왕조의 궁정과 군중(軍中)에서 선비어가 사용되고 있었다는 것을 통해서도 확실히 알 수 있다.

　북주로부터 선양(禪讓)을 받은 수 문제(재위 581~604)는 얼마 후 장강 유역의 남조를 아우르며 중국이라는 공간을 하나로 만들었다. 문제는 북조 계열 유목 문화와 남조 계열 고전 중국문화 등 다양한 가치관이 뒤섞인 새로운 제국을 다스리기 위한 시스템을 만들어냈다. 그것은 다양한 출신 사람들에 대해 명확한 기준을 보여 주는 율령(律令)을 제정하고, 정연하게 형식적인 모습으로 정리된 관료제를 만들었으며, 이와 동시에 이념적으로는 이상적인 수도 대흥성(大興城)을 지상에 출현시키고, 외래 종교인 불교를 국가 통치의 이데올로기로 삼은 것이었다. 그의 정책은 유목 사회와 농경 세계라고 하는 상이한 문화와 가치관을 가진 두 세계를 보편적 원리를 통해 지배하려는 것이었다.

 그런데 문제의 아들인 양제는 부친의 정책을 모두 변경시켜 갔다. 그는 북위 낙양성의 서쪽에 새로운 낙양성을 건설하고, 대운하를 완성시켜 낙양과 강남을 연결했다. 이러한 정책을 펼친 것은 양제의 관심이 유목 문화에 있지 않고 한인 고유의 중국 고전 문화에 집중되어 있었기 때문이라고 한다. 이는 북위의 효문제가 '한화 정책'을 추진했을 때의 상황과 유사해서 수라고 하는 세계 안에서 소외감과 차별을 강하게 느끼는 사람들도 있었을 것이다. 그래서 양제를 향해 반란을 일으킨 사람들 중에 서위·북주·수 정권의 핵심을 맡았던 사람도 있었던 것이다. 바꿔 말하면 수 말기의 군웅 중에서 그러한 사람들은 선비·탁발의 복고라는 의식을 많든 적든 가지고 있었던 것은 아닐까?

이연의 출신

 당의 초대 황제가 되는 이연은 북주의 수도인 장안에서 태어났다. 이 장안은 이른바 수·당 시대의 장안과는 다른 도시로 전한(前漢)이 수도를 두었던 곳이다. 그 장소는 수가 새롭게 건설한 대흥성의 서북쪽에 있고 현재에도 궁전의 기단과 성벽, 성문의 터가 지상에 남아 있는 외에 발굴 조사를 통해서 궁전의 터 등도 확인되고 있다.

이연의 조부인 이호는 북위 말기 무천진의 군인이었다. 이연의 모친은 무천진의 군인 중에 서위의 원훈이 되는 독고신(獨孤信)의 딸이었다. 이연의 모친과 수 문제의 황후는 자매 사이였기 때문에 이연의 입장에서 보면, 문제는 외삼촌이고 양제는 사촌이 되는 것이다.

그런데 이연이 한인이었는지 아니면 선비인이었는지의 문제가 학계에서는 이전부터 존재하고 있다. 당의 역사를 기록한 『구당서』 『신당서』 및 다른 전적 사료에 따르면, 모두 당의 황실은 스스로를 '농서(隴西) 이씨'라고 칭하고 있다. '농서'란, 현재 감숙성 동남부에 있었던 군(郡)의 명칭으로 '농서 이씨'는 여기에 본적을 두고 있는 한인의 유력 호족이다. 오호십육국시대에는 '농서 이씨'인 이고(李暠)라는 인물이 돈황을 중심으로 서량(西涼) 왕국을 건립했다. 이연은 그의 7대 자손이라고 한다.

이를 믿는다면 당은 한인이 건립한 왕조가 되는 것이다. 그러나 이 계보는 완전히 엉터리이고 당조를 건립한 이씨가 거짓으로 만들어낸 것이다. 남송 시대에 주자학을 확립한 주희(朱熹)는 그의 어록 중에서 '당의 원류는 이적(夷狄)에서부터 나온 것이다. 그래서 규문(閨門)이 예의를 잃은 것을 이상하게 여기지 않는다'(『주자어류朱子語類』)라고 하면서 당의 황실은 '이적' 출신이라고 엄한 어조로 언급하고 있다. 당조의 이씨는 별도로 '대야'(大野)라고 하는 비한인풍의 성씨를 가지고 있었고, 이것이 본래 성씨였을지도 모르겠다. 아마도 서위 시대에 '농서 이씨'라 칭하고, 게다가 당이 건국된 이후에 2대 황제인 태종부터 3대 황제인 고종 시기에 걸쳐서 그 가계가 서량을 건립한 이고의 자손이라고 기록을 고치게 했을 것이다. 그렇다면 '농서 이씨'가 아닌 이연은 어떤 사람이었을까?

이연의 조부 이호는 무천진 멤버로 이후에 서위 정권의 중추가 되는 8명의 원훈인 '팔주국가'의 한 사람이었다고 여겨진다. 후술하겠지만 이 '팔주국가'라는 것은 당조가 성립한 이후에 당 황실의 권위를 높이기 위해서 창조된 것이라는 주장이 나오고 있다. 다만 이호가 무천진 출신의 군인으로 북위 말기부터 서위 성립에 이르기까지 중요한 역할을 한 것은 사실일 것이다.

무천진은 몽골리아의 유연(柔然)에 대비하는 국방상 중

요한 거점이었다. 유목 세계와 농경 세계의 경계 지대에는 무천진 이외에도 방어의 거점인 '진'(鎭)이 설치되어 있었다. 그중에서 중요한 여섯 곳을 총칭하여 육진(六鎭)이라고 한다. 진의 장관에는 선비인 등 엘리트 군인이 임명되었고, 또한 진에는 선비인과 그 이외의 유목계 사람들 및 한인 유력자의 자제가 파견되어 국방의 임무를 담당했다. 다만 무천진 등에서는 일상적으로 선비어가 사용되었고, 그 습속과 문화의 측면에서 보면 혈통과 상관없이 선비인 집단이라고 할 수 있을 것이다.

예를 들면 두의(竇毅)라는 사람이 있었다. 이연의 장인인 인물이다. 두의는 한인풍의 '두'라는 성씨를 가지고 있지만, 뒤에서 서술하는 것처럼 실은 유목민 출신이었다. 북주가 탄생한 이후의 이야기인데, 두의가 북주 황제와 선비어로 이야기했다는 것이 기록으로 전하고 있다. 또한 북주와 대립했던 동위 및 북제의 군대에서도 선비어가 일반적으로 사용되었다. 동위와 북제를 건립한 고환(高歡) 세력도 육진 출신의 인물들로 구성되어 있었기 때문에, 무천진 이외의 육진도 선비인의 세계였다고 이해해도 좋을 것이다. 이러한 환경에서 태어나고 자란 이연은 일상적으로 선비어를 이해하고 말할 수 있었다고 상상할 수 있다. 이렇게 생각한다면, 이연의 가계는 적어도 문화적 측면에서는 선비족이라고 해도 될 것이다.

이연, 몸을 일으키다

수 말기의 반란에 참가하기 이전의 이연은 수 왕조의 태원유수(太原留守)의 직위에 있었다. 유수란 임시직으로 본래 황제가 순행할 때에 수도에서 황제를 대신하는 임무를 행하는 것이었지만, 수 말기에는 지방의 중요한 도시에도 설치되어 있었다. 태원(산서성)은 몽골리아의 유목 세력인 돌궐의 남하를 방비하는 수의 중요한 군사 거점 중 하나였다.

이연의 성격은 우유부단했다고 알려져 있다. 수 말기의 혼란한 상황에도 직접 거병하려고 생각하지는 않았다고 한다. 이에 반해 차남 이세민(李世民, 598~649)은 적극적이었다. 또한 이연 휘하의 문무 관료들 및 당시 태원에 몸을 의탁하고 있던 수의 반(反)양제파 관료들도 이연을 거병하게 만들고자 했다. 이를 알려주는 유명한 에피소드가 진양궁(晉陽宮) 연회 사건이다.

태원에 있는 진양궁은 양제가 행차할 때에 숙박하는 광대한 이궁이다. 그 진양궁에서 양제가 없을 때에 연회를 개최했고, 그곳의 궁녀로 하여금 이연을 모시게 했던 것이다. 그리고 주전파인 이세민으로부터 언질을 받은 진양궁 관리관이 이를 근거로 이연을 위협하여 거병하게 만들었다고 한다.

역사서에서는 이를 이세민의 획책으로 보고 있지만, 당시 20세인 이세민 혼자만의 모략은 아니었을 것이다. 이연을 둘러싼 다양한 사람들이 연계되어 있었을 것이다. 억측을 섞어 보면, 이연이 우유부단한 성격이었다는 것은 이세민이 황제에 즉위한 이후에 지어낸 말이고 이세민의 무용담을 치켜세우기 위한 것이었을지도 모르겠다. 그러나 사실의 관점에서 보면, 수 말기 각지의 군웅 중에서 몸을 일으켜 그 이후 290년이나 지속되는 당 왕조를 수립한 이연의 재능을 이전과 같이 가볍게 보아서는 안 될 것이다.

어쨌든 병력을 일으킨 이연은 유목적 군사 제도에 따라서 좌·우·중군으로 군대를 편성하고 단숨에 수의 수도 대흥성을 향하여 진군했다. 그리고 4개월 만에 무혈입성하는 데 성공했다(617년). 이 군대에는 이연과 그의 아들들을 중심으로 이씨 일족 및 태원의 관료들도 가담하고 있었다.

그런데 이연에게는 훗날 평양공주(平陽公主)라 불리게 되는 딸이 있었고 그녀는 당시 대흥성에 거주하고 있었다. 이연은 거병하는 상황이 다가오자 딸과 사위를 태원으로 불러들이고자 했다. 이때 평양공주는 남편에게 "당신은 빨리 태원으로 가십시오. 저는 여자이기 때문에 임기응변으로 대응할 수 있습니다"라고 말하고 산속으로 도망쳐서 병사들을 모았다. 그리고 그녀는 '호적'(胡賊)이라 불리던 소그드인 하반인(何潘仁)을 같은 무리에 가담시키는 등, 이연이 대흥성에 도달했을 무렵에는 평양공주가 거느리는 정예 병력만 1만 남짓이 되어 있었다. 그녀의 군대는 '낭자군'(娘子軍)이라고 불렸다. 이렇게 이연의 딸이 군대의 선두가 되어 참전한 것은 유목 사회의 기풍을 반영하는 것으로 여겨진다. 또한 여성이 활발하게 행동하는 당 시대의 개막을 알리는 상징적인 사건이라고도 할 수 있겠다.

이연은 대흥성에 입성하자 곧바로 양제의 손자로 서경유수(西京留守)를 맡고 있던 13세의 양유(楊侑)를 황제로 옹립(공제恭帝)했고, 아직 살아남아서 강도(江都, 강소성 양주시揚

州市)에 있던 양제를 멋대로 태상황으로 추대해 버렸다. 수를 멸망시킨 것이 아니라 어디까지나 수의 황제를 받들고 있다는 자세를 내외에 보여 준 것이다.

이러한 혼란 속에서도 양제는 강도에서 떠나려고 하지 않았고, 마지막에는 이전 건강(建康) 지역(수의 단양군丹陽郡, 강소성 남경시)에 수도를 옮기려고 하는 참이었다. 이때 양제의 친위대는 대부분 관중에서 온 사람들이었다. 그들은 고향을 생각하는 마음이 점점 더 커졌지만 양제가 돌아갈 생각이 없다는 것을 알고 반기를 들며 귀환하고자 했다. 그래서 양제의 측근인 우문화급(宇文化及)이 이러한 친위대의 소란을 이용하여 양제를 암살해 버렸다. 향년 50세였다. 양제의 황후 소씨(蕭氏)는 옻칠이 된 침대의 판자로 작은 관을 만들어 방치된 양제의 시신을 관에 넣어서 가매장했다고 한다.

그 이후, 소 황후는 우여곡절을 거쳐 양제의 손자 양정도(楊政道, 혹은 楊正道)와 함께 몽골리아의 유목국가인 동돌궐로 들어갔다. 돌궐로 시집가 있던 수의 의성(義成, 혹은 義城)공주의 후원이 있었다고 한다. 소 황후는 이 지역에서 수의 망명정권을 세우게 된 것이다. 그녀가 중국으로 되돌아온 것은 이후 당이 동돌궐을 멸망시켰을 때였다.

그런데 역사서에는 양제가 당의 고조의 시대에 '뇌당'(雷塘) 지역으로 옮겨져 매장되었다고 기록되어 있다. 이곳은 오랫동안 양주, 즉 강도의 북쪽 교외였다고 여겨져 왔는데 2013년에 이를 뒤집는 발견이 이루어졌다. 양주의 서쪽 교외에서 양제와 소 황후의 합장 무덤이 발견된 것이다. 그리고 출토된 묘지에 당 태종의 연호인 정관(貞觀)이 새겨져 있던 것에서 태종의 시대에 양주의 서쪽에 돌궐로부터 귀국한 소 황후와 함께 매장되었다는 것이 분명해졌다.

수당혁명

한편 양제가 암살되었다는 소식을 접한 이연은 곧바로 정권을 찬탈할 준비에 들어갔다. 형식상으로는 수의 황제인 공제가 조서를 내려 당왕(唐王)인 이연에게 황제의 자리를 양보하겠다는 뜻을 발표하는데, 실제로는 발표할 수밖에 없게 되었다고 보는 편이 정확할지도 모르겠다. 이연은 형식상 재삼 이를 거절하고 그 이후에 황위를 양도받았다. 이렇게 이연은 무력행사를 하지 않고 얼핏 보면 평화롭게 정권을 손에 넣었다. 이러한 정권 양도를 '선양'(禪讓)이라고 한다.

이연은 수의 대흥성 궁성에 있었던 정전인 대흥전(大興殿)을 태극전(太極殿)으로 바꾸고, 이곳에서 황제에 즉위했다. 국호는 당, 연호는 무덕(武德)으로 정했다(618년). 새로운 황제 이연의 묘호는 고조(高祖, 재위 618~626)이다. 고조는 곧바로 형부상서(법무를 관장하는 대신)를 수도의 남쪽 교외에 두고 이곳에 제단을 준비하여 섶을 태우는 의식을 행하게 하면서 하늘에 자신의 즉위를 보고했다. 이로써 천명이 바뀌는 수당혁명에 의해 왕조가 교체되었다. 290년에 이르는 당조의 역사가 시작된다. 당은 수의 대흥성을 계승, 활용하여 수도로 삼았다. 대흥성은 당의 수도가 된 이후 '경성'(京城)이라고 불렸다. 다만 일반적으로는 '장안'(長安)이라고 불렸기 때문에 이 책에서는 장안이라고 칭하기로 한다.

덧붙여 언급하면 당이라고 하는 국호는 조부 이호가 사망하고 난 이후에 봉해진 당국공(唐國公)에서 따온 것이다. '당'은 옛 지명으로, 『사기』에서는 기원전 11세기 무렵 서주(西周) 성왕의 동생인 숙우(叔虞)가 당의 지역(춘추시대의 진晉나라)에 봉해졌다고 되어 있고, 태원 지역이 여기에 해당한다고 일컬어졌다(일설에는 산서성 익성현翼城縣의 서쪽이라고도 한다).

　이연이 당조를 창업했지만 각지에는 군웅이 할거하여 당의 운명이 확정된 것이 아니었다. 특히 낙양을 거점으로 삼던 왕세충(王世充)은 무시할 수 없는 상대였다. 왕세충은 본래의 성이 지(支)이고, '서역의 호인(胡人)'이었다고 한다. 지씨 성은 월지의 후예가 칭하는 성씨인데 자세한 내막은 알 수 없다. 왕세충도 이연처럼 수의 황제를 받들고, 당의 건국보다 1년 늦게 절차를 밟아 양제의 손자 양동(楊侗, 월왕越王. 이후 왕세충에 의해 황제로 추대되고, 황태주皇泰主라고 불렸다)으로부터 선양을 받고 국호를 정(鄭)이라고 칭했다. 이후 당은 왕세충 등의 군웅을 대략 8년에 걸쳐 평정해 가게 된다.

혁명 성공의 배경

　이연이 수당혁명을 성공시킨 것에는 다음과 같은 이유가 있다.
　첫 번째, 이연이 태원유수였다는 점이다. 태원은 수의

수도 대흥성과 하나의 루트로 연결되어 있어서 짧은 시간 내에 공격해 들어갈 수 있었다. 그리고 이 루트상에 이연 이외의 유력한 군웅이 없었다는 것도 이연에게는 행운이었다. 태원에서 돌궐 방위의 임무를 맡던 이연은 군대의 훈련에 돌궐 방식의 기마 전술을 도입했다. 그래서 이연 군대의 진군 속도는 굉장히 빨랐고, 군웅과의 대결에서 그 기마군사력이 크게 발휘되었던 것이다.

두 번째, 신속하게 수도 대흥성을 무혈점령할 수 있었다는 점이다. 그래서 수도에 있는 관료 시스템 및 통치에 필요한 행정 문서를 손에 넣었고, 국가의 창고를 통제하게 되면서 엄청난 물자를 확보하여 장기간에 걸친 평정 사업에 대비할 수 있었다. 또한 수의 황실을 받들고 선양을 통해 평화롭게 혁명을 성공으로 이끈 것도 중요했다.

세 번째, 돌궐과 화친을 맺어서 초원 세계의 위협을 제거했다는 점을 언급할 수 있다. 대흥성을 공격할 때에 이연은 돌궐로부터 지원 군대를 받았다. 다만 이 지원군은 혁명을 달성한 이후 경우에 따라서는 돌궐로부터의 간섭을 초래한다고도 여겨졌다. 그러나 실제로 돌궐의 지원군은 군마가 2,000마리, 기병은 500명에 불과했으니 그 정도로 많지는 않았다. 이연은 돌궐의 기병이 적고 군마가 많은 것을 기뻐했다고 한다. 아마 돌궐의 과도한 간섭을 피할 수 있을 것이라고 생각했을지도 모르겠다. 이와 관련하여 이때 돌궐 측의 사절로 온 사람이 소그드인 강초리(康鞘利)였다. 당시 '국제' 상인인 이 소그드인들은 지금으로 말하면 외교를 맡은 인재로서 동유라시아의 왕권들이 곧잘 활용하던 사람들이었다.

네 번째, 이연이 무천진 집단 중에서 가문이 좋았다는 점이다. 이연의 부인(두씨)의 조부 우문태(宇文泰)는 서위의 실권을 장악하고 북주를 실질적으로 건국한 사람이었다. 수 황실인 양씨 가문은 우문씨에게서 정권을 빼앗고 그 이후 우문씨 혈통을 지닌 사람들을 모조리 살해했다. 그래서 무천진 집단 중에서 양씨 가문에 반발한 사람들은 당연히 가문이 좋은 이연을 후원하게 되었던 것이다.

다섯 번째, 이연의 부인이 두씨 일족 출신이었다는 점도 잊으면 안 된다. 두씨의 원래 성은 흘두릉(紇豆陵)인데 흉노계인 '비야두'(費也頭)라는 부족 가운데 한 씨족이었다 (1-1).

독자 여러분께서는 '흉노는 한대(漢代)에 이미 그 자취를 감추었는데?' 혹은 '오호십육국 시대에 흉노가 몇 개의 정권을 건립했던 것은 확인되지만, 그 이후에는 역사

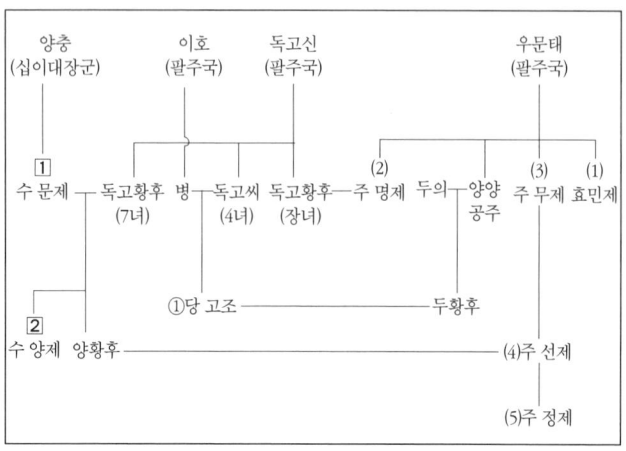

1-1 북주, 수, 당의 혼인 계보도
숫자는 황제의 대수(代數). ( ) 안은 북주, □ 안은 수, ○ 안은 당

에서 사라졌는데?'라고 생각하실지 모르겠다. 그러나 북위 시대에 비야두는 은연중에 힘을 가지고 있었고, 북위 말기 육진의 난을 계기로 오르도스(황하가 크게 글자 '冂'의 모습처럼 꺾이는 부분의 안쪽 지역)로 퍼져서 동위, 서위가 무시할 수 없을 정도의 유목 세력을 비축하고 있었다. 그리고 비야두는 오르도스의 서쪽에 있는 하서회랑(河西回廊, 기련산맥 祁連山脈의 북쪽 기슭에 동서로 가늘고 길게 뻗어 있는 평지. 이른바 '실크로드' 중 하나가 이곳을 통과한다)으로도 진출했다.

이연과 연계된 두씨 일족이 오르도스에서부터 하서회랑에 있던 흉노의 기마유목 세력을 직접 통솔했는지는 확인하기가 어렵다. 그러나 이연이 수당혁명을 성공으로 이끈 배후에는 이러한 흉노 세력이 존재했다.

소그드인의 협력

　최근에는 수당혁명이 성공한 다른 요인도 명확해지고 있다. 수 말기부터 당 초기에 정세가 불안정해지면서 각지에 군웅이 할거했고, 앞을 내다보기 어려운 시기에 솔선하여 이연 집단에 협력한 집단이 있었다. 바로 소그드인이다. 소그드인은 중앙아시아 오아시스 국가의 주민이었다. 현재 우즈베키스탄에 타슈켄트, 사마르칸트, 부하라 등지의 도시가 있는데 그곳들은 모두 소그드인의 고향이다. 소그드인은 비단을 찾아 동방으로 진출했다. 그 역사는 오래되었는데, 후한(後漢) 왕조와 소그드 오아시스 국가 사이에 조공 등의 관계가 있었던 점은 확실하다. 20세기 초기에 돈황의 서방에 있던 봉화대에서 소그드어로 적힌 편지들이 발견되었다. 그중에 1통은 서진 시대 말기에 나나이-반다크라고 하는 소그드인이 고향 사마르칸트를 향해 적은 것인데, 그 편지로부터 소그드

상인이 하서회랑의 오아시스 도시에 거점을 두고 중국 본토의 장안, 낙양, 그리고 하북의 업(鄴)으로까지 교역을 하러 갔다는 것을 알 수 있다.

소그드인들은 북위부터 북제, 북주 시기에 걸쳐 하서회랑부터 황하 유역을 향해 적극적으로 진출하여 각지에 식민취락을 만들었다. 이 시기에 하서회랑의 무위(武威, 감숙성)와 고원(固原, 영하회족자치구), 서안(西安, 섬서성), 태원 등지에는 소그드인의 식민취락이 있었던 것이 확인된다. 이러한 식민취락에 거주한 소그드인과 소그드 본토에서 찾아온 소그드 상인이 협력하면서 중국의 물산(주로 비단)을 구매하여 교역 활동을 벌이고 있었다. 당연히 그들은 이러한 교역 활동의 안전을 도모했고, 또한 이익을 올리기 위해 동유라시아에 퍼져 있던 네트워크를 활용하여 정보를 교환하였다.

수 말기 군웅할거의 혼란 시기가 되면서 이러한 네트워크가 공을 세웠다. 중국 각지의 소그드인들은 서로 정보를 공유하면서 누가 앞으로 중국을 안정시킬 것인지를 지켜보았고, 그들이 인정한 군웅에게 협력하고자 했다. 그 대상이 이연이었던 것이다.

이연이 거병한 태원에는 소그드인 식민취락이 존재하

고 있었다. 이연이 거병했을 때에 태원의 소그드인 식민취락 주민들이 병사로 조직화되었고, 이를 중앙아시아 출신의 토하라인 용윤(龍潤)이 인솔하여 이연을 따랐다.

태원의 남쪽에 위치한 개주(介州)는 이연이 태원에서 대흥성으로 진군하는 루트에 있었고 여기에도 소그드인 식민취락이 있었다. 이 지역의 소그드인 조이(曹怡)가 이연의 거병에 호응하여 이연의 군대를 따랐던 것이 '조이 묘지'(2010년에 공간公刊)를 통해 명확하게 드러났다. 아마도 조이는 개주에 있던 소그드인을 조직하여 그들을 이끌고 종군했던 것으로 보인다. 이와 관련하여 현재 개주에는 이 지역에 있던 소그드인이 믿은 조로아스터교 사원의 유적이 '천신루'(祆神樓)라는 이름으로 남아 있다.

그리고 이연이 대흥성에 입성하자 원주(原州, 영하회족자치구 고원시)에 있던 소그드인 사가탐(史訶耽)이 신속하게 달려왔다. 현재의 고원시는 육반산(六盤山) 기슭에 있는 지역의 한 도시에 불과하다. 그러나 북조 시기부터 당에 걸쳐서 교역 루트에 위치한 이 도시에는 많은 사람들이 왕래했고, 북위 시기에는 소그드인이 정주하는 식민취락이 만들어지기 시작하여 얼마 지나지 않아 큰 힘을 가지게 되었다. 그리고 이곳에서도 소그드인 사씨(史氏) 일족이

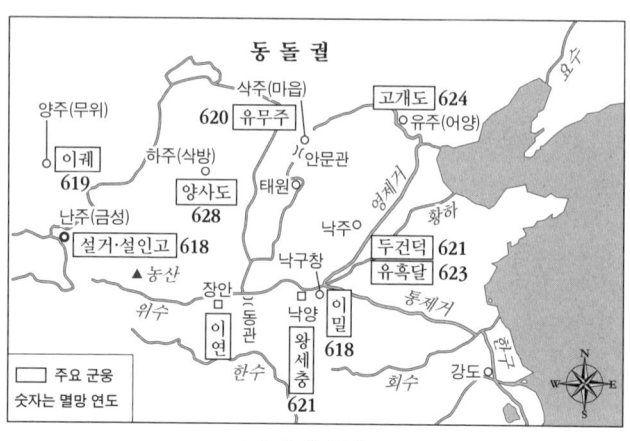

1-2 수말 군웅도

군부(郡府)의 부주(府主)로 임명되어 소그드인 식민취락의 주민을 병사로 조직했다.

수 말기에 고원의 서방에 해당하는 농서의 금성(金城, 감숙성 난주시)에서는 이 지역 군부의 장군인 설거(薛擧)가 자립하여 황제를 칭했다(1-2). 이후 설거는 그 서쪽에 있던 무위의 이궤(李軌)와 싸워 패배하면서 근거지를 고원과 육반산을 끼고 남쪽에 위치한 진주(秦州, 감숙성 진안현秦安縣 부근)로 옮겼다. 설거의 세력은 한때 상당히 성장하여 장안을 근거지로 삼던 이연을 서쪽과 서북쪽에서부터 압박하는 형세가 만들어졌다. 이때 고원의 사씨는 장안의 이연 정권을 선택하여 협력했던 것이다. 어느 세력과 함께

할 것인가는 그 이후 고원 소그드인 식민취락의 운명과 연결되어 있었다. 최종적으로 원주의 사씨가 선택한 것은 당이었다.

이연이 당의 건국을 선언할 무렵에 하서회랑 교역로에 위치한 무위에서는 이궤를 중심으로 하는 세력이 존재했다. 이궤는 무위의 자산가 출신으로 수 양제의 치세인 대업(大業) 연간(605~617)에 이 지역에 있던 군부의 직함을 얻었다. 설거가 금성에서 자립하자 이에 편승하여 이궤는 무위에서 왕국을 구축하고 있었다. 이궤를 옹립한 사람은 무위의 소그드인 식민취락의 지도자인 안수인(安修仁)이었다. 안수인에게는 안흥귀(安興貴)라는 형이 있었는데 당시 이미 이연을 섬기고 있었다. 안흥귀는 이연의 사신으로 무위에 가게 되자 동생과 상의하여 소그드인 집단을 이끌고 이궤에게 반기를 들었다. 이렇게 안흥귀와 안수인 형제는 무위를 탈취했고, 하서 지역 전부를 바치며 이연에게 귀순했다. 이로 인해 이연의 세력은 더욱 강고해지게 되었다.

당의 율령

당은 수의 통치 시스템을 답습했다. 그 근본이 되는 것이 율령이다. 황제에 즉위한 이연은 새 율령의 제정을 명했고, 그것이 완성될 때까지 수 양제의 대업율령(大業律令)은 폐지하고 잠정적으로 53개 조항의 격(格)만 공포했다.

고조의 통치 연간은 불과 8년 남짓이었다. 이사이에 각지에 할거한 모든 '황제'들을 평정하는 일에 시간을 보냈다. 평정이 끝나면서 중국이라는 공간을 간신히 수중에 넣을 수 있게 되었을 때 새로 제정된 무덕율령(武德律令)을 반포했다(624년). 아쉽게도 실물은 남아 있지 않지만, 이는 수 문제가 제정한 개황율령(開皇律令)에 더하여 앞서 언급한 53개 조항의 격을 삽입한 정도였을 것이라고 일컬어지고 있다. 수 시대에는 양제 때에 개정된 대업율령이 공포되었지만, 당은 양제의 치세를 부정하고 문제 시대로 복고한다는 것을 슬로건으로 삼았기 때문에 개황율령을 무덕율령의 모델로 삼았다. 다만 실제로 개황율령과 대업율령 사이에는 큰 차이가 없다고 한다.

그런데 수가 제정한 개황율령은 북주(北周)의 율령이

아니고 북제(北齊)의 율령을 모델로 삼았다고 알려져 있다. 북주는 주나라의 이상적인 제도를 기록했다고 일컬어진 『주례』(실제 책이 만들어진 연대는 전국시대 이후이다)에 근거하여 제도를 부활시켰는데 이는 현실에 적합하지 않은 것이었다. 신중했던 수 문제는 그래서 예전부터 한인들 사이에서 배양돼 온 전통을 계승하고, 또 전고(典故)에 밝은 산동 문벌의 근거지인 북제의 율령을 근거로 삼았던 것이다. 그러나 수·당의 형벌 체계는 북주의 율(律)에 가깝다고 하니, 영(令)도 북제의 영에 직접적으로 연결된다고 말하기가 어렵다고 한다.

중국의 율령은 진·한 이래 한인 왕조에서 만들어졌고, 율령들이 쌓이고 쌓여서 복잡해지고 번잡해지게 된 것이다. 이를 유목민의 눈으로 새롭게 재검토하여 정리하고 체계화한 결과, 객관적인 것으로 업그레이드된 것이 수의 율령이고 이를 이어받은 것이 당의 율령이었다. 그 보편적인 성격으로 인해 수·당의 율령은 중국을 넘어 동아시아로 퍼져 나갔다고 할 수 있다. 초기 왕조의 건설 과정에 있었던 일본이 수·당의 율령을 모범으로 삼아 이를 받아들인 데에는 이유가 있었다. 어쨌든 율령으로 객관적인 명확한 기준을 보여 줌으로써 유목적 가치관과 한인의 가치관을 포괄하는 세계를 만들어내고자 했던 수의 방침을 당도 계승했다고 할 수 있겠다.

잘 알려진 것이기는 한데, '율'은 현재의 형법, '영'은 행정법에 비견되고 있다. 당에서는 6대 황제인 현종의 시대까지 수와 똑같이 황제가 교체될 때마다 율령이 수정되어 반포되었다. 율령은 시간이 경과함과 동시에 고정화되었고 그 운용이 경직되어 갔다. 이에 대응하기 위해 조칙을 통해서 수정했다. 어느 정도 이러한 조칙이 모이게 되면 이를 명문화하여 편집해서 공포했다. 이를 '격'(格)이라고 한다. 그리고 '식'(式)이라는 것이 있었다. 이는 율령을 시행할 때의 세부적 항목이었다.

'당령'(唐令)의 복원과 발견

당의 율은 『당률소의』(唐律疏議)에서 그 모습을 지금도 확인할 수 있지만 당의 영은 산일(散逸)되고 말았다. 일본에서는 거꾸로 율이 산일되었고 당에서 수입한 영은 『영의해』(令義解, 관에서 편찬한 주석서. 대보령大寶令 및 양로령養老令의 일부가 인용되어 있다), 『영집해』(令集解, 양로령에 관해서 개인적으로 편찬한 주석서)에 남아 있다. 산일된 당령을 복원하려는 움직임은 일본의 에도시대에 시작되었다. 그 효시가 된 것이 겐로쿠 시대의 마쓰시타 겐린(松下見林)의 작업이다. 그는 『당률소의』에서부터 당령의 산일된 문장을 발췌하여 '당령'이라는 한 권의 책으로 정리했다. 이 책은 너무 간략한 것이었지만, 에도시대 겐로쿠 연간에 당령의 구체적인 모습을 찾으려고 했던 마쓰시타 겐린의 자세는 주목할 가치가 있다.

당령을 복원하는 작업은 그 이후 20세기가 될 때까지 미루어졌고, 1933년이 되어 마침내 니이다 노보루(仁井田陞, 1904~1966)가 『당령습유』(唐令拾遺)를 저술하였다. 이 작업을 이어받은 이케다 온의 『당령습유보』(唐令拾遺補)가 간행된 것은 1997년의 일이었다. 그런데 일본에서 당령 복원의 금자탑과 같은 작업이 여기까지 진행된 직후에 중국 대륙에서 중대한 발견이 이루어졌다. 그야말로 당령이 '발견'되었던 것이다.

그것은 영파(寧波, 절강성)에 있는 천일각(天一閣, 명나라의 범흠范欽이 지은 서고)에 소장되어 있던, 명대의 초본(鈔本)인 『관품령』(官品令)이라는 서적이 실제는 북송의 인종 치세인 천성(天聖) 7년(1029)에 편찬된 '천성령'을 베낀 것으로 판명된 것이 계기였다. 북송의 영은 당령을 다시 이용한 것이었고, '천성령'은 당령을 토대로 북송 시대에 수정을 가하면서 송령(宋令)의 조문과 당시에 시행되지 않은 당령의 조문을 함께 기록하고 있었기 때문에 당령을 복원하는 데에 안성맞춤인 사료였던 것이다.

이 사료는 2006년에 중국에서 『천일각장명초본천성령 교증 부당령복원연구』(天一閣藏明鈔本天聖令校證 附唐令復原硏究)라는 제목의 책 상·하 2권으로 북경의 중화서국에서 출판되어 당령 복원의 연구에 중요한 자료가 되었다. 다만, '천성령'은 완전한 형태가 전해지지는 않고 전체 30권 중에 21권부터 30권까지 10권만 남아 있다. 그 목차는 전령(田令), 부역령(賦役令), 창고령(倉庫令), 구목령(廐牧令), 관시[포망]령(關市[捕亡]令), 의질[가녕]령(醫疾[假寧]令), 옥관령(獄官令), 영선령(營繕令), 상장[상복연월]령(喪葬[喪服年月]令), 잡령(雜令)이다.

당의 관제

중국 왕조의 관료 제도는 후한 이래 지속적으로 발달

하면서 복잡해지게 되었다. 수는 이러한 것들을 모두 폐지하지 않고, 그러한 제도들 위에 이념적으로 정비되는 것을 꼭 들어맞게 하면서도 새로운 관제를 만들어냈다. 관제는 영에 의해 규정되어 있기 때문에 이를 율령관제(律令官制)라고 부른다. 관제와 연관된 영인 관품령은 관료(당시의 용어로는 관인官人)의 정1품부터 종9품하(下)까지 30단계의 등급을 표시했고, 또한 일련의 직원령(職員令)에 전체 관청의 관직명과 정원, 직무 내용이 나타나 있다.

당은 수의 관제를 계승했다. 다만 이연이 건국한 직후에 관제가 완성되지는 않았고 2대 황제인 태종 시기에 그 골격이 이루어졌으며 무측천 시대의 개혁을 거쳐 현종의 시대인 개원 연간이 되어서야 그 모습이 완성되었다. 그 상세한 내용은 현종 황제 시대에 『당육전』(唐六典)으로 정리되어 지금 우리도 『당육전』을 통해서 당조의 율령관제가 완성된 형태임을 확인할 수 있다. 이 책에서는 개원 시기의 관제에 입각하여 서술할 것이다.

중국에서는 한 제국 시대 이래로 재상의 임무를 맡은 삼사(三師: 태사·태부·태보)와 삼공(三公: 태위·사도·사공)은 명예직으로 추대되는 것이었다. 가장 중요한 관청은 중서성·문하성·상서성의 삼성이었다.

1-3 당의 율령관제

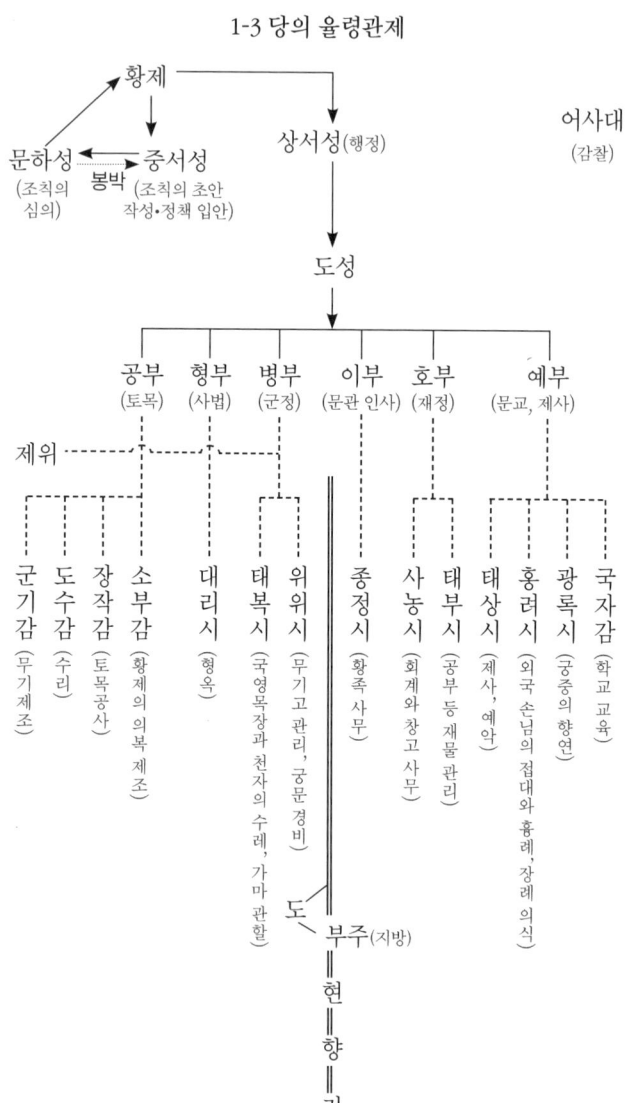

중서성은 황제의 말(이를 왕언王言이라고 한다)을 기초(起草)하여 조칙의 초안을 작성하는 기관이고, 황제의 비서관 역할도 맡고 있었다. 다만 중서성의 장관인 중서령과 차관인 중서시랑은 '동중서문하3품'(同中書門下三品) 등의 직함을 받고 재상의 대우를 받는 경우가 많았는데, 실제로 조칙을 기초하는 일은 중서시랑 다음의 세 번째 등급의 관료인 중서사인이 행했다. 그리고 조칙의 초안은 문하성으로 넘어가서 심의를 받았다.

문하성은 한마디로 말하면, 황제의 의사에 동의를 해주는 기관이다. 조칙의 초안을 심의하여 오류가 있으면 수정해서 되돌려주는 일도 했다(이를 봉박封駁이라 한다). 또한 여러 관청이 황제의 결재를 청하는 문서(이를 주초奏抄라고 한다)를 내놓으면, 상서도성(尙書都省)을 통해 문하성으로 원안이 전달되고 이를 문하성에서 체크했다. 문제가 없는 경우에는 중서성이 황제의 회답 문서(이를 비답批答이라고 한다)를 만들고 황제가 결재했다. 문하성에서도 장관인 문하시중과 차관인 문하시랑은 국정에 관계되어 있었기 때문에 그 실무는 세 번째 순위의 관료인 급사중(給事中)이 맡았다. 중국에서는 남북조시대부터 당의 전반기에 걸쳐 문벌이 정계와 사회에 강력한 힘을 가지고 있었다. 그래서 황제는 문벌 세력과의 합의를 통해 국정을 실시하지 않을 수 없었고, 문하성이 그러한 흔적이었다고 보는 주장이 있다. 그런 반면에 당대의 문하성은 조칙의 반포와 각 관청으로부터의 주청(奏請)을 전달할 때에 문서에 오류가 없는지 체크하는 역할에만 그쳤다고 하는 관점도 있다.

  상서도성 휘하에는 육부가 있고, 행정을 담당했다. 장관인 상서령과 차관인 좌복야와 우복야가 설치되어 문하성을 거친 조칙이나 결재되어 하달된 각종 서류를 관계 관청으로 전달하고, 또한 중앙과 지방의 관청으로부터 상주되는 서류를 문하성으로 보냈다. 좌복야와 우복야 아래에는 각각 좌사와 우사로 구별해서 좌사는 문관의 인사를 담당하는 이부, 호적과 세무에 관련된 호부, 왕조의 의례와 예제를 맡은 예부를 통괄했고 우사는 무관의 인사와 군사 관계의 총무를 맡은 병부, 법무와 관계된 형부, 토목 및 수리 공사를 담당하는 공부를 분담하여 통괄했다. 다만 육부는 서류 사무의 관할에 그치고, 실무는 한(漢) 왕조 시대 이래의 관청인 9시(寺)와 5감(監)에서 맡았다(1-3). '시'는 사원이 아니라 잡다한 일을 맡은 관청이라는 의미이다. 그리고 관료들의 행동 등을 감찰하는

1-4 장안의 궁성·황성

특별한 기관으로서 어사대가 설치되었다.

　당의 정책은 황제의 휘하에 두어진 재상들의 합의로 결정되었다. 당초에 재상은 중서령(정원 2명), 문하시중(정원 2명), 상서령(정원 1명)이었다. 그러나 이세민이 진왕(秦王)이던 때(후술한다)에 상서령이 된 적이 있었기 때문에 태종이 즉위한 이후에 상서령에는 관료가 임명되지 않게 되었다. 그 대신에 좌복야와 우복야(각각 1명)가 재상으로 가담했다. 또한 정관(貞觀) 연간 말기 무렵이 되면 새로 설치된 직함(동중서문하3품, 동중서문하평장사, 참지기무 등)을 받으면서 정책 결정에 참여하는 자도 나타났다.

　일반적으로 3성 6부와 같이 정비된 외형은 실무에 대응한다기보다는 3, 6이라는 숫자로부터 알 수 있듯이 구조의 형식화가 중시된 것이라고 할 수 있다. 또한 중서성과 문하성의 관청은 건물의 배치까지도 체계적이었다. 즉 궁성 구역에는 정전인 태극전(太極殿)을 중심으로 동쪽에 문하성, 서쪽에 중서성이 배치되어 있었다. 황성 구역에도 남북으로 뻗어 나가는 승천문가(承天門街)를 축으로 하여 여러 관청이 체계적으로 배치되어 여기에서도 형식적 측면이 중시되었다(1-4).

2. 이세민, 텡그리 카간이 되다

이세민의 성장

제2대 황제가 되는 이세민은 고조 이연과 흉노 계열 두 황후 사이에서 차남으로 태어났다. 같은 어머니로부터 태어난 형제로는 장남 이건성(李建成), 셋째 아들 이현패(李玄覇, 요절), 넷째 아들 이원길(李元吉)이 있다. 덧붙여서 고조에게는 22명의 아들이 있었다.

황제가 되기 이전인 10대부터 30대 전반까지 이세민은 전쟁으로 낮과 밤을 지새우는 인생을 살았다. 그리고 이 시기의 이세민은 군인이자 전략가로서의 면모를 발휘했다. 예를 들면 다음과 같은 이야기가 있다. 수 양제가 북방의 경계 지대를 순회하고 있었을 때에 카간(돌궐 수령의 칭호)이 인솔한 돌궐의 군대에 의해 포위되어 버렸다. 이때 이세민은 수의 군대 병력이 적은 것을 오히려 대군이 온 것처럼 보이게 하는 계책을 올렸고, 그 결과 돌궐의 병력을 물리칠 수 있었다(615년). 이때 이세민은 18살이었다. 또한 이듬해에는 아버지 이연이 도적 토벌을 맡게 되었는데, 적진으로 너무 깊숙하게 들어가 버렸다. 이세민은 혼자 말에 올라타 포위를 돌파하여 말 위에서 화살을 쏘아 이연을 구했다고 한다.

당의 건국 이후 이건성이 황태자가 되고 이세민은 진왕이 되었다. 그러나 당시 중국은 각지에서 군웅이 할거하였고, 당도 그러한 군웅 중 한 세력에 불과했다. 이세민은 먼저 감숙성 동부에 있던 설거(薛擧)와 그의 아들 설인고(薛仁杲) 토벌에 직면했다. 관중에 거점을 둔 당에게 있어서 직접적 위협이 되었기 때문이다. 이세민은 먼저 식량 보급로를 차단하여 적을 약화시켜 궁지로 몰아넣고 뒤이어 정예 병력을 투입하여 이들을 타파했다. 이세민의 이러한 책략과 전술을 미야자키 이치사다(宮崎市定, 1901~1995)는 '비범한 재능의 창조였고, 다른 사람은 흉내 낼 수 없는 경지였다'(宮崎, 1988)라고 평가했다.

그 이후 당조의 최대 적이었던 낙양의 왕세충(王世充)과 그 배후인 하북의 남부에서 거대한 독립 왕국을 만든 두건덕(竇建德)을 생포하면서 두 세력을 진압했다. 이 공적으로 인해 이세민은 그를 위해 특별히 설치된 천책상장(天策上將)을 받았고 왕공보다 상위의 지위에 올랐다. 천책상장이 된 이세민의 명망은 점점 높아졌는데, 이건성은 황태자로서 도성에 있었기 때문에 무공을 세울 수가 없어서 그의 심중은 평온할 수가 없었다.

사실을 말하면, 황태자 이건성과 진왕 이세민의 관계는 당조 창업에 이르기까지는 그 정도로 나쁜 것은 아니었다. '우유부단'하다고 여겨지는 아버지 이연에 대한 의견 등 두 사람의 공통점도 있었다. 그러나 이러한 사정 때문에 점차 두 사람 사이에 틈이 생겼다. 또 두 사람을 둘러싸고 있는 부하들도 자신들의 권익을 우선시했고, 혹은 보다 많은 것을 얻기 위해 서로 대립하면서 얼마 지나지 않아 집단 간의 다툼으로 변화해 갔다.

'현무문의 변'과 소그드인

　두 사람의 고집은 이세민이 형 이건성을 살해하는 사건으로까지 발전한다. 이를 '현무문의 변'이라고 한다.
　당시의 기록에 따르면, 이 사건 직전인 낮에 하늘에서 금성이 나타났다고 보고되어 있다. 정변의 징조였다. 그날, 선수를 치기 위해 이세민은 '이건성과 동생 이원길이 후궁에서 음탕한 짓을 하고 있습니다'라고 상주했다. 이에 놀란 고조는 두 사람을 심문하기 위해 이건성과 이원길에게 입궐할 것을 명했다.

다음 날 이른 아침, 장안의 궁성 북문인 현무문에서 입궐하는 이건성 등을 기다리며 매복하고 있던 이세민의 부하들 중에는 의형(義兄)이면서 어렸을 적 친구이기도 한 장손무기(長孫無忌), 훗날 '방·두'라고 칭해지면서 재상으로서 '정관의 치'를 견인하게 되는 방현령(房玄齡)과 두여회(杜如晦), 용맹한 장군인 울지경덕(尉遲敬德) 등 진왕부의 문관과 무관 속료들이 있었다. 이건성은 이것이 이세민의 책략이라는 것을 알고서도 그대로 입궐을 실행했다. 그리고 두 사람은 현무문에서 교전 상태에 돌입했다(1-4).

이 모습을 살펴보자. 이원길은 이세민에게 화살을 쏘았지만 명중시키지 못했다. 반대로 이세민이 쏜 화살로 이건성이 사살되고 말았다. 이후 이세민 측의 울지경덕이 70명의 기병을 이끌고 와서 이원길에 화살을 쏘았고 이원길은 말에서 떨어져 버렸다. 마침 이때 이세민도 말에서 떨어졌고, 그 순간 이원길이 활의 시위로 목을 졸라서 죽이려고 했을 때에 울지경덕이 이세민을 구하러 들어오면서 이원길이 사살되고 말았다. 동궁(東宮)과 제왕부(齊王府, 이원길은 제왕이었다)의 친위군 2천 명이 계속 저항하면서 혼전 상태가 되었지만, 이건성과 이원길의 머리가 들어 올려지자 이건성과 이원길의 친위군은 무너져 도망쳤다. 고조는 궁성 내의 해지(海池)로 배를 띄워 도피하고 있었는데, 이세민은 울지경덕을 그곳으로 보내 고조의 호위를 맡김과 동시에 이세민에게 전권을 위임하는 조서를 발표하게 했다(626년).

이상이 정사와 『자치통감』에 보이는 현무문의 변의 모습이다. 그리고 최근에 이 사건과 연관된 사람의 묘지가 출토되면서 정사 등에 이름을 남기지 못한 사람들의 활동도 밝혀지고 있다. 그중에서 특별히 서술해야 할 것은 역시 소그드인이다. 앞서 무위의 안흥귀, 안수인 형제가 당의 건국 시기에 협력했다는 것을 서술했는데, 그 안흥귀의 아들이 '서장'에서 소개한 안원수이다. 안원수는 진왕 대의 이세민의 휘하에서 우고진(右庫眞, 친위대)으로서 복무하고 있었다. 그리고 현무문의 변 당일에 그는 무장을 하고 궁성의 서쪽 문인 가유문(嘉猷門, 내정과 태창을 연결하는 문)에서 숙위를 담당하고 있었다. 이세민은 현무문뿐만 아니라 다른 문에도 그가 장악하고 있던 군사와 장수들을 배치하여 궁성 전체를 봉쇄하면서 쿠데타를 일으켰던 것이다.

그리고 당을 건국할 때에 빠르게 협력했던 고원(固原)

의 소그드인 사가탐은 그 이후 전중성(殿中省)이 통할하는 상승국(尙乘局)의 진마(進馬, 정7품상 혹은 정7품하)라는 관직에 임명되었다. 이 관직은 궁중의 마구간(이를 한구閑廐라고 한다)을 관리하는 직책인데, 그의 묘지에는 '북문공봉진마'(北門供奉進馬)라고 기록되어 있다. '북문'은 현무문을 가리키고, '공봉'은 황제의 측근을 의미하기 때문에 현무문 부근에서 황제가 타는 말(외국에서 온 귀한 종자의 말 등)의 사육과 관리를 맡았던 것으로 생각된다. 아마도 원래의 거주지인 고원에서 군마를 사육했던 것에 입각하여 임명된 관직이었을 것이다.

그의 말 사육 능력은 현무문의 변 이후에도 중시되어 사가탐은 좌이감(左二監)에 임명되었다. 좌이감은 '두 번째 순위에 배치된 좋은 말을 사육하고 공급하는 감목(監牧, 관영 목장)의 장관'을 의미한다. 사가탐의 고향인 고원은 목축에 적합한 땅이었고, 당 제국 시대에는 고원을 포함하고 있던 농우도(隴右道) 동부에서부터 관내도(關內道) 서부에 걸쳐 감목이 설치되었다. 그중 하나의 책임자로서 사가탐이 임명된 것이었고, 이는 사가탐이 이세민에게 금군(禁軍)의 말을 제공하면서 현무문의 변에서 공적을 올린 것에 대한 포상이었다는 점이 지적되고 있다. 덧붙여서 사가탐은 태종과 그다음 황제인 고종 시대까지 장안에 있으면서 대략 40년에 걸쳐서 중서성에 소속된 통역관을 맡았다. 소그드인인 그가 지닌 언어적 능력이 활용되었을 것이다.

현무문의 변이 일어난 배경

형제 살해라고 하는 처참한 사건인 현무문의 변이 일어난 이유는 무엇이었을까? 이 사건이 황위를 둘러싼 형제간의 분쟁 혹은 궁중 내부의 권력투쟁이라는 당조 국내의 문제였다고 보는 것 이외에, 당의 북방에 있던 동돌궐에 대처하는 문제가 연관되어 있었다는 관점도 있다. 그리고 그 배경에는 이세민과 아버지 이연의 대립도 존재했던 것 같다.

이연은 본래 동돌궐을 위험한 존재라고 인식했지만, 그들에게 맞설 힘도 없었고 당 건국 시기에는 동돌궐에 신종(臣從)하여 그들로부터 원조를 받았을 정도였다. 당의 창업 이후에도 중국 각지에 군웅이 있어서 당은 그 토벌에 힘을 쏟을 필요가 있었기 때문에 동돌궐 대책은 부차적인 것으로 밀려났다. 이러한 상황을 이용하여 강성함을 과시하던 동돌궐은 거의 매년 당과의 경계 지역을 넘어서 침입했고, 때로는 내지 깊숙이 들어오기도 했다. 동돌궐의 군대가 관중까지 진군해 왔을 때에 고조 이연은 장안을 포기하고 수도를 남쪽으로 옮기려고까지 했을 정도였다(624년).

그러나 돌궐에 대한 고조의 태도는 점차 변해 갔다. 그의 치세 후반에 하북의 유흑달(劉黑闥)을 진압하면서 수말기 이래의 군웅도 대부분 평정되었고, 남은 상대는 동돌궐과 그 지배 아래에 놓인 오르도스와 산서 북부에 있던 군웅뿐이었다. 당이 당면한 문제가 국내 평정에서부터 돌궐을 상대하는 대외적 문제로 옮겨 가게 된 것이다. 동돌궐의 침입에 놀라면서 천도까지 생각했던 고조도 동돌궐과의 전면 대결로 태도를 바꾸었다.

그 상징적인 사건은 고조 이연이 '관중 12군'을 다시 설치한 것이었다(625년). 당의 건국 직후에는 군웅이 할거하고 있었기 때문에 당 정권의 거점이 있는 관중을 12개의 군사 관할 구역으로 나누고, 여기에서부터 각지의 전선으로 병력을 공급하는 체계를 만들어냈다. 그러나 국내의 상황이 안정되자 '관중 12군'은 일단 폐지되었는데 이

때에 이르러 고조가 부활시킨 것이다. 이 군대를 인솔한 장군들의 다수는 태원에서부터 이연에게로 온, '원종'(元從)한 사람들이었다. 이는 종래에 진왕부의 집단을 이끌고 군웅 정벌에 공적을 올렸던 이세민이 장악한 군사의 주도권을 고조 측으로 이동시키려는 것이기도 했다. 그래서 이것이 고조와 이세민의 대립을 야기하는 계기가 되었다고 한다.

그리고 당조 내부에서는 돌궐에 대한 정책을 둘러싸고 고조, 황태자 이건성과 동생 이원길, 그리고 진왕 이세민 삼자 사이에 대립이 있었다고도 한다. 그중에서 이세민의 대돌궐 정책은 돌궐 내부의 이간을 이용하려는 것이었다. 이세민이 현무문의 변이라는 쿠데타에 의한 정권 탈취로 움직인 배경 중의 하나로는 동돌궐 대책의 오인이 국내의 혼란, 나아가서는 당조의 존망과 관련되어 있다는 위기감이 존재했다. 그래서 돌궐에 대한 방책과 노선이 다른 황태자 이건성과 부친 고조의 세력을 일소하지 않으면 안 되었던 것이다.

'정관의 치'와 명군(明君) 태종의 실상

　이세민은 현무문의 변에서 자신에게 왔던 공신을 정권 중추의 관직에 임명하면서 기반을 공고하게 만든 이후에 황제로 즉위했다. 묘호로는 태종(재위 626~649)이라고 부른다. 그런데 마음의 가책을 느꼈는지 궁성의 정전인 태극전은 피하고 동궁인 현덕전(顯德殿)에서 즉위했다. 이미 진왕 시절부터 훗날에 태종 정권의 재상이 될 방현령과 두여회 등 '진부십팔학사'(秦府十八學士)라 불리는 고문 역할의 인물을 두었는데, 황제가 되자 남조 계통의 문학 인재를 선발하여 홍문관학사(弘文館學士)를 설치하고 교대하면서 숙직하게 하여 정무를 보는 틈틈이 내전에 들어와서 옛날 성인들의 언행을 강론하고, 정치의 선악과 가부를 논의했다. 현무문의 변으로 정권을 탈취한 이듬해 정월에 연호를 정관(貞觀, 627~649)으로 바꾸었다. 역사상 유명한 '정관의 치'가 시작된 것이다.

　태종의 치세는 23년 동안 지속되었는데, 세간에서 말하는 '정관의 치'는 최후의 저항 세력인 양사도(梁師都)가 평정되어 국내에 평화의 시대가 도래한 이후부터를 일컫는다(628년). 이로부터 정말로 당에 의한 중국 지역의 지배가 시작되었다고 할 수 있다.

『신당서』에는 정관 초기의 상황으로 다음과 같은 기록이 전한다.

> 이해(630년), 쌀 1두(斗)는 4전(錢)에서 5전이었고(개원통보 1매가 1전) 집의 문단속이 불필요했다. 소와 말의 수가 늘어났고, 여행자는 식료를 지참할 필요가 없을 정도로 평화로운 시대가 도래했다. 연간 사형수도 불과 29명이었다.

과연 치세 4년째에 이 사료가 전하는 것과 같은 상황이 출현했다는 것은 과장으로 보이지만, 태종의 치세 중에 이러한 상황이 되었다는 것은 확실해 보인다. 그것이 이른바 '정관의 치'의 이미지 형성에 도움이 되었다는 것은 부정할 수 없다.

태종이 뛰어난 군주라고 일컬어지는 것은 천하가 태평한 시대를 도래하게 했음은 물론이고, 훌륭한 인재를 등용하여 신하의 간언을 받아들였던 것에 있다. 그 대표적인 신하가 위징(魏徵)이다. 위징은 본래 수 말기 군웅의 한 사람인 이밀(李密)을 섬겼고, 당에 항복한 이후에는 이건성을 섬겼다. 그 당시 위징은 이건성에게 대놓고 "진왕(이세민)을 제거해야 합니다"라고 진언했다. 태종은 현무문의 변 이후에 위징을 불러 "자네는 왜 우리 형제 사이를 갈라놓으려 한 것인가?"라고 물었다. 그러자 위징은 "이전 황태자가 빨리 나의 말을 따랐다면, 오늘의 화는 결코 없었을 것입니다"라고 대답했다. 이 문답을 통해서 태종은 위징의 재능을 중시했고, 그를 신하로 받아들였다고 한다.

태종을 섬기기 시작한 이후부터 위징의 직간은 200회에 도달했다. 그리고 위징 이외의 신하가 한 간언이나 의견도 태종은 잘 들었다고 한다. 이렇게 황제에게 툭툭 간언을 던지는 인원을 배치하고, 유리를 끼운 것처럼 투명한 정치를 시행한 점이 태종의 특징이어서 또한 그를 뛰어난 군주인 것 같은 느낌이 들도록 하고 있다. 그는 그때까지 중국 왕조의 황제에게서는 보이지 않는, 완전히 새로운 유형의 황제였다. 태종이 신하와 정치 문답을 행한 것들의 내용은 훗날 현종 시대에 정리되었다. 그것이 『정관정요』(貞觀政要)이다.

태종이 신하의 의견을 경청한 태도는 '겸청'(兼聽)이라고 했고, 이는 『정관정요』를 관통하는 주제이다. 이것은 수 양제가 사람들의 의견을 듣지 않고 국가를 멸망시킨 것에 대한 안티테제로 나타났던 것으로, '암군'(暗君)인 양제와 대비되는 '명군' 태종의 창조라고 볼 수도 있다. 실제로 태종의 '겸청'에는 작위적인 측면도 있었던 것 같다. 정관 연간 중기에 위징은 태종에게 "폐하께서는 정관 초기에는 신하가 간언하는 것에 잘 대응하셔서 기꺼이 그에 따르셨는데, 지금은 그렇지 않으십니다. 될 수 있는 한 간언에 따르고 계시지만, 유쾌하지 않은 안색을 하고 계십니다"라고 말했다. 당 제국을 연구한 역사가의 개설에서는 그럼에도 태종은 반성을 했기 때문에 도량이 큰 인물이라고 평가하고 있지만, 그 한편으로 '태종은 어느 정도 콤플렉스를 가진 지식인 유형의 군주였다'(미타무라 다이스케三田村泰助, 1963)라고 신랄하게 평가한 것도 있다.

돌궐 제1제국

중국의 북쪽 몽골리아에는 예로부터 유목민들이 존재했고, 곧 말을 조작하는 기술을 몸에 익히면서 기마유목민이 되었다. 때로 그들은 커다란 연합체를 만들었고, 우리가 유목국가라고 부르는 거대한 세력으로 발전하는 경우가 있었다. 흉노, 유연 등이 그것인데 여기에서 다룰 돌궐도 그중 하나이다.

'돌궐'이란 투르쿠트(Türküt)라는 소그드어로 전해진 음을 한인들이 한자로 적은 것이다. 그리고 이와는 별도로 '철륵'(鐵勒)이라고 표현하는 경우도 있었다. '철륵'은 동유라시아에 있었던 투르크계 유목민의 총칭이다. 그러한 투르크어를 말하는 집단 중 하나로 아사나(阿史那)라고 하는 씨족이 있었다. 아사나씨는 몽골리아의 서쪽에 있는 알타이산맥의 산기슭에서 제철과 단야(鍛冶)에 종사했고, 원래는 유연에 종속되어 있었다.

그런데 아사나씨의 족장이었던 토문(土門)이 유연을 무너뜨리고 새로운 유목 정권을 수립했다(552년). 이를 돌궐 제1제국(돌궐 제1카간국)이라 하고, 그 지도자는 카간을 칭했다. 흉노, 선비, 유연 등은 몽골어 계통의 언어를 말하는 사람들이었기 때문에 돌궐 제1제국은 몽골리아를 제패한 최초의 투르크계 유목 정권이라고 할 수 있다. 아마 한인들은 종래의 '철륵'과 구별하기 위해서 아사나씨를 중심으로 한 투르크 세력에 '돌궐'이라는 명칭을 붙였을 것이다.

돌궐 제1제국은 세력을 확대하여 몽골리아에서부터 중앙아시아에 이르는 광대한 지역을 지배했다. 그러나 수의 이간 정책으로 인해 몽골리아의 동돌궐과 중앙아시아의 서돌궐로 분열되면서(583년) 일시적으로 세력이 쇠퇴했다. 이 틈을 이용해 수 문제는 중국 통일을 완수할 수 있었던 것이다. 그러나 양제 시대가 되자 동돌궐은 점차 세력을 회복했고, 앞서 서술했듯이 7세기 초에는 양제를 산서성 북부의 안문(雁門)에서 포위할 정도로 성장했다. 그리고 수 말기에 중국 각지에서 군웅이 할거하자 모두 북쪽을 향해 동돌궐에게 신하임을 칭하면서 그들의 원조를 바랄 정도였다. 동돌궐의 대카간은 중국 각지의 군웅들을 소카간으로 삼고, 개별적으로 협력 관계를 맺으면서 중국 세계를 뒤흔들었다.

당과 동돌궐

이러한 동돌궐의 강성함은 당의 건국 이후에도 지속되었다. 특히 수 양제가 사망한 이후에 소 황후(蕭皇后)와 그 손자 양정도(楊政道)가 동돌궐에 들어가 망명정권을 수립하면서 힐리(頡利) 대카간은 이를 구실로 북중국을 향한 개입을 획책했다. 당과 돌궐의 관계는 악화되었고, 그 대응이 급선무가 되었다. 이것이 배경이 되어 현무문의 변이 일어났고 이세민(태종)에 의해 새로운 정권이 탄생했는데, 머지않아 당에 아주 큰 충격으로 다가오게 된다.

이세민이 황제에 즉위한 것과 거의 동시에 힐리 대카간과 돌리(突利) 카간이 이끈 10여 만의 동돌궐 군대가 관중까지 침입해 들어왔던 것이다. 이는 현무문의 변으로 당조 내부가 혼란해진 틈을 이용한 것이었다. 동돌궐 군대는 경주(涇州, 섬서성 경천涇川)로 향하면서 장안의 서쪽에 있는 무공현(武功縣)에 도착했기 때문에 수도는 계엄 태세에 들어갔다. 그리고 힐리 대카간은 장안의 정북쪽을 흐르는 위수(渭水)의 편교(便橋) 북쪽에 도달하여 사신을 보내 당조의 동정을 탐색하고자 했다.

그런데 태종은 이 사신을 붙잡은 다음에 고사렴(高士廉)과 방현령 등 심복 6명의 기병을 이끌고 현무문을 나서서 위수 강변으로 향했고, 위수를 사이에 두고 힐리 대카간과 대면했다. 그리고 태종은 동돌궐이 맹약을 어기고 침입했다는 점을 힐책했다. 참고로, 이 6명의 기병 중 한 사람에 앞서 언급했던 소그드인 안원수가 포함되어 있었다. 동돌궐의 사신을 포박하고, 태종이 직접 출동한 이 행동은 힐리 대카간을 경악하게 만들었다. 머지않아 당의 군대가 진용을 갖추고 출격해 올 것이라고 본 힐리 대카간은 당에 화평을 요구했다고『자치통감』은 전하고 있다.

  그러나 침입한 동돌궐 군대가 간단히 화평을 요구했다고는 생각하기 어렵고, 태종의 사적을 치켜세우기 위한 과장이 들어갔음은 분명하다. 아마 정권 교체를 확인한 동돌궐이 새로운 정권의 군주와 새로운 맹약을 다시 맺으려고 했던 것은 아니었을까?『자치통감』은 태종이 장안성의 서쪽에서 백마를 베고, 편교 위에서 힐리 대카간과 맹약을 맺으면서 동돌궐이 군대를 철수했다고 전한다. 이 시점에서는 당조 측이 자신을 낮추면서 화친의 내용을 고치고 맹약을 다시 맺은 것일 수도 있다.

동돌궐의 멸망

  그러나 양사도를 제압하여 국내문제가 해결되자 태종은 적극적으로 돌궐 문제에 대처하는 방향으로 정책을 변환했다. 당시 동돌궐의 힐리 대카간은 몽골리아 남부

(고비사막의 남쪽. 막남)에 있는 정양(定襄, 내몽골자치구 호린골 부근)을 본거지로 삼고 있었는데, 몽골리아 북부(고비사막의 북쪽. 막북)에서는 이남(夷男) 이르킨이 이끄는 설연타(薛延陀)가 세력을 키워 동돌궐에 반기를 들었다. 이에 호응하여 힐리 대카간에 불만을 가지고 있던 철륵의 여러 부족들은 이남 이르킨을 카간으로 추대하고자 했다. 그래서 당은 책서를 가져가 이남 이르킨을 진주비가(眞珠毗伽) 카간으로 삼고, 그와 손을 잡아 동돌궐을 협공할 준비를 갖추었다.

한편 동돌궐은 내분과 심각한 냉해로 인한 피해를 입었다. 당은 명장 이정(李靖)을 정양도행군총관(定襄道行軍總管)으로 삼아 원정군을 보냈고, 결국 동돌궐을 멸망시키는 데에 성공했다(630년). 수의 유민인 소 황후와 양정도는 포로가 되어 장안으로 연행되었다. 이어서 힐리 대카간도 사로잡혀 장안으로 압송되었다. 돌궐의 다른 왕족들도 장안으로 와서 관품을 받게 되었다. 죽이지 않고 회유한 조치였을 것이다. 이와 관련하여 힐리 대카간은 그 이후에 우위대장군(右衛大將軍)이라는 금군의 장군 직함을 받고 장안에 머물렀다. 그가 사망했을 때(634년)에 태종은 돌궐인들에게 조서를 내려 그들의 장례 풍속에 따라 힐리 대카간을 화장하고(중국의 관습은 토장), 장안의 동쪽을 흘러가는 파수(灞水)의 동쪽에 매장하게 했다.

앞에서 '정관의 치'의 모습을 전하는 『신당서』의 기사를 소개했다(85쪽). 그 시기에 실제로 천하가 태평한 상황이 되었는지는 의문이라고 서술했는데, 『신당서』가 '이해(630년)'를 언급한 것이 꼭 엉터리는 아닐지도 모르겠다. '이해'는 당의 역사는 물론이고, 동유라시아의 역사를 크게 변화시킨 사건, 즉 동돌궐이 멸망한 해이기 때문이다.

텡그리 카간

이렇게 유목 세계의 대카간을 항복시키고 몽골리아 남부를 지배 아래에 두게 된 당조의 위세는 몽골리아 전역으로 확대되었다. 몽골리아의 유목계 여러 부족들은 모두 사신을 당에 보냈고, 마침내 태종 이세민에게 텡그리 카간의 칭호를 바쳤다. 고대 투르크어인 텡그리 카간을 한자로 음사하면 '천가한'(天可汗)이 되는데, 이는 텡그리가 '하늘'을 의미하는 것에 의거한 용어이다.

본래 몽골리아의 유목민들은 당을 '타브가치', 즉 '탁발'(拓跋)이라고 불렀다. 이것은 당을 선비 탁발씨의 '카간'이 지배하는 국가로 간주하고 있었음을 의미한다(실제로는 잘못된 것이다). 7세기 초 무렵 당의 이연은 동돌궐의 대카간에게 종속하는 소카간들 중 한 사람에 불과했다. 그러나 그 '소카간'이 대카간을 집안에 두게 되었다. 즉 이세민은 텡그리 카간으로서 유목 세계에 군림하는 유일무이한 존재가 되었던 것이다. 이는 그때까지 동돌궐의 대카간을 정점으로 하는 유목 세계의 구조가 붕괴하고 새로운 질서가 형성되는 서막이었다. 이 주제로 들어가기 전에 태종이 당의 국내에서 새로운 구조를 만들어내려고 시도했던 움직임을 추적해 보도록 하겠다.

3. 태종의 내정과 외정
『씨족지』의 편찬과 '팔주국가'의 창출

당이 탄생했을 무렵의 중국 사회는 여전히 문벌의 힘이 무시할 수 없을 정도로 남아 있었다. 당에 앞서 수 문제는 구품관인법을 폐지하고 과거라는 시험을 통해 관료를 채용하는 체계를 만들어 문벌의 정계 진출에 제한을 가하려고 했다. 그러나 과거제도는 수에서 제대로 기능하지 못했고, 당이 수를 이은 후에도 문벌 세력은 강력하게 남아 있었다.

당의 시대에는 서위·북주 이래 관롱계(關隴系) 집단(무천진 집단과 관롱 지역 출신 호족의 연합체. 이하에서는 편의상 관롱 집단이라고 부르겠다) 이외에, 위진남북조 이래 황하 중류와 하류 유역 사회에 뿌리를 두고 있었던 산동 문벌, 옛 남조의 강남 문벌 세 갈래의 집단이 존재했다. 그중에서도 전국적으로 명성이 알려지고 가문의 위상이 높다고 간주된 것은 산동 문벌이었다.

이 산동 문벌의 정점은 최씨(본관은 박릉博陵·청하淸河), 이씨(본관은 조군趙郡), 노씨(본관은 범양范陽), 정씨(본관은 형양滎陽)의 네 성을 가리킨다(태원의 왕씨를 더하여 산동 오성이라 부르는 경우도 있다). 당이 탄생했을 무렵의 산동 문벌은 실제 세력이 이전 정도는 아니었음에도 불구하고, 그 가문의 위상에는 큰 변함이 없었고 다른 씨족과 혼인 관계를 맺을 때에는 상당한 선물을 요구할 정도였는데, 그것이 당시 사회에서는 당연하게 여겨졌다.

이러한 한인 고유의 가치관이 짙게 남아 있는 중국 사회에 대해 태종은 산동 문벌을 정점으로 하는 서열을 무너뜨리고, 황제를 정점으로 하는 새로운 지배 질서를 만들고자 했다. 그래서 시행된 사업이 『씨족지』(氏族志)의 편찬이었다. 이 작업을 태종은 북제 왕족의 혈통을 이은 고사렴(그의 여동생은 태종의 장모, 즉 장손 황후의 어머니이다), 관중 지역의 명족 출신인 위정(韋挺), 서위와 북주의 명신 영호정(令狐整)의 손자인 영호덕분(令狐德棻), 태종이 발탁한 남조 계열의 잠문본(岑文本) 등에게 명령했다. 모두 태종의 측근 혹은 관롱 집단 출신이었다.

그런데 그들이 처음으로 상주한 『씨족지』에는 웬일인지 산동 문벌인 박릉 최씨 출신 최민간(崔民幹, 당이 창업했을 때의 관직은 문하성의 차관인 황문시랑이었다)이 정점의 위치에 놓여 있었다. 산동 문벌과는 인연이 별로 없었고 태종의 의향을 헤아려야 했던 편찬 집단이 내놓은 답안이 그러했다는 것은, 산동 문벌의 권위가 관계는 물론이고 당의 사회에 얼마나 깊이 침투하고 있었는지를 보여 주는 일화라고 할 수 있다.

그러나 당연하게도 태종은 불만을 표명하고 다시 편찬할 것을 명령했다. 그리고 6년에 걸쳐 개정 작업이 끝나고 새로운 『씨족지』가 반포되었다. 그 결과, 황실 이씨가 정점에 있고 이어서 2등급이 외척 가문(독고씨, 두씨, 장손씨),

3등급 이하는 관직의 등급(관품)에 따라 순서가 정해졌다. 이때 최민간은 제3등급이 되었다고 한다. 하지만 아쉽게도 정관 시기의 이 『씨족지』는 그 일부는커녕 일문(佚文, 흩어져 없어진 문장)조차도 남아 있지 않아서 그 내용을 실제로 확인할 수는 없다.

그런데 처음에 상주한 『씨족지』의 판본에서 개정본 『씨족지』가 완성되기까지 6년이나 시간이 걸렸는데, 이사이에 태종은 『씨족지』의 개정판 편찬과 병행하여 당 황실의 역사를 새롭게 만드는 작업에 착수했다. 이때 과거의 역사로 거슬러 올라가서 당 황실의 정통성이 창조되었다. '팔주국십이대장군'이라는 서열의 창출이 바로 그것이었다고 한다.

'팔주국십이대장군'이라는 것은 서위 시대의 원훈에 해당하는 8명의 주국대장군(柱國大將軍)과 12명의 대장군을 가리킨다. 일반적으로 이 '팔주국십이대장군'은 서위 정권의 핵심 가문으로, 그 이후 북주·수·당에 이르기까지 이 가문의 위상이 계승되었다고 여겨진다. '팔주국의 집안'이란 우문태(宇文泰), 이호(李虎), 원흔(元欣), 이필(李弼), 독고신(獨孤信), 조귀(趙貴), 우근(于謹), 후막진숭(侯莫陳崇) 8명을 가리킨다(『주서』 권16의 「조귀열전」에 실린 사신史臣의 말 부분에 기록된 순서이다). 그리고 '십이대장군'에는 수 문제(양견)의 부친인 양충(楊忠)의 이름이 아래에서부터 두 번째 순위에 위치하고 있다.

그런데 '팔주국(가)'라는 명칭은 당의 정관 연간이 되어서 처음으로 나타난 것이기 때문에 이들은 당의 정관 연간에 태종의 선택으로 창조된 것으로 보인다는 추측이 제기되고 있다. 즉 당의 황실이 관롱 집단 중에서도 우문씨 다음 순서라는 것인데, 우문씨 정권(북주)을 찬탈한 양씨 가문(수)을 '팔주국(가)'로부터 제거하고 하위의 '십이대장군'에 위치시키면서 당의 정통성을 주장하고, 이에 더해 『정관씨족지』(貞觀氏族志)의 편찬을 통해 본인을 한인 문벌의 위에 군림하게 하는 서열을 완성시켰던 것이다.

태종의 이러한 사업으로 인해 당은 명실상부하게 자리를 잡았다고 할 수 있을 것이다.

돌궐 유민

동돌궐이 멸망했을 때에 돌궐 유민 중에는 몽골리아 북부의 설연타나 천산 방면의 서돌궐로 도망친 사람도 있었지만, 대부분은 당에 귀순했다. 그 숫자는 10여 만 명에 달했고, 돌궐 이외의 여러 부족이나 동돌궐에 망명했던 북주나 수와 관련된 한인까지 포함하면 120만 명에 달했다고도 한다.

당 조정에서는 이 대규모 유민 집단을 어떻게 해야 할지에 대한 대논쟁이 벌어졌다. 그 결과, 오르도스 동부에서부터 산서성 북부(대북代北)에 4곳의 주(州)를 설치하여 당조의 영역 안으로 이주한 돌궐 유민을 통치했다. 그리고 동돌궐 대카간의 본거지가 있었던 몽골리아 남부에 정양도독부(定襄都督部, 내몽골자치구 호린골)와 운중도독부(雲中都督部, 내몽골자치구 톡토)를 설치하고, 그 휘하에 6곳의 주를 두어 이 지역에 남아 있는 유민을 지배하게 했다.

그러나 오르도스로 이주한 돌궐 유민은 점차 힘을 비축하기 시작했다. 그리고 이를 배경으로 태종 암살 미수 사건이 일어났다. 태종이 구성궁(九成宮, 섬서성 인유현麟游縣)이라고 하는 이궁에 행차했을 때에 태종의 숙위 임무를 맡고 있던 돌리 카간의 동생 결사솔(結社率)이 무리와 함께 태종의 침소 근처까지 난입했던 것이다(639년). 그의 목적은 돌리 카간의 아들을 받들어 북쪽으로 돌아가려는 것이었다. 돌궐의 부흥을 꿈꾸었던 것으로 보인다.

당조의 입장에서는 다행스럽게도 결사솔 등을 토벌할 수 있었다. 그러나 이 사건은 당조에게 커다란 충격을 주었다. 당조는 세력을 회복한 돌궐을 장안의 북방에 위치한 오르도스에 두는 것은 위험하다고 판단했다. 그래서 돌궐 왕족의 한 사람인 아사나사마(阿史那思摩)를 카간으로 삼고, 오르도스에 있는 돌궐인과 소그드인을 인솔하여 황하의 북쪽, 몽골리아 남부의 동돌궐 고지(故地)로 되돌아가게 했다. 아사나사마에게는 몽골리아 북부에서 세력을 팽창하고 있던 설연타를 견제하는 역할도 부여되었다.

그러나 아사나사마는 인솔한 집단을 통제하는 데에 실패했다. 그의 휘하에 있던 돌궐인들이 반기를 든 것이다. 아사나사마는 분명히 돌궐 카간의 일족이었지만 동돌궐 시대에는 군사권을 받지 못했고 냉대를 받았다. 1992년에 발견된 아사나사마의 묘지에 근거한 연구에 따르면, 그는 동돌궐 말기의 카간들과는 혈연관계가 멀었던 것이 분명하다고 한다. 그렇다고 한다면 돌궐 유민 중에서는 아사나사마를 카간으로 인정하지 않는 집단이 있었을 수도 있다. 결국 아사나사마는 그를 따랐던 돌궐, 소그드계 돌궐과 함께 오르도스로 돌아와 버렸다. 태종은 이 행동을 용서했지만, 한 번 무너진 돌궐 유민에 대한 지배의 재구축은 다음 고종의 시대로 미루어지게 되었다.

서역 경영

당도 역대 중국을 지배했던 왕조와 마찬가지로 '서역'에 관심을 가지고 있었다. '서역'이란, 좁은 의미에서는 현재 신강위구르자치구 남부(즉, 타림분지 주변의 오아시스 도시국가들)를 가리키고, 넓은 의미에서는 파미르고원 서쪽의 중앙아시아를 포함한다. 이 지역에는 이른바 '실크로드'가 동서남북으로 뻗어 있어서 이곳에서 나오는 교역의 이권을 수중에 넣기 위해서 이 지역을 지배권으로 조직하려는 것이 중국 왕조와 유목국가의 목표였다.

장안에서부터 서쪽으로 나아가면 하서회랑이 나오는데, 당이 건국될 때에 이 지역은 이미 지배 영역에 편입되어 있었다. 그다음으로 하서회랑 서쪽 끝인 돈황의 맞은편은 타림분지로 연결된다. 돈황보다 서쪽은 초기에는 당조의 지배권 밖이었다.

타림분지의 북쪽으로는 천산산맥, 남쪽으로는 곤륜산

맥이 이어져 있고 그 서쪽은 파미르고원으로 연결된다. 타림분지에는 타클라마칸사막이 펼쳐져 있지만, 분지의 주변부와 천산산맥 남쪽 기슭에는 고창국(高昌國, 신강위구르자치구 투루판), 언기국(焉耆國, 신강위구르자치구 카라샤르), 구자국(龜玆國, 신강위구르자치구 쿠처)이 있었고 곤륜산맥 북쪽에는 우전국(于闐國, 신강위구르자치구 호탄)이 있었으며 타림분지 서쪽 끝에는 소륵국(疏勒國, 신강위구르자치구 카슈가르)이 있었다. 그리고 타림분지 동남부의 로프노르 지역에는 선선국(鄯善國)과 차말국(且末國) 등 오아시스 국가가 있었다.

이 지역을 당조가 지배로 편입하게 되는 계기는 동돌궐의 멸망이었다. 이때 동돌궐의 지배 아래에 있었던 합밀(哈密) 지역의 7개 오아시스 도시가 타슈켄트 출신 소그드인 지도자인 석만년(石萬年)의 인솔하에 당조에 복속했던 것이다.

그 남쪽의 로프노르 지역은 본래 선비족 계열의 토욕혼(土谷渾)이 지배하고 있었다. 토욕혼의 본거지는 당과 티베트 사이에 위치한 현재의 청해성(青海省)이었다. 청해는 몽골리아, 북중국과 티베트를 연결하는 공간이었고 예로부터 이 지역들을 잇는 교역로가 교차하는 곳이었다. 동돌궐을 멸망시킨 이후에 당조는 이곳에 거점을 두고 있던 토욕혼 왕국을 정벌하여 복속시켰고, 청해에서부터 타림분지 동남부를 지배 아래에 편입하는 데에 성공했다(635년). 토욕혼 왕국은 그 이후에도 유지되었지만, 고종 시대에 티베트 제국의 침공으로 인해 멸망하게 된다(663년).

태종 정관 연간에 사마르칸트 출신의 소그드인 대수령 강염전(康艷典)이 로프노르 남쪽 연안으로 찾아왔다는 기록이 남아 있다. 이 지역에는 수 시대에 설치된 선선진(鄯善鎭)이 있었는데 당 초기에는 폐허가 되어 있었다. 강염전은 이곳에 거주하면서 세 개의 도시를 수축했다. 석만년도, 강염전도 소그드 상인이었는데 아마도 당이 동돌궐을 멸망시키고 토욕혼을 종속시키자 이에 수반하여 서역으로 진출할 것이라 보고 새로운 교역 루트를 확립하려 했던 것 같다.

이어서 당은 고창국을 멸망시켰다(640년). '실크로드' 교역의 중요한 루트에 있던 도시였는데, 태종은 이 지역에 내지의 주와 똑같이 취급하는 서주(西州)를 두었고 천산 북쪽 기슭에 있던 서돌궐 측의 거점으로 기능하던 가한부도성(可汗浮圖城)에는 정주(庭州, 신강위구르자치구 짐사르)를 설치했다. 그리고 고창국의 옛 땅에 안서도호부를 두었다. 도호부란, 귀순해 온 민족 집단을 통치하고 감독하기 위해서 한인 관료를 배치한 상급 감독 기관이었다.

 옛 고창국을 직할지로 삼고, 안서도호부를 두어 대군을 주둔시키려고 하는 것에 위징과 재상 저수량(褚遂良)이 반대했지만 태종은 듣지 않았다. 태종의 목표가 서돌궐 그 자체였기 때문이다. 도호부를 두어 정복지를 통치하면서 당의 지배 영역을 서서히 그리고 확실하게 확대해 갔던 것이다. 태종 시대에는 이어서 서쪽의 천산산맥 남쪽 기슭에 있던 구자 왕국까지 정복했다(648년). 그리고 다음 고종 시대에 걸쳐서 6곳의 도호부가 갖추어지면서 새롭게 정복한 지역에 대한 지배가 완성되었다.

동유라시아 제국의 탄생

 태종 시대 마지막 대외 원정의 상대방은 몽골리아 북부에 있는 설연타와 한반도 북부에서부터 중국 동북부에 위치한 고구려였다.

 설연타는 당조가 동돌궐을 토벌할 때에 손을 잡았고, 그 이후 투르크계 여러 부족(철륵)의 지배를 인정받았다.

그러나 점차 강대해지는 모습에 당은 설연타를 경계하기 시작했다. 그래서 태종은 명장 이세적(李世勣)을 파견하여 마침내 설연타를 멸망시켰다(646년). 그리고 설연타에 복종했던 투르크계 여러 부족들을 6개의 도독부와 7개의 주로 편성했다. 또한 이들을 관리하기 위해 몽골리아 남부의 음산(陰山) 남쪽에 해당하는 포두(包頭), 오원(五原) 방면에 연연도호부(燕然都護府)를 설치했다. 이 단계에서는 당조의 실효적 지배력이 몽골리아 북부에는 미치지 못했을 것이다.

연연도호부의 장소는 정확히 몽골리아 북부의 투르크계 여러 부족들(철륵)이 장안으로 입공하는 경로(이를 참천가한도參天可汗道라 한다)의 출입구에 해당했다. 몽골리아 북부와 중국 본토를 연결하는 참천가한도에는 68곳의 역참(驛站)이 설치되면서 역도(驛道)가 정비되었다. 그리고 이 길을 통과하는 사신에게는 말과 술, 고기가 제공되고 매년 담비가죽이 공물로 장안에 보내졌다.

한편 고구려에 대해서는 이미 수나라 대부터 원정이 시행되었지만 모두 실패했다. 당조가 탄생하자 고구려는 신라, 백제와 함께 당에 입조했고 당으로부터 책봉을 받아 요동군왕(遼東郡王)의 칭호를 지니고 있었다. 그러나 한반도 삼국 간의 관계가 악화되면서 서로 상대방의 침입을 당에 호소하는 등 당과 한반도 삼국의 관계는 불안정했다. 머지않아 당과 신라가 접근했기 때문에 고구려는 백제와 연맹을 맺어 이에 대항하는 형세로 접어들었다. 태종은 두 차례에 걸쳐 고구려 원정군을 일으켜 정복하려 했지만 두 번 모두 실패했다. 이는 태종에게 커다란 미련으로 남았을 것이다. 태종이 살아 있는 동안 당에게 마지막 강적인 고구려를 정복하고자 했다는 것은 분명하다. 그러나 태종의 시대에는 고구려 문제가 해결되지 않았고, 다음 황제인 고종의 과제로 남게 되었다.

그런데 태종은 무력을 행사하는 것만으로 대외 정책을 강행했던 것은 아니다. 현재의 티베트에서 당조 사람들이 '토번'(土蕃)이라고 부른 티베트 제국이 탄생하여 7세기 초에는 상당히 큰 세력이 되어 두각을 드러냈다. 당시 티베트 제국의 젠뽀(황제)는 송첸감뽀(600년 무렵~649년)였다. 당과 티베트 제국 사이에는 무력 충돌이 몇 차례 일어났는데, 당의 황녀 문성공주(文成公主)와 송첸감뽀(혹은 송첸감뽀의 아들)가 혼인을 하게 되었다(641년). 이렇게 외국(번)으로 시집을 보내서 화친을 도모한 당 황실의 여성을 '화번공주'(和蕃公主)라고 한다. 한편 티베트에서는 외국과 혼인을 맺어 '장인·사위 관계'를 형성하여 이를 외교에 이용했다. 이렇게 양국 간에는 평화롭고 안정적인 관계가 만들어졌던 것이다. 이에 덧붙여서 티베트 제국은 이후 9세기 후반까지 당조의 역사에 큰 영향과 위협을 지속적으로 주는 존재가 된다.

이렇게 태종의 시대에 당의 황제를 정점으로 하고, 주변 여러 부족들을 지배하거나 혼인을 통해 느슨하게 영향력을 끼치는 동유라시아 제국이 탄생했다.

태종과 현장(玄奘)

태종의 시대에 현장(602~664)의 활동을 무시할 수 없다. 훗날 『서유기』의 삼장법사의 모델이 되기도 한 이 불교 승려는 중국에서 불교의 교의를 연구하는 것에 한계를 느끼고, 당에서 몰래 출국하여 인도로 구법 여행을 떠났다.

장안을 출발한 현장은 하서회랑을 따라 서쪽으로 나아가서 고창국을 거쳐 현재 키르기스 공화국의 토크마크 근처에 있는 수이아브에 도착하여 서돌궐의 카간을 만났다. 고창국왕이 현장의 인도 여행을 도와주었듯이 카간이 써 준 서신 덕분에 여기에서부터는 서돌궐 카간의 보호를 받으면서 계속 여행을 할 수 있었다. 결국 무사히 하르자 왕이 통치하는 바르다나 왕조의 인도에 도달했다. 날란다의 승려 사원에서 연구를 거듭한 현장은 대량의 불교 경전을 가지고 귀국했다(645년).

그리고 현장은 태종의 지원을 받아 인도에서 가져온 대량의 불교 경전을 번역하는 일에 종사했다. 현장은 그 이전에 불교 경전을 한어로 번역할 때 썼던 어휘와는 다른 번역어를 사용하여 불교 경전을 번역했다. 번역어의 선정에는 엄밀함, 쇄신성, 수미일관성이 있어 종전과는 구분되는 전환점이 마련되었다. 그래서 현장의 번역을 '신역'(新譯)이라 부르고, 현장 이전의 것을 '구역'(舊譯)이라 부른다.

현장의 주된 관심은 유식(唯識)의 교의에 있었다. 그 교단은 태종과 다음 황제인 고종 정권과 깊이 연결되어 있어 당 황실의 보호 정책 아래에서 유식교학(법상학法相學)을 집대성하는 것이 활발하게 이루어지면서 중국 불교계에 커다란 족적을 남겼다. 이와 관련해서 유식교학은 현장에게 배운 도쇼(道昭, 653년에 두 번째 견당사와 함께 당으로 건너왔다가 661년에 일본으로 귀국했다)를 통해 일본으로 전해졌다.

현재 불교학자나 불교사 연구자들은 태종의 불교 보호 측면을 강력하게 주장한다. 그들은 태종이 현장을 후하게 대우하고 그의 엄청난 번역 사업을 지원한 것은 그 경전 중에 밀교 계열인 것이 있어서 국가를 수호하는 역할을 기대했던 것이라고 언급한다. 혹은 친불교파의 문벌 세력을 거두어들이기 위해 불교를 보호했다고 보기도 한다.

그러나 이 시기 당 황실이 중시한 것은 도교였다. 이는 당에 앞선 수가 불교 제국이었던 것과는 크게 다른 점이다. 당 황실이 도교를 귀하게 여겼던 것은 도교의 시조로 떠받들어진 노자(본명은 이이李耳)와 성씨가 같았기 때문이라고 보기도 하고, 혹은 수당혁명 때에 장안의 서쪽 교외에 있던 누관(樓觀, 도교 초창기의 궁관宮觀이다. 노자로부터 『도덕경』을 받았다는 윤희尹喜의 옛 집이었다)의 도사가 이연을 원조하면서 크게 공헌했기 때문이라고 보기도 한다. 그리고 현무문의 변 시기에도 불교 집단이 이건성 등을 지지한 것에 반해 도교 집단은 태종을 지지했다. 그래서 태종은 "(앞으로는 모든 의례 장소에서) 도사와 여관(女冠)은 승려와 비구니의 앞에 두는 것이 좋겠다"라는 조서를 내렸다(637년).

도교를 중시하는 '도선불후'(道先佛後)라는 당조의 태도는 무측천이 불교를 중시한 한 시기를 제외하면 그 이후에도 일관적으로 유지되었다. 그 태도에는 수를 부정하고 등장한 당의 입장에서는 수 문제가 불교를 통치 이데올로기로 삼았던 것에 대한 안티테제로서 도교를 중시했다는 측면도 고려할 필요가 있을 것이다.

『대당서역기』

그런데 태종이 현장을 중용한 것은 순수한 불교 신앙 때문이 아니다. 중앙아시아에서 패권을 장악한 서돌궐을 멸망시키기 위해서 현장이 가져온 중앙아시아의 최신 정보를 태종은 필요로 했던 것이다. 그래서 현장이 인도에서 귀국했을 때에 태종은 그를 환속시켜서 외교관으로 채용하고 싶어했다. 정치적, 군사적 목적 때문에 불교 승려인 현장을 이용하고자 한 것이라고 말할 수 있다. 그러나 현장은 경전 번역을 평생 해야 될 작업으로 결정했고, 당연히 태종의 요청에 따르지 않았다. 그래서 두 사람의 절충안으로 인도 왕복 여행에 관한 보고서를 제출하는 것이 결정되었다고 한다. 그것이 현재 우리가 보고 있는 『대당서역기』이다.

『대당서역기』에는 재미있는 일화가 있다. 현존하는 『대당서역기』의 구성이 왜곡됐다는 점이다. 이 책은 전체 12권으로 구성되었는데, 그중에서 중앙아시아의 여러 국가에 대해서 기록되어 있는 것은 제1권(인도로 가는 길)과 제12권(인도에서 돌아오는 길)뿐이다. 그리고 당연히 기록되어야 마땅할 정보가 기록되어 있지 않다. 예를 들면 서돌궐의 카간과 만난 일화는 이 책에는 보이지 않는다.

실은 우리가 현재 확인할 수 있는 『대당서역기』와 현장이 태종에게 제출한 원본 『대당서역기』는 다른 것이었다고 추정하는 주장이 있다. 원본에는 훨씬 정보가 많았는데, 특히 서돌궐에 관한 중앙아시아의 최신 정보는 당의 서역 경략에서 중요한 군사적 기밀이었기 때문에 세간에 유포되어서는 안 되었고, 중앙아시아 부분의 정보를 숨긴 것이 편집되어 제2판으로 유포되었다고 보는 것이다.

이러한 가설을 뒷받침하는 것으로, 『대당서역기』를 실제로 편집하고 집필했던 현장의 제자 변기(弁機)는 태종의 딸 고양공주(高陽公主, 방현령의 차남의 부인)와 밀통한 것으로 여겨져 허리부터 아래를 베어 버리는 형벌에 처해졌다. 이는 본래 『대당서역기』의 내용을 알고 있던 변기의 입을 막기 위해서 날조한 사건이라고 추정되고 있다. 덧붙여서, 이때 고양공주에게는 비난의 화살이 가지 않았는데, 고종이 즉위하고 얼마 지나지 않아 대역 사건에 연루되어 사형이 내려졌다.

또 한 가지, 현장이 사망했을 때에 완성되고 있던 현장의 전기도 함께 매장되었다는 사실이다. 이는 전기의 내용 중에 세간에 유포되는 것이 꺼려지는 정보, 즉 현장이 견문한 중앙아시아의 최신 정보가 기록되어 있었기 때문으로 보는 것이 이치에 부합한다. 실제로는 서돌궐이 멸망한 이후에 이 전기가 다시 발굴되어 수정을 더해서 『대자은사삼장법사전』(大慈恩寺三藏法師傳)으로 완성되었다(688년). 이 전기에는 『대당서역기』에 보이지 않는 서돌궐 등의 정보가 분명하게 적혀 있다. 이는 전기가 당의 세간에서 퍼져 나갔을 때에 서돌궐은 이미 당의 지배 아래로 들어와서 기밀 정보가 아니기 때문이었을 것이다.

태종의 사망

후대에 '정관의 치'를 통해 천하가 태평한 시대를 이룩한 '명군'으로 칭해지는 태종도 병마를 이기지는 못했다. 오랜 시간 전쟁으로 분주하게 돌아다녔던 그의 신체는 계속 병들어 갔던 것이다. 그리고 결국 태종은 요양을 하던 장소인 종남산(終南山, 장안의 남쪽. 진령산맥의 일부)에 위치한 취미궁(翠微宮)에서 세상을 떠났다(649년). 향년 52세. 기묘하게도 티베트 제국의 송첸감뽀도 같은 해에 사망했다. 두 사람의 죽음은 양국의 역사가 점차 대립의 시대로 변해 가는 징조였다.

죽음의 때가 다가오자 태종은 황태자 이치(李治)에게 "장손무기와 저수량이 있으면, 천하를 걱정할 것이 없다"라고 말했고, 장손무기와 저수량에게 황태자의 보좌를 유언했다. 저수량의 조상은 대대로 남조에서 관직을 맡았던 가문이었다. 진왕 시절부터 신임을 받으면서 재상에까지 올랐던 인물이다. 태종의 유해는 상(喪)을 숨긴 채 장안으로 돌아왔고, 태극전에서 관에 안치한 이후 장안에서 서북쪽으로 60킬로미터 정도 떨어진 곳에 있는 구종산(九嵕山)을 이용해서 만든 소릉(昭陵)에 매장되었다.

소릉 육준의 부조
소릉(昭陵)의 여섯 준마 중 하나인 '청추'(靑騅). 이세민이 두건덕을 공격할 때에 탔던 애마(愛馬)

태종이 사망했을 때에 아사나사이와 계필하력(契苾何力)과 같은 유목 부족의 수장을 순장시키려고 했는데, 3대 황제가 된 고종이 이를 중단시켰다. 그 대신에 태종에게 복속한 주변 여러 국가의 수령 14명의 석상이 소릉의 북쪽 경사면에 설치된 북사마문(北司馬門) 안쪽에 세워졌다고 한다. 그리고 태종의 애마 6마리(이를 육준六駿이라 한다)의 석상 릴리프도 이곳에 두어졌다. 현재 14명의 '번신상'(蕃臣像)은 몇 개의 기단만 남은 이외에는 현존하지 않는다. '육준' 릴리프 중의 2마리는 미국의 펜실베이니아

대학이 소장하고 있고, 다른 4마리는 서안의 비림박물관(碑林博物館)에 전시되어 있다.

제2장

무주혁명(武周革命)
— 7세기 후반~8세기 초

1. 고종과 무 황후

당조의 세 번째 황제

태종의 뒤를 이은 사람은 아홉 번째 아들 이치(628~683)였다. 묘호로는 고종(재위 649~683)이라 불린다. 미야자키 이치사다는 청조의 옹정제(雍正帝)를 언급했을 때에 '왕조가 번영할지 쇠퇴할지는 대개 세 번째 황제 무렵에 결정된다'고 했는데, 당조의 세 번째 황제의 경우는 어떠했을까?

당의 제3대 황제 선출에는 처음부터 불온한 분위기가 흐르고 있었다. 태종에게는 모두 14명의 아들이 있었고, 장손 황후와의 사이에서는 장남 이승건(李承乾), 넷째 아들 이태(李泰), 그리고 아홉 번째 아들 이치, 3명의 아들이 있었다. 태종이 즉위했을 때에 장남 이승건이 8세에 황태자가 되었다. 이승건은 표면적으로는 총명하고 평소의 행실도 좋았으며 신하들의 평판도 그럭저럭 괜찮아서 태종은 그를 총애했다.

그러나 그의 내면에 있는 모습은 '성색(聲色)과 사냥을 좋아하고, 행하는 것은 사치'였으며 하찮은 무리들과 어울리는 인물이었다고 전해진다. 그리고 이승건은 후천적인 병으로 인해 발이 부자유스러워서 걷는 것을 어려워했고, 이것이 그에 대한 나쁜 평판으로 연결되었다.

한편 이승건의 동생 이태는 학문을 좋아하고 문인들을 소중히 여겼기 때문에 평판이 좋았다. 태종도 점차 이태를 총애하게 되면서 머지않아 이승건과 이태를 둘러싼 붕당이 형성되었고, 양자의 대립이 발생했다.

기록에 따르면, 어머니인 장손 황후가 사망했을 무렵부터 이승건의 기행이 늘어났다고 전해진다. 예를 들면 그는 돌궐의 문화에 관심을 가지고 있어서 돌궐의 복장과 언어를 좋아했고, 돌궐인의 풍모를 가진 자를 선발하여 양치기로 삼아 유목민의 텐트를 펼쳐 그곳에 거주하기도 했고, 스스로 돌궐의 카간이 되어 죽는 흉내를 내면서 돌궐식의 장례를 행했다는 등의 기록이 남아 있다. 역사서에 전하는 '기행'은 훗날에 그가 황태자에서 폐위되는 요인이었던 것처럼 기록되어 있다. 반면, 이는 '기행' 같은 것이 아니라 당조 초기의 궁정에서는 유목민의 색채가 있는 풍습이 남아 있었음을 반영한다는 견해가 있다는 점도 밝혀 둔다.

어쨌든 황태자 이승건은 태종의 동생인 한왕(漢王) 이원창(李元昌)과 모반을 꾀했다는 이유로 황태자에서 폐위되고 말았다. 그리고 태종이 새로운 황태자로 삼으려고 한 사람은 이태였다. 그러나 장손 황후의 오빠이자 태종과는 어렸을 때부터 친구인 장손무기를 필두로 하는 원훈들은 완고하게 이치를 후계로 삼을 것을 진언했다. 이태는 형세가 좋지 않다고 판단하여 동생인 이치에게 "너는 원창 숙부와 사이가 좋았는데, 지금 그놈은 모반이 발각되어 야단이 났구나. 필시 걱정이 되겠지?"라고 귓속말을 했다. 이를 들은 이치는 태생적으로 성격이 유약한 것도 있어서 벌벌 떨었다고 한다. 이치의 안색이 나쁜 것을 본 태종이 이유를 묻자 이치는 이러저러한 사정을 말했고, 태종은 이태를 태자로 세우려 했던 것을 후회하기 시작했다. 이리하여 결국 장손무기 등이 추천한 이치가 황태자의 자리에 올랐다(643년). 이는 태종의 사망 이후에도 장손무기가 자신의 권력을 유지하기 위한 정략이었다고 생각된다.

태종은 죽음 직전에 이르게 되자 변변치 못한 황태자를 걱정하지 않을 수 없었다. 이치에게 있어서 장손무기는 외삼촌이므로 문제가 없다. 그러나 태종의 시대 후기의 명장으로 재상의 대우를 받던 이세적(李世勣)과 이치는 관계가 깊지 않았다. 그래서 태종은 일단 이세적을 지방관으로 좌천시켰고, 이치가 황제에 즉위한 후에 그를 다시 중앙으로 소환하라고 유언했다. 이를 통해 새로운 황제와 이세적의 관계를 강고하게 만들고자 생각했던 것이다. 그러나 이것이 이세적의 마음에 의혹을 불러일으키면서 훗날 당의 황실에 위기를 초래하게 되리라는 점은 태종도 이치도 생각하지 못했을 것이다.

정관 시대의 유풍(遺風)

고종의 치세 초기에는 문신 장손무기와 저수량(褚遂良), 무신 이적(李勣, 태종의 이름 세민世民의 이름 글자를 피하기 위해서 이세적이 이적으로 개명) 같은 태종 시대의 유신들이 있어서 태종 시대의 사업을 지속했고, 이에 정관 시대의 유풍이 존재했다.

고종이 즉위하고 2년이 지난 후에는 영휘율령(永徽律令)이 반포되었다(651년). 그리고 또 2년 후에는 장손무기가 영휘율에 주석을 붙인 『율소』(律疏)가 완성되었다. 현재 확인할 수 있는 『당률소의』(唐律疏議)는 조금 더 훗날인 현종의 개원(開元) 시대에 나왔지만, 고종의 시대에 편찬된

『율소』를 따르고 있다. 그리고 이와 동시에 태종의 시대에 명령이 내려졌던 『오경정의』(五經正義)도 완성되었다. 이를 통해 위진남북조 이래 다양한 해석이 이루어지던 유교 경전의 텍스트가 통일되었다.

한편 당조에 귀순한 주변 여러 민족에 대한 지배를 보다 강화했고, 태종의 대외 확장 노선도 계승하면서 당조의 영역은 전례가 없는 크기로 팽창되었다.

예를 들면 아사나사마의 통솔 실패 때문에 불안정해졌던 몽골리아 남부에서부터 오르도스에 있던 돌궐 유민도 새롭게 11곳의 주로 재편성되었고, 이를 정양(定襄)과 운중(雲中) 두 도독부에 나누어 예속시켰다(649년). 이때 당조는 정양도독에 아사덕씨(阿史德氏) 족장을 임명했고, 운중도독에 사리씨(舍利氏) 족장을 임명하면서 카간 일족인 아사나씨를 도독으로 임명하지 않고 운중도독의 관할 아래에 두는 조치를 취했다. 당조가 돌궐의 부흥을 염려한 때문이었을 것이다. 그리고 정양도독부와 운중도독부는 연연도호부(燕然都護府)의 감독을 받았다. 이후 당조에 의한 돌궐의 지배는 30년 동안 지속되었다.

7세기 중반이 지나자 몽골리아 북부에서 철륵이 반란을 일으켰다. 2년 정도에 걸쳐 이 반란을 평정한 당조는 연연도호부를 몽골리아 북부의 오르콘강 유역으로 옮겼고(663년), 한해도호부(瀚海都護府)로 이름을 바꾸었다. 이는 당조의 동유라시아 세계 통치에서 획기적인 사건이었다고 할 수 있다. 그 이유는 아마 최초로 몽골리아 북부에 성곽도시(투그 발릭)를 건설하여 철륵의 여러 부족들을 통제하게 되었기 때문이다. 한편 몽골리아 남부의 돌궐 유민에 대해서는 운중도호부를 두었다. 훗날에 이 운중도호부는 이름이 선우도호부(單于都護府)로 바뀌고(664년), 한해도호부는 안북도호부(安北都護府)가 되었다(669년).

서방에서는 태종의 시대에 귀순한 서돌궐의 아사나하로(阿史那賀魯)가 태종이 사망한 직후에 반란을 일으켰지만, 당조는 7년에 걸쳐 이를 진압하고 서역 방면에서의 지배를 확립했다. 그리고 서주(西州)로 철수했던 안서도호부를 구자(쿠처)로 옮기고, 구자 이외에 우전(호탄), 소륵(카슈가르), 언기(카라샤르)의 옛 오아시스 국가에 군진(軍鎭)을 설치하여(이를 안서사진安西四鎭이라고 칭한다) 서역 경영을 강화했다(658년). 당조의 서방 진출은 더 지속되어 파미르 고원을 넘어 소그디아나(우즈베키스탄 동부)에서부터 토하리스탄(아프가니스탄 북부), 그리고 시스탄(아프가니스탄 서남부와 이란 동부의 국경 지대)에까지 이르렀다. 당조는 이 지역에 서역

16도호부를 설치하고, 영향력을 행사하게 되었다(661년).

　흥미로운 점은 이때 '파사도독부'(波斯都督府)가 설치되었던 것이다. 장소는 시스탄 지방의 자란지(메르브 부근의 자란지라는 주장도 있다)였다. 이는 사산왕조 최후의 황제인 야즈데게르드 3세의 아들 페로즈를 도독으로 삼고, 사산왕조의 유민을 배치한 것이었다. 7세기 전반에 발흥한 이슬람에게 멸망한 사산왕조의 후예는 당조의 비호를 받으면서 망명정권을 세운 것이다. 그러나 661년에 우마이야왕조가 성립하면서 그곳은 순식간에 이슬람 세력에 의해 병합되었고, '파사도독부'의 설치는 구상에 그치고 말았다. 페르시아제국 부흥의 꿈이 깨진 것이다. 장안으로 돌아온 페로즈는 실의 속에서 객사했다(마에지마 신지前嶋信次에 따르면, 677~678년 무렵의 일이다).

　동쪽의 만주에서 한반도에 걸친 지역에서는 우선 백제를 멸망시켰고(660년), 수나라 대 이래 최대의 현안 사항이었던 고구려를 신라와 연합하여 결국 멸망시켰다(668년). 그리고 평양에 안동도호부(安東都護府)를 설치하여 만주에서부터 한반도 방면의 지배를 확립했다.

고종의 평가

고종의 치세는 34년 반에 달한다. 이는 현종의 치세 44년 다음으로 당조의 역사상 두 번째로 긴 것이다. 그러나 고종은 병약했던 탓에 그 치세를 혼자의 힘으로 통치한 것은 아니었다. 그 파트너는 고종의 황후였고, 훗날 중국 역사상 유일한 여성 황제가 되는 무씨(무측천)이다.

기록에 따르면 고종은 즉위하고 11년 만에 '풍현'(風眩, 간질 혹은 현기증의 일종) 발작을 일으켰고, 이를 계기로 자신을 대신하여 황후 무씨에게 정무를 맡기게 되었다고 한다. 이렇게 정치의 실권은 점차 황후 무씨에 의해 장악되었고, 고종이 사망한 이후 결국 당조는 찬탈을 당하게 된다. 이를 보면 고종은 번영한 당조의 세 번째 황제이기는 했지만 이 절의 첫머리에서 소개했던 미야자키 이치사다의 판단과는 아주 달랐던 것 같다. 그러나 역성혁명을 일으켜 주(周) 왕조를 건국한 무측천을 굳이 고종과 세트로 보고 '세 번째'라고 간주한다면, 확실히 당조 290년의 명맥을 확립한 시대라고 말할 수 있을지도 모르겠다. 그렇다면 무측천의 시대는 어떤 시대였을까?

무측천, 후궁에 들어오다

시간을 조금 거슬러 올라가서 고종의 부인이 되는 무측천이 무대에 등장하는 모습을 살펴보자.

그녀는 중국 역사상 여성으로서는 드물게 이름이 전해지고 있다. 조(曌)라고 한다. 이 '조'(曌)라는 글자는 그녀가 황제가 되기 1년 전(689년)에 창조한 문자, 이른바 측천문자의 하나인데, 글자 '조'(照)에 대응하는 것이다. 이로부터 무측천의 본명을 '무조'(武照)라고 소개하는 책도 있지만, 실제로 사료에서는 어디에도 '무조'라는 이름은 나오지 않는다. 『구당서』, 『신당서』, 『자치통감』과 같은 공식 기록에서는 모두 '이름은 조(曌)'라고 되어 있다. 그리고 이 글자를 이름으로 삼은 것은 황제가 되기 직전, 즉 측천문자를 제정할 때였다. 그렇다면 본래 그녀의 이름이 무엇인지는 알 수 없다. 그래서 지금은 그녀를 무씨라고 부르기로 한다. 전근대 중국에서는 여성의 이름이 전해지지 않는 것이 보통이고, 그래서 여성은 성에 씨(氏)를 붙여서 부르기 때문이다. 이 책에서는 그녀가 얻은 지위에 따라 호칭을 바꾸고자 한다.

무씨는 병주(幷州) 문수(文水, 산서성 문수현)에 본적이 있었다. 부친 무사확(武士彠)은 당조가 건국되었을 때에 태원에서 거병한 이연을 따른 '원종'(元從) 중 한 사람이었고, 모친은 수의 황족인 관덕왕(觀德王) 양웅(楊雄)의 질녀였다. 양웅의 일족은 홍농(弘農)에 본적을 둔 명족이었는데, 그보다도 수 황실과 연결된 관롱 집단의 일원이었다는 점이 중요했을 것이다. 당조에서는 나쁘지 않은 가문이었다고 할 수 있다. 다만 '무씨'의 모친인 양씨는 무사확의 재혼 상대였고, 결혼 당시에 그녀의 나이는 40세를 넘었다고 한다. 아마 무사확은 자신의 가문이 지위가 낮았기 때문에 명문 출신인 그녀에게 장가를 갔을 것이다(2-1).

고종의 정처(正妻)는 황태자 시절에 결혼한 왕씨로, 고종이 즉위하면서 그녀가 황후가 되었다. 왕 황후는 태원 왕씨라고 하는 전국에서 명성을 떨친 문벌 출신이었고, 또한 우문태(宇文泰)와 함께 관중으로 옮겨온 가문이기도 했다. 그뿐만 아니라 왕 황후 부친의 사촌은 당 고조 이연의 여동생을 부인으로 맞이했기 때문에 황실과도 연결되어 있었다. 모친은 유씨(柳氏)였는데, 이 또한 하동(산서성) 해현(解縣)에 본적이 있는 명문 가문이었다. 그러나 고종과 왕 황후 사이에는 자식이 없었다. 그래서 고종의 총애는 점차 소 숙비(蕭淑妃)에게로 옮겨 가고 있었다. 이를

2-1 무측천 일족의 계보도
□로 둘러싸인 4쌍은 혼인을 표시한 것이다.

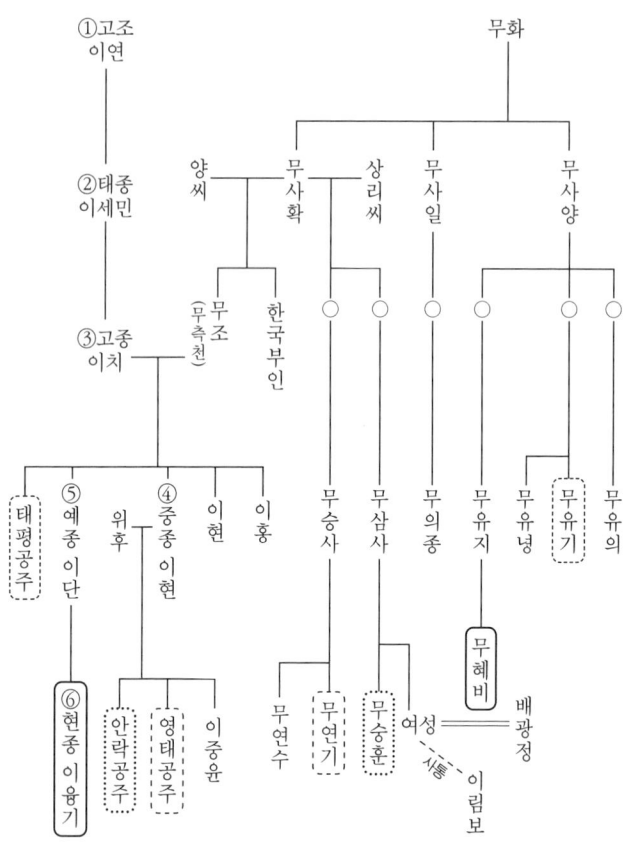

두려워한 왕 황후는 고종이 이전에 무씨를 마음에 두었다는 것을 생각해내고, 그녀를 후궁에 들여서 소 숙비를 견제하려고 생각했다. 소 숙비의 가문은 알 수 없지만, 성인 소씨를 통해 추측해 보면 남조 양나라 황실의 일족이었을 가능성이 있다.

무씨는 본래 태종의 후궁에 있던 재인(才人)이었다. 재인은 여관(女官)의 관직 명칭 중 하나이다. 당의 후궁에는 황후 아래에 부인(夫人)과 4명의 '비'(妃)가 있고, 그 아래에 '소의'(昭儀)와 '소용'(昭容) 등 구빈(九嬪)이 있었다. 그리고 그 아래에 '첩여'(婕妤), '미인'(美人), '재인' 등이 두어져 있었다. 그녀들은 외조(外朝) 관료와 마찬가지로 관명과 관품을 지녔고, 봉록도 받았다.

태종이 사망한 이후, 무 재인은 비구니가 되어 감업사(感業寺)에 들어가 있었다. 왕 황후는 태종의 기일에 고종을 보제사(菩提寺)의 감업사에서 참배를 하도록 보냈고, 감쪽같이 무씨와 고종을 재회하게 만드는 것에 성공했다. 이를 계기로 무씨는 환속하여 후궁에 들어왔다는 것이 정사와 『자치통감』에 전하는 내용이다. 『자치통감』에는 무씨의 입궁을 영휘(永徽) 5년(654)의 일이라고 기록하고 있다.

그러나 이 통설과 『자치통감』의 입궁 연대에는 이해할 수 없는 점이 있다. 고종과 무씨의 첫 아들인 이홍(李弘)은 영휘 3년(652)에 태어났다. 그렇다면 후궁에 들어오기 전에 출산한 것이 되어 버린다. 또한 감업사의 위치도 잘 알 수가 없다. 그래도 태종의 '보제사'의 위치를 특정할 수 없다는 등의 일이 가능한 것일까? 보제사가 안업방(安業坊)에 있던 안업사(安業寺)라는 주장도 있지만 확실하지는 않다. 만약에 감업사가 안업사의 잘못된 표기라고 하더라도 태묘에서 제사를 받게 되는 당 황제(태종)에게 보제사라는 것이 존재했을지에 대한 의문이 생긴다. 그리고 후궁의 여관들은 이전 황제가 사망함과 동시에 과연 전원이 출가하여 절에 들어갔을까?

 이러한 문제를 탐구하는 과정에서 다음과 같은 가설이 제출된 바 있다. 즉 고종과 무씨의 남녀로서의 관계는 태종이 죽음에 가까워졌을 때에 베갯머리에서 이미 시작되었다는 것이다. 태종이 사망한 이후 두 사람은 휴상방(休祥坊) 내에 있는 무씨 외조부의 저택에서 은밀히 만났다. 그래서 휴상방 내에 있던 작은 비구니 사찰로 수 양제가 칙령을 내려 건설했던 명찰인 도덕사(道德寺)의 사찰 현판을 옮기고, 명목상 무씨까지 포함한 태종의 여관들을 이 도덕사에 '출가'시켰다. 이리하여 고종과 무씨는 휴상방의 도덕사를 탈출구로 삼았고, 실제로는 양씨 가문의 옛 저택을 이용하여 계속 비밀 만남을 가졌다. 이때 무씨는 고종의 아들을 임신하게 되고 이것이 계기가 되어 후궁에 들어왔다. 다만 이러한 사실은 무씨가 여자 황제가 되었을 때에 은폐되었고, 현재 역사서가 전하고 있는 '감업사 전설'이 창조되었다. 여기까지가 가설의 내용이다.

소의에서 황후로

후궁에 들어온 무씨는 소의가 된다. 태종의 부인에게 고종이 다시 '장가'를 간 것이다. 이것이 역사서에서는 도덕에 어긋나는 일이라고 비난을 받고 있지만 그것은 유교적 가치관을 지닌 사람들의 일방적인 견해이다. 유목민의 풍습에서 사망한 아버지의 부인에게 자식이 장가를 가는 것은 가능한 일이었다. 고종이 무씨를 후궁에 들일 당시의 궁정에는 당 황실에 유목 문화의 분위기가 여전히 남아 있었다고 지적할 수도 있겠다. 이 점은 이승건의 '기행'과도 겹쳐진다.

반면에 외조의 관료들 중에서는 이러한 유목적 습속을 이해하지 못하는 유교적 도덕관을 지닌 사람들도 있었다. 이 양자의 충돌을 거쳐 무씨의 황후 책립, 얼마 지나지 않아서는 황제 즉위의 길이 열리게 된다.

어쨌든 후궁에 들어온 무 소의는 그녀의 소통 능력을 충분히 발휘하여 인간관계를 만들었고, 왕 황후와 소 숙비의 동정을 파악했다. 그리고 자신이 낳은 여자 아이를 살해하여 그 죄를 왕 황후에게 뒤집어씌우고, 고종을 포섭하여 왕 황후를 폐위시키게 만들고자 했다. 이것은 무 소의가 황후가 되는 것으로 연결된다. 당조의 일대 사건이다. 과연 장손무기는 이를 허락하지 않았고, 무 소의의 계획은 일단 좌절되었다.

그러나 점차 왕 황후의 형세가 나빠졌고, 반면에 무 소의가 황후에 오르려는 야심은 점점 커져 갔다. 이러한 조정 내부의 분위기에 민감하게 반응한 사람은 문장 재능으로 중앙정부의 핵심에 들어왔으나 북주, 수·당 건국 이래의 지배 집단에는 속하지 않는 신흥 세력 관료들이었다.

예를 들면 당시 예부상서 허경종(許敬宗)은 5대 이전의 선조가 송 왕조에서 벼슬을 한 이후로 그 가문은 계속 남조의 관직을 역임했다. 허경종 본인은 수 왕조 대에 수재과(秀才科)에 합격했다. 수 말기의 혼란 시기에 군웅의 한 사람인 이밀을 따랐고, 당이 건국된 이후에 태종에 의해 발탁된 인물이다. 그는 장손무기에게 무 소의를 황후로 만들자고 추천했지만 장손무기는 일축해 버렸다.

중서사인(중서성의 3등 관직) 이의부(李義府)는 하북 중부 출신이다. 문장의 재능 때문에 지위가 오른 인물로 고종이 진왕(晋王)이었을 때부터 측근에서 그를 모셨다. 이의부는 장손무기로부터 미움을 받아 지방으로 좌천될 위기에 놓여 있었다. 그래서 과감히 고종에게 무 소의를 황후로 책립할 것을 건의했고, 이것이 고종과 무 소의의 마음과 들어맞으면서 좌천은 취소되었으며 오히려 중서시랑(중서성의 차관)으로 출세하게 되었다. 무 소의를 둘러싼 추대 집단과 왕 황후를 지지하는 집단의 대립이 격렬해졌지만, 무 소의를 무턱대고 총애하던 고종은 당연히 무씨를 황후로 책립하는 것에 일정한 역할을 맡았다.

고종은 무 소의와 함께 태종 시대 이래의 원훈인 장손무기의 사저로 행차하여 무 소의를 황후로 삼기 위해 설득을 시도했지만 아예 상대가 되지를 못했다. 결국 고종은 재상들을 내전으로까지 불러들여서 무 소의를 황후로 세우겠다는 의지를 내보였다. 첫 날에 이적은 자리에 없

낙양의 용문석굴.
고종과 무황후가 조영한 봉선사동(奉先寺洞)(675년)

었고, 장손무기와 저수량 등이 들어갔는데 결론은 나오지 못했다. 다음 날, 다시 재상들을 소집했을 때에 저수량이 맹렬하게 반대했기 때문에 또 다시 무씨를 황후로 세우는 일은 보류되었다. 그러나 그 이후에 이적이 홀로 내전에 들어갔고, 고종으로부터 무 소의를 황후로 세우는 일에 대한 질문을 받자 "이는 폐하의 집안일이니, 새삼스럽게 외부 사람들에게 물어볼 필요 따위는 없습니다"라고 대답했다. 이적의 말을 들은 고종은 결단을 내렸고, 결국 조서를 내려 무씨를 황후에 책립했다(655년).

이러한 이적의 언동은 장손무기 등 태종 이래의 측근

집단으로부터 이탈한 것, 그리고 태종이 사망하기 직전에 좌천되었을 때부터 품은 불신감과 원한 때문에 만들어진 것일지도 모르겠다. 또 하나는 이적이 무장이었다는 점도 다른 재상들과는 다른 언동을 내세운 이유라고 보는 관점도 있다. 태종 시기 이래 현안이던 고구려 정벌에 대해서 신중론을 편 저수량과 적극파인 이적 사이에는 큰 격차가 존재했던 것이다.

권력의 장악

 이제 이렇게 황후가 된 무씨는 앞으로 자신의 기반을 확고하게 만들기 위해 장애물을 제거해 갔다. 폐위된 왕황후와 소 숙비는 유폐되어 있었는데, 우유부단한 고종이 두 사람을 생각하면서 유폐되어 있던 장소를 찾아갔고 그들을 구출하려고 한 것 때문에 무 황후의 분노가 폭발했다. 왕씨와 소씨는 각각 곤장 100대를 맞고, 손과 발이 잘려 술항아리에 넣어지게 되었다. 무 황후는 "두 사람을 뼈까지 부서 버려라"라고 저주했다고 한다. 며칠 후, 두 사람은 사망했다. 그럼에도 분노가 풀리지 않은 무 황후는 왕씨를 망씨(蟒氏), 소씨를 효씨(梟氏)로 성을 바꾸면서(망은 이무기, 즉 큰 뱀을 의미. 효는 올빼미라는 뜻) 철저하게 모욕을 주었다.

정사와 『자치통감』에 전하는 이 일화는 무 황후의 천성이 굉장히 잔학했음을 이야기하고 있다. 그래서 장안성의 궁성에서부터 봉래궁(蓬萊宮, 대명궁)으로 이동하는데, 여기에도 망령이 나타난다고 하여 결국 낙양에서 체재하는 날이 많았다고 전해진다. 이것은 무 황후도 망령은 두려워했다는 인간과 같은 측면을 전해 주는 일화이지만, 실은 여기에는 남성 중심의 가치관을 전환하는 별도의 의도가 있었다는 점이 지적된다(이에 대해서는 후술).

그런데 무씨가 황후가 되기 이전에 이미 고종의 장남 이충(李忠)이 왕 황후와 장손무기 등의 지지를 얻어 황태자로 책립되어 있었다. 무 황후와 고종 사이에는 아들 이홍(李弘)이 있었고, 무 황후는 이홍을 이충을 대신하여 황태자로 세워서 자신의 지위 안정을 도모했다. 동시에 이는 장손무기 등의 세력에게 커다란 동요를 일으켰던 것으로 보인다.

무 황후는 정계의 사람 구도를 바꿔 놓으려는 계획을 꾸몄다. 장손무기를 필두로 무 황후에 반대하는 파벌의 재상들을 실각시킨 것이다. 무씨의 황후 책립에 맹렬하게 반대한 저수량은 이미 고종의 역린을 건드리면서 지방관으로 좌천되어 있었는데, 그와 마찬가지로 무씨의 황후 책립을 저지하려 했던 다른 재상들과 함께 모반의 죄를 뒤집어쓰면서 이후 변경 지역의 지방관으로 좌천되었다. 이렇게 중앙에는 장손무기 한 사람만 남게 되었다. 공백이 된 재상의 자리에는 무 황후의 황후 책립에서 큰 역할을 한 허경종과 이의부가 임명되었다.

중앙에서 고립된 장손무기는 얼마 후 모반의 혐의를 받아 지방으로 좌천되었고, 그곳에서 자살하는 처지로 몰리게 되었다(659년). 이렇게 당 조정의 중추에 있던, 북주와 수 이래로 이어진 관롱 집단과 당의 건국을 주도한 중심 멤버는 철저하게 배제되고 이를 대신해 새로운 세력이 대두하게 되었다.

이후 무 황후에게 더욱 도움이 된 것은 고종의 건강 상태였다. 장손무기가 실각한 이듬해에 고종이 '풍현'의 발작을 일으킨 것을 계기로 무 황후가 정무를 대행해 가게 된 것이다.

새로운 질서

 정권 중추에 있는 인사의 대폭 교체를 통해서 무 황후는 새로운 지배 질서를 만들려고 생각했다. 앞서 태종이 중국에 강력하게 남아 있는 산동 문벌을 정점으로 하는 서열을 타파하고, 당 황실을 정점으로 하는 새로운 지배 질서를 만들기 위해서 『씨족지』를 편찬했다는 것을 소개했다. 무 황후는 이를 따라 자신의 가문을 정점에 놓으면서 새로운 질서를 창출하려 했다. 형식상 허경종이 무 황후의 집안이 『정관씨족지』에 실려 있지 않다는 것을 이유로 개정할 것을 상주했는데, 실제로는 무 황후의 지시였을 것이다. 그리고 무 황후의 추종자 중 또 한 사람인 이의부도 자신의 가문을 『씨족지』에 기입하려고 하여 마찬가지로 개정할 것을 상주했다. 이리하여 만들어진 것이 『성씨록』(姓氏錄)이라는 책이었다(659년).

 이 책은 그때까지의 가문에 의한 질서의 붕괴를 목표로 한 것이었다. 5품 이상의 관직을 가진 자는 물론이고, 일반인으로 군사적 공적으로 인해 5품 이상의 훈관(勳官)을 받은 자도 이 책에 등재되었다. 훈관이란, 본래는 전쟁에서 군공이 큰 사람에게 수여했던 것인데 시대가 흘러감에 따라서 그 가치가 하락했고 얼마 후에는 일반 병졸에게도 정2품에 상당하는 '상주국'(上柱國)이 수여되었다. 무 황후의 시대는 이와 같이 관작이 남발되는 시대의 시작이라고 할 수 있었다. 이렇게 낮은 지위에 있는 사람들이 『성씨록』에서 갑자기 높은 가문의 위상으로 자리매김되면서 예전부터 높은 위상을 지속적으로 유지해 온 고위 문벌에 커다란 충격이 가해졌다는 점은 쉽게 상상할 수 있을 것이다. 문벌 사람들은 훈관을 통해 형성된 가문의 서열을 '훈격'(勳格)이라 부르면서 멸시했다고 『자치통감』은 기록하고 있다.

그러나 『성씨록』이라는 책은 단순히 무 황후에게 아첨하여 기존 질서의 파괴만을 지향했던 것은 아니었다. 이 책은 관품에 의한 질서 체계를 목표로 삼았다고 한다. 먼저 황실과 황족은 특등(特等)이 되었고, 제1등은 외척인 황후 네 가문(독고씨, 두씨, 장손씨, 무씨)과 1품 관료를 배출한 가문이었으며 제2등은 2품 관료 이외에도 3품 관료로서 재상(지정사知政事)을 배출한 가문을 배치했다. 그리고 제3등 이하는 관품에 따라 순서대로 배치되어 마지막은 제8등인 종5품이 되었다. 『정관씨족지』도 황제를 정점에 놓고, 관품에 의한 질서 체계를 지향했지만 제3등에는 3품 관료가 아닌 최민간(崔民幹)을 배치했으니 이 시점에서는 산동 문벌을 완전히 무시할 수는 없었던 것이다. 이에 비해 『성씨록』에서는 『정관씨족지』보다 한층 더 관품에 의한 질서 정립의 계서가 완성되었음이 확인된다고 한다.

그럼에도 불구하고 전국적으로 유명한 문벌의 영향력은 강했고 신흥 계층 사람들은 이들과의 혼인을 맺는 것을 희망했다. 또한 문벌 측도 이를 이용해서 혼인을 맺을 때에 거액의 재화를 받는 관습은 완전히 사라지지 않았다.

수렴정치

무 황후의 정치를 향한 야심은 점점 높아져 갔는데, 그녀는 문자가 지닌 위력을 느끼고 있었다는 지적이 있다. 확실히 고종의 시대에는 13번이나 연호가 바뀌었다. 그리고 고종이 사망한 이후 황태후가 된 무씨가 실권을 장악한 시대에도 6개의 연호가 있었고, 황제가 되면서는 천수(天授)라고 연호를 바꾸었다가 이후 12번이나 연호의 개정이 반복되었다. 길면 4년 정도, 짧으면 몇 개월 동안 지속된 연호도 있었다(2-2). 무 황후는 고종이 살아 있었을 때(662년)와 자신이 황제에 즉위한 후(684년)에 관청과 관직의 개명을 두 번 시행했는데, 이것도 '문자의 위력'에 근거한 것이라고 할 수 있을지도 모르겠다.

관직 명칭이 변화하고 2년 정도가 지난 이후, 어느 환관이 고종에게 "도사가 황후의 곁으로 출입하면서 염승(厭勝)을 행하고 있습니다"라고 귀띔했다. '염승'이란 사람을 저주해서 죽이는 술수이다. 고종은 자신이 황후에 의해 살해될 것을 두려워하여 재상 상관의(上官儀)와 논의했고, 황후를 폐위시키려는 계책을 세웠다.

그러나 이 계획은 무 황후에게 누설되면서 실패로 끝났고, 이때부터 고종이 정무를 보는 공적인 장소에는 무 황후가 그 뒤의 의자에 앉았다. 두 사람 사이에는 발을 내려서 황후의 모습이 보이지 않게 신경 쓰면서 정치에 참견하게 되었다. 이를 '수렴정치'라고 부른다. 고종은 이를 방관하기만 했다고 한다. 세간에서는 두 명의 황제가 있다면서 '이성'(二聖)이라고 조롱했다. 그러나 무 황후의 실질적 정치 참여는 이 사건보다도 조금 이전인 장손무기 실각 이후 무렵부터 시작되었다고 하는 것이 학계의 관점이다. 이 무렵에 고종의 '풍현'이 심해지면서 정무

2-2 고종·무측천 시기의 개원. ( )는 월.

위정자	연호	기간	위정자	연호	기간
고종	영휘	650-656(1)	무측천	천수	690(9)-692(3)
	현경	656(1)-661(2)		여의	692(4)-(9)
	용삭	661(2)-663		장수	692(9)-694(5)
	인덕	664-666(1)		연재	694(5)-(10)
	건봉	666(1)-668(3)		증성	694(正)-695(9)
	총장	668(3)-670(2)		천책만세	695(9)-(10)
	함형	670(3)-674(8)		만세등봉	696(臘)-(3)
	상원	674(8)-676(11)		만세통천	696(3)-697(9)
	의봉	676(11)-679(6)		신공	697(9)-697(윤10)
	조로	679(6)-680(8)		성력	697(正)-700(5)
	영륭	680(8)-681(9)		구시	700(5)-701(正)
	개요	681(9)-682(2)		대족	701(正)-701(9)
	영순	682(2)-683(12)		장안	701(10)-704
	홍도	683(12)			
무황태후	사성	684(1)-(2)			
	문명	684(2)-(9)			
	광택	684(9)-(12)			
	수공	685-688			
	영창	689-689(11)			
	재초	689(11)-690(9)			

를 보는 것이 어려워졌기 때문이다.

그런데 무 황후의 황제 즉위 준비는 언제부터 시작되었던 것일까? 앞서 살펴본 관명 변경 등이 그 일환이었다고도 할 수 있지만, 보다 확실한 형태를 취했던 것은 자신을 천후(天后), 고종을 천황(天皇)이라고 부르기 시작했을 때로 여겨진다(674년). 이 무렵에는 무씨의 황후 책립에서 역할을 담당했던 이의부는 이미 실각했고, 허경종도 사망했다. 고종의 지병인 '풍현'도 계속 악화되었고, 무 천후에게 국정을 대행시킨다는 이야기가 나왔지만 이는 재상의 간언으로 저지되었다.

황제 즉위에 장애가 되는 세력은 외조의 재상들이었는데, 무 천후가 정치의 실권을 장악하면서 이들은 눈엣가시가 되었다(황제가 거주하는 궁성을 내조, 내정이라 하고 국정이 행해지는 황성을 외조, 외정이라고 한다. 1-4 참조). 아마 이렇게 생각한 무 천후는 자신의 주변에 문학 능력이 뛰어난 사람들을 모아서 학파를 형성했다. 그들을 북문학사(北門學士)라고 부른다. 이렇게 불린 이유는 이들이 궁성의 남문으로 들어오지 않고 북문을 통해 직접 궁성에 들어올 수 있었기 때문이다. 북문학사는 『열녀전』, 『신궤』(臣軌), 『백료신계』(百僚新戒), 『악서』(樂書) 등 1,000권 남짓의 책을 편찬했다고 알려져 있지만, 본래의 역할은 다른 것이었다. 그것은 그들에게 조칙을 기초하게 시키는 등 조정의 정무에 연루시켜서 외조 재상들의 권한에 참견하는 것이었다. 그들 중에는 북위 황실의 혈통을 이은 사람도 있었지만, 전체적으로는 문벌 출신이 아니었고 문장 재능을 통해 발탁된 신흥 세력이었다고 할 수 있다.

이 무렵에 무 천후와 고종의 친아들이자 황태자인 이홍이 24세의 나이로 사망했다(675년). 무 천후가 독살했다는 소문이 당시 사람들에게 퍼졌다. 그 이유는 이홍이 무 천후에게 반항을 했기 때문이다. 무 황후가 몰락시켰던 소 숙비에게는 두 명의 딸이 있었는데, 그녀들은 30세가 넘었어도 여전히 독신인 채로 유폐되어 있었다. 이를 알게 된 이홍은 배다른 어머니의 딸 자매인 그녀들을 시집보내라고 진언했다. 이를 무 천후가 자신의 결정에 반대하는 것이라고 간주했다는 것이다.

이홍을 대신하여 황태자가 된 사람은 이현(李賢, 654~684)이었다. 지금도 '장회태자주'(章懷太子注)로 평가를 받는 『후한서』의 주석을 저술한 문인 기풍의 황자였다. 그런데 이현은 무 천후의 아들이 아니라 그 언니인 한국부인(韓國夫人)과 고종 사이에서 생긴 아들이라는 풍문이 돌았다. 이를 들은 이현의 소행이 난잡해지기 시작했고, 결국에는 모반의 죄로 황태자에서 폐위시키고 지방으로 유배를 보냈다. 이리하여 고종과 무 천후 사이에 태어난 세 번째 아들인 이현(李顯)이 황태자가 되었다.

고종의 사망

 고종은 예전 후한의 광무제가 시행하고 난 이후 오랫동안 실현되지 않았던 봉선(封禪) 의식을 태산(泰山, 동악東嶽. 산동성 태안시泰安市)에서 감행했다(666년). 봉선이란, 천명을 받은 천자가 성스러운 산인 태산에서 하늘에 제사를 지내고(봉사封祀) 근처의 산에서 땅에 제사를 지내면서(강선降禪) 천하의 태평을 보고하여 왕조의 평안을 바라는 의식이었다. 당에서는 태종의 시대부터 봉선에 대한 논의는 진행되었지만 모두 중지되었다. 고종의 시대가 되어 무 황후의 후원도 있어서 결국 봉선을 실행했던 것이다.

 태산에서의 봉선을 행한 고종은 다음으로 오악(동악인 태산, 서악인 화산華山, 남악인 형산衡山, 북악인 항산恒山, 중악인 숭산嵩山) 모두에서 봉선의 의식을 거행하고자 계획했다. 그 시작은 낙양의 동남쪽에 있는 숭산(하남성 등봉시登封市)에서 봉선 의식을 치르는 것이었다. 그러나 고종이 숭산 기슭에 도착했을 때에 병세가 악화되었고 결국은 극심한 두통 끝에 눈이 보이지 않게 되고 말았다. 시의의 진단으로는 머리에 침을 찔러서 피를 빼내면 치료가 될 수도 있다고 했다. 그래서 두 군데에 침을 찔렀을 때에 고종은 "눈이

맑아진 것 같다"라고 말했다. 그러나 병세가 나아지지는 않았다.

봉선 의식을 포기하고 낙양으로 돌아오면서 연호를 바꾸었고, 고종은 병을 무릅쓰고 낙양의 궁성 정문에서 대사면을 선언하고자 했다. 그러나 약해진 몸으로는 이를 할 수 없었고, 민중을 궁전 앞까지 불러들여서 겨우 선언했다. 그리고 이날 밤에 낙양의 궁전에서 사망했다(683년). 향년 56세. 시대는 마침 돌궐의 독립이라는 바람이 거칠게 불어대던 와중이었다.

2. 주의 건국

포석

고종이 사망한 이후, 아들 이현(훗날에 이철李哲로 개명)이 곧바로 즉위했다. 이때 이현의 나이 28세였다. 묘호로는 중종이라고 부른다(재위 683년 12월~684년 2월). 그러나 재위 기간은 불과 2개월이었다. 중종은 도무지 자신의 모친이 어떠한 사람인지를 잘 알지 못했던 측면이 있다.

중종의 황후는 위씨(韋氏)였다. 중종은 황제에 즉위하

자 장인 위현정(韋玄貞)을 문하시중(문하성의 장관)에 발탁하려 했고, 유모의 아들에게 5품 관직을 주려고 했다. 그러나 재상이 이 인사에 반대하자 중종은 "나는 국가를 위현정에게 양도할 수도 있는데, 시중의 자리는 안타깝게도 아무것도 아니지 않은가?"라고 폭언을 내뱉었다. 이 말이 무 황태후의 귀에 들어가자 그녀는 즉시 북아금군(北衙禁軍)의 우림군(羽林軍) 병사를 동원하여 중종을 포박했다. 중종이 "저에게 무슨 죄가 있다는 것입니까?"라고 말하자 무 황태후는 "너는 국가를 위현정에게 준다고 하지 않았느냐? 그것이 어찌 죄가 아니냐?"라고 답하면서 중종을 폐위시켜 여릉왕(廬陵王)으로 삼고 수도로부터 추방하여 방주(房州, 호북성 십언시十堰市 방현房縣)에 유폐시켜 버렸다.

이어서 중종의 동생으로 24살인 이단(李旦)이 황제가 되었는데(예종. 재위 684~690), 황제는 이름에 불과했고 실권은 무 황태후가 장악했다. 같은 해에 무 황태후는 동도 낙양을 신도(神都)로 바꾸고, 두 번째로 관직 명칭의 변경을 시행했다. 이때의 관명 개칭은 『주례』를 크게 의식한 것이었다. 그것은 육부의 관명을 천·지·춘·하·추·동의 육관(六官, 『주례』에 기록된 관명)으로 정했던 것으로부터 알 수 있다.

낙양을 신도라고 바꾼 것은 사실상의 천도였다. 앞서 무 황태후가 장안성의 궁성에서부터 대명궁으로, 그리고 낙양성으로 이주한 이유는 그녀가 죽음에 이르게 했던 왕 황후와 소 숙비의 망령으로부터 벗어나기 위함이었다고 역사서가 전한 에피소드를 소개했다. 그러나 본래의 이유는 남성 중심의 가치관으로 건설된 왕도 장안의 파괴와 여성에 의한 새로운 가치관을 전개하기 위함이었다는 견해가 있다. 이는 어떠한 것이었을까?

당대의 장안과 낙양

당대 장안의 원형은 수 문제 시대에 선비인 궁정 설계자인 우문개(宇文愷)가 만들었던 평면 설계에 의해 건축된 대흥성(大興城)이다.『주례』에 보이는 고대 중국의 유학자들이 생각한 이상적인 왕도의 모습은 도성의 중앙에 왕궁이 있고, 그 남쪽에 조정이 배치되며, 상거래를 하는 시장은 왕궁의 북쪽에 자리하고, 동쪽에는 왕실의 사당(태묘), 서쪽에는 대지와 곡물의 신을 제사지내는 태사(太社)를 배치하는 것이었다. 그러나 우문개의 설계는 이에 신주의 수가 정해져 있었다. 7명의 조상을 제사지낼 수 있는 칠묘는 천자의 특권이다. 즉, 무씨칠묘를 건설한다는 것은 당(唐)을 부정하고 무씨가 천하를 장악한다는 것을 의미한다. 이와 동시에 적을 밝혀낼 준비를 갖추었다. 당연히 그녀의 앞길을 막는 움직임이 내외에서 일어났다. 그녀의 의도대로 되었던 것이다.

조정에서는 재상인 배염(裵炎)이 반대했다. 배염은 중종이 폐위되었을 때에는 무 황태후의 편에 섰지만, 무씨칠묘의 건설은 당조 존립의 근간에 관련되는 문제였기 때문에 반대로 돌아선 것이다. 이것이 근거가 되어 훗날에 그는 모반의 죄를 뒤집어쓰고 처형되었다.

동란의 불꽃은 강남에서도 일어났다. 주모자는 이경업(李敬業)이었다. 무씨가 황후가 되는 데에 그림자의 역할을 담당했다고도 할 수 있는 이적의 손자였다. 그는 현재 사천 지방에서부터 광서의 지방장관으로 좌천되던 도중에 양주(揚州)에서 무리들과 회합하여, 유폐된 것이나 마찬가지인 여릉왕(폐위된 중종)을 황제 자리로 복귀시킨다는 것을 슬로건으로 삼아 무 황태후에게 반기를 들었다. 이경업과 뜻을 같이한 사람 중에는 이때 역시 좌천의 쓰라림을 맛본 낙빈왕(駱賓王)이 있었다. 그는 당 초기의 네 영웅이라 불렸던 문장가로, 그가 기초한 격문을 무 황태후가 읽었는데, 처음에는 미소를 지었으나 말미에 '한 뼘의 땅이 아직 마르지 않았는데, 육척(六尺)의 고아는 어디에 있는가. …… 청컨대 보시오. 지금 성안은 또 누구 집안의 천하인가.'(선제 고종의 능묘가 있는 땅이 아직 마르지 않았을 정도로 그 죽음으로부터 얼마 지나지 않은 이때에 아버지를 여의고 즉위한 어린 군주 중종은 어디로 가 버린 것인가? …… 잘 보시게. 지금 당의 세계는 도대체 누가 지배하는 세계인 것인가?)라는 부분까지 읽자 "누가 쓴 것이냐?"라고 물었다. 낙빈왕의 작품이라는 것을 알고는 "이런 인재를 지방으로 좌천시켜 버린 것은 재상의 과오이다"라고 말했다고 한다.

이 동란 자체는 불과 2개월 남짓 만에 진압되고 말았다. 무 황태후가 이러한 움직임이 있다는 것을 사전에 알아채고 충분한 준비를 했기 때문이다. 게다가 그녀는 자신에게 반항하는 모든 세력을 잡아내기 위해 밀고를 장려했다. 그래서 그녀는 구리로 상자를 주조하게 하고, 일반 사람들도 들어오는 낙양 황성 내의 조당(朝堂)에 설치했다. 여기에 누구나 투서할 수 있었다. 신분에 관계없이 밀고를 위해 낙양으로 오기까지 역마와 식사가 준비되었고, 만일 밀고의 내용이 사실과 다르더라도 처벌을 받지 않았다. 그래서 출신이 불분명한 사람들도 모이게 되고, 그중에서 이후 '혹리'(酷吏)라고 불리는 자들이 탄생했다. 그들의 취조는 치밀하면서도 철저해서 표적이 된 자는 빠져나갈 수가 없었을 정도였고, 수많은 사람들이 연이어 죄를 뒤집어쓰게 되었다고 한다.

요승 설회의(薛懷義)

 무 황태후의 주위에 모인 질이 나쁜 사람들은 혹리뿐만이 아니었다. 설회의라고 하는 요승도 그중 한 사람이었다. 설회의의 본명은 풍소보(馮小寶)이고 낙양의 시장에서 약장사에 종사한 사람이었다. 그는 고조 이연의 딸 천금공주(千金公主) 휘하에 출입하게 되어 그곳에서부터 무 황태후에게 추천되었다. 그런데 건강한 체격에 체력도 갖춘 그는 무 황태후와 보통이 아닌 관계로 발전하고 말았다. 이렇게 되면, 약을 파는 따위의 풍소보로는 어림도 없다. 그래서 궁중에 자유롭게 출입할 수 있도록 승려가 되었고 이름도 회의라고 고쳤다. 게다가 낮은 신분을 속이기 위해서 무 황태후의 딸 태평공주(太平公主)의 사위인 설소(薛紹)와 일족이라고 칭했다. 이렇게 무 황태후의 총애를 배경으로 설회의는 말에 탄 채로 궁중에 출입했고, 또한 낙양 시내를 돌아다닐 때에는 환관 수십 명을 거느리면서 사람들을 공포에 떨게 만들었다. 그뿐만 아니라 무 황태후의 일족인 무승사와 무삼사(武三思)조차도 종복처럼 설회의를 섬겼다고 한다.

설회의는 무 황태후가 차근차근 앞으로 나아가 황제로 즉위하려는 준비를 하는 것에 크게 연루되어 있었다. 여성이고, 게다가 이씨 일족도 아닌 무 황태후가 황제가 되기 위해서는 이론적 무장을 갖추어서 다가올 '혁명'을 준비할 필요가 있었다. 이를 위해 유교, 불교, 도교 등이 이용되었다.

혁명을 향한 준비

먼저 무 황태후는 설회의에게 명당(明堂)을 건설하게 하였다. 명당이란, 옛날 주 왕조의 천자가 정치를 행하면서 제후를 만났다고 일컬어지는 건물이다. 그러나 『주례』나 『대대례』(大戴禮) 등 유가의 몇몇 문헌에서 다소간 기록되어 있는 정도로는 명당을 짓는 장소와 구체적 건축 설계를 제대로 알 수가 없었다. 이전에 수 문제가 우문개에게 명당의 건설을 명령해 상당히 정교한 모형까지 완성했지만 결국은 실현되지는 못한 사정이 있었다. 유학자들 사이에서 이에 대한 논의가 떠들썩하게 진행되면서 유학자들을 위한 계획이 되어 버렸기 때문이다. 그래서 무 황태후는 유학자의 참여를 배제하고 북문학사에게 설계를 하게 했다(2-5).

이렇게 유학자들이 이상으로 삼은, 이전 시대의 성스러운 정무를 보는 공간인 명당이 낙양 궁성의 건원전(乾元殿)을 헐어내고 건설되었다. 이는 당조의 지배를 상징하는 궁전의 파괴와 무 황태후의 새로운 지배를 가리키는 상징의 출현을 의미했다. 1986년에 이루어진 명당 발굴의 결과, 기단은 팔각형이고 동서와 남북이 각각 86미터였으며, 5단으로 된 단(壇)이 있었음이 밝혀졌다. 문헌 기록에는 그 위에 높이 294척(대략 91.5m)의 3층 구조 건물이 있었고 꼭대기는 돔 모양이었다고 되어 있다. 현대의 건물로 말한다면, 대략 20층 혹은 21층의 높이가 된다. 무 황태후는 이 궁전을 '만상신궁'(萬象神宮)이라고 명명하고, 신료들은 물론이고 일반 서민까지 안으로 불러서 연

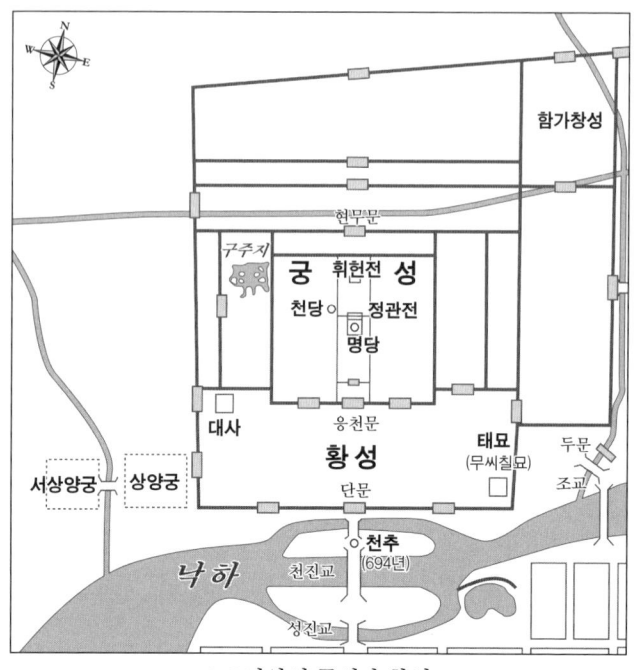

2-5 낙양의 궁성과 황성

회를 개최했다고 전해진다.

그리고 설회의는 그 북쪽에 천당(天堂)을 만들어 거대한 불상을 안치했다. 이는 낙양의 남쪽에 있는 용문석굴(龍門石窟)로 이어지는 새로운 불교 도시의 중심축이 창조된 것이었다. 이는 훗날 황제가 된 무 황태후가 불교의 왕권론을 이용하여 스스로를 전륜성왕(轉輪聖王, 불교의 이상적인 왕)으로 만들려는 준비였다고도 할 수 있다. 이리하여 신도 낙양은 전륜성왕인 무 황태후가 군림하는 불교 도시가 되어 번영했다. 그렇다면, 불교가 어떻게 이용되었던 것일까?

그것은 여성 황제의 출현이라는 전대미문의 사건을 성공시키기 위한 이론 만들기였다. 설회의는 법명(法明) 등 9명의 고승과 함께 5세기 초에 북량(北涼)의 담무참(曇無讖)에 의해 번역된 『대방등무상대운경』(大方等無想大雲經)이라는 불경을 이용하여 불교의 입장에서부터 이론적 무장을 갖추었다. 『대운경』의 경문 중에 석가가 정광천녀(淨光天女)라고 하는 여제자에게 '입멸하고부터 700년 이후, 너는 남천축에서 왕녀로 환생하여 왕위에 올라 그 위력으로 사람들을 따르게 하니 사방의 국가들이 모두 찾아올 것이다'라고 예언했다고 기록되어 있다. 설회의 등은 이 부분에 주석을 달아 정광천녀와 미륵보살을 혼동하게 해서 미륵이 내려와 당조를 대신해 이 세상을 지배해야 한다는 새로운 『대운경』을 만들어냈다. 무 황태후가 바로 이 여성이며 또한 미륵불임을 암시하고 있다는 점은 말할 것도 없다.

이리하여 유교와 불교 두 가지로부터 이론적 무장이

갖추어졌는데, 최종 마무리는 중국 고유의 전통적인 미신이라고 해도 무방한 것으로 무승사에 의해서 이루어졌다. 그는 흰색 돌에 '성모임인, 영창제업'(聖母臨人, 永昌帝業. 성모가 사람들에게 임하니 영원히 제업을 창성할 것이다)라는 문장을 새기고, 이 여덟 글자가 흰 돌에 떠오르는 것처럼 세공하고는 "낙수(洛水)에서 이 돌이 나왔습니다"라며 민간인으로 하여금 헌상하게 했다. 무 황태후는 이 돌을 '보도'(寶圖)라고 칭하고, 낙양의 남쪽 교외에서 하늘에 제사를 지내는 의식을 행했다. 그리고 전국의 지방관과 황실, 외척들에게 낙양의 명당으로 모이라고 명령했다. 혁명의 최종 마무리와 당 황실 이씨들을 정리할 계획이었을 것이다. 한편 '보도'는 훗날에 '천수성도'(天授聖圖)로 이름이 바뀌었고 그것이 출현했던 낙수의 신은 현성후(顯聖侯)가 되어 사당이 건립되었다. 그리고 낙수의 북쪽 연안 중교(中橋)의 좌측에 '배낙수도단'(拜洛受圖壇)이 설치되었다.

이러한 움직임에 대해 당연히 이씨 왕들은 최후의 반격을 시도했다. 낙양으로 모이라는 명령을 당 황실을 단절시키기 위함이라고 판단한 왕들은 연락을 취하면서 병사들을 모았다. 그러나 연락이 충분히 이루어지지 않아 일치된 행동을 취할 수가 없게 되고, 이러한 움직임은 모두 무 황태후에 의해 분쇄되고 말았다.

무주(武周)혁명

이렇게 마지막 근심을 제거한 무 황태후는 '보도'에 새겨진 문자를 따서 만든 연호인 영창(永昌) 원년(689) 11월을 대초(戴初) 원년 정월로 삼았다. 그때까지의 왕조들은 하(夏) 왕조의 역법을 사용했지만, 이제 주(周) 왕조의 역법에 맞춘 것이었다. 그리고 다음 달인 12월은 납월(臘月), 정월을 1월로 정하고 다음 2월, 3월이 이어지면서 10월까지가 1년이 되었다. 한 가지 덧붙이면, 이때 무 황태후가 스스로 '조'(曌)라는 글자로 이름을 정했다고 한다.

그해(690) 9월 9일, 신료들로부터 요청을 받는 형식을 취하여 무 황태후는 황제로 즉위했다. 낙양성 궁성 정문의 위에 있는 측천루(則天樓)에 올라가서 천하를 향한 대사면을 내리고 천수(天授)로 연호를 바꾸었다. 그리고 무씨 일족은 희씨(姬氏) 성이고 주 무왕의 후예이기 때문에 국호를 '주'(周)라고 했다. 존호는 성신황제(聖神皇帝)라고 했다. 중국 역사에서 유일무이한 여성 황제가 탄생한 것인데, 이를 무주혁명(武周革命)이라고 부른다. 여기에서부터는 그녀를 무측천(武則天)이라고 부르고자 한다. 일본에서는 측천무후라는 호칭이 일반적이지만, 이것은 그녀가 황제가 된 것을 암암리에 인정하지 않는 역사관이 반영된 것이다. 이에 반해 무측천이라는 호칭은 그녀가 당을 멸망시키고 주 왕조를 건국했다는 점에 적극적 평가를 내리는 역사관에 근거한 것이다.

이와 관련하여 '측천'이라는 호칭은 그녀가 사망하기 직전에 황제의 자리를 아들인 이현에게 양위했을 때에 이현이 어머니에게 올린 존호인 '측천대성황제'(則天大聖皇帝)에서 나온 것이다. 그러나 이후에 이현이 황제(중종)로서 당을 부활시키면서 '황제'는 삭제되었고, '측천대성황후'로 시호가 정해졌다. 그리고 중종의 동생인 예종이 즉위하면서 '측천황태후'가 되었다. 그러한 의미에서 그녀의 무주혁명을 정당하게 평가하고 황제가 되었던 것을 인정한다면 '측천황제'라는 호칭이 올바른 것일지도 모르겠지만, 이는 후세의 판단에 맡기도록 하자.

무측천과 법장(法藏)

  무측천의 정책은 즉위 이전과 비교하면 뜬금없는 쪽으로 옮겨 갔다. 60세를 넘어서 즉위했기 때문에 황위를 노리고 활동한 자들과 분쟁을 하면서 기력도 떨어졌다고 할 수도 있을 것이다. 그러나 즉위 이후 그녀의 움직임을 경시해서는 안 된다.

  무측천은 즉위 이후 곧바로 전국의 주(州)마다 대운사(大雲寺)를 두었다. 그리고 각 사찰에 자신의 황제 즉위에 이론적 근거가 된 『대운경』을 배치하고 이 새 불경을 설파시키는 것을 통해 여자 황제 출현의 필연성을 선전했다. 또 중요한 것은 이 대운사는 조정으로부터 비용을 지급받았다는 점이다. 말하자면, 국가에 종속된 국립 사원(官寺)이었다고 할 수 있다. 이 제도는 그 이후 일본에서 국립 사찰 설치(일본의 덴표(天平) 3년(741))의 모델이 되었다고 보는 견해도 있다.

  그런데 무측천이 황제가 되기 위해 근거로 삼았던 『대운경』은 설회의 등을 필두로 하는 집단이 '창조'한 매우 수상한 불경이었다. 무측천 본인도 이를 충분히 알고 있었을 것이라고 생각된다. 그래서 이미 쓸모가 없어졌다고 생각했는지 무측천은 설회의를 붙잡아서 때려죽였다(695년). 그렇다고 무측천이 불교 자체를 부정한 것은 아니었다. 그녀는 여전히 불교를 보호했고, 주 왕조를 지탱하는 새로운 불교 이론을 찾고 있었다.

당시 장안의 불교계에서 세력이 있었던 것은 태종, 고종 시대에 비호를 받은 현장의 유식교학이었다. 그러나 당을 부정한 무측천의 입장에서는 유식교학에 의지할 수 없었다. 그녀가 찾은 새로운 근거는 화엄교학(華嚴教學)이고 이를 집대성한 승려가 법장(643~712)이었다.

법장의 속성은 강(康)이고, 그 조상은 소그디아나의 사마르칸트에 있었다고 하므로 분명히 소그드인의 혈통을 이어받은 것이었다. 그의 조부 대에 장안으로 왔다고 한다. 법장은 화엄교 제2의 시조인 지엄(智儼)에게서 배웠고, 그 이후 호탄 출신의 실차난타(實叉難陀)가 새로『화엄경』을 번역할 때에 협력하는 등 화엄교학을 집대성했다. 그의 강의를 들은 무측천은 화엄교학을 비호하고 자신을 지탱하는 이데올로기로 이용했다. 그것은 법장이 설파한 화엄의 교리가 코스모폴리탄적인 성격을 가지고 있었을 뿐만 아니라 그 안에 현장의 유식의 교리를 받아들인 강력한 불교 사상이었기 때문이다. 이리하여 법장은 거의 일생 동안 무측천을 섬겼고, 그녀의 브레인으로서 역할을 다하게 된다.

무측천을 지탱한 '호인'들

 무측천의 불교 보호는 많은 역경승(譯經僧)을 지원한 것을 통해서도 확인할 수 있다. 무측천이 즉위 이후에 브레인으로 삼은 법장이 소그드인이었음은 물론이고, 이 시대의 불경 번역 사업에 참가한 역경승의 다수가 호탄이나 토하리스탄 등 중앙아시아 출신의 '호인'(胡人)이었다는 점이 주목된다. 무측천과 외국인의 연결은 이것뿐만이 아니다. 천추(天樞)의 건설 멤버도 '호인'이 핵심이었다.
 '천추'의 정식 명칭은 '대주만국송덕천추'(大周萬國頌德天樞)이다. 무측천이 '천하'를 향해 주 왕조의 건국을 드높이면서 선전하기 위해 건축한 기념물로 낙양의 황성 정문 앞에 배치되었다. 그 건축을 맡은 무삼사가 '사이(四夷)의 추장'을 끌어들여 청원을 행했고(694년), 그 막대한 건설비는 '여러 호인'이 모았다고 한다.
 이 천추 건설의 협력자에 '파사국(波斯國, 토하리스탄)의 대추장'인 아라감(阿羅憾)이라는 사람이 있었다. 이 아라감은 고종의 시대에 불림국제번초위대사(拂林國諸蕃招慰大使)가 되어 토하리스탄의 발흐라는 도시의 동쪽에 있는 '불림'(佛林)과 당조의 경계에 비석을 세우고 '성교'(聖敎)를 선전했다고 한다. 이와 관련하여 '성교'는 고종 황제의 덕을 기리는 것이라는 주장과 기독교라고 하는 주장 두 가지가 있다.

그런데 이후 8세기에 장안에 건립된 유명한 '대진경교유행중국비'(大秦景敎流行中國碑)에는 무측천과 현종 황제 치세에 기독교 배척의 움직임이 일어나서 이에 대해 '승려의 우두머리인 나함(羅含)'과 '대덕(大德) 급렬(及烈)'이 기독교의 가르침을 받았다고 한다. 이 '나함'을 아라감과 동일한 인물이라고 보는 주장이 있는데, 만약 그 가설이 맞고 또한 아라감이 퍼뜨린 '성교'가 기독교라면 기독교도가 천추의 건립에 상당히 협력했던 것이 된다. 무측천을 지탱했던 '호인' 집단에는 불교도는 물론이고, 기독교도까지 포함되었을 가능성도 있는 것이다.

장역지(張易之)와 장창종(張昌宗) 형제

무측천이 어린 남성을 총애한 모습은 정사 등에서 전해지고 있는 것인데, 어느 정도의 사실에 근거한 것일지도 모르겠다. 그러나 한편으로는 여성으로서 황제가 되었고, 또한 당조를 찬탈한 자라는 관점에서부터의 비난도 들어 있어서 각색된 부분도 있을 것이다.

그럼에도 만년에 접어든 이후에도 그녀의 기호는 변함이 없어서 설회의를 대신해 장역지와 장창종이라고 하는 미소년 형제를 총애했다고 한다. 그리고 이 형제를 위해 내조에 공학부(控鶴府, 이후에 봉신부奉宸府로 개칭)라고 하는 관청까지 만들어서 무측천이 총애하는 사람과 문학적 재능이 뛰어난 사람들을 모았다.

이때 무측천은 많은 미소년을 선발하여 봉신내공봉(奉宸內供奉)으로 삼았다고 한다. 자신의 주변에서 시중을 들게 한 것이다. 당연히 이에 대해 간언을 하는 사람이 있었다. 무측천은 이 간언에 대해 칭찬을 해 주는 한편으로, 봉신부에서 문화 사업을 시행했다. 『삼교주영』(三教珠英)이라는 유서(類書)를 편찬하게 한 것이다. 그 전체적인 모습은 알 수 없지만, 삼교는 유교와 불교 그리고 도교를 가리키는 것이니 이 세 가지 종교의 주장을 집대성했을 것이다. 이와 관련하여 북송 시대에 편찬된 소설집인 『태평광기』(太平廣記)에는 소실된 『삼교주영』의 일부분이 남아 있다.

물론 장역지와 장창종에게 그런 재능은 없었기 때문에 실제 편찬은 과거 출신의 궁정 시인이면서 문학에 뛰어난 송지문(宋之問), 이교(李嶠), 장열(張說) 등이 담당했다. 이는 예전의 북문학사와 같은 흐름으로 파악할 수 있다. 그것은 무측천이 외조의 재상을 상대하면서 내조에 심복을 배치하여 정무를 견제하는 구조였다.

무측천과 도교

한편 무측천과 불교의 연결은 개설서 등에서도 자주 언급되는 주제이지만, 황제 즉위 이후의 무측천은 점차 도교를 향한 신앙으로 기울어져 갔다고 할 수도 있다. 그것은 '승선태자지비'(昇仙太子之碑)라는 비석을 세운 것을 통해서 알 수 있다. 그 사정은 이러하다.

무측천이 황제에 즉위하고 5년이 지나 그녀는 숭산과

소실산(少室山)에서 봉선을 행했다(695년). 하늘에 주 왕조의 건국을 보고한 것이다. 이 의식 이후에 숭산과 소실산의 신들에게 황제와 황후 등의 칭호를 봉헌하였다. 그리고 낙양의 동남쪽에 숭산과 나란히 위치한 구씨산(緱氏山)에 있던, 예전 주 왕조의 영왕(靈王)인 태자 진(晋)의 사당을 다시 수축하고 진을 '승선태자'로 정했다. 태자 진이 선인(仙人)이 되어 학을 타고 구씨산에서 떠났다는 전설이 있어 민간에서도 신앙의 대상이 되고 있었던 것이다.

숭산에서의 봉선 이후 4년이 지나서 무측천은 다시 숭산을 방문했다. 이때 구씨산의 승선태자 사당에 들렀고, 이를 기념하여 지금도 남아 있는 '승선태자지비'를 세웠다. 그러나 이 비석을 세운 것이 단순한 도교적 취미로 이루어진 일은 아니다. 무측천은 자신의 '조상' 중 한 사람에 해당하는 주의 왕자에게 사의를 표시하면서 비석을 건립한 것이었다.

그런데 '승선태자지비'의 비석 뒷면에는 당시 10명이던 재상 중에 무측천을 수행한 8명의 이름이 새겨져 있다. 수도에는 2명의 재상만을 남겨 두고 숭산을 다시 방문한 무측천이 자신의 만년에 권력을 드러내는 행동을 했음을 알 수 있다. 한 가지 덧붙이면 '승선태자지비'의 글자는 무측천이 직접 '비백'(飛白)이라고 하는, 붓으로 쓴 것과 같이 휘갈긴 서체로 적은 것이다.

이와 관련하여 어처구니가 없는 이야기도 전해지고 있다. 어느 날에 "장창종은 옛 주 왕조의 진 태자의 후예이다"라고 상주한 사람이 있었다. 그렇지만 실제로 학을 타고 날아갈 수는 없다. 그래서 장창종은 음악이 연주되는 와중에 깃털로 만든 옷을 입고 나무로 제작한 학에 올라타서 궁정을 돌아다녔고, 모여 있던 궁정의 시인들은 이 모습을 시로 읊었다고 한다.

종언

무측천에게 있어서 가장 큰 문제는 후계자였다. 무측천의 조카인 무승사와 무삼사는 자신이 직접 황태자가 되려고 획책했다. 그러나 무측천은 결정을 내리지 못했다. 당시의 재상은 때가 왔다고 생각하여 무승사, 무삼사의 계책에 반대하면서 방주에 유배되어 있던 여릉왕 이현을 낙양으로 귀환시킬 것을 제안했다. 의외로 무측천이 총애하는 장역지, 장창종 형제도 같은 내용을 언급했다. 무측천이 사망한 이후 자신들의 보신을 생각한 방책이었을 것이다. 이리하여 여릉왕이 낙양으로 돌아와 황태자가 되었다(698년).

이를 계기로 당 황실 회복의 움직임이 시작되었다. 그렇다고 해서 무측천이 곧장 퇴위해서 황위를 양도하지는 않았다. 장씨 형제를 총애하면서 내조를 거점에 두고 정치를 행하고 있었다. 그러나 다가오는 세월은 이길 수 없어 무측천도 병에 걸려 병상에 눕게 되었다. 장씨 형제는 자신들의 후원자가 없어진다는 공포에 사로잡혔고, 실제로 그들에 대한 비판과 고발이 자주 이루어졌다. 그때마다 장씨 형제는 고발을 묵살하거나 혹은 용케 저항하면서 빠져나갔지만, 결국 재상 장간지(張柬之)가 과거 출신 관료들과 함께 쿠데타를 계획하기에 이르렀다.

장간지는 말갈인(동북아시아의 퉁구스계 종족)인 우우림장군(右羽林將軍) 이다조(李多祚) 등을 같은 편으로 끌어들이고, 우림병과 '천기'(千騎)라고 하는 선발 부대의 병사들을 통제했다. 그리고 황태자를 받들고 낙양 궁성의 현무문에서부터 병으로 누워 있는 무측천이 위치한 내궁으로 돌입하여 통로에서 마주친 장역지, 장창종 형제를 희생제물로 바치고, 무측천에게 퇴위를 강요하여 드디어 중종을 복위시키는 데에 성공했다(705년).

이때 큰 힘을 발휘한 우림병은 북아금군(황제의 친위군)이었다. 당조에서는 궁성의 남쪽에 있는 황성 구역에서 관청을 지키는 제국의 중앙군(남아금군)과, 궁성의 북문인 현무문에 배치되어 황제의 경호를 맡는 친위군(북아금군)이 있었다(2-3, 2-4 참조). 태종의 시대에 처음으로 북아의 7개 진영이, 훗날에는 새롭게 좌우둔영(左右屯營)이 설치되었다. 이것이 북아금군의 시작이다. 여기에 소속된 병사를 비기(飛騎)라고 불렀다. 그중에서 말을 타고 화살을 쏘는 기술이 뛰어난 사람을 선발하여 '백기'(百騎)라는 부대를 편성하고 황제가 외출할 때에 신변 경호의 임무를 맡겼다.

그 이후, 무 황후가 정치의 실권을 장악했을 무렵에 좌우림군, 우우림군으로 명칭을 바꾸었고 '백기'도 '천기'로 바꾸면서 북아금군의 확대가 시도되었다. 앞에서 서술했듯이 무 황태후가 중종을 폐위했을 때에도 이 우림군이 출동했다. 다만 이때에 우림군을 이끈 사람은 남아금군의 장군이었다. 무측천이 즉위한 이듬해에 우림군을 우림위(羽林衛)로 바꾸고, 대장군의 직위를 설치했다. 초대 대장군에는 무씨 일족인 무유녕(武攸寧)을 기용했다.

우림위의 정비와 증강은 정치적 측면에서 북문학사와 봉신부를 설치하여 외조의 재상들에게 맞서고자 했던 것과 병행하는 조치였고, 군사적 측면에서도 남아금군에 맞서는 북아금군을 갖추어서 무측천의 통제 아래에 두고자 한 것이었다. 그러나 자신이 창설한 친위군이 본인의 퇴위에 큰 역할을 했다는 것은 역사의 아이러니라고 해야 되는 것일까?

퇴위한 무측천은 낙양성의 서쪽 교외에 있었던 상양궁(上陽宮)으로 옮겨졌고 그해 11월에 사망했다. 『구당서』에는 향년 83세, 『자치통감』에는 향년 82세라고 기록되어 있다. 1955년에 사천성 광원시(廣元市)에서 발견된 비석에 따라서 향년을 77세 혹은 78세로 보는 주장도 있다.

이리하여 무측천의 시대는 종말을 고했다. 고종의 치세 후반부터 그녀의 시대는 그때까지의 당조의 시스템이 서서히 동요하기 시작하는 시기였다. 이를 대외 관계에 초점을 맞추어 살펴보도록 하자.

3. 흔들리는 당의 지배

소그드계 돌궐의 출현

이야기를 이전 시기로 거슬러 올라가서 해 보면, 고종이 사망하기 얼마 전에 그 이후 당의 역사뿐만 아니라 훗날 오대(五代)부터 북송 초기까지 정치사에 커다란 영향을 끼치게 되는 한 민족 집단이 기록에서 모습을 드러낸다.

7세기 전반 당의 동유라시아 지배에 그림자가 드리우기 시작한 계기가 된 것은 돌궐의 독립운동이었다. 동돌궐이 멸망하고 대략 50년이 흘렀다. 돌궐인들은 당조의 지배에서 독립하려는 것을 잊어버리지 않았다. 최초의 움직임은 선우도호부 휘하에 있었던 돌궐인 아사덕(阿史德) 씨족이 아사나(阿史那)의 혈통을 계승한 자를 카간으로 옹립하면서 일으켰다(679년). 그러나 이듬해에 이 운동은 당의 정벌군에 의해 격파되었다. 이때 어려움에서 빠져나온 집단이 독립운동을 지속했지만 이들도 진압되고 말았다.

돌궐의 독립운동에 대비하면서 당조는 다시 지배를 강화했다. 오르도스의 남쪽 경계에 새롭게 6주를 설치한 것이다. 이를 육호주(六胡州)라고 한다. 육호주의 주민은

'육주호'(六州胡)라고 불렸다. 여기에서 '호'는 소그드인을 가리킨다. 돌궐 비문에는 '육주호'를 고대 투르크어로 '알트 춥 소그닥'(altï čub soγdaq, 여섯 주의 소그드인이라는 의미)이라고 기록되어 있는 것을 통해 확실하게 드러난다. 그리고 이 육주호는 본래 동돌궐에 있던 '호부'(胡部)라는 집단으로 기원을 거슬러 올라갈 수 있을 것이다.

'호부'라는 소그드인들은 상당히 일찍부터 돌궐 내부에 거주했는데, 돌궐의 영향을 받아 기마유목민화했던 것 같다. 그러나 그들은 돌궐에 매몰되지 않고 소그드인들끼리의 통혼 관계를 유지했다. 그리고 그들이 중국 세계로 들어오면 강(康), 안(安), 사(史), 석(石), 하(何)와 같은 성을 칭했다. 이러한 성들은 소그드인이 한자 문화권인 중국에서 칭하는 그들 특유의 성이기 때문에 전문가들은 '소그드 성'이라 부르고 있다. 즉 육주호는 소그드인으로서의 결속 의식을 지키고 있었던 것이다. 이렇게 절반은 돌궐화한 소그드인을 '소그드계 돌궐'이라고 부르고자 한다. 그리고 이 '소그드계 돌궐'이 이후 당의 역사에서 다시 등장하고, 게다가 중요한 역할을 담당하게 된다.

돌궐 제2제국

 당조의 이와 같은 지배의 강화도 효과가 없었고, 돌궐은 세 번째로 독립운동을 실행했다. 아사덕원진(阿史德元珍, 톤유쿡)이 아사나골돌록(阿史那骨咄祿)을 받들고, 음산산맥을 따라 돌궐의 여러 부족을 규합한 것이다. 이 독립운동은 당조의 토벌군을 몰아내고 마침내 아사나골돌록은 자립할 수 있었다(682년). 이것이 돌궐 제2제국의 건국이다. 오르도스에 설치된 육호주에 남은 소그드계 돌궐도 있었지만, 그것과는 별도로 돌궐 제2제국으로 돌아온 소그드계 돌궐도 존재했다. 얼마 지나지 않아 그중에서 안록산(安祿山)이 탄생하는데, 이 이야기는 조금 뒤에 나오게 될 것이다.

 돌궐의 부흥 움직임에서는 아사덕의 활동이 중요했다. 돌궐의 카간이 될 수 있는 것은 '황금씨족'의 혈통을 받은 아사나 씨족 출신 인물로 제한된다. 그 카간의 부인을 카톤이라고 하는데, 카톤을 배출할 수 있는 씨족이 아사덕이었다.

 7세기 후반에 당조가 지배하고 있던 돌궐 유민은 앞서 살펴보았듯이 크게 둘로 나뉘어져 아사덕 씨족과 사리

(舎利) 씨족이 도독으로서 그 집단들을 통할하고 있었다. 동돌궐이 멸망했을 때 힐리 대카간을 필두로 돌궐 왕족의 다수는 장안에 와서 당조로부터 관품을 받았다. 그렇다면 돌궐이 독립운동을 일으켰을 때에 아사덕이 받든 아사나 씨족 사람은 실은 카간의 직계라기보다는 방계였을 가능성이 높다고 생각된다. 첨언하자면, 돌궐 독립의 실제 담당자는 아사덕 씨족이었을 것이다. 그 정도로 당조의 지배 시기를 거치면서 돌궐 유민 속에서 아사덕의 지위가 향상되었던 것이다. 이는 훗날 아사덕의 혈통을 물려받은 안록산에게도 큰 영향을 끼치게 된다.

몽골리아 남부에서 독립을 도모한 돌궐은 세력을 북쪽으로 확장했고, 몽골리아 유목민의 성지인 외튀켄산으로 거점을 옮겼다. 아사나골돌록은 몽골리아 북부의 투르크계 유목민을 지배 아래로 편입했고, '국가를 모은 카간'이라는 의미인 일테리쉬 카간이라고 칭했다.

그가 병으로 사망하자(691년) 동생인 묵철(默啜)이 카프간 카간으로 즉위했다. 무주혁명과 거의 같은 시기에 일어난 사건이었다. 카프간 카간은 무측천의 '주'로 군사적 침공을 가하면서 그의 위세를 보이는 한편으로, 후술하는 거란의 반란에서는 '주'와 같은 편이 되어 '주'와의 유리한 교섭을 진행했다. 예를 들면, '주'의 지배 아래에 남아 있던 돌궐 유민을 초원 세계로 돌려보내는 것, 선우도호부 지역을 양도하는 것, 그리고 그 지역에서 농업을 행하기 위한 기구와 종자까지 요구했던 것이다. 무측천은 격노했지만, 어쩔 수 없이 돌궐 유민과 농기구, 종자를 주는 것에 동의했다.

그리고 카프간 카간이 무측천의 아들이 되고자 원했을 때에 자신의 딸과 지위가 상당한 황족과의 결혼을 요구했다. 무측천은 일족인 무연수(武延秀)와 혼인을 시켜 비(妃)로 삼고자 사신을 보냈다. 그런데 카프간 카간은 "내 딸은 이씨 집안 천자의 아들에게 시집을 가는 것인데, 지금 당신들은 무씨 집안의 아들을 보냈다. 도대체 이 자식을 천자의 아들이라고 할 수 있는가? 우리 돌궐은 지금까지 이씨 집안을 따랐는데, 지금 이씨 집안 천자의 혈통은 거의 다 없어지고, 오직 두 명의 아들이 남아 있을 뿐이라고 들었다. 내가 군대를 이끌고 그들을 도와서 천자로 세우러 가야 되지 않겠는가?"라고 호언장담하면서 북중국을 침공했다. 카프간 카간 시대 돌궐 제2제국의 우세를 보여 주는 에피소드라고 할 수 있다.

첨언하면, 이때 많은 한인 농민들이 돌궐의 포로가 되

어 끌려갔다. 돌궐이 몽골리아 남부 음산의 남쪽 산기슭에 있는 농경지를 지배 아래에 두고, 그곳에서 농업에 종사하게 할 노동자로 일하게 만드는 것이 목적이었다.

거란의 '반란'과 발해국의 탄생

 당에 의한 동유라시아 세계의 지배가 붕괴하는 두 번째 장면은 당조의 동북쪽 변경에 있었던 거란의 독립이었다. 거란은 시라무렌 유역에서 유목 생활을 하고 있었던 몽골어계 언어를 사용하는 종족으로, 북위 시대부터 '거란'(契丹)이라는 한자로 표현된 명칭이 보이기 시작한다.

 7세기 초의 거란은 다양한 규모의 집단이 뿔뿔이 존재하는 상태였고, 통합되지 않았다. 그래서 당이 탄생하자 부족 혹은 씨족 단위로 복속했다. 당조는 이 집단들을 영주도독부(營州都督府, 요녕성 조양시)에서 지배했다. 그 이후, 7세기 중반에 태종이 고구려 원정을 행했을 때에 거란 최대의 집단이 결국 당으로 귀순했다. 당은 이 거란의 대규모 집단에 송막도독부(松漠都督府)를 설치하고 대수령인 굴가(窟哥)를 장관으로 임명했다. 이로써 거란에 대한 지배가 완성되었다(648년).

그런데 지금까지 당조의 민족 집단에 대한 지배는 복속한 집단에 주·현을 설치하고, 그 수령에게 당의 주·현 장관 직위를 주면서 그 휘하의 부족(혹은 씨족) 집단을 간접적으로 통치한다는 모습으로 설명되었다. 이를 '기미 지배'(羈縻支配)라고 한다. '기'(羈)는 말에 채우는 고삐이고, '미'(縻)는 소를 묶는 줄이다. 여기에서부터 '기미'는 '매어서 고정시킨다'라는 의미가 된다. 확실하게 이런 식으로 설명할 수도 있지만, 실제 '기미 지배'는 더욱 다양한 모습이었던 것 같다. 영주도독부 휘하에 있는 거란에 설치된 주·현의 관리 중에는 중앙정부로부터 파견된 한인 관료가 있었다는 것이 새롭게 발견된 묘지를 통해 밝혀졌다. 당조의 주변 여러 종족·부족·씨족에 대한 '기미 지배'도 다시 검토할 단계에 이른 것이다.

어쨌든 거란에 대한 지배의 파탄은 7세기 말에 일어났다. 송막도독인 이진충(李盡忠)과 그의 처남인 손만영(孫萬榮)이 무측천의 주 왕조를 향해 반기를 든 것이다(696년). 거란을 지배하는 책임자인 영주도독부 장관은 기근이 발생했을 때에 거란을 돕지 않았고, 또한 거란을 노예처럼 다룬 것에 대한 불만이 폭발했다고 사료는 기록하고 있다. 혹은 무측천이 건립한 주 왕조에 복종할 필요가 없다고 거란이 판단했을지도 모르겠다.

무측천은 곧바로 일족인 무유의(武攸宜)를 토벌군 총사령관으로 임명했지만 크게 패배했다. 그리고 무의종(武懿宗)이 총사령관을 맡은 두 번째 토벌군은 싸우지도 않고 도망을 쳤다. 그사이에 무측천은 돌궐의 카프간 카간에게 원조를 청했다. 돌궐은 큰 보답을 받겠다는 약속을 얻어냄과 동시에 영주를 공격했다. 거란은 지도자 중 한 사람인 이진충이 사망하고 난 이후에도 위세가 줄어들지 않았고 하북 중부의 기주(冀州, 하북성 형수시 기주구)까지 침공했다. 그러나 이 틈에 본거지인 영주를 돌궐이 공격하자, 이에 동요한 거란의 내분으로 인해 손만영이 살해되면서 이 '반란'은 진압되었다. 그러나 영주 일대는 돌궐의 지배 아래로 들어갔고, 현종 황제 대까지 당조의 통제에서 벗어나게 되었다.

이 사건은 단순히 거란의 '반란'이라는 것뿐만 아니라 더 큰 움직임을 만주에서 일으키는 계기가 되었다. 이야기는 고구려의 멸망까지 거슬러 올라간다.

수 양제, 당 태종에 의한 거듭된 공격을 막아내고 독립을 유지해 온 고구려는 앞서 서술했듯이 고종의 시대에 이적이 이끄는 당조의 군대와 신라의 연합군 앞에서 결국 멸망했다.

그러나 옛 고구려 세력의 저항은 계속되어 평양에 설치된 안동도호부도 요동으로 물러나지 않을 수 없었다. 당조는 이후 고구려 유민을 당의 내지로 이주시키는 것으로 대응했다. 그때 내지까지 이동하지 않고, 영주 부근에 머물러 있던 고구려 유민 집단이 존재했는데 그중에 대조영이라는 인물이 있었다. 아마도 당의 지배를 받아들였을 것이다. 혹은 거란을 매개로 간접적으로 지배를 받았을 가능성도 있다.

이 대조영이 거란의 이진충 등이 반기를 든 기회를 틈타서 말갈인과 고구려 유민을 이끌고 당의 지배에서 벗어났다. 그들은 동북 방면으로 향했고, 목단강 상류의 돈화(길림성 연변조선족자치주) 부근에 거점을 세우고, 독립하여 진국왕(振國王, 혹은 震國王)을 칭했다. 이것이 발해국의 탄생이다(698년).

서역의 공격과 방어

고종의 시대 초기의 10년 동안 당조는 간접적·명목적이기는 했지만 서투르키스탄까지 지배에 편입시켰다. 그러나 그 체제를 위협하는 세력이 나타났다. 서돌궐의 유민 그리고 티베트 제국이다.

아사나하로(阿史那賀魯)의 반란을 제압한 당은 서돌궐의 유민을 둘로 나누고, 각각을 아사나 일족 사람에게 통솔하게 했다. 그러나 7세기 후반에 그들이 분쟁을 벌였고, 급기야 당조가 이를 조정하는 것에 실패하면서 천산 이북의 상황이 불안정해졌다. 이때 티베트 제국이 타림분지로 진출했다. 통일 제국으로서의 체재를 갖추었던 송첸감뽀가 사망(649년)한 이후, 티베트 제국의 재상인 가르 일족이 정치의 실권을 장악해 당조와 대결하기 시작했다. 가르의 지휘 아래에서 티베트 제국은 서돌궐의 유민과 손을 잡고 당의 서역 경영을 위한 군사 거점인 안서사진을 공격했다. 그래서 당은 안서사진을 포기하고 안서도호부도 서주로 철수시켰다.

이러한 상황에 대응하여 당조는 먼저 배행검(裴行儉)을 안무대식사(安撫大食使)로 삼고, 페로즈 3세의 아들 니리사(泥涅師, 나르세?)를 고국으로 데려다준다는 명목으로 서돌궐의 세력권에 들어가게 하여 티베트 제국과 연동되어 있던 반란 세력을 사로잡았다(679년). 이후 배행검은 수이아브에서 니리사와 헤어지고 귀국했다. 니리사는 홀로 고국으로 향했으나 이슬람 세력으로부터 저지를 당했고 토하리스탄에서 20년 남짓을 보낸 이후 다시 장안으로 돌아와서 708년 이후에 객사했다.

이 사건은 그렇다 치고, 이때 당조는 수이아브에 쇄엽성(碎葉城)을 짓고(679년) 여기에 군진을 배치했다. 그때까지의 안서사진 중에서 언기와 쇄엽을 교체한 것이다(훗날 예종 시기에는 다시 쇄엽진에서 언기진으로 옮기게 된다). 이 쇄엽성은 천산산맥 서쪽에 한인이 축성한 최초이자 최후의 성곽도시였다.

이어서 7세기 말에 당조의 군대가 티베트 제국의 군대를 격파했고, 안서사진을 부활시켰으며, 안서도호부를 구자에 설치하는 것에 성공했다(692년). '주'(周)는 이 지역에 3만 명의 대군을 주둔시키려고 했다. 그래서 내지에서 징병하여 서역으로 보냈는데, 상당한 부담 때문에 조정에서도 반대 의견이 나왔다. 그러나 무측천은 완고하게 이를 듣지 않았다고 한다. 이는 티베트 제국의 타림분지를 향한 침입을 '주'가 철저하게 저지하는 태도를 보여준 것이었다.

한편 티베트 제국에서는 이 패전을 계기로 가르 일족이 몰락하면서 정치의 실권을 다시 젠뽀(티데축젠 왕. 재위 676~704)가 되찾게 되었다. 티베트는 '주'와 옛 토욕혼 지역의 영유를 둘러싸고 대립하는 한편, 화친도 요청했다. 그 결과, 무측천은 공주를 보내 혼인을 맺는 것을 허락했지만 티데축젠이 전쟁 중에 사망하면서 이 약속은 다음 황제인 중종의 시대로 넘어가게 되었다.

전환기로의 서막

고종과 무측천 두 사람의 치세는 7세기 중반부터 8세기 초까지의 반세기에 이르렀다. 일본에서는 을사(乙巳)의 변을 지나 일반적으로 '다이카 개신'(大化改新)으로 불리는 대대적인 정치 개혁이 시작되면서 일본형 율령 체제가 건설되어 가는 시대에 해당한다. 그런데 그 모델이 된 당이라는 왕조에서는 반대로 율령제가 크게 동요하는 시대였고, 또한 당조의 성격이 서서히 변해 가는 시대이기도 했다.

먼저 지배층의 변화를 언급할 수 있다. 북조와 남조 두 요소를 물려받은 당의 지배층에는 선비계 군인인 무천진(武川鎭) 집단 및 관롱 지역의 호족이 기반을 형성한 관롱 집단, 산동 문벌, 그리고 옛 남조 계열의 강남 문벌과 같이 이전부터 존재한 세력이 있었다. 그런데 이 시대에는 새로운 세력이 출현했다. 관롱 집단이나 문벌 출신이 아닌 중견(中堅) 혹은 하층인 각지의 유력자들이 과거제도를 통해서 중앙 정계로 진출했던 것이다.

그리고 태종의 시대 말기부터 고종의 시대 초기에 걸쳐 완성된 동유라시아 제국으로서의 당이 서서히 무너지기 시작했다. 한반도에서는 옛 고구려와 백제를 정복한 지역에 대한 지배가 신라의 흥기와 공세로 인해 실패하고 안동도호부가 평양에서 요동으로 물러날 수밖에 없었다. 그뿐만이 아니라 동북 방면에서는 거란이 자립의 움직임을 보이면서 당의 지배가 무너지게 되었다. 북방에서도 돌궐의 자립에 수반하여 몽골리아 북부에 설치된 안북도호부가 음산의 남쪽인 중수항성(中受降城, 내몽골자치구 포두시)까지 철수했다.

이렇게 주변 여러 부족을 지배하는 체제는 북변부터

동북변에서 완전히 무너졌다. 그래서 당조는 새로운 방위선을 구축하게 된다.

또한 자립하려는 거란이 여세를 몰아 하북 지역으로 침공했을 때에 당조는 현지 농민을 징병하여 대비했다. 이러한 징병을 통해 지역을 방위하는 군사를 '단련병'(團練兵, 민병)이라고 했는데, 이는 율령으로 규정되지 않은 병사들이 등장하게 된 것이었다.

이러한 새로운 형태의 병사가 출현한 것은 바꿔서 말하면 농민에게 병역을 부담시키기 시작했다는 의미였다. 또한 무측천 대에 관직을 매매하는 풍조가 생기기 시작해서 정원 외의 관료가 탄생했다. 이는 조세를 바쳐야 하는 사람이 감소한다는 것을 의미했고, 부족분의 세금을 감당하는 대상이 부유하지 않은 농민으로 향하게 되었다. 이러한 부담을 견디지 못한 농민들은 본적지에서부터 도망을 쳤고, 저항하기 시작했다.

무측천의 시대는 역사적으로 보면 기존의 당조가 보유한 시스템을 무너뜨리고 새로운 세계를 열었다고 할 수 있다. 그러나 그 이면은 당시의 사람들에게는 '혼란'으로 비쳐졌다. 또한 율령에 의한 지배 체제의 붕괴라는 문제도 빠뜨릴 수 없다.

그렇다면 당조는 어떻게 재편되어 간 것일까?

제3장

전환기
— 8세기 전반 ~ 8세기 중엽

1. 무위(武韋)의 화(禍)

중종의 복벽(復辟)

무측천이 퇴위하고 난 이후 현종이 즉위하기까지 7년 동안 조정에서는 황제의 친정을 지향하는 집단과 황제 권력을 활용하면서 독자적인 세력을 확립하려는 집단(황실 일족·외척·총신 등)의 권력투쟁이 전개되었다. 그 모습을 살펴보자.

무측천이 역사의 무대에서 물러나자 50세인 이현이 다시 황제로 즉위했다(재위 705~710). 그가 중종이다. 중종은 국호를 '당'으로 되돌렸고, 제도도 고종 시대의 것으로 바꾸었다.

그러나 중종은 변변치 못한 우유부단한 인물이었다. 이전에 모친인 무측천에 의해 황제 자리에서 쫓겨나 방주(房州)에 유폐되어 있었을 때에 낙양에서 칙사가 오면 살해되는 것이 아닐까 벌벌 떨었고, 때로는 자살까지 생각한 사람이었다.

반면 부인인 위씨(韋氏)는 배짱이 두둑한 사람이었다. 위씨는 비관에 빠진 남편에게 "지금과 같은 상태가 오래 지속되지는 않을 것이므로 죽으면 안 됩니다"라고 언성을 높이면서 남편을 지탱했다. 이현은 "언젠가 다시 부활할 수 있을 때에는 당신이 하고 싶은 일을 하게 해 주겠소"라고 위씨에게 이야기했다. 과연 중종이 복위하자 황후가 된 위씨는 무측천을 모방하여 직접 정치에 참견하게 되었다.

무삼사와 위 황후

그런데 재상 장간지가 쿠데타를 일으켜서 무측천을 퇴위로 몰아넣었을 때에 나머지 무씨 일족도 배제했는가에 대해서 말하면 실제로 그렇지 않았다. 쿠데타 직후에 낙양의 어느 관료가 "장역지와 장창종 형제는 죽일 수 있었지만, 아직 무삼사(무측천의 조카) 등이 살아남아 있습니다. 풀을 베더라도 뿌리를 제거하지 않으면 다시 살아나게 됩니다"라면서 무씨 일족을 주살하라고 진언했다. 그러나 장간지 등은 "대사는 이미 정해졌다. 무씨 일족 등은 도마 위의 고기에 불과하니 아무것도 할 수 없다. 이미 살해된 사람들의 숫자가 꽤나 많아서 이 이상으로 죽일 수는 없을 것 같다"라면서 진언을 받아들이지 않았다.

그래서 악운이 강한 무삼사 등은 무측천 퇴위 후에도 정계에 살아남아 있었던 것이다(2-1).

무삼사의 아들 무숭훈(武崇訓)은 중종과 위후가 총애한 딸인 안락공주(安樂公主)와 혼인을 해서 충분히 황실과 연결되어 있었는데, 무삼사는 더 강고한 연결을 만들어 갔다. 그 연결 통로가 된 사람이 상관완아(上官婉兒)라는 여성이다.

이야기는 이전으로 거슬러 올라가는데, 고종이 무 황후를 폐위하려고 하면서 재상인 상관의(上官儀)와 상담했던 것을 기억하고 계시는가? 이 계획은 실패했고, 상관의는 하옥되어 목숨을 잃었으며 그 아들도 살해되었다. 이때 아직 어린아이였던 사람이 상관의의 손녀 상관완아였다.

상관완아는 후궁에 들여보내져 궁중의 노예가 되었지만 조부의 문학적 재능을 이어받았는지 성장하면서 시와 문장에서 재능을 발휘했다. 그녀를 찾아낸 무측천은 상관완아를 정무에 참여시켰다.

복위한 중종도 그녀에게 조서의 기초를 맡겼고, 결국에 첩여(婕妤)의 지위를 주면서 총애하게 되었다. 그런데 무삼사는 이 상관완아와 남녀관계가 되면서 감쪽같이 후궁으로 몰래 출입했고 위후에게 후대를 받는 것에 성공했다. 그리고 무삼사는 중종과 정무를 의논하게 되었고, 마침내 재상 장간지가 받은 명령은 무삼사를 통해 나가게 되었다고 한다. 급기야 무삼사는 위후와도 육체적 관계를 맺게 되면서 무씨 일족은 위세를 회복해 갔다.

한편 위후 등은 중종을 복위시킨 장간지 등이 사악한 귀신이 되었다고 하면서 그 일파를 중앙 정계로부터 모조리 추방했다. 그리고 공주(황녀)들은 자신들의 '부'(府)를 개설하는 것을 허락받았기 때문에 정식 절차를 밟지 않고 임명을 남발하여 관직을 '동전 30만'에 팔았고, 자신들을 지탱하기 위한 관료를 대량으로 탄생시켜 갔다. 당시 사람들은 그들을 사봉관(斜封官)이라고 불렀다. 그들은 정원 외의 관료(원외관)였기 때문에 잉여 관료가 늘어나 재정에 커다란 영향을 끼치게 되었다.

쿠데타 실패

당시 황태자는 중종의 셋째 아들 이중준(李重俊)이었는데, 위후의 아들이 아니었다. 그래서 위후는 황태자를 미워했고 무삼사도 황태자를 싫어했다. 안락공주 등은 남편 무숭훈과 함께 황태자를 노예라고 비방했고, 그를 폐위하고 그녀 자신이 황태녀(皇太女)가 되고자 하는 상황이었다.

점차 막다른 곳에 몰리게 된 이중준은 좌우림군대장군인 이다조 등과 함께 쿠데타를 일으켰다. 그들은 우림병과 300명의 '천기'를 이끌고 장안성 내에 거처하고 있던 무삼사 부자를 살해하고는 궁성으로 되돌아와서 위후 일파의 거처를 찾아내려 했다. 그러나 중종은 위후, 안락공주, 상관 첩여(상관완아)와 함께 북쪽을 향해 궁성을 탈출하여 현무문의 누각에 올라가서 난을 피했다. 그리고 중종은 우우림군 대장군인 유경인(劉景仁)에게 명령을 내려서 우림군 본대의 비기(飛騎) 병사들에게 수비를 하게 했다.

이리하여 양쪽 군대가 대치했을 때에 중종을 수행하던 환관 양사욱(楊思勗)이 이다조의 사위를 한칼에 베자 곧바로 황태자 군대의 기세가 꺾였다. 지체 없이 중종은 천기 병사들을 향해 "너희들은 짐의 친위대가 아닌가? 어째서 이다조를 따라 반란을 일으킨 것인가? 만약 반란분자를 참수하면, 부와 명성은 마음껏 누릴 수 있다"라고 하자 천기 병사들은 이다조를 배신했고, 황태자 군대의 핵심인 장군들의 피를 제물로 바쳤다. 이중준은 장안성 밖으로 도망쳤지만 이내 부하에 의해 살해되면서 쿠데타는 실패로 끝났다(707년). 이와 관련하여 쿠데타 이후, '천기'는 그 활약으로 인해 '좌·우 만기'(左·右 萬騎)가 되어 인원이 늘어났다.

중종 암살

 이 사건으로 무삼사는 살해되었지만 위후와 공주들은 살아남았다. 그녀들의 세력은 외조 관료의 일부도 끌어들이면서 확대되었다. 이때에 어떤 사람이 중종에게 "위후는 음란한데 국정에 관여하여 위씨 일족의 세력이 강대해졌습니다. 그리고 안락공주 등은 국가를 위험한 상태에 빠뜨리려 하고 있습니다"라고 상언하여 황후 일파의 정권 탈취 음모를 고발했다. 중종은 이 말을 듣자 점점 불안감이 커져 갔다.

 위후는 의술에 뛰어난 진객(秦客)과 일 처리에 능숙한 양균(楊均)과 같은 사람들을 후궁으로 끌어들여서 '불장난'을 하고 있었는데, 이것이 노출되는 일은 좋을 것이

못 되었다. 또한 딸인 안락공주는 모친을 황제로 만들고 자신이 황태녀가 되고자 했다. 그러한 상황과 의도가 교차하면서 그녀들은 음모를 꾸며 독을 넣은 떡을 중종에게 먹여 결국 살해해 버렸다. 중종의 나이 55세였다(710년).

태평공주와 예종

이때 위후와 안락공주의 앞을 무측천의 딸인 태평공주가 가로막았다. 그녀는 상관 첩여와 함께 중종의 유언장을 만들어서 16세였던 중종의 넷째 아들 이중무(李重茂)를 황태자로 받들었다. 그리고 중종의 동생인 상왕(相王) 이단(李旦)을 정무에 가담시켜 위후 등의 움직임을 견제하고자 했다.

그러나 위후 일파는 이단을 물리치고 이중무를 황제로 삼았으며(시호는 상제殤帝), 위씨는 황태후가 되어 조정에 군림했다. 위후의 목표는 태평공주와 이단을 필두로 하는 황실의 이씨 일족을 배제하고 혁명을 일으키는 것이었다. 이에 대항하여 이단의 아들 이융기(李隆基)가 들고일어나 태평공주 등과 함께 쿠데타 계획을 세웠다. 이융기는 우림군의 '만기'를 통제하자 곧바로 병사를 궁성의 태극전으로 향하게 했다. 위후와 안락공주가 살해되면서 이융기의 쿠데타는 성공했다.

그 이후 태평공주가 주도하여 49세의 이단을 황제로 즉위시켰다. 묘호로는 예종(睿宗, 재위 710~712)이다. 이융기는 황태자가 되었지만, 이번에는 정치의 실권을 장악하려는 태평공주와 대립하게 되었다. 그녀는 착착 정권 탈취 준비를 진행했고, 자신이 영향력을 행사하는 관료들을 요직에 배치했다. 한편 괴뢰 황제라는 것을 자각하고 있었던 예종은 재위 2년 만에 이융기에게 양위해 버렸다. 현종(玄宗)의 등장이다(재위 712~756).

그러나 이를 가만히 내버려둘 태평공주가 아니었다. 그녀는 상황이 된 예종에게 3품 이상의 고위 관료(재상 계급)의 임명권과 '짐'을 자칭하는 것 등 중요한 황제권의 일부를 남겨 놓게 하여 현종의 권한을 약화시키고자 했다. 그리고 당시 재상 7명 중에서 5명까지가 공주파의 관료들이 갖고 있었다. 그뿐만이 아니라 공주파는 북아금군과 남아금군을 통제해서 쿠데타를 일으키려 했다. 그런데 이 계획이 사전에 누설되어 현종이 직접 우림군을 통제하여 공주파의 중심인물들을 차례차례 살해하면서 정권을 장악했다. 태평공주는 도성에서부터 종남산으로 도망갔지만 3일 후에 도성으로 돌아왔고, 자택에서 사사되었다(713년).

2. 개원의 치
현종의 시대

태평공주 일파를 타도한 이후, 현종은 연호를 선천(先天)에서 개원(開元)으로 바꾸었다. 비로소 친정을 행하는 날이 찾아온 것이다. 현종의 치세는 당조의 황제 중에서도 가장 긴 44년에 달했고 선천(712년 8월~713년 11월), 개원(713년 12월~741년), 천보(天寶, 742년~756년 7월)로 세 차례 연호가 변경되었다. 얼핏 보면 천하가 태평하고 인구도 증가하면서 국력도 충실해진 시대였다. 특히 그의 치세 초반 2/3의 시기는 '개원의 치'라고 불린다.

현종이 등장한 이 시기는 어떤 의미에서 정치적 쇄신에 적합한 시대였다. 왜냐 하면 무측천 시대에 궁중에서 전개된 권력투쟁의 결과, 당 건국 이래 지배 집단의 중심이 되었던 인물들이 모두 사라졌기 때문이다. 때때로 그들은 사사로운 욕심 때문에 움직였고, 정치를 방해하는 자가 된 것이다.

그들 대신에 현종의 친정을 도운 사람은 무측천 시대에 정계로 진출한 과거 출신 관료들이었다. 다만 이 신흥세력인 과거 출신 관료도 현종 시대에는 기성세력이 되어 갔다. 이에 대항하는 형태로 옛 문벌, 특히 관롱 집단의 일원이었던 사람들이 새롭게 대두하고 또한 황제 개인의 은총을 통해 문벌이 아닌 사람이나 비한인도 발탁되었다. 이와는 별도로 내정(內廷)에 있던 환관도 힘을 가지게 되었다. 이것이 현종 시대의 특징이었다.

아베노 나카마로(阿倍仲麻呂)와 세이신세이(井眞成)

일본은 당에 자주 사절을 파견했다. 일본에서는 이를 견당사(遣唐使)라고 부른다. 계획되었던 사행이 실시되지 못한 경우, 당에 도착하지 못한 경우도 있어서 실제로 당까지 도착한 사절단은 열다섯 번이었다고 한다. 현종이 즉위하고 처음으로 찾아온 견당사는 개원 5년(717) 10월 장안에 도착했다. 장안까지 찾아왔던 사절단으로는 여덟번째였다.

그중에 유학생(장기 유학)인 아베노 나카마로가 있었다. 아베노 나카마로는 국립학교(태학. 4품·5품 관료의 자제가 입학할 수 있었다)에 입학하여 연구를 지속했고, 과거(진사과)에 합격했다. 이름도 중국식인 조형(朝衡 혹은 晁衡)이라고 칭하고, 당조의 관료가 되어 현종 황제를 섬겼다. 성당(盛唐)의 시인으로 유명한 이백(李白)과 왕유(王維)와도 친분이 있었다고 한다. 53세가 되어 귀국을 허락받아 견당사의 선박에 올랐다. 이때 그가 읊었다는 구절은 "드넓은 하늘 우러러 바라보니 뜬 저 달은 고향의 산에서 바라본 달과 같구나"였다. 그러나 아베노 나카마로를 태운 배는 계절풍의 영향을 받아 흘러가다가 베트남 북부에 표착했다. 장안으로 돌아올 수는 있었지만, 두 번 다시 일본 땅을 밟지 못하고 70세에 당에서 사망했다. 이러한 내용이 통설이다.

그러나 아베노 나카마로가 과거, 특히 진사과에 합격했다는 것에 의혹을 품은 연구자도 있다. 진사과는 당나라 사람들조차 합격하는 것이 어려운 시험 과목이었기 때문이다(제5장). 또한 아베노 나카마로가 과거에 응했다고 전하는 사료는 송대에 기록된 것이기 때문에 아베노 나카마로 과거 합격설은 생각하기 어려운 것이라고 한다. 만일 과거에 합격했다고 해도 그것은 진사과가 아니라 훗날 목종(穆宗) 시대에 시작된 빈공과(賓貢科)와 같이 외국인을 위해서 설치된 특별한 시험 과목이었을 것이라는 주장이다.

그런데 아베노 나카마로와 함께 당으로 왔다고 여겨지는 또 한 사람의 유학생도 소개해 두고자 한다. 그의 이름은 세이신세이(井眞成)라고 한다. 실은 이 인물은 문헌 사료에는 기록이 없고, 2004년에 중국 섬서성 서안시에서 발견된 묘지(墓誌)에 의해 처음 그 존재가 밝혀졌다. 묘지에 따르면, 개원 22년(734) 정월에 향년 36세로 사망했다고 되어 있다. 그가 사망한 해로부터 추측하면, 아베노 나카마로와 함께 당에 왔고 사망한 해에 당에 온 견당사 일행과 귀국할 예정이었을지도 모르겠다. 또한 묘지에는 '학문에 힘써 게으르지 않았고, 도를 따지는 것이 아직 끝나지 않았다'라고 기록되어 장기간 유학생으로서 공부하며 당의 문물제도를 흡수했지만, 귀국을 앞두고 뜻을 이루지 못한 채 사망했음을 상상할 수 있다.

세이신세이의 묘지 제목에는 '상의봉어정공묘지문병

서'(尙衣奉御井公墓誌幷序)라고 되어 있어 사후에 상의봉어가 추증되었음을 알 수 있다. 상의봉어는 전중성(殿中省)에 속한 상의국(尙衣局)의 장으로, 종5품상(上)이었다. 이는 멀리에서부터 당으로 공부를 하러 온 외국인 유학생이 이국의 땅에서 사망한 것에 대한 당 조정의 배려였을지, 혹은 현종 개인의 마음이었을지 지금으로서는 알 수가 없다. 우리가 현재 그 이름을 알 수 있는 견당사의 인물은 그 대부분이 살아서 고국으로 돌아간 사람들이지만, 이름을 후세에 남기지 못하고 그 땅에서 혹은 도항하는 도중에 사망한 사람들도 많았던 것이다.

정치의 쇄신

현종이 친정을 시작했을 때의 과제는 무측천 시대에 개변된 당조의 모습을 원래대로 되돌리고 부정적인 유산을 불식하는 것이었다. 현종의 친정 초기 시대를 빛낸 사람은 요숭(姚崇)과 송경(宋璟) 두 사람이었다. 요숭은 특별과거(하필제장과下筆制章科)에 합격하여 관료계에 진출했고, 송경은 요숭보다 2년 뒤에 진사과에 합격했다. 요숭은 무측천부터 예종의 시대에, 송경은 예종 시대에 재상이 되었지만 모두 태평공주의 역린을 건드리면서 지방으로 좌천되어 있었다.

현종은 친정을 시작하자 곧 요숭을 재상으로 소환했다. 요숭은 무측천의 치세 말기부터 축적되어 있던 여러 문제들을 해결하기 위해 연달아 정치를 쇄신해 갔다. 우선 중종, 예종의 시대에 만들어진 사봉관(斜封官)과 원외관(員外官)을 폐지하고 멋대로 승려나 비구니가 된 사람들을 환속시켰다. 관료와 승니(僧尼)는 조세를 납부하지 않는 특권을 가지고 있어 재정을 압박하는 원인의 하나였기 때문이다. 이어서 새로운 사원의 건립을 금지했다. 이는 국고에서 건설 비용이 나갔기 때문이다. 그리고 황제 일족이나 외척들의 활동, 예를 들어 인척 관계에 있는 사람에게 관위를 주는 것들을 제한하고 뇌물도 금지했다.

송경은 조금 뒤늦게 재상으로 복귀했다. 송대에 『자치통감』을 저술한 사마광은 '요숭은 변화에 따라 사무를 행했고, 송경은 법을 잘 지키는 공정함을 지녔다고 했다. 두 사람의 방향성은 달랐지만, 세금이나 역역(力役)을 완화하고 형벌은 공평하니 사람들이 풍족해졌다'라고 평가를 내렸다. 그 결과, 상승세의 정치가 행해졌고 재정도

충실해졌다. 이를 당조가 파악했던 호구의 숫자를 통해 확인해 보면, 태종의 시대는 300만 호를 채우지 못했지만 개원 시기 전반에는 2배 이상인 700만 호를 넘었고 인구는 4천만 명 이상이 되었다.

천하태평

'천하태평'의 바람은 당의 영역 바깥에서도 불어왔다. 무측천 시대에 위협을 가하고 있던 돌궐의 카프간 카간은 반란을 일으킨 바야르쿠 부족을 토벌하던 도중에 전사했다(716년). 뒤를 이은 사람은 빌게 카간(묵극련默棘連. 일테리시 카간의 아들)이었다. 카프간 카간으로부터 빌게 카간으로의 세대교체는 돌궐 내부에 대립을 발생시켰고, 옛 카프간 카간 파벌에 속한 돌궐인과 소그드게 돌궐인을 당으로 '망명'하게 했다. 그중에는 훗날 당 제국을 뒤흔들게 되는 안록산이 포함되었다.

그런데 빌게 카간의 치하에서 돌궐은 새로운 시대를 맞이했다. 그가 즉위한 직후에 당과의 사이에서 작은 분쟁이 있었지만 머지않아 대립이 없어지고 유화적인 관계를 구축해 갔던 것이다. 그것은 이때의 돌궐에게는 당과 서로 다툴 수 있을 정도의 국력이 없었던 것과 돌궐이 당과의 교역을 중시한 것 등이 그 배경이었다.

카프간 카간의 사망은 돌궐에 종속되어 있던 해(奚)나 거란에게도 영향을 끼쳤다. 당조의 사람들이 '양번'(兩蕃)이라고 부른, 규모가 큰 이 두 기마유목 세력이 다시 당에 귀속해 왔던 것이다. 당은 7세기 말에 거란이 함락한 동북 방면의 요충지인 영주(營州)를 부활시켰고, 소그드 상인들을 유치하여 상업도 진흥시켰다. 영주는 훗날에 군사적으로도 중요한 거점이 되는데, 이곳의 장관에 평로군사(平盧軍使)를 겸임시켜서 군대를 배치했다. 이렇게 현종 시대의 전반에는 당과 몽골리아, 만주리아를 포함한 공간에 '평화'가 찾아왔다.

즉위하고 14년이 지나 국내외가 안정된 것을 확인한 현종은 태산에서 봉선의 의식을 거행했다(725년). 전통적인 사고방식에 따르면, 봉선은 왕조에서 한 번만 하게 되어 있어 반복해서 행할 수 없는 것이었다. 그러나 현종이 봉선을 행한 배경에는 무측천에게 빼앗겼던 천명을 당이 다시 받아서 태평한 세상이 도래했다는 것을 천지에 보고할 필요가 있었던 것이다.

이 의식을 거행한 사람은 요숭, 송경에 이어서 과거 출신의 재상 장열(張說)이었다. 그러나 시문의 재능을 통해 승진한 과거 출신 관료를 현종이 맹목적으로 신뢰한 것은 아니었다. 빠르면 개원 연간의 전기에는 이때까지의 제도적으로 다양한 모순이 드러나고 있었다. 그중 하나로 이미 무측천의 시대부터 보였던 농민들의 본적지(원주지)로부터의 도망 문제가 있었다. 이 문제는 현종이 즉위하고 10년도 채 되지 않았을 때에 더 심각해졌다. 이러한 현실에 대응했던 것은 '재무 관료'라고 불리는, 실무에 뛰어난 사람들이었다.

당대 전기 급전제(給田制)와 부역(賦役)

일반적으로 당대의 토지제도는 농민에게 토지를 제공한 '균전제'가 유명하다. 그러나 이 제도가 기록되어 있는 『당육전』과 당령의 전령(田令)에는 '균전'이라는 단어가 보이지 않고, '급전'(給田)이라고 기록되어 있다. 실은 '균전'의 '균'(均)이란, 모두 공평하게 빠짐없이 준다는 의미가 아니라 '분수에 맞게'라는 의미이다. 그런 의미에서 '균전'

을 설명하면, 위로부터 아래에 이르기까지 각각의 신분 계층에 따라 토지를 보유하는 범위를 규정하는 것이 된다. 그렇다면 당대의 토지제도는 어떤 것이었을까?

그것은 백성 중 성인 남성뿐만 아니라 종교적 신분을 지닌 사람이나 상공업자, 그리고 관인에게도 토지가 지급되는 것이었다(3-1, 3-2). 이러한 사람들은 '양인'(양민)이라는 신분이다. 이에 반해 특정한 관청이나 '가'(家)에 소속되어 역무(役務)를 맡은 신분을 '천인'(천민)이라고 했다. '천인' 중에서 관천인(官賤人)에게는 토지가 지급되었지만 사천인(私賤人)에게는 지급되지 않았다. 관인에게는 영업전(永業田) 이외에 관인직분전(官人職分田, 재직 기간에만 소유)도 지급되었다. 그리고 지방 관청에는 제주공해전(諸州公廨田, 여기에서부터 나오는 소작료가 관청의 경비로 충당되었다)이 지급되었다. 토지 지급 액수는 각각의 지위나 등급에 따라 차이가 두어졌다. 그런 의미에서 당대의 급전제는 '균전제'라고 할 수 있고, 지금처럼 성인 남자 백성에게 토지를 지급하는 제도만을 잘라내서 '균전제'라고 하는 것은 수정해야 한다는 것이 최신 견해이다.

한편 이렇게 토지를 받은 정남(丁男, 성인 남성)은 다음과 같은 부역을 담당했다(부역령의 규정).

3-1 당대 전기의 급전 규정

(비고 1) 80무(畝)는 대략 4.6헥타르(1무는 약 5.8아르)이고, 20무는 대략 1.2헥타르이다. 이와 관련하여 한신 고시엔 구장(阪神甲子園球場)의 그라운드 부분의 면적이 1.3헥타르이다.

(비고 2) 구분전(口分田)은 반환의 의무가 있다. 영업전(永業田)에는 뽕나무, 느릅나무, 대추나무를 심는다. 반환의 의무가 없다.

	신분	구분전	영업전
양	정남(1~59세), 중남(18~20세)	80무	20무
	노인 남자·장애인	40무	—
	과부가 된 처첩	30무	—
	중남, 정남 이외의 호주	30무	20무
	상공업자	40무	10무
	도사, 승려	30무	—
	여관(女冠), 비구니	20무	—
천	태상음성인, 잡호(주현에 호적이 있다)	80무	20무
	관호(주현에 호적이 없다. 특정 관청에 속한다)	40무	—
	재목관호, 관노(가(호)를 가지지 않은 사람)	10무	—

3-2 관인영업전의 규정

작위	관품	토지 지급 액수
친왕		100경(頃)
	정1품	60경(頃)
군왕	종1품	50경(頃)
국공	정2품	40경(頃)
군공	종2품	35경(頃)
현공	정3품	25경(頃)
	종3품	20경(頃)
후	정4품	14경(頃)
백	종4품	11경(頃)
자	정5품	8경(頃)
남	종5품	5경(頃)
	6품·7품	2.5경(頃)
	8품·9품	2경(頃)

조(租) ― 곡물 2석(대략 119ℓ)

조(調) ― 견직물 2장(대략 6.2m)과 면 3량(대략 112g). 강남(江南)의 주(州) 등은 마포(麻布) 2장 5척(대략 7.7m)과 마사(麻絲) 3근(약 2kg).

정역(正役, 세역歲役) ― 중앙정부가 지시하는 20일 간의 중노동. 본적지를 넘어서 조세재물을 수송하는 것에 해당하는 노역 위주

잡요(雜徭) ― 지방정부가 징발하는 40일 이내의 경노동. 주 내에서의 수송, 제언(堤堰. 댐)이나 교량의 건설과 수리 등

이를 조조역제(租調役制)라고 한다. 현종의 한 시기에 '정역' 대신에 '용'(庸)으로 직물을 거두는 것도 있어서 조용조제(租庸調制)라고 부르기도 한다. 노역(勞役)에는 이외에 다음과 같은 것도 있었다.

병역(兵役) ― 수도의 경비(위사衛士), 당조와 주변 여러 세력의 경계 경비(방인防人)

색역(色役) ― 말단의 행정사무에 종사하는 특별한 노역

그러나 토지 지급의 제도는 전령(田令)에 있는 것처럼 완전한 모습으로 기능하지 않았다. 어느 전문가는 당 초기에 백성에게 토지를 지급하는 제도가 실시된 곳은 북중국의 극히 일부 지방에 불과하고, 그 시점에서 이미 허구가 된 것이라고 주장한다. 또한 장안 부근처럼 인구가 집중하고 토지가 부족한 지역에서는 이미 태종의 정관 연간 시기부터 토지의 지급이 충분하지 못했다고 보는 전문가도 있다. 벼농사가 중심이던 옛 남조의 영역에서는 이 제도 자체가 시행되지 않았다는 지적도 있다.

현재는 출토된 문서 사료를 통해 7세기 말부터 8세기 중반에 걸쳐 당의 영역 서방에 해당하는 사주(沙州. 감숙성 돈황)와 서주(西州)에서 토지의 지급과 반환이 행해지고 있었다는 점은 알려져 있다. 그러나 사주에서는 구분전(口分田)의 면적이 작았다든가 서주에서는 영업전조차 반환하고 있는 등 규정 그대로가 아니었다는 점도 명확하게 드러난다.

이렇게 보면, 당대 농민의 대부분은 급전제에 의한 경작지를 규정대로는 받지 못했을지 모르겠지만 부역과 병역의 부담은 무거워지기 시작했다. 그래서 농민들은 대책을 생각해냈다. 당조가 파악한 호적은 농민(호주戶主)이

제출하는 가족 구성의 신고서(수실手實)를 통해 매년 데이터베이스(계장計帳)가 만들어졌고, 이에 근거하여 3년마다 업데이트가 되는 것이었다. 그래서 농민들은 신고를 할 때에 거짓으로 정남(성인 남자)의 수를 줄이거나 정남이 없다고 보고했다. 부역과 병역의 부담으로부터 도피하기 위해서였다. 거기에서 한 걸음 더 나아 토지를 내버려두고 도망쳐서 본적지와는 관계가 없는 지역에 거주하는 경우도 있었다. 이를 '도호'(逃戶)라고 부른다. 그렇게 되면 호적에 근거한 조세의 징수나 노역의 징발이 줄어 당조의 재정에 커다란 영향을 끼치게 된다.

괄호정책(括戶政策)

이 문제에 대처한 사람은 재상 원건요(源乾曜)에게 부름을 받은 우문융(宇文融)이었다. 원건요는 진사과를 통과한 과거 출신 관료로, 그의 가문은 선비 탁발씨 계통을 이어받았다. 우문융도 그 성씨를 통해 추측할 수 있듯이 북주 황실의 자손으로, 모두 신흥 과거 관료와는 출신의 뿌리가 달랐다. 관롱 집단의 자손이라고 할 수 있는 것이다.

우문융은 우선 도호의 실정을 조사할 필요성을 상주했다(721년). 그 조사 결과에 근거하여 현종은 100일의 기한을 주어 자수하면 용서하고, 도망한 곳에서 호적에 올리거나 혹은 고향으로 돌아오는 것을 선택하게 했다. 그러나 기한을 넘겨도 자수하지 않을 경우에는 처벌하라는 명령이 내려졌다.

애초에는 새롭게 파악한 농민들에게 조(租)나 지세(地稅, 그 기원은 의창미義倉米이다. 현종 시대에 이를 명목으로 징수되던 세금이었다)를 거두었지만, 머지않아 이 방침을 변경하게 된 것이다. 등록을 올바로 고친 농민은 6년 동안 조(租)와 조(調)를 감면받고 가벼운 세금을 납부하기만 하면 되었다. 이 결과 전역에서 도호를 적발하여 80여 만 호를 호적(농민의 소재지에 새롭게 올린 호적으로 객호客戶라고 한다)에 다시 등록시킬 수 있었다.

이것이 가능했던 것은 뒤에서 서술하겠지만, 수도의 경비를 맡은 남아금군(南衙禁軍)이 모병(募兵)으로 변하면서 본래 농민의 병역 중 하나인 위사로서 수도로 상번(上番)할 필요가 없어졌기 때문이다. 도호들은 도망한 곳에서 안심하고 재등록되었던 것이다. 이 80여 만 호라는 숫자는 당시 파악하고 있던 호적 총 숫자의 10%에 해당하는 것이었다. 그리고 이에 상응하는 토지도 파악하게 되었다. 이를 괄호정책이라고 부른다.

그러나 이 정책은 임시적인 방편이어서 호적을 정확하게 다시 관리하는 데에는 이르지 못했는데, 농민에게 부과되던 조조역제와 병역이 무너지는 것을 막을 수는 없었다.

율령군제(律令軍制)

당 전반기의 군제는 '부병제'(府兵制)가 유명하다. 부병이란, 절충부(折衝府)의 병사이다. 절충부란, 당조 내지의 주에 설치된 군사기지(치안유지를 위한 주둔지도 겸한다)인데, 장안에 있는 12개의 남아금군 등에 속해 있었다. 농한기가 되면 절충부가 설치된 주에 속한 농민을 절충부에 모아 훈련시켜서 병사(부병)의 태세를 갖추게 했다. 절충부는 600곳 전후로 설치되어 있었으나 전국에 균등하게 배치되었던 것은 아니다. 『신당서』의 「지리지」에 따르면, 관내도(關內道, 수도 장안성을 포함하고 있는 경조부와 18개의 주. 섬서성·영하회족자치구·내몽골자치구 중부)에 273개의 부, 그리고 하동도

(현재 산서성)에 142개의 부, 동도(東都) 낙양을 포함한 하남부(현재 하남성)에 39개의 군부가 설치되어 있어 대체로 이 지역들에 전체 절충부의 대략 70%가 집중되어 있었다.

지금까지의 학설에서는 이 부병이 차례로 돌아가며 수도에 와서 금군의 병사로서 장안의 경비 임무를 맡거나(위사) 혹은 경계 지역의 성에 설치된 진(鎭, 100~500명 규모)이나 수(戍, 십수~50명 규모)라고 하는 주둔지에 가서 경비를 담당하는(방인) 것이라고 했다.

그러나 최신의 이해에서는 수도의 경비를 맡은 위사는 부병이지만, 경계 지역의 방위 임무를 맡은 방인은 전국의 주(절충부가 설치되어 있지 않은 주도 포함한다)로부터 징병된 병사였다고 한다. 방인은 절충부와는 관계가 없고, 그것과는 별도로 요충지에 설치된 지방관청인 도독부에 통할되었다. 방인의 징병은 법령에서는 전국의 주가 대상이었지만, 그중 다수는 하북도나 하남도(당대의 '산동')로부터 선택되었다고 한다.

또한 위사와 방인과는 별도로 궁성의 북문에서 숙위를 하면서 황제의 경비를 맡는 북아금군이 존재했다. 이상은 당의 평상시 군제이고 비상시, 즉 전쟁 시기에는 다른 체제가 작동했다.

무측천 시기부터 농민들이 본적지에서 도망치는 현상이 현저해졌다. 그것은 그때까지 당을 지탱해 온 군제에 영향을 끼치기 시작했다. 절충부를 통해서 징병되어 수도를 지키는 남아금군의 위사가 부족해지게 되었던 것이다. 그래서 과거 출신의 관료인 재상 장열은 모병을 통한 남아금군의 재건을 건의했다. 그 결과로 재편성된 것이 '확기제'(彍騎制)라는 것이었다. 그것은 경조부와 그 주변에 있는 주의 8등호·9등호와 같은 하층 농민을 대상으로 하여 12만 명의 병사를 얻는 것으로, 이를 2만 명씩 여섯 집단으로 나누고 한 집단이 1년에 2번, 한 번에 1개월 동안 복무하게 하는 것이었다. 본래의 위사제(衛士制)는 10만 명으로 구성된 체제였기 때문에 확기제는 그것의 1/5이 되었고, 남아금군의 축소를 의미하는 것이었다. 이리하여 수도를 경비하는 위사가 율령의 규정과는 다른 모병으로 구성된 결과, 절충부를 통해서 농민을 징병하는 시스템은 전혀 기능하지 못하게 되었고 마침내 절충부는 완전히 정지되었다(749년).

　한편 이 시기부터 확충되어 간 것은 북아금군이었다. 이때까지 당조의 역사를 되돌아보기만 해도 무 황태후에 의한 중종 포박, 장간지와 이다조에 의한 장역지·장창종 형제 암살, 이중준의 쿠데타 미수, 이융기에 의한 두 차례의 쿠데타에 북아금군이 동원되고 있다. 그것은 궁정 쿠데타가 성공하는 것의 여부에 북아금군의 힘이 필요했기 때문이다. 북아금군은 궁성 북문에 주둔하면서 왕궁의 북쪽을 지키는 군대와 황제가 행행(行幸)할 때에 신변 경호를 담당하는 군대로 구분되어 있었다. 앞서 서술했듯이 전자를 우림군(羽林軍)이라 부르고, 후자는 우림군에서부터 선발된 '백기'(百騎)라고 했다. '백기'는 그 이후 '천기', '만기'로 이름을 바꾸면서 현종의 시대가 되면 호(戶)가 높은 가문(2등호. 일설에서는 6등호 이상)으로부터 병사를 모집하여 규모도 확대되었고, 마침내 용무군(龍武軍)이 되었다(738년).

절도사의 탄생

이러한 상비군과는 별도로 대외 원정을 할 때에 편성된 것이 '행군'(行軍)이었다. 행군에는 위사나 방인, 모병이 동원되는 경우도 있지만 그 주력은 각지의 주에서 임시로 징병된 병사(병모兵募. 자금과 장비는 주가 부담)였다. 행군은 목적지와 임기가 결정되어 있었고, 대외 원정의 임무가 끝나면 해산하고 병사들도 고향으로 돌아가는 것이 원칙이었다. 그러나 앞장에서 서술했듯이 7세기 후반부터 말기에 걸쳐서 몽골리아의 돌궐이나 만주리아의 거란이 자립했다. 또한 서방의 티베트 제국과의 긴장 상태도 여전히 지속되고 있었다. 이리하여 당조가 주변의 민족 집단을 지배하는 체제는 점점 무너져 갔다.

상황이 이렇게 되자 행군은 정벌이 끝나도 원정한 곳에 주둔하면서 그대로 경계 지역의 경비를 담당하게 되었다. 그 주둔지로는 '군'(軍), '수착'(守捉), '성'(城)이 설치되었고 이들을 군진(軍鎭)이라고 불렀다. 이렇게 당의 경계 지역에는 종래의 진(鎭)·수(戍) 그리고 신설된 군진을 조합하여 새로운 방위 라인이 구축되었고, 당의 국방 최전선이 되었다.

어느 쪽이 되었든 여기에 배치되어 있던 것은 호적에 근거하여 징병된 농민들이었고, 그들의 부담이 컸음은 틀림이 없다. 그래서 농민들이 본적지에서부터 도망을 치게 되는데, 그렇게 되자 종래의 징병제도로 국방군을 유지하는 것이 어려워졌다. 이에 더해 7세기 말부터 8세기에 걸쳐 동유라시아의 세력 구도에 큰 변화가 생겼고,

당조는 이에 대비하여 새로운 시스템을 통한 군사력을 필요로 하게 되었다.

국방의 병력이 중대한 무측천 시기부터 현종의 치세 초기에 걸쳐 그 병사의 종류나 성격도 변해 갔다. 태종 시기 1,000개 정도였던 진, 수는 현종 개원 연간에는 절반으로 줄어들어 있었다. 동원할 수 있는 방인의 숫자도 적어졌을 것이다. 그래서 새롭게 주를 통해 징병된 '방정'(防丁)이라고 하는 병사(자금과 장비는 개인이 부담. 모병이라는 주장도 있다)가 진, 수에 보충되었다. 한편 군진에는 대외 원정을 맡은 행군을 편성하고 있던 병모나 번병(蕃兵), 방인, 부병 등이 상주하고 있었다.

그들은 처음에는 1년이 복무 기간이었지만 점점 길어지면서 결국 전반 3년 동안은 병역, 후반 3년 동안은 급여가 지급되는 6년 임기의 '건아'(健兒)라는 병사가 출현했다. 그러나 군진에서부터 도망치는 병사가 끊이지 않자 현종은 마침내 '장정건아'(長征健兒)의 도입을 결정했다(737년). 장정건아란, 현직 군진 병사와 객호(客戶)의 젊은 이들 가운데 희망하는 자를 모집해 가족을 대동하는 것을 허락하고 군진에 가옥과 토지를 주어 급여를 지급하는 것으로, 기한이 없이 군진에서 근무하는 완전한 직업 병사였다.

 개원 연간 말기 무렵에는 군진이 60개 정도가 되어 60만 명에 달하는 직업 병사가 배치되어 있었다. 율령 규정 밖에서 탄생한 이러한 군진 병사를 지휘하기 위해서 새롭게 절도사(節度使)가 출현했다. 'ㅇㅇ사'라는 명칭의 직위는 율령 규정 밖에 있는 것으로, 이를 사직(使職)이라고 한다. 또한 일본에서는 일본의 역사 용어를 써서 '영외(令外)의 관'이라고도 부른다. 보통 절도사의 명칭은 임명되었을 때에 황제로부터 받는 '정절'(旌節)과 관련지어 설명된다. 한편 '용도(用度)를 적당하게 하다'라는 것이 본래의 의미라고 보는 해석도 있다. 후술하겠지만, 우선객(牛仙客)이 지방 절도사에서 중앙의 재상으로 승진한 이유는 이 절도사의 본래 직무를 수행한 때문이었다.

 직업 병사의 등장은 당의 군제를 노역(병역)에 의지한 것에서 재물로 고용하는 방향으로 크게 전환하는 것이었다. 그렇게 되자 그들을 고용하기 위한 비용을 염출할 필요가 생겨났다. 그래서 조세 징수 제도를 변경하기 시작하여, 머지않아 당조의 성질도 율령국가에서 '재정 국가'로 변해 갔던 것이다.

조운(漕運)의 개혁과 화적(和糴)

그런데 수도 장안이 가지고 있는 문제 중 하나로 관중에 곡물이 부족해지면 조정이 통째로 낙양으로 이동해야 된다는 점이었다. 앞서 무측천이 낙양을 '신도'(神都)로 삼아 수도 기능의 이전을 감행한 일을 서술했는데, 그 이유의 하나로 식량 공급의 문제도 관련되어 있었다.

이 문제는 현종 치세의 전반기에도 여전히 해결되지 않았다. 태종과 고종의 시대는 관료의 숫자가 그렇게 많지 않았고, 매년 10만 석에서 20만 석을 장안으로 운반해 오면 봉록도 식량도 조달할 수 있었다. 개원 연간이 되자 수송량은 몇 배로 늘어났지만 늘어난 관료와 직업 병사의 고용 때문에 곡물이 부족해지기 시작했다. 이 문제를 해결하고자 한 사람이 배요경(裴耀卿)이었다.

그는 하동의 강주(絳州, 산서성 신강현新絳縣)를 본적으로 삼았지만, 그의 조상은 남조에서 북위로 이주한 사람이었다. 그 계보가 명확해지는 것은 수대 이후이고, 그의 가문은 관롱 집단의 일원이라고 하기는 어렵다. 동자거(童子擧, 특별과거의 하나)에 합격한 배요경은 현종 시대 최대의 재정 개혁가라고 일컬어진데다 우문융의 옹호도 있었으므로 과거 출신 관료들과 대립하는 존재였다고 한다.

배요경은 관중으로 운반되는 조미(租米)를 늘리기 위해서 조운 개혁을 제안했다(733년). 이전 조운 시스템에서는 강회(江淮)에서부터 낙양까지 강회의 백성이 조운을 담당했는데, 선박을 다루는 일이 익숙하지 않아 시간이 오래 걸렸고, 또한 조미가 도난을 당하는 문제가 있었다. 그중에 낙양에서 장안으로 수송하는 일이 최대의 문제였다. 낙양과 섬주(陝州, 하남성 삼문협시三門峽市) 사이에는 황하의 험한 곳이 있어서 이 구간은 육지로 운반하도록 법령에 정해져 있었다. 그래서 수송량에 한계가 있었던 것이다.

배요경의 개혁은 이 육지 운송구간의 수송량을 증대시키는 것이었다. 그는 황하의 협곡의 동쪽과 서쪽에 각각 창고를 설치하고, 그 구간의 황하 북쪽 연안에 대략 9킬로미터의 육로를 만들어 육지로 운송하게 했다. 이로 인해 그가 임무를 맡은 3년 동안 수송량은 700만 석까지 증가되었다. 또한 육상 운송비 30만 관(貫)을 절약할 수 있었다고 한다. 배요경의 조운 방법은 불과 2, 3년 만에 일단 폐지되었지만, 그의 후계자 대에는 100만 석을 수도로 운반했다고 하며 그 결과, 관중의 곡물 가격이 단숨에 하락했다고 알려져 있다.

이 조운 방법이 당대 후반기 물류 시스템의 모델이 되었다는 점을 간과해서는 안 된다. 본래 당의 국내 물류권은 크게 동과 서, 양쪽으로 구분되어 있었다. 하나는 수도 장안을 중심에 두고 현재의 섬서·산서·사천·감숙·영하에 걸쳐 있는 물류권이고 또 하나는 낙양을 물류의 종착점으로 삼아 현재의 하남·하북·강소·절강·호북·호남·강서·광동에 걸쳐 있는 물류권이었다. 이 두 개의 물류권은 기본적으로는 분단되어 있었고, 간신히 낙양에서 장안으로의 물류가 육로와 하천으로 연약하게 연결되어 있었다. 이 연결을 강화하고 확대한 것이 배요경의 조운 개혁이었다고 할 수 있다.

그의 개혁에서 간과해서는 안 되는 또 한 가지는 수송 담당자가 변했다는 점이다. 개원 연간 당시에 당조가 파악한 성인 남자는 전국에 약 800만 명이고, 그중에서 절반인 400만 명은 '정역'(正役)으로서 제국 각지에서 물자 수송을 위해 징발되었다(이를 수정輸丁이라고 한다). 낙양에서 섬주까지의 육로에도 수정이 동원되었던 것이다. 그런데 앞에서 살펴본 것처럼 도호의 발생 등으로 인해 이러한 노동력을 모으는 것조차 어려워지게 되었다. 그래서 배요경은 '정역' 대신에 한 사람당 150문(文)을 납부하게 했고, 그중에서 50문은 곡창 설치 같은 정비에 충당하고 100문으로 수송 인원을 고용하게 했다. 배요경의 조운 개혁은 그때까지의 정역을 대체하여 '용'(庸) 등의 대체 재원을 사용하여 사람을 고용하는 시스템의 기초가 되었던 것이다.

그런데 강회의 조미가 대량으로 관중에 운송됨으로 인해 식량 부족은 해결할 수 있었지만, 이번에는 관중의 곡물 가격이 하락하는 사태가 발생했다. 당시 재상인 우선객은 관중과 낙양 주변 지역에서 국가가 곡물 매입(화적和糴)을 시행하자는 대책을 제시했다(737년). 이 결과 강회의 곡물을 장안으로 운송하지 않고도 조달이 가능해졌다. 당 조정은 식량을 얻기 위해 굳이 낙양으로 갈 필요가 없어졌으며 또한 수도권만으로 재정을 자립시킬 수 있게 되었다. 그러나 화적은 풍작일 때에는 효과적이지만 흉작일 때에는 적합하지 않았다. 당조는 강회에서부터의 조운과 관중에서의 화적을 결합시키며 재정과 군량의 조정을 도모해 가게 된다.

불교 탄압

 중종 시대의 매관에 대해서는 이미 서술했는데, 승려의 면허(이를 도첩度牒이라 한다)를 매매하는 일도 일어나고 있었다. 이는 매관의 1/10 정도의 값으로 '전(錢) 3만'이었다. 승려들도 부역의 부담에서 벗어났기 때문에 왕조의 재정을 압박하는 요인 중 하나였다. 현종이 요승의 의견을 받아들여 공인되지 않은 승려와 비구니 1만 2천여 명(3만여 명이라는 설도 있다)을 환속시킨 것은 조세의 징수 부족에 대한 대책의 일면이기도 했다.

 현종의 불교 대책은 그것뿐만이 아니었다. 새로운 사원의 건립이나 관료의 저택에 승려와 비구니가 출입하는 것, 민간에서 불상과 경전을 매매하는 것, 그리고 백성의 교화 활동을 모두 금지시켰고 옛 사원의 수리에는 관청의 허가가 필요하게 되었다. 또한 사원이 소유한 장원을 제한했다. 중국사에서 왕조가 불교를 탄압한 사건을 '삼무일종(三武一宗)의 법난'이라고 하는데 북위의 태무제(太武帝), 북주의 무제(武帝), 당의 무종(武宗), 그리고 오대 시기 후주의 세종(世宗) 네 사람이 일으킨 폐불이 바로 그것이다. 그런데 현종의 정책은 이들과 손색이 없는 규모와 내용을 지니고 있어서 마땅히 탄압이라고 부르는 것이 적합하다는 견해가 있다.

그러나 현종의 불교 정책은 탄압으로만 그치지 않았다는 점이 흥미롭다. 불교를 왕조의 통제 아래에 두고자 했던 것이다. 현종은 유교·도교·불교의 대표적 경전에 직접 주석을 추가했고, 이를 통해 각 종교의 주도권을 장악하고자 했다. 불교에서는 민중들 사이에서 널리 읽혀지고 있었던 『금강반야경』(金剛般若經)에 주석을 달았다. 훗날에 황제가 첨가한 주석은 돌에 새겨 전국에 세워졌다.

그뿐만이 아니다. 현종은 주마다 개원사(開元寺)를 설치하여 지방의 불교 교단을 감독하면서 정보망을 전국으로 확대시켰다. 이전에 무측천은 천하의 여러 주에 대운사(大雲寺)를 세웠고, 중종은 당조를 부흥시킨다 하여 중흥사(中興寺, 이후에 용흥사龍興寺로 개명)를 세웠는데 현종도 이를 모방한 것이다. 게다가 6년 후에는 현종의 등신상(等身像)을 금동으로 제작하여 개원사에 두었다. 이는 현종의 불교 정책이 민중의 신앙까지도 탄압하는 것이 아니라 그 신앙을 통치에 이용하고자 했음을 드러냈다고 할 수 있다.

불교를 이용하려는 현종의 태도는 국내의 통치를 위한 것만은 아니었다. 그는 증조부인 태종을 의식해서 중앙아시아는 물론이고, 인도의 정보까지 수집하여 국가의 위세를 드러내고자 생각했던 흔적이 있다. 그것은 불교 교단을 숙청하고 있던 와중에 슈바카라심하라는 인도 승려를 국사(國師)로 맞아들이고 경전을 번역시킨 일을 통해서 알 수 있다. 당에 밀교를 전파한 선무외(善無畏)가 바로 슈바카라심하이다. 현종은 그가 보유하고 있던 최신의 불교뿐만이 아니라 인도 방면의 모든 정보를 얻고자 했는지도 모른다.

그런데 선무외가 전달한 것은 7세기 후반에 인도의 서남 지역에서 성립한 정순밀교(正純密敎)였다. 선무외는 낙양에서 『대일경』(大日經)을 번역했지만, 그의 밀교에는 관정(灌頂)의 의식과 제사를 행한 흔적이 없다고 한다. 선무외 이후 인도 승려 바즈라보디가 해로를 통해 들어와 밀교를 전파했다. 중국식 이름은 금강지(金剛智)이다. 그는 장안에서 밀교 경전의 번역을 수행하면서 『금강정경』(金剛頂經) 등을 번역한 것 이외에 관정의 의식이나 밀교의 주법(呪法)도 행했다고 한다. 이 금강지의 제자가 불공(不空)이다. 불공은 스승이 사망한 이후, 스리랑카와 인도에 가서 많은 밀교 경전을 입수하여 돌아왔다. 이리하여 밀교의 업데이트가 이루어졌지만, 불공의 밀교는 당나라 사람들이 선호한 신앙에 맞추어서 가공되었다고 한다. 그래서 밀교는 점차 당의 사회로 퍼져나갔고, 머지않아 불공의 밀교 교단은 당조의 정치로 편입되게 된다.

3. 현란한 천보(天寶) 시대

이림보(李林甫)의 등장

연호가 개원에서 천보로 바뀔 무렵, 현종은 정치에 대한 열정이 약해져 있었다. 이미 통치한 햇수가 30년을 넘어가려 했고, 28세에 즉위한 그가 60세를 목전에 두고 있었다. 이 시기의 중앙 정계를 좌지우지한 사람이 이림보였다.

이림보의 증조부는 이연(고조)의 사촌이어서 당 황실의 일원이었지만 방계였다. 이림보는 은음(恩蔭, 부친이 5품 이상의 관료인 경우에 그 아들은 9품 이상의 관인—이를 유내관流內官이라 한다—이 될 자격을 받게 되었다)과 관롱계인 우문융의 후원으로 중앙 관계에 나왔고, 마침내 예부상서가 되어 동중서문하 3품을 받아 재상 반열에 올랐다(734년).

이림보가 재상의 지위에 오른 것에 대해 훗날 다양한

소문이 유포되었다. 예를 들면 이림보는 재상인 배광정(裵光庭)의 미망인과 사통하여 그 힘을 빌려 재상이 되었다고 한다. 이와 관련하여 이 미망인이 무삼사의 딸이었다는 것이 당대 역사의 흥미로운 이야기이다. 또한 그는 현종이 총애하는 무 혜비(武惠妃)와 가까웠다. 무 혜비는 자신이 낳은 수왕(壽王) 이모(李瑁)가 태자로 책립되기를 강하게 원했고, 이림보가 지지했기 때문에 무 혜비의 원조를 받았다고도 한다. 이 무 혜비도 무측천의 일족이다. 이림보가 환관이나 무측천 일족의 여성들, 특히 무 혜비와 끈끈한 관계를 가지고 정계에서 권력을 장악한 것은 『자치통감』을 편찬한 사마광도 인정하고 있다.

그러나 이림보가 재상에 취임할 수 있었던 이유는 그것뿐만이 아니다. 그의 관직 경력은 재상으로 취임하는 것이 타당했다는 점을 보여 주고 있고, 그의 행정 능력 및 관롱계와 연결되었다는 측면도 큰 이유였다고 보아야 할 것이다. 그가 재상이 되었을 때에 장구령(張九齡), 배요경 역시 재상의 지위에 있었고, 이림보는 이들의 세력과 대결하게 된다.

장구령과의 대결

 관롱계이면서 은음 출신인 이림보는 과거 출신의 관료를 싫어했다. 특히 같은 재상인 장구령과는 사사건건 대립했다. 원래 현종이 이림보를 재상으로 삼으려고 했을 때에 장구령은 "이 인물을 재상으로 삼으면 언젠가 국가의 우환이 될 것입니다"라면서 반대했다.

 두 사람은 인사에서도 대립했다. 예를 들면 삭방절도사(朔方節度使)인 우선객을 재상으로 삼고자 했을 때의 일이다. 우선객이 이전에 하서절도사(河西節度使)의 임무를 맡고 있었을 때에 '용도를 적당하는' 것을 잘하여 군수물자를 충실하게 하고 무기도 정예화시키는 등 공적을 올리고 있었다. 이로 인해 현종은 우선객에게 상서(육부의 장관)를 겸임하게 하여 승진시키고자 했다.

 그러나 장구령은 맹렬하게 이에 반대했다. 우선객은 본래 현의 사무원(서리胥吏)이었는데, 실무 능력으로 인해 지위가 상승한 인물이다. 진사 출신인 장구령은 "저는 조정의 중추 기관에서 오랜 시간에 걸쳐 조칙의 기초를 맡아온 바, 우선객과 같은 사람은 지방의 신분 낮은 벼슬아치에 불과하고 문자를 알지 못합니다"라면서 우선객이 재상 임무를 감당할 수 없을 것이라고 말했다. 이때 우선객을 지지한 사람이 이림보였다.

현종은 가문을 배경으로 가지고 있지 않은 과거 출신의 관료와 실무에 능한 사람, 혹은 당 황실과 본래 같은 출신인 관롱계 사람을 조화롭게 재상으로 삼아 정무를 맡기고 있었다. 그러나 얼마 지나지 않아 시문의 재능을 뽐내는 과거 관료들에 싫증을 느꼈다. 그것이 결정적으로 굳어지게 한 것이 황태자 폐위 사건이었다.

현종의 총애를 받고 있던 무 혜비는 어떻게든 자신의 아들을 황태자로 만들려고 했는데, 당시 장 여비(張麗妃)가 낳은 이영(李瑛)이 그 지위에 있었다. 어느 때에 이영이 불만을 드러내자 그의 말꼬투리를 잡아서 무 혜비는 아무것도 아닌 일을 현종에게 일러바쳤고 태자에서 폐위시킬 것을 요구했다. 현종이 재상들과 이에 대해 서로 논하자 장구령은 고사를 언급하면서 반대했다. 현종은 흥미를 보이지 않았다. 한편 무 혜비는 몰래 환관을 장구령에게 보내 그를 자신의 편으로 끌어들이려 획책했다. 장구령은 이 사신을 물리쳤고, 그 일을 현종에게 보고했다. 과연 현종도 안색이 변하면서 동요하여 태자 폐위의 안건은 흐지부지되었다. 그러나 이림보는 밤낮으로 장구령에 대한 악담을 현종에게 고하는 한편, 현종도 장구령의 틀에 박힌 간언에 진절머리를 내고 있었다.

이러한 것들이 축적되어 결국 장구령은 배요경과 함께 재상의 지위에서 파면되고 말았다. 이후, 현종의 치세에는 과거 출신 인물이 재상의 반열에 들지 못했고, 조정의 관료들이 보신으로 기울면서 현종에게 직언하는 사람이 없어졌다고 한다.

장구령을 쫓아낸 이후의 이림보는 재능이나 성망(聲望)이 자신보다 뛰어난 사람, 황제에게 좋은 평가를 받은 사람, 세력으로 자신을 압박할 것 같은 사람 등을 다양한 수단을 동원하여 물리치며 자신의 권세를 유지해 갔다. 겉으로는 대인 관계가 좋았지만, 안에서는 상대방을 폄하하는 계책을 쓰고 있었던 것이다. 세간 사람들은 이림보를 '입에 꿀이 있고, 배에 칼이 있다'라고 평가했다고 한다.

고력사(高力士)의 암약(暗躍)

그러나 모든 것이 이림보의 생각대로 움직였다고는 할

수 없었다. 새로운 황태자의 옹립이 그랬다. 장구령이 조정을 떠난 이듬해, 이림보는 자신의 심복을 보내서 황태자 이영 등이 '이모'(異謀)를 계획하고 있다고 상주하게 했다. 전혀 사실이 아니었지만 현종은 이영을 서인으로 강등시키고 사형에 처했다. 이 기회를 잡아서 이전부터 무혜비와 약속을 했던 이림보는 수왕(壽王) 이모(李瑁)를 황태자로 삼을 것을 권유했는데 현종은 좀처럼 응답을 하지 않았다. 그 이유는 현종으로서는 셋째 아들인 충왕(忠王) 이여(李璵, 훗날의 숙종)가 나이가 더 많고 학문도 완성되었기 때문에 그를 황태자로 삼고자 했기 때문이다. 그러나 좀처럼 결단을 내리지 못했다. 현종은 지나친 걱정 때문에 먹지도 못했고, 잠을 편안히 잘 수도 없게 되고 말았다.

현종의 곁에서 시중을 드는 환관인 고력사가 현종을 방문하자 현종은 "너는 우리 집안의 오래된 하인이니 나의 생각을 짐작해 보라"라고 말했다. 고력사는 "그것은 낭군(郎君)이 되어야 할 사람이 아직 결정되지 않았기 때문입니다"라고 대답했고, "말한 그대로이다"라면서 현종은 고개를 끄덕였다. "주인님, 어째서 그 정도로 성심을 상하게 하십니까? 단지 장자를 추대해 세우면 좋은 것이

아닙니까?"라고 고력사가 말하자 "네가 말한 그대로이다, 그대로야"라고 현종이 말했다. 곧바로 충왕을 태자로 책립하는 것이 결정되었다. 황태자가 된 이소(李紹, 이여에서 개명)는 고력사를 '이형'(二兄, 형님)이라고 불렀고, 이외의 왕들과 공주들은 '아옹'(阿翁, 아버님)이라 불렀다고 한다. 한 가지 덧붙이면, 이소의 모친은 양씨였고 무측천의 모친 일족이었다. 무 혜비도 그렇고, 이 양씨도 그렇고 현종 시기까지 황실과 무측천 일족이 여전히 혼인으로 연결되어 있었다는 점이 흥미롭다.

고력사의 묘지(1999년에 발견)에 따르면 현종보다 다섯 살 아래였다(『신당서』의 「고력사열전」에는 한 살 위라고 되어 있다). 당의 영역 남쪽에 있는 반주(潘州, 광동성 고주현高州縣) 사람이다. 원래는 성이 풍(馮)이었는데, 무측천 시대에 영남에서부터 환관으로 중앙에 헌상되었다. 훗날에 환관 고연복(高延福)의 양자가 되었기 때문에 고씨 성을 칭했다. 키는 2미터에 달했고, 성격은 신중하여 실수가 없었으며, 정치에 관한 사무도 잘 처리했다고 한다. 그래서 한때 사소한 죄로 인해 추방되기도 했지만 무측천에 의해 중용되었다. 그 이후 현종이 임치왕(臨淄王)이었을 때부터 계속 현종을 수행했다. 태평공주를 타도한 쿠데타에 참가하여 공적을 올렸고, 내시성(內侍省)을 통괄하는 직무를 맡았으며, 우감문장군(右監門將軍)의 직함을 받았다. 이 군직은 종3품 관료였고, 이는 당 제국 시대 환관으로서는 획기적인 사건이었다.

환관은 남성의 생식기능을 잃은 사람이어서 성욕이 없다. 그 대신에 권세나 금전 등에 대한 집착심이 강하다고 알려졌다. 그들은 밤낮으로 황제의 곁에서 시중을 들고 최고 기밀을 구두로 재상에게 전달하는 역할도 맡다 보니, 황제의 측근으로서 중요한 지위에 오르는 일이 있었다.

예를 들면, 한과 당, 명의 시대는 환관이 암약했던 시대라고 일컬어진다. 그러나 당 제국 시대에는 이중준(李重俊)의 쿠데타 미수 때에 활약한 양사욱(楊思勗)을 제외하면, 현종 이전 대에는 환관이 세간에 드러나는 활동을 하지 않았다. 당에서는 초기의 환관이 정치에 관여하는 것은 통제되었기 때문에 그 관청인 내시성의 수장(내시)을 종4품상(上)으로 삼았다. 당의 재상은 3품 관료였기 때문에 이보다 품계를 낮게 정했던 것이다.

그러나 고력사는 실질적으로 3품관의 대우를 받게 되어 버렸다. 여기에서부터 당대 환관의 활약이 시작되었다고 할 수 있을 것이다. 이와 관련하여 천보 연간의 말기에는 내시성의 장관으로 정3품의 내시감(內侍監)이 새롭게 설치되고 명실상부하게 환관의 정점에 3품 관료 자리가 주어지게 되어, 후반기에는 환관이 재상에 오르는 길이 열리게 되었던 것이다.

'번장'(蕃將)의 등용

그런데 과거 출신의 재상이 없어졌지만 이번에는 이림보와 마찬가지로 황실의 혈통을 이은 이적지(李適之)가 재상이 되었다. 이적지는 태종의 장남이자 '기행'으로 유명한 이승건(李承乾)의 손자여서 이림보보다도 현종과 가까운 혈통이었다. 권세를 독차지하려는 이림보에게는 이것이 마음에 들 리가 없었다. 그래서 먼저 이적지를 함정에 빠뜨리게 해서 현종의 신뢰를 잃게 만들었다. 이어서 이적지와 사이가 좋았던 사람을 죄에 빠뜨리고 여기에 연좌시켜서 이적지를 지방관으로 좌천시켰다. 이적지는 좌천된 이후에도 이림보의 추궁에 시달린 나머지 그곳에서 독약을 마시고 자살했다.

이적지는 재상이 되기 이전에 유주절도사(幽州節度使)를 맡고 있었다. 개원 연간부터 천보 초기에 걸친 기간에 이적지는 물론이고 문관이 지방의 절도사를 거쳐 중앙 정계로 되돌아와서 재상이 되는 출세 경로가 있었다. 현종의 재위 중에 재상이 된 사람은 25명인데, 그중에 절도사를 경험한 사람은 10명이었다. 이림보는 이적지를 실각시킨 후 권력을 독점하기 위해 절도사를 경험한 문관이 재상이 되는 승진 경로를 막고자 했다. 현종에게 '한족'(寒族, 문벌 출신이 아닌 사람)이나 '번인'(蕃人)을 등용하는 편이 좋겠다고 상주했다.

이 상주가 있었던 그해(747년)에 하서절도사(河西節度使)로 소그드계 돌궐인 무인 안사순(安思順, 안록산의 의형제)이 부임했고, 투르크계 투르기쉬(突騎施)인 가서한(哥舒翰)은 농우절도사(隴右節度使)가 되었으며, 고구려인 고선지(高仙芝)도 안서절도사(安西節度使)가 되었다. 안록산은 이미 7년 전에 평로절도사(平盧節度使)가 되었고 3년 전에는 범양절도사(范陽節度使, 범양은 유주의 군郡 이름)를 겸임했다. 이때에 당의 동북에서부터 서역 방면까지 가장 중요한 군구의 절도사를 '번장'이 차지하고 있었다. 이 상태는 '안사의 난'까지 직위의 이동이나 겸임이 있기는 했지만 계속 이어졌다.

국방의 재편성

그런데 절도사를 문관에서부터 무인, 특히 '번장'이 맡게 된 까닭은 당시 서방에서 티베트 제국의 세력이 강해졌고, 몽골리아에서 위구르 제국이 탄생하였으며, 만주에서는 해(奚)와 거란이 날뛰던 상황에 대응한 것이라고 할 수 있다. 앞에서 살펴보았듯이 8세기 초에는 당조의 경계 지대에 진(鎭), 수(戍) 이외에 군진(軍鎭)이 설치되기 시작했는데, 각각의 군진에는 지휘관을 두면서 지휘 계통이 분산되었다. 이를 몇 개 지역으로 구분하고, 지휘 계통을 일체화하여 새롭게 군구를 만들고 이 군구의 최고 지휘관으로 절도사가 설치되었다.

통설에서는 예종 시기에 하서회랑에 설치된 하서절도사(회부會府는 양주涼州(감숙성 무위시). 절도사 등이 자리 잡은 청사(사부使府)가 있는 주를 회부라고 한다)가 최초였다고 한다(710년). 그 이후, 당과 티베트를 연결하는 경로에 농우절도사(회부는 선주鄯州. 청해성 해동시海東市 낙도구樂都區)가 설치되었고 이 두

곳의 절도사가 하나의 군사 지휘 계통을 구성하여 티베트 제국을 견제했다.

동북 방면에서 최대의 위협은 해와 거란이었다. 그래서 당과 몽골리아, 만주와의 경계 지역에 범양절도사(회부는 유주(북경시))가 설치되어 병력 9만 명 이상, 6천 마리 이상의 군마가 배치되었다. 10곳의 절도사 중 가장 규모가 컸다. 또한 실위(室韋)와 말갈(靺鞨)을 통제하려는 명목으로 평로군절도사(회부는 영주營州(요녕성 조양시))가 설치되었으나, 실제는 범양절도사와 하나의 군사 지휘 계통을 이루면서 해와 거란을 제어했다.

동쪽과 서쪽의 두 군사 구역들 사이에 삭방절도사(朔方節度使, 회부는 영주靈州(영하회족자치구 오충시))와 하동절도사(회부는 병주幷州(산서성 태원시))가 설치되었다. 이 두 절도사는 돌궐의 침입 경로에 배치되었고, 두 절도사는 연대하여 그 방어를 맡았다. 그러나 카프간 카간의 사망 이후 당과 돌궐의 관계가 비교적 좋아졌기 때문에 본래의 역할은 충분히 발휘되지 못했고 오히려 서쪽의 하서절도사와 동쪽의 범양절도사 양쪽 계통에 가담하게 되었다. '안사의 난' 시기에 범양·평로·하동에서 안록산 군단을 구성했고 하서·농우·삭방이 당조의 군대가 되어 대립한 것은 그 결과였다.

이외에 당과 서방의 복수의 교역 경로가 뚫려 있던 '서역'의 타림분지에는 안서절도사(회부는 구자, 훗날의 서주西州), 같은 천산 북록에는 북정절도사(北庭節度使, 회부는 정주庭州)가 설치되었으며, 서남쪽에는 검남절도사(劍南節度使, 회부는 익주益州(사천성 성도시)), 남방에는 영남오부경략사(嶺南五府經略使, 회부는 광주(광동성 광주시))가 있었다.

양귀비와 양국충

라이벌의 출현을 봉쇄한 이림보는 재상의 지위에 19년 동안이나 있다가 재상인 상태에서 사망했다. 이례적으로 긴 재임 기간이었고, 재상의 직위를 독차지한 것도 특별한 일이었다. 그러나 그가 사망한 이후 관작이 박탈되고 아직 매장되지 않은 그의 관을 열어서 의복 등을 벗기고 서민으로서 장례를 치르게 되기는 했지만 말이다.

그 이후 재상이 된 사람이 양국충(楊國忠)이다. 그가 정계로 진출한 것은 일족인 양귀비와 분리해서 생각할 수가 없다. 양귀비는 현종 만년의 파트너로 유명한데, 본래는 현종이 총애한 무 혜비의 아들 수왕 이모의 비였다. 그러나 무 혜비를 잃고 비탄에 빠져 있던 현종의 귀에 양귀비의 미모를 알린 사람이 있었다. 현종이 양귀비를 불러서 보니 마음에 쏙 들었다. 그러나 아들의 비였다. 그래서 그녀를 여관(女冠, 여성 도사)으로 삼아 양태진(楊太眞)이라고 이름을 짓고 도관(道觀)에 있게 했다. 그리고 주변의 관심이 줄어드는 것을 기다렸다가 정식으로 귀비(貴妃)로 삼은 것이다(745년).

대체로 당조 전기의 황제는 고종도 현종도 다른 사람의 부인을 자신의 부인으로 삼아 버리는데, 여기에는 어떤 배경이 있을까? 후세에 유교의 교양을 가진 지식인들한테 비난을 받지만, 당시의 궁정에서는 이를 용인하는 분위기가 있었던 것 같다.

이는 당조가 본래 유목민 출신자가 건국한 왕조라는 것과 관계가 있다는 지적이 내륙 아시아사 연구자는 물론, 중국사 연구자들에게서 나오고 있다. 유목민에게는 친형제가 사망했을 때에 그 미망인을 부인으로 삼는 상호부조의 관습(수계혼)이 있었기 때문이다. 그러나 그뿐만이 아니었다. 무삼사나 이림보에게서도 확인되는 것처럼, 다른 사람의 부인이나 끝내는 후궁의 여성에게까지 손을 뻗는 것을 보면 성에 대해 지나치게 대범했다는 느낌이 든다. 그것이 당시의 풍속인지 혹은 유목 세계의 영향 탓인지, 아니면 궁정정치의 거센 파도를 건너가는 수단의 하나였는지 확실하지 않지만 말이다. 다만 이러한 인간미가 당대 전반의 역사를 흥미롭게 만든다는 점은 분명하다.

여담은 여기까지 하고, 천보 연간의 현종은 양귀비에게 탐닉했다는 이미지가 있다. 이를 증명하는 것이 현종이 화청궁(華淸宮, 섬서성 서안시 임동구臨潼區)으로 행행(行幸)했던 기간이다. 화청궁은 장안의 도성 동쪽에 있는 이궁으로 온천이 솟아나왔다. 원래는 '온탕'이라고 불렸고 태종, 고종, 중종도 온천을 이용한 치료에 관심을 가졌다. 고종 시대에는 온천궁(溫泉宮)이라 하다가 현종 천보 연간에 화청궁이 되었다. 20세기 후반에 15회에 걸쳐 발굴이 진행되어 이궁의 유적과 황제들이 목욕을 한 석제 욕조가 발견되었다.

현종은 즉위 초기부터 매년 이 온천에 다녀왔다. 빼먹을 때는 낙양에 체재하고 있던 시기 정도였다. 개원 연간에는 겨울에 1주일에서부터 길게는 2주일가량 체재했는데, 개원 말년부터 천보 연간에 걸쳐서는 갑자기 길어져

현종과 양귀비의 러브 로맨스의 무대가 된 화청지(華淸池, 화청궁)
1985년에 발굴된 현종의 목욕탕 '어탕구룡전'(御湯九龍殿, 연화탕蓮花湯)의 터

1개월에서 3개월까지 머물렀다. 이 시기는 양귀비를 안 이후의 시기와 부합한다.

현종이 양귀비를 총애하는 것을 이용하여 그 일족인 양국충이 대두한다. 양국충의 본명은 양쇠(楊釗)였다고 한다. 그의 구(舅, 어머니의 형제 혹은 부인의 부친이나 형제)는 무측천이 총애한 장역지였다. 양국충은 젊었을 적에 술과 도박에 빠져 정신을 못 차린 건달이어서 일족의 미움을 샀다. 그러던 그가 사천에서 병역에 복무하다가 그 지역 현의 관리가 되었다. 훗날 우연한 계기로 검남절도사의 지우(知遇)를 입어 사천과 장안을 연결하는 연락 임무를 맡게 되었다. 그는 도박에서 체득한 재치를 발휘하고 또한 경리(經理)에 밝아 머지않아 호부(戶部)의 탁지낭중(度支郎中)에까지 올랐다. 이 자리는 국가 재정의 회계를 총괄하는 부서의 장이었다. 그리고 열다섯 차례나 사(使)의 직위에 올라 국고에 화폐를 산더미처럼 쌓아 놓아 현종을 기쁘게 만들었다고 한다.

양국충은 초기에는 이림보의 휘하에 있었지만 곧 그와 대립했고, 이림보가 사망하자 재상으로서 군림했다. 그런데 양국충은 안록산과는 견원지간이었다. 시간이 날 때마다 현종에게 안록산에 대한 악평을 늘어놓았다. 둘 사이의 불화가 '안사의 난'으로 연결되는 원인 중 하나였다는 것이 전통적인 역사학의 관점이다.

도교신앙

현종이 정치에서부터 도피한 것은 양귀비를 향해 시선이 쏠린 것 때문만은 아니었다. 도교에 대한 흥미도 그 하나였다. 도교는 '현교'(玄敎)라고 하고, 도교의 학문을

'현학'(玄學)이라고 한다. 현종이라는 묘호는 그가 열성적인 도교 신자였다는 것을 의미한다.

제1장에서 서술한 것처럼 당조는 도교를 우대했다. 당의 황실 성씨인 '이'는 도교의 시조로 여겨지는 노자의 이름 이이(李耳)의 성과 같을 뿐 아니라 수당혁명 때에 도교(모산파茅山派)가 이연에게 크게 공헌했기 때문이다. 태종은 '도선불후'(道先佛後)의 조서를 내렸고, 고종은 호주(亳州) 진원현(眞源縣, 하남성 녹읍鹿邑)에 있는 노자의 노군묘(老君廟)를 직접 방문해 태상현원황제(太上玄元皇帝)라는 호칭을 추증했다. 당은 제국의 통치 원리로 도교를 대대적으로 활용하고 있었던 것이다. 무주혁명을 일으킨 무측천은 불교를 우대했지만, '주' 왕조의 색깔을 없앤 현종은 개원 연간 중반부터 점차 도교에 열중했다.

처음에 현종은 오악(五嶽)에 노군묘(진군사眞君祠)를 설치했다. 그리고 집마다 『노자』를 구비해 두라는 명령을 내렸고, 과거 과목에 '노자책'(老子策)을 추가했다. 이어서 장안과 낙양, 그리고 전국의 주에 노자를 제사하는 현원황제묘를 설치하고 현종이 직접 『노자(도덕경)』에 주석을 붙여 전국에 반포했다. 각지에 설치된 현원황제묘는 얼마 후 '궁'(宮)이 되었다. 장안에 있던 것은 태청궁(太淸宮)이라 불렸는데, 장안 성내의 서북쪽에 위치한 대녕방(大寧坊)에 있었다. 도교에 대한 우대는 장안이라는 도시의 구조와 왕조의 의례에도 변화를 주었다.

왕조의 의례는 제2장에서 보았듯이 유교의 왕권론을 가시화시키는 작업이다. 수에서 당 초기에 걸쳐 정비되어 가던 왕조 의례 중에 가장 중요한 것은 장안성 남교(南郊)에서 유교의 최고신을 제사하는 것이었다. 이때 이용된 것이 장안성 최북단에 있는 태극전과 장안 외곽성의 남쪽 정문인 명덕문(明德門)을 연결하는, 남북을 관통하는 중심축 선(주작문가)이었다. 그러나 현종 때에는 정치의 무대가 궁성(서내西內)이 아니라 대명궁(동내東內) 혹은 현종이 즉위 이전에 거주했던 저택을 개조해서 만든 흥경궁(興慶宮, 남내南內)으로 옮겨졌다.

대명궁은 장안 외곽성의 동북쪽 외곽에 있는 높은 평지 위에 있다. 원래는 태종이 퇴위시킨 고조를 위해서 만들었는데, 완성 전에 고조가 사망했다. 그 이후 병약한 고종은 궁성의 태극전이 낮은 지대에 있어서 습기에 취약했으므로 거주하기 어려워 대명궁(고종 시기에는 봉래궁蓬萊宮)으로 옮겼다. 현종 때에는 이곳이 정치의 중심이 되면서 대명궁이 남교의 제천 의례가 시작되는 지점이 되었다. 의례는 대명궁의 남쪽에 있는 대녕방(大寧坊)에 설치된, 노자를 제사하는 태청궁을 지나서 남교의 원구(圓丘)로 가는 경로로 변경되었다.

이리하여 본래 다원적 가치관이 존재하는 제국 지배의 정통성을 드러내기 위한 왕조 의례에 도교적 요소가 추가되어 당 황실이라는 사적인 측면이 강조되었다. 그리고 예전에 자오선(子午線)을 지상에 투영시켜 남북의 중심선을 관통함으로써 수도의 대칭적인 설계를 기준으로 삼아 행해졌던 왕조 의례가 무너져 버렸다. 이렇듯 당 황실이 도교를 숭배하는 정도가 깊어지는 것과 병행하여 왕조 의례의 의미도 변화해 간 것이다.

4. 폭풍 전야

소그드계 돌궐의 '반란'

이야기는 시간을 거슬러 올라가서 현종이 즉위하고 9년이 되었을 때, 장안의 북방 오르도스의 남쪽 변두리에 위치한 난지주(蘭池州, 난지도독부蘭池都督府. 이전의 육호주)에서 한 사건이 일어났다. 이 지역 민중들이 부역(賦役)으로 고통을 겪다가 '반란'을 일으킨 것이었다. 주모자는 강대빈(康待賓)이고 동료들로는 안모용(安慕容)·하흑노(何黑奴)·석신노(石神奴)·강철두(康鐵頭) 등이 있었다. 모두 소그드 성씨를 가진 사람들이었다. 한편 강대빈은 '엽호'(葉護, 야브구)라 칭했다. '엽호'는 돌궐의 관직 칭호인데, 그들이 보통의 소그드인이 아니라 돌궐의 영향을 받은 사람들(소그드계 돌궐)이었다는 점을 알 수 있다.

또한 난지주(육호주) 지역은 말의 목축이 활발하여 당조의 관영 목장(난지감蘭池監)이 설치되어 있었다. 일반적으로 상인의 이미지로 인식되어 있는 소그드인이 말 목축에 관여하고 있던 사례로 제1장에서 고원(固原)의 사씨(史氏)를 소개한 바 있다. 그뿐만이 아니라 현무문의 변에서 이세민을 따랐던 무위(武威)의 안원수(安元壽) 일족도 군마의 사육과 교역에 종사하고 있었다. 육호주의 주민들 역시 같은 생업에 종사하고 있었을 것이다. 그러나 고원의 사씨나 무위의 안씨와 달랐던 점은 당조에 혹사를 당하는 입장이라는 것과, 그들이 돌궐의 영향을 받으면서 반쯤 기마유목민화되어 있었다는 점이었다. 그들이 괴로워했던 부역이란 말의 목축과 관련된 일이었을 것이다.

이때 반란 무리의 수는 7만 명에 달했다고 『자치통감』

은 전하고 있다. 게다가 강대빈 등은 오르도스에 있던 티베트계 탕구트족과 손을 잡았기 때문에 소란의 규모가 커지게 되었다. 당조는 장열(張說) 등에게 명령을 내려 '반란'을 진압하게 했다. 강대빈은 3개월 후에 사로잡혀 장안의 시장(서시)에서 처형되고 말았다.

그러나 반란이 남긴 불씨는 사라지지 않아 '가한'(可汗)을 칭한 강원자(康願子)가 '반란'을 이어받았다. 이듬해에는 이 반란도 진압되었다. 이 '반란' 이후의 뒤처리는 5만여 명이 넘는 육주호들을 오르도스에서부터 현재의 하남성 남부로 이주시키는 대담한 사민정책이었다. 이 정책은 장안 북방의 치안 강화를 의미하는 것일 수도 있지만, 그 결과 하남성의 남부에 새로운 기마유목 계열의 요소를 심어 놓게 되었고 그 영향은 당의 후반기에 나타나게 된다. 하남성으로 이동한 육주호들은 이후에 다시 오르도스로 되돌아가게 되지만, 그 이후 그들은 유동적으로 바뀌었다. 그리고 그 일부가 안록산의 휘하로 흡수되었다.

위구르 제국의 탄생

 현종이 정치에 열정을 잃었을 무렵 몽골리아에서는 큰 사건, 아니 '혁명'이 일어났다. 돌궐 제2제국의 멸망과 위구르 제국의 탄생이었다.

 돌궐에서는 빌게 카간을 섬기며 고문 역할을 한 노신(老臣) 톤유쿡과 빌게 카간의 동생이 세상을 떠났고, 3년 후 빌게 카간은 대신에게 독살되었다. 그 이후 돌궐은 혼란에 빠져 카간의 자리를 둘러싼 분쟁이 지속되었다. 그런 와중에 투르크계 위구르 부족, 바스밀 부족, 카를루크 부족의 연합군이 돌궐의 카간을 공격하여 패주시켰다(742년). 그래서 바스밀의 수장이 새로 카간에 옹립되었지만, 한편에서는 돌궐 측도 카간을 옹립하며 쟁탈을 벌였다.

 결국 돌궐의 새 카간도 붙잡혀 살해되고 이후 바스밀도 위구르와 카를루크 연합에게 타파되면서 최종적으로는 위구르의 수장인 쿠틀룩 보일라(골력배라骨力裴羅)가 쾰 빌게 카간으로 즉위했다. 위구르 제국의 탄생이었다(744년).

 몽골리아에서의 이 '혁명'은 대규모의 사람 이동을 몰고 왔다. 돌궐의 아사나 일족과 그들을 수행한 돌궐의 장군 등이 당으로 일제히 '망명'해 버린 것이었다. 당의 사료는 현종이 돌궐에서 온 '망명자들'에게 장안의 궁전에서 연회를 베풀었다고 기록했다. 이 돌궐 망명 집단은 돌궐의 유력자와 그를 수행하는 기마유목 집단으로 구성되었고, 상당한 기마군사력을 보유하고 있었다.

예를 들면, 그 가운데 강아의굴달간(康阿義屈達干)이라는 소그드계 돌궐인 장군이 있었다. 범양절도사인 안록산은 이 장군과 자신이 이끄는 소그드계 돌궐인 집단을 한꺼번에 손에 넣어 군비 강화를 도모했다. 이와 관련하여 강아의굴달간의 사적은 당대의 정치가이자 저명한 서예가인 안진경(顏眞卿)이 찬술한 '강아의굴달간신도비'를 통해 밝혀졌다.

그리고 투르크계 동라(同羅)의 수령으로 돌궐 제2제국의 서엽호(西葉護)이기도 한 아포사(阿布思)라는 장군이 있었다. 당은 그에게 이헌충(李獻忠)이라는 이름을 내리고 삭방절도부사(朔方節度副使)로 삼았다. 이헌충의 동라 집단을 간접적으로 지배 아래로 편제한 것이다. 매년 당은 이 군단에 많은 견직물을 주며 우대하고, 그 군사력을 티베트와의 전쟁에 이용했다. 이 아포사의 군사력에 주목한 안록산은 아포사를 자신의 휘하에 두고자 조정에 주청했으나, 이를 원하지 않은 아포사는 몽골리아 북부로 도망치고 말았다. 결국 아포사는 사로잡혀 처형되고 그의 동라 집단은 안록산에게 흡수되었다. 그 결과 '안록산의 정예병은 천하에 미치지 않는 곳이 없게' 되었다고 기록되어 있다.

아바스왕조와의 충돌

'안사의 난'이 발발하기 직전에 제국의 서쪽 끝에서도 큰 사건이 일어나고 있었다. 동유라시아에 군림한 당조와 서아시아에서 흥기한 이슬람 제국 아바스왕조와의 충돌이었다. 두 국가가 충돌한 탈라스강(현재 카자흐스탄과 키르기스스탄의 국경 부근) 지역은 예전에 서돌궐이 근거지로 삼은 곳이었다. 현종이 등장한 무렵부터 이 지역에는 투르크계의 투르기쉬(돌기시突騎施)가 서돌궐을 대신해 세력을 팽창시켰고, 소록(蘇祿)이라는 인물이 등장하며 전성기를 맞이했다.

8세기 전반에 소록이 살해되자 투르기쉬는 두 집단으로 분열되어 다투었고, 그 틈을 타 당이 다시 지배력을 되찾아갔다. 그러나 그 근처에서 간섭한 세력은 소그디아나의 오아시스 국가 석국(石國, 샤슈)이었다. 석국은 당조가 지원하는 집단에 적대하던 세력을 원조했으므로 당은 석국의 토벌에 나섰다. 이때 당 군대의 최고사령관으로서 출진한 사람이 고구려 유민으로 알려진 안서절도사 고선지(高仙芝)였다.

고선지의 선조들이 언제 당으로 왔는지는 확실치 않다. 다만 그의 부친은 당에서 군인으로서 재직했다. 고선지는 기사(騎射) 기술이 뛰어나 동투르키스탄에서 군인으로 활약하고 있었다. 8세기 전반, 티베트 제국이 파미르 방면으로 진출이 활발해지면서 당에 복속하던 소발률국(小勃律國, 파키스탄의 길기트)도 티베트의 지배 아래로 들어가고 말았다. 이를 고선지는 토벌해 다시 소발률국을 당조에 복속시키는 것에 성공함으로써 파미르 방면에서 당조의 지배가 안정되었다. 이 공적 때문에 고선지는 안서절도사가 되었다.

석국을 토벌한 고선지는 그 왕을 포로로 잡아 장안으로 보냈다. 관례에 따라 당에 배반한 사람이라도 왕이나 수장 계층은 사면되었는데, 석국의 왕은 그렇지 않고 참수되어 버렸다. 이로 인해 소그디아나의 오아시스 국가들이 일제히 반발했고 마침 그 무렵에 우마이야왕조를 무너뜨린 아바스왕조에 원조를 요청하면서 당과 대결하는 자세를 드러냈다. 고선지는 다시 대군을 인솔하여 석국의 세력인 탈라스강 서쪽 연안의 탈라스성을 공격했고, 급히 석국을 원조를 하기 위해 도착한 아바스왕조 군대와 교전하게 되었다. 그러나 당의 군대는 투르크계 카를루크 부족의 배신으로 큰 패배를 맛보고 말았다.

이후 당조의 전후 처리에는 이상한 점이 있다. 고선지는 패배의 책임으로 벌을 받기는커녕 장안으로 돌아와 남아금군의 장군이 되었다. 현재 우리의 시선으로 보면, 8세기 중반에 유라시아 대륙의 동쪽과 서쪽의 커다란 두 세력이 충돌한 탈라스 강변 전투는 세계사에서 중대한 사건이었다고 말하지만, 당조도 아바스왕조도 상대를 숙적으로 간주하여 유라시아의 패권을 걸고 일대 결전을 펼친 것은 아니었던 것 같다.

이와 관련하여 탈라스 전투에서 아바스 군의 포로가 된 당의 병사 중에 제지법을 알고 있는 사람이 있어 사마르칸트에 제지법이 전파되면서 이후 서방으로 종이가 전해졌다는 이야기가 있다. 그러나 여기에 이의를 제기하는 주장도 있다. 탈라스 전투 이전에 사마르칸트에 제지법이 전파되었다고 보는 주장이다.

또 한 사람, 아바스왕조의 포로가 된 두환(杜環)이라는 인물이 있다. 그는 10년쯤 후에 배를 타고 광주로 귀국할 수 있었다. 그는 이 기간을 기록으로 남겼는데, 아쉽게도 기록이 산일(散逸)되고 말았다. 그 일부분만 그의 숙부쯤 되는 두우(杜佑)가 편집한 『통전』(通典, 당의 천보 연간까지 중국 역대 왕조의 정치제도 연혁을 서술한 책)에 남아 있다. 그럼에도 그의 기록은 훗날에 영향을 준 것으로 보이는데, 현종의 손자 덕종 시대인 8세기 후반에 환관 양량요(楊良瑤)가 바닷길을 통해 아바스왕조로 갔을 때 크게 참고했다고 한다.

아바스왕조와 당의 충돌은 한 차례로 끝났다. 그러나 아바스왕조의 성립으로 인해 탄생한 사람들의 이동은 이후 '안사의 난'의 발발을 계기로 파미르를 넘어 동진하여 당의 영역 안으로 몰려들게 된다.

제4장

제국의 변용
─8세기 후반~9세기 전반

1. '안사의 난'
안록산

 중국사에서 여러 차례 발생한 '반란' 가운데 '안사의 난'은 가장 유명한 사건 중 하나라고 할 수 있을 것이다. 현종 황제와 양귀비의 러브 로맨스, 그것을 비극으로 끝나게 만든 장본인 안록산. 이 사건을 노래한 백낙천(白樂天)의 「장한가」(長恨歌)는 일찍이 일본의 헤이안 시대의 지식인들도 즐겨 읽었다. 근대 이후의 역사가들은 이 사건을 경계로 중국 사회의 구조와 당시 동유라시아 '국제 관계' 전체가 변했다는 것에 주목한다.

 안록산은 '영주(營州) 유성(柳城)의 잡종호인(雜種胡人)'(『구당서』의 「안록산열전」)이라고 전해진다. 이 기록으로 인해 안록산을 영주 출신이라 여기지만 그렇지 않다. 당시의 한인들은 본적지와 성(씨족)을 함께 칭하며 정체성을 드러내는 관습이 있었다. 안록산은 한인이 아니지만 당에서 활동하였기 때문에 이 관습을 모방하여, 연고가 있던 영주를 본적지로 가탁(假託)한 것이다. 실제로는 카프간 카간 시대 돌궐 제2제국 시기에 아마 몽골리아 남부에서 태어난 것 같다.

안록산의 모친은 돌궐의 명족 아사덕 씨족 출신으로 샤먼이었다. 본래 아사덕 씨족은 아사나 씨족과 함께 돌궐의 핵심으로 카툰을 배출하는 유력 씨족이었다. 제2장에서 서술했듯이 돌궐 제2제국이 성립하기까지 돌궐인은 세 차례의 독립운동을 일으켰는데, 이를 아사덕 씨족이 주도했다고 해도 과언이 아니다. 즉 돌궐 제2제국에서 아사덕의 힘은 상당히 컸던 것 같다.

또 유목민 돌궐인의 신앙은 샤머니즘이었는데 샤먼의 아들인 안록산은 모친에게서 종교적 권위를 이어받았다고 할 수 있다. 즉 아사덕의 혈통을 받은 안록산은 '세속'적 권력과 '성스러운' 권위를 갖춘 특이한 존재였다. 이것은 훗날 그가 당조에 대항해 '독립운동'을 일으켰을 때 돌궐 유민을 규합하는 데 크게 작용했다.

안록산은 14세쯤 당으로 망명했다. 카프간 카간이 전사하고 나서 카간의 자리를 둘러싼 돌궐 내부의 정쟁에 휘말린 것으로 보인다. 망명 이후 약 20년 동안은 그가 어디에서 무엇을 했는지 알 수 없다. 일정 기간 하서 방면에 머물렀던 적도 있었다. 그는 '육번어'(六蕃語) 혹은 '구번어'(九蕃語)를 잘 이해한다고 하여 외국 상인과 당 상인 간의 중개역(호시아랑互市牙郞)이 되었다. 이 내용은 안록산이 소그드인의 혈통을 받은 것과 크게 관련된 것으로 보인다. 그의 실제 부친은 강모(康某, 이름은 알려져 있지 않다)라는 소그드인이었다. 안이라는 성은 모친이 재혼한 상대의 성으로, 친부와 계부 모두 돌궐 제2제국 시기의 소그드계 돌궐인이었다. 이 소그드인의 혈통을 물려받아 어학과 상업적 재주가 있었으므로 안록산은 호시아랑으로서 활약할 수 있었을 것이다.

그의 경력이 명확해진 것은 개원 연간(713~741) 후기에 영주에서 군인으로 두각을 드러냈다는 점이다. 안록산은 유주절도사 장수규(張守珪)의 휘하에 있었고, 평로군(영주에 설치된 군진)의 군인으로 거란과 해(奚)를 토벌해 공적을 올렸다. 그는 군사적 공적뿐 아니라 조정의 동향에도 촉각을 곤두세우며 행동했다.

예컨대 천자의 사신이 영주에 시찰을 오면 정중한 향응을 제공하고 막대한 뇌물을 주었다. 사신이 장안으로 돌아와서 안록산을 격찬하자 현종도 안록산을 마음에 두게 되었다. 이것이 입신출세로 연결되었다. 이러한 사전 행위들이 주효하게 작용해 평로절도사에 임명되었고, 마침내 동북 방면의 군정을 장악하게 된 것이다(742년). 이 무렵 당조는 연호를 천보로 바꾸었다. 그때 안록산의 나이 40세였다.

은총과 출세

평로절도사가 된 이듬해에 안록산은 입조하여 현종을 알현했다. 2년 후에는 범양절도사도 겸직했다. 안록산은 이후에 병력을 일으킬 때까지 여러 차례 입조했는데, 그 기회를 이용하여 현종에게 환심을 샀다.

어느 때에 현종이 안록산의 무릎까지 처진 배를 보고 "그대의 배는 왜 그리 크단 말인가?"라고 물어보았다. 현종으로서는 '속에 꿍꿍이를 가지고 있다(두 마음을 품고 있다)'고 의심했을 수도 있다. 그러자 안록산은 "폐하를 향한 충의의 마음이 가득 차 있어서입니다"라고 대답했다고 한다. 현종의 일말의 의심을 날렵하게 떨쳐내는, 두뇌 회전의 재빠름을 이야기하고 있는 일화이다. 이와 관련하여 안록산의 체중은 300근(약 198kg) 혹은 330근(약 218kg)이었다고도 하는데, 그럼에도 불구하고 '호선무'(胡旋舞)라는 소그드인의 춤을 잘 췄다. 이 춤은 좁은 깔개 위에 한 발로 서서 상당한 속도로 오른쪽에서 왼쪽으로 회전하는 동작이었다고 한다.

 후궁의 정보도 소통하고 있던 안록산은 현종의 총애를 받는 양귀비에게 접근했다. 안록산은 현종의 환심을 샀다는 점을 이용하여 양귀비의 양자가 되기를 바란다고 했다. 이것이 받아들여지자 안록산은 알현을 할 때에 현종보다 양귀비에게 먼저 배례(拜禮)했다. 현종이 놀라자 "번인은 먼저 모친에게 인사한 후 부친에게 인사를 합니다"라고 대답했다고 한다. 이러한 해학적인 일면이 있는 안록산은 점점 현종의 총애를 받았고, 현종의 은총 아래에서 자신의 지위를 유지했다.

 현종의 은총이 깊어질수록 그것이 사라져 갈 때에 안록산은 그 지위를 잃게 될 것이었다. 조정에서 안록산을 후원하던 재상 이림보가 사망하고 양국충이 그 자리에 오르면서 안록산에게 역풍이 불기 시작했다. 양국충은 안록산을 싫어해 일이 있을 때마다 안록산이 언젠가 모반을 일으킬 것이라고 현종에게 일러바쳤다. 절도사의 지위로부터 쫓겨날 수도 있겠다는 불안에 빠진 안록산은 스스로 황제가 될 수밖에 없다고 생각했다. 이리하여 결국 안록산이 '반란'을 일으키게 되었다는 것이 종래의 설이다.

배경

'안사의 난'이라는 사건을 '반란'이라고 부르는 것은 승자인 당조 측의 관점인데, 독자께서 승자 측의 가치관을 공유하지 않도록 하기 위해서 이 책에서는 작은따옴표를 넣어 표시한다. 그렇다면 안록산의 입장에서 보았을 때 이 사건은 무엇이라고 할 수 있을까? 필자는 이 사건의 본질 중 한 가지를 안록산과 그의 주변에 모인 다양한 집단이 당에서 독립하는 것을 목표로 삼은 것이라고 본다.

본래 안록산이 거점으로 삼은 유주(幽州)를 포함한 하북 지역은 남북조시대에서 당조에 걸쳐 중국사에서 특별한 지역이었다. 당의 건국 80년쯤 전에 북위가 동위와 서위로 분열되었는데 하북은 동위, 이후에 북제가 지배하는 곳이 되었다. 그 이후 관중을 기반으로 한 북주가 북제를 멸망시켰고 얼마 후 북주는 수로, 그리고 수는 당으로 바뀌었다. 즉 하북은 북주─수─당이라는, 관중에서 흥기한 세력에게 지배를 받은 지역이고 차별을 받아 왔던 것이다.

그래서 하북에서는 때때로 관중 세력에 반항하는 커다란 움직임이 일어났다. 예를 들면 수 말기에 두건덕(竇

建德)이 하북 남부에 독립 왕국을 세운 일이나, 무측천이 산동(하북을 포함)에 세력 기반을 두어 혁명을 일으킨 일들이 그에 해당한다. 안록산도 하북의 민중이 가진 반(反)관중의 감정을 이용하여 '반란'을 일으킨 것이다. 이에 대해 하북의 민중이 안록산을 이용하여 '반란'으로 이끌어 냈다고 하는 관점도 있다. 그러나 '안사의 난'이 한창 진행되던 와중에 하북에서는 안록산 군대에 저항한 집단도 있었기 때문에 이러한 관점이 정확하다고 일괄적으로 말할 수는 없다.

하북과 관중이라는 지역적 대립을 종족과 문화의 대립으로 보는 주장도 있다. 8세기 전반 하북에 많은 비한족이 이주해서 살고 있어, 후한 이래 중국 고전 문화의 중심지 중 하나였던 하북이 점차 '호화'(胡化)해 갔다. 거꾸로 그때까지 중국 고전 문화권의 주변에 머물던 관중의 장안은 전통 중국의 한자·유교 문화의 중심지로 되어 갔다. 이러한 상황에서 일어난 '안사의 난'은 '호'와 '한'이라는 종족과 문화 간의 대립이라는 것이다.

분명히 안록산의 군대 내에는 많은 유목계·수렵계 민족 집단이 포함되어 있었다. 그러나 이를 '호'라고 일괄해 버리는 것은 안록산 군대의 다양성을 보지 못하는 것이다. 안록산 휘하에 모인 사람들에는 중앙아시아에서 온 소그드계나 투르크계의 용병들, 위구르에게 멸망한 돌궐의 왕족과 장군 및 그 부족민들, 소그드계 돌궐의 무인들, 해와 거란의 수령들과 그 부족민, 그 외에 소그드 상인들도 있었다.

이렇게 다양한 출신의 사람들이 동유라시아의 동쪽 끝 유주로 모여든 것은 8세기 중반의 국제 정세와 깊은 관련이 있다. 이슬람 세력이 중앙아시아를 향해 진출하자 소그드인은 동쪽으로 움직여야 했다. 또 몽골리아에서 돌궐 제2제국이 망하면서 많은 돌궐계 유민이 당의 북쪽 변경으로 이동했다. 그리고 돌궐의 지배 아래에 있던 몽골리아 동부의 해와 거란의 움직임도 유동적이어서 유주의 안록산 휘하로 찾아오는 사람도 있었다.

그러나 그들이 막연하게 안록산의 휘하로 모여든 것은 아니었다. 예를 들어 소그드 상인의 경우, 유주에 거주하는 상인과 교역하기 위해 외부에서 찾아온 상인들이 공존했다. 그들은 당의 통제에서부터 자유롭게 교역 활동을 하고 싶다는 희망을 같은 소그드인의 혈통을 지닌 안록산에게 부탁했을지도 모르겠다.

돌궐의 왕족과 장군들은 위구르에게 멸망한 고국의 부

활을 꿈꾸며 실력자인 아사덕 씨족의 혈통을 계승한 안록산을 찾아온 것은 아닐까? 오랫동안 당의 지배를 받아온 해와 거란의 수령 및 부족민들은 안록산과 혼인 관계나 의부자 관계를 맺었는데, 이것 또한 당의 지배에서 완전한 이탈을 바랐기 때문이라고 보는 것은 과도한 상상일까? 그러나 안록산이 일으킨 '반란'을 독립운동으로 보고, 그의 개인적 생각뿐만 아니라 주변 환경이 크게 연관되어 있었다고 보는 관점은 이 동란의 본질을 탐구할 때에 중요한 시각이라고 할 수 있을 것이다.

안록산, 거병하다

안록산은 장안에 설치된 진주원(進奏院)이라는 출장 기관에서 입수한 정보를 얻으면서 양국충과의 대립이 나날이 고양되고 있다는 것을 느꼈다. 그래서 마침내 양국충을 토벌한다는 명목을 들어 유주에서 병력을 일으켰다(755년).

안록산 군대는 하북 평원을 단숨에 남하하여 낙양을 함락했다. 안록산은 여기에서 황제를 칭하고 성무(聖武)

라는 연호를 정했다. 대연제국(大燕帝國)의 성립이었다. 당은 휘하의 안서절도사 고선지 등을 기용하여 곧바로 출격시켰지만 성과는 없었다. 이어서 하서, 농우절도사인 가서한(哥舒翰)을 장안 동쪽에 있는 동관(潼關)으로 보냈다. 가서한 휘하의 투르크계 번병도 동원되어 안록산 군대를 저지하려 했지만 안록산 군대의 세력을 이기지 못하고 동관은 쉽게 격파되었다(4-1).

이틀 후에 그 보고가 도달했을 때 장안은 극도의 혼란에 빠졌다. 조정에 들어온 백관이 100명 중에 한두 명 정도였다. 현종은 친정(親征)의 명령을 내렸지만 이를 믿는 자는 아무도 없었다. 사실 현종은 양귀비와 함께 장안에서부터 도망쳤던 것이다. 그러나 피난을 가던 현종 일행을 지키는 금군의 병사들은 식량이 없어서 피폐해지게 되었고, 이에 불만이 높아졌다. 장안 서쪽에 있는 마외역(馬嵬驛, 섬서성 흥평시興平市)에 이르렀을 때 결국 불만이 폭발하여 먼저 양국충의 피를 제물로 바쳤다. 그리고 그 창끝이 양귀비로도 향했다. 병사의 불만을 달래려고 했지만 현종은 어떻게 할 방도가 없어 고력사에게 모든 것을 맡겼다. 고력사는 가까운 불당 안으로 양귀비를 데려간 다음 그곳에서 그녀의 목을 졸라 살해했다. 향년 38세.

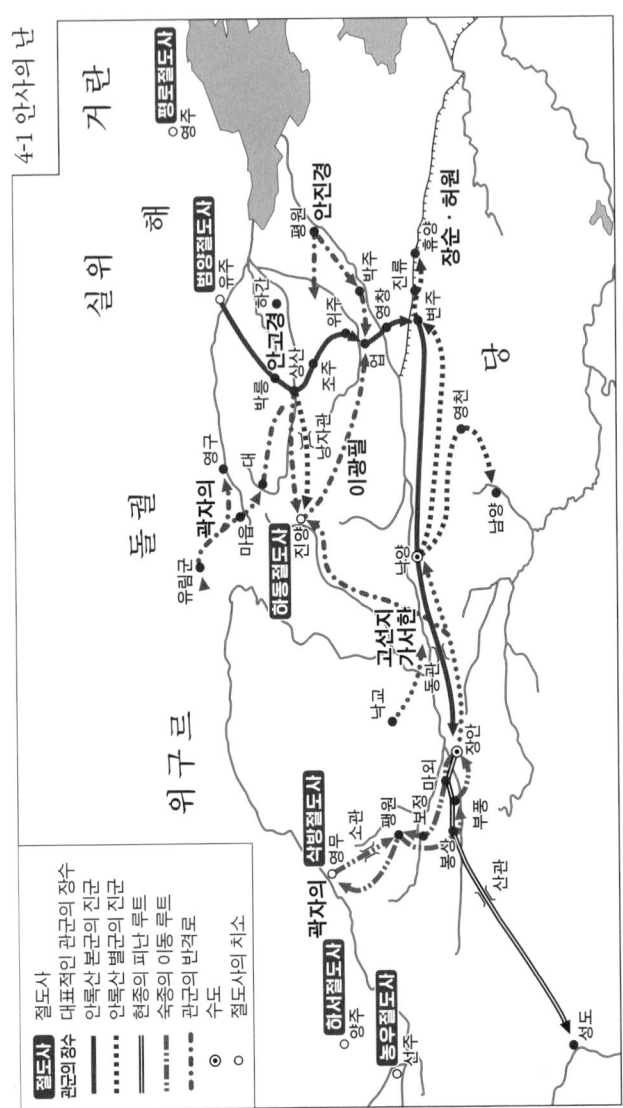

4-1 안사의 난

266

그녀의 시신은 마외역의 서쪽 역로 옆에 매장되었다. 현종은 비통함에 빠진 채 사천으로 피난했다.

한편 황태자(이소李紹. 이형李亨으로 개명)는 현종과 떨어져서 영무(靈武, 영주靈州의 군郡 명칭. 현종 천보 원년(742)에 주가 군으로 개칭되었고, 숙종 건원 원년(758)에 원래의 명칭으로 되돌렸다)로 향했다. 여기에는 삭방절도사가 설치되어 있었고, 명장 곽자의(郭子儀)가 지휘를 맡았다. 또한 황태자는 예전에 이 직임을 맡은 적이 있어서 다소 인연이 있었다. 그리고 이 지역에서 현종의 허락을 받지 않고 황제 자리에 올라 현종을 상황천제(上皇天帝)로 삼고 지덕(至德, 756~758)으로 연호를 바꾸었다. 묘호는 숙종(肅宗, 재위 756~762)이다. 이렇게 당은 '반란' 군대를 진압할 준비에 들어갔다.

당조의 반격

그 무렵 안록산이 거병했다는 소식은 국외로도 급속하게 전파되었다. 8세기 중반의 동유라시아에서는 소그드인 네트워크가 깔려 있어서 이 정보망으로 인해 현대인이 상상하는 것 이상으로 빠르게 다양한 소식이 전파되었기 때문일 것이다. 이 정보를 확보한 티베트 제국과 위구르 제국이 잇달아 당에 사신을 파견하여 구원하겠다고 한 것은 '반란'이 일어난 이듬해 8월의 일이었다. 이와 관련하여 일본에서 '안록산의 거병' 정보가 전달된 것은 '반란'이 일어난 이후 꼭 3년 후의 일이었고, 견발해사(遣渤海使)가 발해의 사신과 함께 귀국했을 때의 일이었다.

숙종은 당이 동원할 수 있는 군대만으로는 이 '반란'을 진압하는 것이 어렵다고 생각했다. 그러나 티베트 제국은 현종 시대부터 자주 당의 지배권에 손을 뻗치고 있었기 때문에 믿을 수가 없었다. 그래서 위구르 제국에게 구원을 요청하고자 사신으로 황족인 돈황왕(敦煌王) 이승채(李承寀, 고종의 증손자. 장회태자 이현李賢의 손자)와 투르크계 무인 복고회은(僕固懷恩)을 파견했다. 또한 서역 방면에도 당조 군대에 참가해 줄 것을 호소했다. 이리하여 당조 군대에는 위구르, '남만'(南蠻), '대식'(大食)의 병사가 추가되어 번(蕃)과 한(漢) 15만 혹은 20만 명이라고 일컫는 세력이 되었다. 숙종은 장남인 광평왕(廣平王) 이숙(李俶, 훗날의 대종代宗)을 토벌군의 총사령관(천하병마원수天下兵馬元帥)으로 삼아 곽자의와 함께 반격을 개시했다.

여기에서 아랍을 의미하는 '대식'이 참가하고 있는 것

이 흥미롭다. 이때 이미 아바스왕조가 성립해 있었는데, 얼핏 보면 아바스왕조의 칼리프로부터 온 구원군인 것처럼 보인다. 만약 그렇다면 탈라스 강변 전투의 승패에도 불구하고 동쪽의 대제국이 위기에 빠졌을 때에 서쪽의 대제국이 군대를 파견했다는, 세계사상 특별히 기록되어야 할 사건이 되겠지만 실제는 그렇지 않다. 이 '대식'은 호라산(이란 북동부에서부터 아프가니스탄 북서부)에 있던 아랍 병사들이었던 것 같다. 이 아랍 군사는 굴라트(과격파)라고 불린 반(反)아바스왕조 세력이고, 아바스왕조로부터 탄압을 받아 호라산에서부터 소그디아나로 들어와 있었다. 이 군대의 세력이 당 숙종의 호소에 응하여 파미르고원을 동으로 넘어 당조 군대에 참가하고 있었던 것이다.

아랍 병사뿐만 아니라 중앙아시아의 소그드인과 토하리스탄인 등도 당조 군대에 가담했다. 그중에 동방시리아교회(종래에 네스토리우스파라고 불린 일파)의 기독교 신자가 있었고, 그 수는 적지 않았다. 숙종은 영무 등 다섯 개의 군(郡)에 대진사(大秦寺, 기독교 교회)를 세웠는데 이는 기독교도 병사들의 환심을 얻기 위함이었다. 이와 관련하여 곽자의의 휘하에 삭방절도부사 이사(伊斯, 이즈부지드)라는 인물이 있었는데 그도 기독교도였다. 훗날 덕종 시대에 장안의 대진사 경역 내에서 '대진경교유행중국비'(大秦景教流行中國碑)가 세워졌는데(781년), 이즈부지드는 그 대시주(大施主)였다.

그리고 숙종을 필두로 하는 당 조정은 장안을 점거한 안록산 군대의 정보를 불공(不空)의 밀교 교단 네트워크를 통해서 손에 넣고 있었다. 앞서 서술했듯이 불공의 밀교는 당의 국정에 맞게 가공되어 있었는데, 그중 한 가지로 주술력을 강력하게 발휘한다는 측면이 존재했다. 불공은 황태자 시대의 숙종과 인연이 있었고, '안사의 난'으로 인해 장안에서부터 황실이 피난을 간 이후에도 수도에 남아서 그 주술력을 통해 국가를 지켜 달라는 기도를 행했던 것이다. 불공은 자신을 대신해서 제자를 숙종이 있는 영무로 보냈는데, 국가 수호의 기도를 함과 동시에 장안에서 안록산 군대의 정보를 보내 주었다고 한다. 이 사건이 수습된 이후에 밀교가 흥성하게 된 배경에는 이러한 사정도 있었다.

대연제국과의 공방

  당이 반격 태세를 갖추고 있는 와중에 대연제국에서는 안록산이 아들 안경서(安慶緒) 등에 의해 암살되었다. 이를 계기로 안록산의 맹우로서 대연제국 수립에 큰 공적을 올린 사사명(史思明)이 안경서로부터 이탈하여 독립했다. 사사명도 소그드인과 돌궐인의 혈통을 받은 소그드계 돌궐인이었는데, 그의 내력은 안록산만큼이나 확실하지 않다.

 '반란' 군대가 단결되지 않고 있다는 점은 당에 유리한 것이었다. 당군은 위구르 원군과 함께 안경서의 군대를 격파하고 장안을 탈환했다. 그 기세로 낙양도 회복하는 데에 성공했다(757년). 이때 당은 위구르에게 포상을 주는 이외에 매년 2만 필(1필은 길이 11.792m, 폭 0.53m. 2만 필의 길이는 235.84km)의 견직물을 지급한다는 약속까지 맺었다. 또한 이듬해에는 위구르의 요청에 따라 숙종의 친딸을 영국공주(寧國公主)로 삼아 위구르 제국의 제2대 마연철(磨延啜) 카간에게 시집을 보냈다. 숙종이 딸을 장안의 북쪽 교외까지 배웅했을 때 영국공주는 "국가의 일이 중대하니 저는 죽어도 한이 없습니다"라고 울면서 말했고, 숙종도 눈물을 흘렸다고 한다.

후일담이지만, 공주가 시집을 간 이듬해에 마연철 카간이 사망하자 영국공주는 순사(殉死)를 강요당했다. 그러나 그녀는 당에는 그러한 풍습이 없다면서 이를 거부했고, 이면(剺面, 얼굴에 상처를 내서 슬픔을 표시하는 기마유목민의 풍습)을 행하여 카간의 죽음을 슬퍼하는 의례를 실행했다고 한다. 일설에서는 그녀가 어렸을 때 시집을 왔다고 하지만 실은 당에서 두 번 결혼하고 두 번 이혼한 후에 위구르로 시집을 온 여성이었다. 어쩌면 성인으로서 기질 또한 강했을지 모르겠다.

이야기를 되돌려보자. 당과 위구르의 연합군이 안경서를 패주시키자 사사명은 일시적으로 당에 귀순했다. 현재 북경의 시내에 있는 법원사(法源寺)에는 사사명이 봉납한 '무구정광보탑송無垢淨光寶塔頌'(민충사보탑송憫忠寺寶塔頌)이라는 비석이 남아 있다. 비에는 '지덕 2재'(757년)라는 숙종의 연호가 새겨져 있어 사사명이 당에 귀순한 사실을 말해 주고 있다.

장안과 낙양을 되찾고 사사명까지도 귀순해 왔으니 숙종의 기쁨은 매우 컸을 것이다. 연호를 건원(乾元, 758~760)으로 바꾸고 농민의 조(租)와 용(庸)을 면제했다. 그러나 그것도 잠깐이었고, 얼마 지나지 않아 사사명은 당과의 대결 자세로 변해 있었다. 사사명은 안경서를 도와 당조 군대를 쫓아내고 그 손바닥을 돌려 안경서를 살해해 버렸다. 그리고 대연 황제를 칭하면서 안록산의 대연제국을 계승했다(759년). 사사명은 당조 군대와의 공방을 반복하면서 다시 낙양을 점령하는 데에 성공했다.

세력을 회복한 것으로 보였던 사사명이었지만 후계자를 둘러싼 흐름이 변해 갔다. 사사명의 장남인 사조의(史朝義)가 후계자였는데, 만년의 사사명은 막내아들인 사조청(史朝淸)을 총애하여 장남 대신에 후계자로 세우려 했던 것이다. 이를 알게 된 사조의는 사사명을 살해하고 범양(유주, 현재 북경)에 있던 사조청과 그 일파를 살육했다(761년). 그러나 안록산 이래의 무장들은 사조의와 선을 그었기 때문에 그의 세력은 급속하게 약화되었다. 한편 당조에서는 상황(上皇)으로 물러난 현종이 그로부터 1년 후에 78세로 사망했고 11일 후에는 숙종도 세상을 떠났다. 향년 52세였다.

현종과 숙종이 사망했다는 정보를 얻은 사조의는 위구르에 사신을 보내 "지금 당의 황실은 상황과 황제가 잇달아 사망하여 국가는 어지럽고 국가의 주인이 없습니다.

출병하여 함께 당조의 부고(府庫, 재물을 보관하는 국고)를 손에 넣지 않겠습니까?"라고 권유했다. 당시 위구르 제국은 세 번째 지도자인 모우(牟羽) 카간(이지건移地健)의 시대였는데, 그 권유에 쏠려 병사를 끌고 남하했다.

한편 당조도 사조의를 격파하기 위해 협력을 요청하는 사신을 위구르에게 파견했다. 그 사신은 마침 남하하던 위구르 군대와 마주쳤는데 설득에 실패하고 말았다. 다행히도 앞서 위구르의 모우 카간에게 시집을 간 복고회은(僕固懷恩)의 딸이 이때 카툰으로서 남편 모우 카간과 함께 움직이고 있었다. 그녀는 이 기회에 부모와 만나고 싶다는 바람을 가지게 되었고, 당조는 복고회은을 위구르로 보내 모우 카간을 설득하게 했다. 이것이 주효하여 위구르는 당조 측에 서게 되었다.

이리하여 복고회은과 위구르 군대는 낙양을 탈환했고 사조의는 유주로 패주했다. 그 결과 사조의 군대의 유력한 장군들이 잇달아 당조에 항복했고 사조의는 자살했다. 사조의의 머리는 장안으로 바쳐졌다. 족히 9년이나 계속된 '안사의 난'은 이렇게 끝났다(763년).

2. 당조의 혼미

대종과 환관

'안사의 난'이 끝나기 9개월쯤 전에 현종과 숙종이 잇달아 사망하자 장남인 황태자 이예(李豫, 처음 이름은 숙俶. 태자로 책립되었을 때에 개명했다)가 뒤를 이었다. 그가 대종(代宗, 재위 762~779)이다. 대종의 즉위에 크게 연관된 사람은 환관 이보국(李輔國)이다. 이를 계기로 환관이 정치 무대에 등장하게 된다는 점이 특별히 주목된다.

환관이라고 하면, 현종을 섬겼던 고력사가 총애를 받았다는 것은 이미 제3장에서 서술했다. 그러나 그는 외조(外朝)의 국정에는 관여하지 않았고 아직은 여전히 그림자와 같은 존재라고 할 수 있었다. 그러나 이보국은 그렇지 않았다. 그는 겉으로는 과묵하면서 신중한 모습을 가장하고 있었지만 실제로는 교활한 사람이었다. 숙종이 황태자였을 때부터 수행을 했고, 숙종이 영무에서 황제로 즉위하자 점차 힘을 키우기 시작했다. 숙종이 광평왕 이숙을 천하병마원수로 삼았을 때 이보국은 그 토벌군 사령부의 장관(판원수행군사마判元帥行軍司馬)이 되어 군대의 실권을 장악했다. 그리고 숙종이 장안으로 돌아온 이후에는 금군을 장악했고, 제칙(制勅, 황제의 명령)은 이보국의 손에서 나오게 되었다. 그리고 이보국은 숙종이 총애하는 장씨와도 손을 잡고 그녀와 함께 국정에 대대적으로 간여했다. 급기야 장안으로 돌아오고 있던 상황(上皇) 현종을 흥경궁(興慶宮)에서부터 서내(西內, 태극궁)로 옮겨서 유폐하려고 획책하는 등 그 힘은 더욱 커져 갔다.

이보국과 황후 장씨와의 관계는 머지않아 틀어지게 된다. 장 황후는 이보국을 제거하려 황태자인 이예(李豫)에게 이야기를 꺼냈는데 황태자가 울음을 터뜨려 버려 전혀 쓸모가 없었다. 그래서 장 황후는 다른 황족에게 이야기를 꺼냈고, 굳건한 환관 200명 남짓을 배치하여 이보국 일파를 쓰러뜨리고자 했다. 이 정보를 부하인 정원진(程元振)에게 전해 들은 이보국은 반대로 황태자의 신병을 장악하고 장 황후를 유폐시킨 후 그 일파를 살해해 버렸다. 그 직후 숙종이 사망하자 이보국은 황태자를 황제로 옹립했다. 그가 대종이다.

이후 이보국은 항상 궁중에 자리하여 전횡이 극에 달했다. 대종을 향해서는 "대가(大家)는 단지 궁전에 있으시면 됩니다. 바깥일은 늙은 노예의 판단에 따르시면 됩니다"라고 했을 정도였다. 대종은 내심으로는 불쾌했지만 자신을 황제에 옹립한 주역이 말하는 대로 따르지 않을 수 없었다. 급기야는 이보국의 이름 대신 '상보'(尙父)라며 아버지에 비유하면서 공경의 뜻을 담아 부르게 되었다. 마침내 이보국은 중서령이 되어 그렇게 바라던 재상의 지위에 올랐다. 중국사에서 처음으로 환관 재상이 탄생한 것이다.

그러나 대종의 불만은 높아져 갔다. 즉위하고 2개월이 지난 후 환관 정원진이 이보국의 권한을 빼앗을 것을 은밀히 상주하자 대종은 그와 공모하여 이보국의 직위를 박탈하고 궁중에서 추방해 버렸다. 그러나 이전에 장 황후를 암살하고 자신을 황제로 옹립한 경위 때문에 드러내 놓고 처단할 수는 없었다. 그런데 4개월이 지난 어느 날 밤에 이보국의 집으로 강도가 무단 침입하여 이보국을 죽이고 그의 머리와 팔을 잘라서 가져가는 사건이 일어났다. 대종은 범인의 체포를 명령하는 동시에 환관을 보내 나무로 머리를 만들어 이보국의 장례를 거행했다. 일설에서 대종이 자객을 보낸 것이라고도 한다.

이보국이 사라지자 이번에는 정원진이 위세를 부리기 시작했다. 그도 이보국과 마찬가지로 판원수행군사마가 되어 역시 금군을 장악하였으며, 내시감이 되어 환관의 꼭대기에서 군림했다. 그의 권한은 이보국을 뛰어넘었다고 한다. 이리하여 '안사의 난' 이후의 정계에서 환관이 활동하는 길이 열리게 되었다.

장안 함락

 '안사의 난'이 끝난 해의 10월에 당의 수도 장안이 티베트 제국 군대에 의해 갑작스럽게 점령되는 대사건이 발생했다. 세계제국인 당의 쇠퇴를 상징하는 일이었다. 이것도 '안사의 난'이 남긴 부정적인 유산이었다. 그러나 그 연원은 8세기 초까지 거슬러 올라갈 수 있다.

 그 당시에 티베트 제국에서는 젠뽀(황제)의 계승을 둘러싼 분쟁이 벌어지고 있었다. 그래서 당으로부터 금성공주(金城公主, 장회태자章懷太子 이현李賢의 손녀)를 맞아들여(710년) 당과 우호 관계를 맺으면서 젠뽀의 지위를 안정시키고자 했다.

 티베트 제국은 정국이 안정되자 이번에는 파미르 방면과 하서 지역(감숙성 동부)으로의 진출을 시도했고, 당과 전면적으로 대립하는 상태가 되었다. 그러나 티베트 군대의 침공은 현종 시기엔 당의 군대에 의해 저지되었다. 게다가 '안사의 난'이 일어나기 직전에 젠뽀가 암살되어(754년 혹은 755년) 티베트 제국은 열세에 놓이게 되었다.

이러한 형세가 역전된 것은 안록산의 '반란'이 계기로 작용했다. 당조는 이 '반란'을 진압하기 위해서 하서절도사·농우절도사의 군대를 동원하여 동쪽으로 보냈다. 그래서 이 지역의 방어가 공백이 되었던 것이다. 이 무렵에 티베트 제국에서는 티송데첸(재위 756~797)이 새로 젠뽀에 즉위했다. 이후에 불교를 국교로 정하고 또 장안 점령이라는 무공을 보유하여 칭송을 듣게 되는 인물이다.

그가 즉위한 이후 내정을 안정시킨 티베트는 하서와 농우(감숙성 동부)로 진출하여 이 지역들을 모두 세력 아래로 편입시켰다. 티베트의 세력 팽창을 저지하기 위해서 '안사의 난'이 끝나기 직전에 당은 티베트 제국과 맹약을 맺고(762년) 매년 비단 5만 필을 주겠다고 약속했다. 그러나 당에게 이러한 세사(歲賜)를 준비할 여유 따위가 있을 리 없었다. 거꾸로 맹약 위반을 구실로 티베트 제국이 당으로 침입했다.

그런데 티베트의 군대가 수도로 다가왔을 때에 정원진은 긴급함을 알리는 보고를 무시하고 대종의 귀에 들어

가지 않게 했다. 대종이 이를 알았을 때에 티베트 군대는 장안의 서북쪽으로 150킬로미터 떨어진 빈주(邠州, 섬서성 빈주시彬州市)를 통과하고 있었다. 매우 당황한 대종은 옹왕(雍王) 이괄(李适, 훗날의 덕종)을 관내원수(關內元帥)로 삼아 부원수인 곽자의와 함께 방어전을 맡기고 쏜살같이 수도를 빠져나가 동쪽으로 도망쳤다. 이때 우연히 섬주(陝州)에서 신책군(神策軍)을 이끌고 있던 환관 어조은(魚朝恩)이 대종을 보호했다.

이와 관련하여 이 공적으로 신책군은 천자 직속의 금군이 되었고, 어조은은 신책군의 힘을 배경으로 내시감에 올라 큰 권력을 장악하게 된다. 그러나 그 반작용도 당연히 있어서 훗날 어조은은 암살되고 만다(일설에는 자살했다고 한다).

어쨌든, 티베트 군대의 세력은 강해 당의 군대를 무너뜨리면서 장안에 입성, 점령하고 말았다(763년). 티베트 군대는 '부고(府庫), 시리(市里)를 약탈하고, 여사(閭舍)를 불태웠기' 때문에 장안의 거리는 '휑해져서 아무것도 없는' 지경에 이르렀다. 게다가 티베트는 괴뢰정권까지 수립했다. 황제로 추대된 사람은 광무왕(廣武王) 이승굉(李承宏)이었다. 그는 이전에 '안사의 난'이 일어났을 때 위구르에 사신으로 파견된 이승채(李承寀)의 형이자 또 금성공주와 남매간이었다. 티베트 군대는 오랫동안 머무를 생각이 없었던 것 같다. 당군이 곽자의를 중심으로 세력을 만회하자 장안에서 순순히 물러났다. 불과 15일간의 점령이었다. 티베트 군대는 농우까지 물러났으나 다시 침입할 기회를 호시탐탐 노리고 있었다.

티베트 군대에 의한 급습과 장안 점령은 물론 '안사의 난' 때문에 하서·농우의 병력이 동쪽으로 이동하면서 장안 서방의 방어력이 공백 상태가 되었던 것이 요인이었지만, 그 책임의 일단은 정원진의 직무 태만에 있었다는 점 또한 명확했다. 이 사건 이후 과연 그는 궁중에서 쫓겨나 귀향해야 했다. 그런데 대종이 장안으로 귀환했다는 것을 듣자 정원진은 여자로 분장하여 수도로 돌아가 황제의 자비에 기대어 부활하려고 계획했다. 그러나 수도에 도착하자 경조부(京兆府, 장안을 포함한 일대를 관할하는 지방 행정기관)에 의해 체포되고 말았다. 그 이후 정원진은 지방으로 좌천되었는데, 가는 도중에 사망하게 되는 결말을 맞이했다.

복고회은의 '난'

 티베트 군대에 의한 장안 점령 사건 직후에 복고회은이 '난'을 일으켰다. '안사의 난'의 최종 국면에서 거취가 결정되지 않은 위구르를 설득하여 당조를 돕는 쪽으로 끌어들인 최대의 공적은 복고회은에게 있었다. 그러나 모난 돌이 정을 맞는다. 소극적이던 조정의 문관과 무관들은 모두 그를 배척했다. 복고회은이 위구르와 소통한다는 혐의를 씌워 냉대했던 것이다.

 그래서 티베트 군대가 장안을 점령했을 때에 복고회은은 예전에 곽자의가 육성해 놓은 삭방군을 통제하고 있었는데 구원하러 가지 않으려고 했다. 그러나 삭방절도사의 지위를 박탈당할 지경에 이르자 복고회은은 구원에 착수했으나 삭방군 병사들은 곽자의를 흠모하여 복고회은의 휘하에서 차례차례 이탈했다. 그래서 그는 장안에서 물러나 있던 티베트 군대 그리고 위구르와 연합하여 장안으로 접근했던 것이다. 이 공격은 상당히 치열했지만 당조에게 운이 좋게도 복고회은이 진영에서 쓰러져 급사했기 때문에 '난'은 종결되었다.

 그러나 이후 티베트 군대는 매년 당으로 침공했다. 당

조는 이에 대비해 매년 가을이 되면 하남이나 강회 방면의 번진 군대를 징발하여 장안의 북쪽과 서쪽에 배치해 방위 임무를 맡겼다. 말이 살찌는 가을에 침공해 오는 티베트 군대에 대비하여 방어 임무를 맡았기 때문에 이를 '방추'(防秋)라고 불렀다.

번진의 발호

앞서 서술했듯이 '안사의 난'을 평정할 수 있었던 것은 첫째는 '반란' 군대의 유력한 무장들이 잇달아 귀순했기 때문이고, 또 하나는 위구르가 당조를 원조한 것 때문이었다. 이렇게 당조가 주력이 되어서 스스로의 힘으로 진압을 할 수 없었다는 것은 그 이후에 화근을 남기게 되었다.

우선 '반란' 군대에서 귀순한 무장들을 당조에서는 처벌할 수 없었다. 처벌하기는커녕 유력한 장군에게 유주노룡군절도사(회부는 유주(북경시)), 성덕군절도사(회부는 진주(鎭州, 하북성 정정현正定縣), 위박절도사(회부는 위주(魏州, 하북성 대명현大名縣))를 주고 말았다. 그들은 겉으로는 조정의 명령을 듣는 척했지만, 실제로는 호적을 조정에 보고하지 않았고 조세도 납부하지 않았으며 주·현의 관료들을 멋대로 임명했다. 그리고 스스로 군대를 이끌고 마치 반(半)독립 왕국과 같은 태도를 계속 취했다. 이 세 곳의 절도사는 하북 지역(하삭河朔)에 있었기 때문에 이들을 훗날 '하삭삼진'이라고 부르게 되었다. 하삭삼진은 위로는 절도사에서부터 아래로는 병사까지 거란인, 해인, 투르크인, 소그드인의 혈통을 이어받은 사람이나 유목 문화 및 관습의 영향을 받은 한인들이 대부분을 차지했고, 또한 여전히 안록산이나 사사명을 신성시하는 풍조가 있어서 완전히 당조의 통제권 밖에 존재했다.

이와는 별도로 현재 산동반도 일대를 영유했던 평로절도사(회부는 청주(靑州, 산동성 청주시))와 이후에 운주(鄆州, 산동성 동평현東平縣의 동북쪽)도 당조에게 굴종하지 않았다. 평로라고 하면, 안록산이 맡고 있던 절도사의 이름이라고 기억하실 것 같다. 그런데 안록산이 '반란'을 일으켰을 때에 이에 따르지 않은 장군이 평로절도사를 살해하고 영주(營州)에서 산동반도로 이동했다. 당조는 이를 가상히 여겨 이 장군을 새 평로절도사로 삼았다.

그러나 '안사의 난'이 끝난 후에 고구려인 이정기(李正

소그드계 돌궐인 위박절도사 하진도(何進滔)의 덕정비(德政碑). 하북성 대명현(大名縣).

己)가 쿠데타를 일으켜 평로절도사 직위를 빼앗고 당조로부터 거리를 두게 되었다. 평로절도사는 당대의 하남도(河南道)에 있던 번진이었다. 또한 같은 하남도에 있었던 회서절도사(회부는 채주(蔡州, 하남성 여남현汝南縣))도 당조에 대해 처음에는 반(半)독립적 태도를 취했기 때문에 이들을 '하남이진'이라고 부른다.

당 후반기의 번진

하삭삼진과 평로절도사의 영향도 있어서 하북과 하남 주변의 절도사 중에도 당조의 명을 따르지 않는 태도를 취하는 자가 있었다. 장강으로 흘러들어가는 한수(漢水) 유역의 산남동도절도사(山南東道節度使, 회부는 양주(襄州, 호북성 양번시襄樊市))와 대운하 연안에 위치한 선무군절도사(宣武軍節度使, 회부는 변주(汴州, 하남성 개봉시開封市))가 그러했다. 절도사는 민정을 맡은 관찰처치사(觀察處置使, 관찰사)도 겸하면서 관할하는 몇 개 주의 군정과 민정의 장관으로 군림했다. 이렇게 군벌화된 지방의 지배 기구를 번진(藩鎭)이라고 한다. 번진 중에는 절도사가 아니라 그보다 한 단계 낮은 방어사(防禦使)의 직함을 지닌 자도 있었다. 이 경우도 관찰사를 겸임했지만 그 규모는 절도사보다 작았다. 이러한 번진의 장관을 번수(藩帥)라고 부르기도 한다.

번진의 호칭에 대해서도 설명해 두고자 한다. 사료에 등장하는 번수나 번진은 '사부'(使府)가 설치된 주의 명칭을 붙여서 부르는 것이다. 유주절도사가 그 예이다. 또한 번수(藩帥)가 영유하는 지역의 이름으로 부르는 것이 있다. 위박절도사는 위주(魏州)와 박주(博州)라고 하는 주요한 주의 이름을 부르는 명칭이다.

이와는 달리 산남동도절도사 등과 같이 도의 이름으로 부르는 경우도 있었다. 본래 당대의 '도'(道)는 주의 상급에 위치한 감찰 구획으로, 태종의 시대에 10도가 설치되었고 그 이후 현종의 시대에 15도가 되었다. 이때 각 도에 채방처치사(採訪處置使)를 두어 도 내부의 행정을 감독하게 했다. 이것이 숙종의 시대에 관찰처치사로 변환되어 보다 권한이 강해지게 되었다.

또한 그 지역의 통칭으로 부르는 경우도 있었다. 현종의 시대에 사천에 설치된 검남절도사의 '검남'(劍南)은 도의 명칭이다. '안사의 난' 도중에 이것이 검남서천절도사(劍南西川節度使, 사천성 서부)와 검남동천절도사(劍南東川節度

使, 사천성 중동부)로 분리되고 그 이후 서천절도사와 동천절도사라고 불리게 되었다.

절도사 직속의 친위군, 즉 아군(牙軍)에게 군호(軍號)가 주어지는 경우가 있고, 이 군호로 불리는 것도 있었다. 성덕(군)절도사와 선무(군)절도사가 그러하다. 복잡해서 알기가 어려운 것은 선무절도사의 경우 사부의 명칭을 따서 변주절도사라고 부르는 경우도 있다는 점이다. 또한 이를 근거로 일본어 개설서에서는 번진○○(○○에는 앞서 서술한 사부, 주의 명칭, 군호 등이 들어간다)라고 부르는 경우도 있다.

그런데 번진은 지금까지 서술한 것 이외에도 당의 전 지역에 배치되어 있었다. 본래 절도사는 당의 경계 지역에 배치된 국방군이었지만, '안사의 난'이 일어나자 반란군을 진압하기 위해서 국내에도 잇달아 배치되어 '반란' 종결 이후 그대로 남게 된 것이다. 왕조를 수호하는 군진(軍鎭), 이것이 번진의 본래 모습이지만 점차 그들이 지닌 군사력을 배경으로 때로는 당에 대해 불손한 자세를 보이는 번진이 적지 않았다. 이러한 번진을 '반측(反側)의 지(地)'라 불렀고, 8세기 후반에 자주 문제를 일으키자 당은 그 대응에 애를 먹게 된다. 이에 비해 당의 지배 체제에 편입된 번진을 '순지'(順地)라고 불렀다.

위구르와의 견마교역

당에 협력하여 '안사의 난'을 평정한 위구르 제국은 8세기 후반부터 9세기 전반까지 대략 100년 동안에 걸쳐 동유라시아에 군림했다. 당과 위구르 제국의 관계는 견마교역(絹馬交易)으로 연결되어 있었다. 위구르의 말과 당의 견직물을 교역하는 이 구조는 위구르 측의 강요로 시작되었다고 당조 측의 사료에 기록되어 있다.

게다가 위구르의 말은 가격이 높은 것에 비해 품질이 떨어졌고 실제 사용할 수 없는 것이 있었음에도 불구하고, 위구르는 필요 이상의 말을 강매했기 때문에 당은 말의 대금으로 지불하는 견직물을 준비하는 것이 어려웠다고도 한다. 그리고 견마교역을 위해 사신으로 온 위구르인은 홍려시(鴻臚寺, 외교기관)에 체재했는데, 그곳을 멋대로 빠져나가서 장안의 길거리에서 자녀를 납치하는 행패를 부리다 급기야 이들을 포박하려는 당의 관리를 구타하고 300명의 기마병이 황성의 성문에 몰려드는 사건이 발생했다고 기록되어 있다. 그러나 사실은 이와는 약간 다르다. 이러한 기록들은 위구르를 야비한 계략을 쓰는 사람으로 폄하하는 것처럼 적어 놓은 듯하다.

본래 당이 필요로 하는 말은 감목(監牧)이라고 하는 관영 목장에서 사육되고 공급되었다(이와는 별도로 마구간에서 사육하는 한구閑廐도 있었다). 감목은 물과 풀이 있는 광대한 목지가 필요했고, 그러한 장소는 현재의 감숙성 동부에서부터 영하회족자치구, 섬서성의 북부를 거쳐 산서성 중부에 점재(点在)하고 있었다. 그런데 '안사의 난'을 기점으로 장안의 서북부는 티베트 제국의 세력 아래로 들어가 다수의 감목이 상실되었다. 그 결과, 당은 필요로 하는 군마를 위구르로부터 수입할 수밖에 없는 것이 당시의 실정이었다. 말의 가격도 사료를 세밀히 읽어 보면 타당한 가격이었다. 당의 문제는 말을 사기 위한 대금으로서 견직물을 얼마나 조달할 수 있는가였다. 그렇다면 당의 재정은 어떤 상태였을까?

3. 재정 국가를 향해

소금의 전매와 조운 개혁

 '안사의 난'이 일어나기 전인 현종의 시대에 이미 모병제로 인해 군사비는 팽창하고, 또 관료의 숫자도 늘어나면서 막대한 급여를 지불해야만 했다. 이러한 상황에서 '반란'까지 일어나 당은 긴급하게 군비를 모을 필요가 생겼다. '반란'이 수습된 이후에도 당의 재정은 개선되지 않았다. 제국의 각지에는 번진이 발호하여 본래 지방에서 당의 중앙정부로 보내야 하는 조세가 번진에 의해 탈취되는 사정이 있었던 것이다. 숙종과 대종의 과제는 재정을 재건하는 것이 급선무였다. 그 시책을 건의한 사람은 경조부(京兆府) 장안현(長安縣)에 본적을 둔 문관 제오기(第五琦)였다.

 '반란'이 일어나고 9개월 정도가 지난 이후에 제오기는 성도(成都)에서 현종을 알현하여 강회(江淮)에서의 군사비 조달의 방법을 건의했고, 이에 강회조용사(江淮租庸使)로 임명되었다. 그리고 팽원(彭原, 영주寧州(현재 감숙성 영현寧縣))에 있던 숙종을 알현하여 강회 지역의 조와 용으로 가벼워서 수송에 편리한 고급 특산품을 구입하여 이를 장강·한수 루트를 이용하여 관중의 부풍군(扶風郡, 기주岐州, 훗날의 봉상부鳳翔府. 현재 섬서성 봉상)까지 운송하여 군비에 충당할 것을 상주했다. 그 임무를 수행하기 위해 제오기는 산남등오도탁지사(山南等五道度支使)와 전운사(轉運使)에 임명되었다. 탁지사는 본래 호부에 속해 있던 네 곳의 부국(部局) 중에 탁지조(度支曹)가 권한을 강화하면서 사직(使職)이 된 것이었다. '안사의 난' 도중에 당조는 막대한 군비를 조달해야 했고, 중앙 재정의 업무도 늘어나면서 복잡해지게 되었다. 그래서 지출과 수입의 관리 등 구체적인 재무에 종사한 탁지조의 힘이 증대하게 된 것이었다. 한편 전운사는 강회의 재물을 수송하기 위해 설치된 사직이었다.

이어서 제오기는 소금의 전매를 제안했다. 그 발상은 '안사의 난'이 발생했을 때로 거슬러 올라간다. 당시 그는 어느 지방관의 속료로서 하북에 부임하고 있었다. 그곳에서 안록산에 저항했으며 서예가로도 유명한 안진경이 소금 전매를 시행하여 군비를 조달한 것을 목격했다고 한다. 본래 중국은 광대한 영토에 비해 해안선이 짧아 소금을 생산하는 것이 가능한 연해 지역은 더 한정되어 있었다. 또한 내륙에서는 산서 서남부의 양지(兩池)에서 취하는 소금(지염池鹽)과 사천 및 운남에 우물을 파서 지하수를 끌어올려 만드는 소금(정염井鹽)이 있는 정도여서 소금의 생산과 유통을 관리하기 쉬웠다.

제오기는 염철사(鹽鐵使)로 임명되어 소금의 전매를 시작했다. 그 방법은 해염·지염·정염을 모두 관에서 구입하고 판매도 관이 시행하는 것이었다(관매법官賣法). 훗날에 유안(劉晏)이 염철사가 되면 관이 사들인 소금을 상인에게 불하하여 판매도 상인에게 맡기는 방법으로 변하게 된다(통상법通商法). 본래 소금의 가격은 1두(약 5.9리터) 당 10문(文)이었는데, 제오기는 여기에 100문의 세금을 더해 110문에 팔았다. 당초에는 연간 40만 관(貫) 정도의 이익이었지만, 유안이 이어받으면서 대종 말년이 되면 600여만 관의 이익을 얻어 중앙 재정 수입의 절반이 소금 전매에서 나오게 되었다.

소금 전매와 밀접한 관계가 있던 것이 조운(漕運)이었다. 현종의 시대에 강회의 곡물을 장안으로 운송하기 위해서 개혁된 대운하를 이용한 조운 시스템은 '안사의 난'의 영향으로 기능을 하지 못하고 있었다. 전란으로 인해 대운하를 수리할 수가 없게 되면서 진흙으로 차 버렸기 때문이다. 그래서 강회의 물자 수송은 장강을 거슬러 올라가서 도중에 장강의 지류인 한수를 이용하는 경로가 사용되었다. 그러나 그 조운 기능은 현종 시대의 그것을 크게 밑돌았다.

그래서 대종은 유안을 전운사로 삼고 조운 개혁을 명령했다. 이때 운하에 가득한 진흙 퍼내기, 제방의 수리와 건축, 배와 창고의 수선(修繕), 소금의 전매를 통해 얻은 비용으로 수송에 관여하는 노동자를 고용하는 것이었다. 이는 종래 농민을 징발하여 무상노동 노역에서 고용노동으로 완전히 바뀌었음을 의미한다. 중국사에서 획기적인 사건이었다고 할 수 있다. 또한 유안은 수송 경로를 따라 위치한 요지에 관청(순원巡院)을 설치하여 철저하게 소금을 관리했다.

유안의 조운 개혁을 통해서 전운사의 권한이 강해졌고 또한 염철사와 밀접하게 결부되었다. 한편 전운사와 탁지사의 업무가 분리되면서 당조의 지배 영역을 동쪽과 서쪽으로 나누어 각각 관할하게 되었다. 이리하여 탁지사는 장안에서부터 서북 방면과 사천 방면의 재정을, 그리고 전운사는 강회 등 동남부의 재정을 나누어 관장하게 되는데 이 상태는 황소의 난 때까지 지속되었다.

양세법

 대종이 병으로 사망하자 장남 이괄이 뒤를 이었다. 제9대 황제 덕종(재위 779~805)이다. 덕종은 즉위 초기부터 새로운 재정 개혁을 계획했다.

 이미 '안사의 난' 이전부터 조(租)·조(調)·용(庸) 등의 세금 수입만으로는 충분하지 않아서 당조는 다양한 세금 항목을 두었다. 예를 들면 조(租)만으로는 부족한 곡물을 모으기 위해서 지세(地稅)라는 것이 있었다. 이는 본래 흉작에 대비하여 납부하게 하는 곡물(의창곡義倉穀)이었는데 중종 이후 점차 본래의 목적 이외로 유용되어 갔다. 현종의 개원 시대에는 강회의 의창미가 관중에서 부족한 식량으로 충당되었고, 그 조운에 배요경이 활약했다는 것은 앞서 서술했다. 이리하여 지세는 중앙 재정에 없어서는 안 되는 존재가 되었다. 또한 팽창하는 관료의 봉급과 관청의 비용으로 세전(稅錢, 호세戶稅)이 징수되었다. 이것은 자산에 따라 위치를 부여한 호의 등급에 따라 화폐로 징세하는 것이었다.

 '안사의 난'이 종결된 이후, 조조역제에 의한 징세 체계는 완전히 무너졌다. 이미 시행되고 있었던 지세, 세전에 더하여 작물을 심는 면적에 따라 화폐를 납부하게 하는 청묘전(青苗錢, 대상은 전국)이나 작물을 심는 면적에 따라 곡물 종류를 납부하게 하는 십일세(什一稅, 대상은 경조부) 등이 신설되면서 세금 항목이 난립했다. 소금의 전매를 통한 수입은 계속 늘어났지만, 각지에서 발호하는 번진이 멋대로 과세를 행하는 등 혼란도 있어서 긴급하게 세금 제도를 개혁할 수밖에 없었다.

덕종이 즉위하자 재상 양염(楊炎)이 징세에 관한 근본적인 개혁안을 상주했다. 세금 항목을 하나로 정리하고 번진의 자의적인 착취를 억제하기 위한 것으로, 이것이 양세법(兩稅法)이라고 불리는 중국 역사상 획기적인 세법이다.

양세법이라는 명칭은 1년에 여름과 가을, 두 차례 납세 기한을 정하여 세금을 징수했기 때문에 붙여진 것이다. 당 전반기의 조(租)와 조(調)가 성인 남자(정丁) 개인에게 부과되었던 데에 반해, 양세법의 과세 대상은 실제로 노동에 종사하고 있는 '호'(세대)였다. 그 호는 왕공 이하 모든 사람들이 대상이었다. 자산을 헤아려서 등급을 정하고 그에 따라 납세 액수가 결정되어 이를 1년에 두 번(세 번인 경우도 있다)에 걸쳐 납부했다. 이는 화폐로 납부하는 것이어서 양세전(兩稅錢)이라고 부른다. 이것은 정주하는 사람에게 부과하는 것이었다. 반면 정주하지 않는 행상인에게는 운송하는 상품가의 1/30을 주와 현에서 상세(商稅)로 거두었다.

이와는 별도로 농경지를 소유하는 것에는 그 면적에 따라 부담액이 결정되었다. 보리밭에는 6월 납기의 하세(夏稅)를 부과했고, 속전(粟田, 조밭)과 도전(稻田, 볏논)에는 11월까지 납부하는 추세(秋稅)를 부과했다. 이는 곡물로 납부하는 것이어서 양세곡두(兩稅斛斗)라고 부른다. 이 징세 방법의 배경에는 당대 중반 무렵까지는 농업기술이 발달하고 밀의 재배가 확산되어 좁쌀과 함께 2년 3모작이 행해졌던 데에 기인한다.

종래의 양세법에 대한 해석은 동전 납부가 원칙이지만, 화폐가 충분하게 보급되지 않았기 때문에 곡물이나 견직물, 마포(麻布) 등으로 대신 납부했다고 이해되었다. 그러나 최근의 재정사 연구자들의 견해에서는 화폐와 곡물에 의한 두 가지 기준의 납세 제도가 있었다는 주장이 지지를 받고 있다.

양세법 이전에는 농민이 납부하는 조(租)와 조(調)의 액수가 결정되어 있었기 때문에 호적에서 인구를 확실히 파악해 두면, 국가 세입의 총액을 계산할 수 있었고 이를 통해 지출을 결정할 수 있었다. 양세법이 시행되면서 당조는 미리 매년의 지출액을 계산하여 그에 근거하여 세금을 징수하게 되었다. 그러나 실제로는 애써서 1년 예산을 세워도 그 정도로 재정이 확고하지 않았기 때문에 한 차례 결정된 세액이 고정되어 버리는 모습도 보였다.

또한 양세법은 서류상의 호적에서 파악되는 사람이 아니라 실제 어느 장소에 거주하면서 토지를 보유한 사람을 파악해서 세금을 부과했다. 이는 농민의 토지 소유를 인정하는 것이었고, 그때까지 중국의 역대 왕조가 취해온 대토지 소유를 제한하는 정책을 크게 변화시킨 것이었다. 거꾸로 말하면, 토지를 가지지 않은 사람(소작인 등)은 과세의 대상이 아니었고, 또한 사람들은 본적지에서부터 자유롭게 떠날 가능성도 생겼다. 이것은 당의 후반기에 사회가 유동적으로 바뀌는 정세와 호응하는 것이었다. 대토지 소유가 공인(公認)되면서 장원의 발달을 야기하게 되었다.

이 양세법을 실행하기 시작하면서 덕종은 일종의 퍼포먼스를 행했다. 즉위한 이듬해 정월에 건중(建中, 780~783)으로 연호를 바꾸고 남교에서 하늘에 제사를 지내는 의례를 시행하고 천하에 대사면을 내렸는데, 그 대사면을 명령하는 조문에 양세법의 내용을 공표하고 그 실시를 선언한 것이었다(780년). 이것은 대사면의 효력이 율령의 그것을 뛰어넘었음을 의미하고, 율령제 붕괴라는 상징적인 사건으로 파악할 수 있다.

이리하여 당은 양세법과 이에 앞서 제오기와 유안에 의한 소금 전매와 조운 개혁을 아우르면서 종래의 무력 국가에서부터 재정 국가로 크게 변질되어 갔다. 재정 국가라는 것은 모든 수단을 동원하여 재원을 확보하고 재정을 충족시켜서, 무력이 필요하게 될 때에는 금전으로 그것을 구매하는 국가이다. 그리고 덧붙이자면, 무력은 물론이고 세금의 운송이나 대규모 토목공사 등의 노동력도 사람을 돈으로 고용하는 것으로 확보하게 되었다.

그리고 덕종의 시대에는 호부 휘하의 4개 부국(部局) 중에 호적 등의 편성을 맡고 있던 호부조(戶部曹)가 중앙 관료(경관京官)의 급여를 관할하는 재정 기관으로 권한을 강화했다. 당 말기에는 앞서 살펴본 탁지사, 염철사와 함께 통합되어 이것이 훗날에 삼사사(三司使)로 일컬어지는 재정 기관이 되었다.

하북과 하남 번진의 독립

38세에 황제가 된 덕종은 처음에는 의기양양했다. 일시적으로 재정을 만회한 기세로 발호하는 번진 세력의 삭감이라는 염원을 도모하려고 했다.

즉위하고 2년째에 하삭삼진과 평로절도사의 제1세대가 연달아 사망하면서, 그 자식들과 친족이 세습의 인정을 요구했다. 그러나 재정의 재건으로 인해 자신감이 강해져 있던 덕종은 이를 인정하지 않았다. 한편, 독립 왕국과 같던 하북의 성덕과 위박과 평로, 산남동도의 여러 번진은 혼인을 통하여 결속하고 서로 협력하면서 영토 세습에 성공하고자 밀약을 맺고 있었다. 그래서 당조와 하북·하남의 여러 번진의 분쟁이 일어나는 불씨가 터지게 되었다.

덕종은 먼저 산남동도절도사를 목표로 결정했다. 그 동쪽에 있는 회서절도사 이희렬(李希烈)에게 명령을 내려 산남동도절도사를 토벌하게 했다. 그런데 이희렬은 원래 선대의 회서절도사를 쫓아내고 절도사가 된 인물이었기 때문에 이번에는 회서가 조정의 명령을 듣지 않았다. 그리고 하북의 번진도 일시적으로 항복하는 자세도 보였지만, 덕종의 강경한 태도에 불만을 품고 결국에는 유주 절도사도 휘말려들면서 당과의 대립을 심화시켰다. 한편 하삭삼진과 평로절도사는 모두 왕을 칭하면서 당으로부터의 독립을 선언한 상황이었다.

이러는 동안에 당은 번진 대책에 막대한 전쟁 비용을 필요로 했고 그 액수는 달마다 130만 관을 넘었다. 그래서 당조는 간가(間架, 가옥세)와 제맥전(除陌錢, 거래세)을 부과했는데 이는 상당히 평판이 나빴다고 한다. 게다가 하북과 하남 번진의 움직임에 편승하여 회서의 이희렬까지 왕을 칭했다. 회서절도사의 근거지인 채주(蔡州)는 낙양의 바로 남쪽에 위치하고 있었기 때문에 동도(東都) 낙양이 위협을 받게 되었다.

동방에서의 이러한 긴박해진 정세에 대응하기 위해 당은 티베트 제국과 맹약을 맺어 '국경선'을 획정했다. 이를 건중(建中)의 회맹이라고 부른다(783년 정월). 이리하여 서방의 안전을 확보하면서 덕종은 티베트 군대의 침공에 대비하여 장안의 서쪽에 배치한 경원절도사(涇原節度使, 회부는 경주涇州(감숙성 평량시平涼市 경천현涇川縣))에게 5천 명의 병사를 동쪽으로 보내게 했다. 그러나 여기에서 생각지도 못한 형태로 사건이 일어났다.

경원의 병란

티베트 제국과 맹약을 맺은 그해 10월에 하북·하남의 동란을 저지하기 위해 동원된 경원(涇原)의 병사들은 비에 젖은 채 추위에 떨며 동쪽을 향해 진군하고 있었다. 병사에 대한 처우는 가혹했다. 장안을 통과하고 수도의 동쪽을 흐르는 산수(滻水)에 도착했을 때에 겨우 군대를 위로하는 조서가 내려졌는데, 그래서 배급된 것이라곤 조악한 음식뿐이었다. 이에 격분한 병사들은 이를 내버리고 장안으로 되돌아와 마침내 반란을 일으킨 것이다.

당시 장안에는 지방의 하급 사무원 출신인 백지정(白志貞)이 이끄는 신책군의 일부가 남아 있었는데, 반란의 대응에서는 전혀 역할을 하지 못했다(그 이외의 신책군은 하북 토벌에 참전하고 있었다). 덕종은 매우 당황하며 장안에서 탈출하여 서쪽의 봉천(奉天, 섬서성 건현乾縣)으로 도망치는 상황이었다. 부친 대종에 이어서 덕종 자신도 수도 함락을 경험하고 말았던 것이다.

반란을 일으킨 병사들은 원래 경원절도사인 주차(朱泚)의 지휘를 받았다. 주차는 본래 유주절도사였다. 대종의 시대에 유주의 병력을 이끌고 방추(防秋)의 임무를 맡기 위해 장안으로 왔다가 그대로 머물렀는데 이 시기에 경원절도사가 되었던 것이다. 한편 주차의 친동생인 주도(朱滔)는 절도유후(節度留後, 절도사 대리)로서 유주에 있었고, 머지않아 하북 및 하남 번진의 동란에 가담하게 된다. 그때 주도는 형에게 협력하러 오라는 편지를 보냈는데 도중에 이 사신이 붙잡혀서 일이 발각되고 말았다. 그래서 주차는 장안성 내의 저택에 칩거하고 있었다. 경원의 병사들은 그런 주차를 추대했던 것이다.

주차에게는 병사들을 끌어당기는 모종의 매력과 병사에게 다가가려는 생각이 있었던 것 같다. 그리고 경원의 병사들이 그를 지도자로 추대하자 마침내 대진황제(大秦皇帝)를 칭했다. 한편 봉천으로 도망친 덕종은 자신의 측근에 주차를 토벌할 장군과 군대가 없다는 것을 알게 되자 하북 방면으로 토벌하러 가는 여러 군대에 격문을 보냈다.

이에 호응한 인물이 말갈인 무장 이회광(李懷光)과 신책군의 일부를 거느린 이성(李晟)이었다. 이회광은 하북에서 관중으로 전광석화처럼 돌아와서 덕종을 봉천에서 구출해내는 데에 성공했다. 이회광의 도착이 사흘 정도 늦어졌더라면 봉천은 함락되었을 것이라고 사람들은 이야기했다. 그러나 재상이 참언을 했기 때문에 이회광은 은상(恩賞)을 받지 못한 채 방치되었다. 불만을 품은 이회광은 훗날 주차와 소통하여 반란에 가담하게 되었다.

혼란의 종식

 덕종은 자신의 정책이 실패했음을 자각하지 않을 수 없었다. 아직 종결될 기미가 보이지 않는 하북·하남의 여러 번진이 일으킨 반란과 주차의 황제 즉위 선언. 마침내 덕종은 스스로 반성을 표명했다. 건중에서부터 홍원(興元)으로 연호를 바꾸고(784년), 대사면을 명령하면서 스스로에게 죄가 있다는 조서를 내린 것이다. 또 조서에서 악명이 높았던 간가(間架)와 제맥전(除陌錢)을 중지시켰다.

 이 조서의 초안을 작성한 사람은 한림학사 육지(陸贄)였다. 한림학사는 현종의 시대에 설치된 황제 직속의 비서관이었다. 본래 조칙의 기초는 중서사인(中書舍人)이 하는 것인데, 차츰 가장 중요한 내용의 조칙(내제內制)은 한림학사가, 그 이외의 조칙(외제外制)은 중서사인이 초안을 작성하게 되었다. 육지는 18세에 진사에 합격한 수재로,

덕종이 황태자 시절부터 그의 이름을 알고 있어서 한림학사에 임명한 것이다.

육지가 초안을 작성한 조서는 의외로 효과가 있었다. 성덕, 위박, 평로의 절도사들이 왕의 호칭을 철회했던 것이다.

그러나 주차는 달랐다. 국호를 한(漢)으로 정하고 스스로 한원천황(漢元天皇)이라 칭하면서 천황으로 연호를 바꾸었으며, 찬밥 신세에 놓여 있던 이회광과 소통하면서 반란 세력은 쇠퇴의 기미를 보이지 않았다. 덕종은 부득이 봉천에서부터 진령산맥(秦嶺山脈)을 남쪽으로 넘어 양주(梁州, 훗날의 흥원부(興元府, 섬서성 한중시漢中市))로 도피했다. 그리고 회서절도사인 이희렬도 국호를 대초(大楚)라고 하고 연호를 무성(武成)으로 정하면서 황제의 자리에 오르는 상황이었다.

이에 대해 당은 이성(李晟)을 중심으로 태세를 정비하여 장안을 회복하는 데에 성공했다. 쫓겨나게 된 주차는 티베트 제국으로 도망치려다 도중에 부하에게 살해되어 그 머리가 덕종에게 바쳐졌다. 이리하여 덕종은 9개월 만에 장안으로 돌아올 수 있었다(784년 7월).

또한 회서의 이희렬도 부하에게 독살되었고 무리는 당

에 항복했다. 다만 회서의 경우에는 그 이후 이희렬에게 총애를 받던 부하가 일어나면서 절도사가 되어 덕종이 살아 있던 중에 다시 조정의 명령을 듣지 않는 번진이 되었다.

이렇게 5년에 걸친 번진의 반란이 끝났지만 당이 입은 충격은 생각 외로 컸다. 또한 덕종이 받은 마음의 상처도 깊었다. 수도가 함락되었을 때에 덕종의 신변에 있던 사람은 덕종이 황태자 시절부터 그를 모셨던 환관 두문장(竇文場)과 곽선명(霍仙鳴)이 이끄는, 불과 1천 명의 환관들뿐이었다. 이 도주 생활에서 덕종은 다시 환관을 신뢰하게 되었다.

또한 덕종은 자신을 지켜주는 금군의 강화를 계획했다. 봉천에서부터 장안으로 돌아왔을 때에 신책군은 이성이 이끌고 있었는데, 덕종은 이성을 승격시키고는 장안 밖으로 쫓아내 버렸다. 그리고 신책군을 좌상(左廂)과 우상(右廂) 두 군대로 나누고 각각에 환관을 감군(監軍)으로 임명했다. 신책군을 좌우로 나눈 것은 서로를 견제하려는 것이었다. 훗날에 신책군은 좌·우 신책군으로 이름을 바꾸어 장관으로는 각각에 호군중위(護軍中尉)를 두었다. 두문장과 곽선명이 각각 초대 좌신책군호군중위, 우

신책군호군중위가 되었다. 이후 환관이 이 직무를 독점했다. 이러한 신책군의 힘을 배경으로 환관의 위세가 당 말기까지 지속되었다.

서역의 상실

'안사의 난' 때에 당이 하서에서 농우에 이르는 지역을 티베트 제국에 빼앗긴 이후에도 서역에 대한 당조의 지배는 간신히 유지되고 있었다. 앞서 서술했듯이 태종 이래 당은 지금의 투루판에 서주(西州)를 설치했고, 또한 언기(焉耆)·구자(龜玆)·소륵(疏勒)·우전(于闐)에 군단(안서사진)을 두어 지배했다. 현종의 시대에는 천산 남록에 안서절도사를, 천산 북록에 북정절도사를 두어 천산산맥을 사이에 두고 동서남북으로 뻗어 있는 교역로를 통제했다. 그러나 '안사의 난'으로 당의 병력이 동쪽으로 이동한 결과, 당의 본토와 서역을 연결하는 루트인 하서회랑이 티베트 제국의 세력 아래로 들어가고 말았다. 그래서 당 조정과 서역에 설치된 군진과의 연락은 단절되었다.

당의 국내가 소란의 세월을 보내던 8세기 후반에 티베

정주고성(庭州故城). 북정절도사의 회부(會府). 훗날 서위구르 왕국의 수도 베쉬발릭이다.
위구르와 티베트의 북정 쟁탈의 무대가 되었다.

트 제국은 그 틈을 타서 그렇게 원하던 타림분지로의 진출을 도모했다. 티베트 군대가 진출하여 타림분지를 북쪽으로 넘은 다음 천산 북록에 있는 북정(北庭)에 도달했다. 그러자 몽골리아의 위구르 제국과의 충돌은 피할 수 없게 되었다. 당초에는 티베트가 우세하여 북정을 빼앗고, 이 부근에 있던 투르크계 사타족(沙陀族)도 지배 아래에 두었다. 그 이후 위구르가 반격을 하자 두 국가는 일진일퇴를 거듭했으나 최종적으로 위구르 제국이 승리하여 북정을 지배하게 되었다.

이렇게 하서에서부터 타림분지에 걸친 지역의 세력 범위가 결정되었다. 위구르는 투루판을 포함한 천산 동부 지역에서 타림분지의 북변을 지배했다. 티베트는 타림분지의 남변을 장악했고 또 돈황에서 하서회랑, 그리고 농우에 이르는 공간을 지배했다. 8세기 전반까지 당이 지배하던 '실크로드 교역'의 주요 통로는 남북으로 분리되어 각각 당시 동유라시아에 군림한 두 개의 대세력이 새로 지배하게 되었다. 당은 이 방면에 대한 지배를 완전히 상실하고 만 것이다.

이필(李泌)의 계책 건의

이때 당조는 티베트 제국과 위구르 제국이 하는 그대로 끌려다녔던 것일까? 실은 그렇다고 단언할 수는 없다. 덕종의 치세는 얼핏 보면 국내에서 일어나는 사건에 의해 농락되고 있었던 것처럼 보인다. 그러나 실은 그사이에도 대외적 정책은 확고하게 강구되고 있었다.

덕종이 봉천에서부터 수도 장안으로 돌아오고 3년이

지나, 재상인 이필이 북쪽의 위구르, 서남쪽의 남조(南詔), 그리고 멀리 떨어진 천축(天竺)과 서아시아의 아바스왕조를 연결하면서 티베트 제국을 봉쇄하자는 계획을 건의했다(787년). 서아시아의 아바스왕조까지도 염두에 둔 이 장대한 계획이 어디까지 구체적으로 실행되었는지, 또 아바스왕조가 실제로 이 동맹에 참가했는지는 명확하지 않다.

그러나 이필의 전략에 대해서는 1984년에 섬서성 경양현(涇陽縣)에서 발견된 '양량요신도비'(楊良瑤神道碑)로 인해 흥미로운 사실이 밝혀졌다. 이 비문에 따르면, 이필이 건의하기 직전에 양량요라고 하는 환관이 빙국사(聘國使)로서 국신조서(國信詔書)를 휴대하고 바닷길을 통해 아바스왕조로 향했다고 한다. 양량요의 사명이 아바스왕조와의 동맹 관계를 맺는 것이었는지는 확정할 수 없다. 그러나 이필의 건의는 양량요의 귀국 이후에 나온 것으로, 그가 가져온 정보에 근거했을 가능성이 높다.

또한 남조를 당의 편으로 끌어들이자는 계책에는 당시 주차의 반란 진압에 공적을 세우고 서천(西川)절도사에 임명된 위고(韋皐)의 활약이 막대했다. 남조는 현종 개원 연간에 티베트 제국의 사천 서부와 운남 서북부를 향한 침입을 방어하기 위해 당의 원조를 받아서 성립된 왕국이지만, 천보 연간이 되면 남조는 당과 대립하게 되고 머지않아 티베트 제국과 같은 편이 되어 버렸다.

그러나 덕종의 시대가 되자 남조는 티베트 제국의 압정에 고통을 겪기 시작해 그로부터 벗어나고자 했다. 그래서 위고를 통해 당과의 우호를 회복하려 했고, 한편 당도 티베트를 상대하는 정책과의 균형 때문에 이를 용인하여 남조는 다시 당에 귀속했다. 당은 이모심(異牟尋)을 남조 왕으로 책립했다(794년). 이필이 제의한 계책의 효과가 점차 드러나면서 머지않아 당과 티베트 제국 사이에 맹약이 맺어지게 되었다.

덕종의 시대에 번진을 당조의 통제 아래에 두려는 의도는 실패로 끝났다. 그러나 외교적 측면에서는 새로운 시도를 시작한 시기였다. 그러한 와중에 덕종은 26년에 걸친 치세를 마치고 세상을 떠났다(805년). 향년 64세였다. 그리고 그의 정책은 다음 세대로 넘어가게 되었다.

구카이(空海)와 사이초(最澄)

덕종이 사망하기 불과 1개월 전에 일본에서부터 온 견당사의 사절단이 장안에 도착했다. 그중에는 진언종(眞言宗)의 개조인 구카이가 있었다. 사이초도 이 견당사의 멤버였는데, 이미 일본에서 내공봉십선사(內供奉十禪師)가 되어 궁중에 들어가는 신분이었고 통역을 수행하는 청익승(請益僧)으로서 당에 건너왔다. 이는 견당사와 함께 왕복하는 것뿐으로, 단기간의 시찰과 견학밖에 할 수 없다. 사이초는 8개월 남짓 당에 머물렀는데, 그사이에 태주(台州, 절강성 태주시台州市)와 그 주에 있는 천태산(天台山)에서 천태교학을, 월주(越州, 절강성 소흥시紹興市)에서 밀교를 배웠고, 대략 230부 460권에 달하는 경소(經疏) 및 다양한 것들을 가지고 돌아가 일본 천태종의 개조가 되었다.

한편 구카이는 당시는 아직 일본에서도 유명하지 않았고 견당사가 출발하기 직전에 겨우 정식 승려가 되었다. 그러나 당에서의 지명도는 구카이가 더 높았던 것 같다. 당 제국 측의 사료에는 '(덕종의) 정원 연간 말, 일본의 왕은 환무(桓武)라고 하고 사신을 파견하여 조공했다. 그 학자인 다치바나노 하야나리(橘逸勢), 부도(浮屠, 승려)인 구카이는 (장안에) 머무르면서 배우기를 원했다'(『신당서』 권220 「동이전의 일본조」)라고 기록되어 있다. 당의 일본에 관한 기술은 역대 천황의 이름과 견당사의 대사(大使) 이름은 기록되어 있지만, 그 이외 인원의 이름이 남긴 경우는 드물다. 그중에서 구카이가 기록된 것은 나름대로의 이유가 있었을 것이다.

유학승으로서 20년 정도의 유학 기간 동안 구카이는 장안의 일본인 승려들의 거점이 된 서명사(西明寺)에 기숙했다. 당시의 서명사에는 불공(不空)의 제자로 카슈가르 출신인 혜림(慧琳)이 있었고, 새로 번역된 밀교 경전이 집중적으로 소장된 사원이어서 장안에서 밀교 정보의 중심지와 같은 거점이었다. 이러한 사원에 머물던 구카이가 밀교에 관한 최신 정보를 손에 넣었다는 점은 쉽게 상상할 수 있다. 얼마 후 구카이는 청룡사(靑龍寺)에 있던 불공의 제자인 혜과(惠果)와 해후하여 스승으로 모셨다. 그리고 단기간에 『대일경』(大日經) 계열과 『금강정경』(金剛頂經) 계열, 양쪽의 밀교를 전수받고 아사리(阿闍梨) 직위의 관정(灌頂)을 받았다. 그 무렵 혜과가 사망했고, 구카이는 2년을 채우지 못한 유학을 마무리하고 귀국했다.

이와 관련하여 사이초와 구카이가 도항한 견당사의 장

안 도착은 정원(貞元) 20년 12월 23일이었는데, 이를 서기로 환산해서 804년이라고 서술한 책도 있다. 그러나 서기 804년은 정원 20년 11월 26일에 끝나기 때문에 정확하게는 805년이다.

제5장

중국형 왕조로의 전환
— 9세기 전반~중엽

1. 당조의 '중흥'

순종의 즉위

덕종의 뒤는 장남이자 황태자인 이송(李誦)이 계승했다. 이때 그는 이미 45세였다. 순조롭게 등장인 것처럼 생각되지만, 아쉽게도 즉위하기 몇 개월 전에 '풍병'(風病), 즉 뇌졸중을 앓게 되어 말을 할 수가 없게 되었다. 그래서 덕종의 사망 이후 3일 동안 황태자 이송을 즉위시키려는 집단과 황태자의 장남인 이순(李純, 훗날의 헌종)을 추대하려는 집단의 대립이 있었던 것 같다. 결국 황태자파가 정권을 차지하여 이송이 제10대 황제로 즉위했다. 묘호를 따서 순종(順宗, 재위 805년 정월 26일~8월 4일)이라고 한다.

순종은 황태자였을 때부터 세력이 커지는 환관을 타도하고 국정을 올바른 모습으로 돌이키려고 생각했지만, 질병으로 인한 언어장애 때문에 모든 일을 결정할 수가 없었다. 그래서 순종은 황태자 시절의 시독(侍讀, 가정교사)이던 왕숙문(王叔文)을 한림학사(황제 직속의 비서)에 발탁하고, 신임하는 한림학사 위집의(韋執誼)를 재상으로 삼아 외조(外朝)를 통제했다. 그리고 내정(內廷)에는 환관 이충언(李忠言)과 총애하는 우 소용(牛昭容, 소용은 여관女官의 명칭이다.)을 신변에서 시중을 들게 하여 황제와 외조와 내정을 연결하는 새로운 정치체제를 만들어 개혁 운동을 시작했다. 실무의 중심인물은 왕숙문이었다.

영정혁신(永貞革新)

 개혁의 첫 단계는 '궁시'(宮市)를 폐지하는 것이었다. '궁시'란 궁중에서 필요한 것을 장안의 거리에서 조달하는 것인데, 덕종 무렵부터 환관이 사신이 되어 장안의 동쪽과 서쪽 시장 등에서 물건을 사들이게 되었다. 그러나 환관들은 적정한 대가를 지불하지 않을 뿐만 아니라 물품을 강탈하는 상황이었다. 그래서 장안의 상인들은 궁시의 환관이 찾아오면 가게 앞에는 조악한 물품을 늘어놓고 가게 주인은 깊숙이 숨었다고 전해진다. 게다가 환관들은 궁중으로 물품을 납부하는 것에 들어가는 요금까지 탈취하니, 궁시의 폐해가 극심하여 그 대응이 급선무였던 것이다.

 다음에는 황실을 위한 수렵용 개, 매, 새매 등을 궁중에서 사육하는 다섯 곳의 '방'(坊)에서 일하는 하급 관리(오방의 소아小兒)를 단속하였다. 그들은 길거리에서 먹이로 쓸 새, 참새를 포획하는 것이 임무의 하나였는데, 이를 핑계 삼아 다른 사람이 거주하는 집의 문이나 우물에 포획을 위한 그물을 놓고 접근하는 사람을 구타하거나 돈이나 물건을 내놓으라는 등 협박과 갈취를 자행하고 있었다. 순종은 황태자 시절부터 이러한 것들을 몹시 불쾌하게 생각하고 있었던 것이다.

또한 염철사와 지방의 번진에서부터의 상납을 중지하게 했다. '안사의 난' 이후에 배치된 염철사는 당조에 의한 소금 전매를 도맡은 사직(使職)이었고, 물자 유통을 취급하는 전운사도 겸임하면서 재상 다음으로 중요한 지위로 성장했다. 덕종의 치세에는 지방의 번진뿐만 아니라 중앙 관료인 염철사까지도 정규 세금 이외에 거두는 세금을 '선여'(羨餘)로 상납하게 되었다. 이를 '진봉'(進奉)이라고 한다. 진봉된 재물은 국고에 들어가지 않고 환관이 관리하는 내고(內庫)에 들어가 황실 재정으로 편입되었다. 순종은 이러한 재물들을 국고에 넣게 했던 것이다. 또한 재상인 두우(杜佑)를 명목상 탁지사와 염철전운사로 삼고 왕숙문이 그 부장관이 되어 국가 재정의 실권을 장악하게 했다. 그리고 왕숙문은 환관의 손에서부터 금군의 지휘권을 빼앗고자 했다. 당시 장안에 있는 신책군 이외에 관중의 각지에도 신책군이 배치되어 있었다. 왕숙문은 범희조(范希朝)라는 노장을 끌어들여서 그에게 수도의 서방에 주둔하고 있던 신책군을 통괄시키고자 했다. 그러나 이 계획은 환관 측으로 누설되면서 실패로 끝났다.

마침 이 무렵에 왕숙문의 모친이 병에 걸려 얼마 후 사망하고 말았다. 부모가 사망했을 때에는 일단 사직하는 것이 당시의 관습이었으므로, 왕숙문도 개혁 도중에 사직하지 않을 수 없었다. 그의 모친의 죽음이 너무 타이밍이 기가 막혀서 환관의 소행이었을지도 모른다고 하는 연구자도 있다.

어쨌든 왕숙문이 없어진 조정에서 그의 개혁을 불쾌하게 여기고 있던 환관과 덕종 시대 때의 원로 및 옛 신료들은 순종이 병들어 있다는 것을 이유로 황태자에게 정무를 맡기게 했고, 결국 양위시키는 데에 성공했다. 순종의 재위는 불과 6개월 남짓의 짧은 시간이었다. 순종은 태상황으로서 장안성 내의 흥경궁(興慶宮)으로 옮겨졌고, '영정'(永貞)으로 연호를 바꾸었다. 왕숙문 등의 개혁은 이 연호를 따서 '영정혁신'이라고 부르는데 불과 146일 만에 실패로 끝났다. 그 배경에는 순종과 왕숙문의 개혁에 반대하는 환관들의 은밀한 활약이 있었다는 점을 주의해야 한다. 이를 뒷받침하기라도 하듯이 순종은 퇴위한 이후 불과 5개월 만에 세상을 떠났다. 환관의 손이 미친 것으로 보이지만, 궁중 깊숙한 곳의 사건이라서 확언할 수가 없다.

이와 관련하여 왕숙문 일당에는 당송팔대가의 한 사람이자 고문 부흥 운동으로 유명한 유종원(柳宗元)이 있었다. 이 정쟁에 연루된 유종원은 이후 평생 수도로 돌아오지 않고, 좌천된 곳에서 훌륭한 글을 짓기 위해 유물주의적인 사색에 깊이 빠졌다고 한다.

헌종의 등장

순종의 뒤는 황태자인 이순이 이었는데, 여기에는 환관의 활약이 있었음이 분명하다. 28세의 청년 황제로 묘호를 헌종(재위 805~820)이라고 한다.

헌종은 각지에 할거한 번진 세력을 억제하고 당조의 위광을 다시 회복하고자 했다. 특히 안록산 이래의 옛 장수들을 다수 데리고 있는 하삭삼진과 하남의 평로절도사는 반독립 왕국과도 같았다. 여기에 타격을 가하고자 한 덕종의 번진 정책이 실패로 끝나자 당조의 권위는 점점 하락하고, 당조의 명령에 따르지 않으며 멋대로 후계자를 결정하고 자립을 계획하려는 번진이 새롭게 나타나기 시작했다.

촉(지금의 사천성)의 성도(成都)에 배치된 서천절도사도 그중 하나였다. 이 번진은 티베트 제국을 엄중히 감시하는 웅번(雄藩)이었고, 또한 서천절도사가 영유한 촉 지역은 전란 등으로 천자가 수도에서부터 도주하는 곳, 이른바 몽진(蒙塵) 지역으로도 중요했다. 덕종의 시대에 문관 출신인 위고가 서천절도사로 임명되었다.

위고는 티베트 제국의 침입을 제어하고, 운남에 있던 남조를 티베트로부터 떨어뜨려 당에 복속하게 만드는 데 성공하는 등 대외적으로 수완을 발휘하고 있었다. 또한 그는 촉 사람들에게 무거운 세금을 매겨서 그 재물을 진봉하여 황제의 총애를 얻었다. 그래서 촉 지역은 텅 비게 되었다고 한다. 그는 휘하 병사의 대우를 후하게 하여 환심을 사면서 절도사의 지위를 유지했다. 그러나 그 이후 창고가 채워지자 영역 내의 민중에 대한 지배를 느슨하게 해 3년에 한 번 조세와 부역을 면제했다. 촉 사람들은 그의 초상을 그려 토지신으로 모시고 집집마다 제사를 지내는 풍습이 후세까지 남아 있었다고 전해진다.

11년 동안 절도사의 지위에 있던 위고가 사망하자 그의 부하로 진사 출신인 유벽(劉闢)이라는 사람이 멋대로 유후(留後, 차기 절도사 후보)를 칭했다. 처음에 헌종은 이를 인정하지 않았지만, 즉위하고 얼마 지나지 않아 결국 유벽에게 절도사의 지위를 주고 말았다. 교만해진 유벽은 인근의 동천절도사까지도 겸임하기를 원했으나 이것이 허락되지 않음을 알고는 동천(사천성 동부)을 공격하기 시작했다. 당연히 헌종도 이는 인정하지 않았고, 곧바로 군대를 보내 유벽을 붙잡아서 그의 움직임을 봉쇄하는 데에 성공했다(806년). 또한 이 사건과 같은 시기에 오르도스에 배치되어 있던 하수은절도사(夏綏銀節度使)도 자립의 움직임을 드러냈다. 장안의 북방에 있는 이 번진은 티베트 제국과 위구르 제국을 상대하는 최전선의 중요한 번진이었다. 그래서 헌종은 곧바로 지시를 내려 그 움직임을 봉쇄했다.

이리하여 당조의 통제로부터 이탈하고자 한 서천과 오르도스의 번진을 제어한 헌종은 이번에는 동남쪽으로 눈을 돌렸다. 여기에 있던 절서절도사(浙西節度使) 이기(李錡)도 당조에 반항하려 했기 때문이다. 절서(절강서도浙江西道) 지역은 장강 하류 유역의 남쪽 연안, 지금의 강소성 남부와 절강성 북부에 해당한다. 비옥한 토지 이외에 소금과 차도 생산되어 당조의 중요한 재원 지대 중 하나였다. 그래서 당조는 이 지역의 번수(藩帥)에 문관을 임명했다.

이기는 종실의 혈통을 이은 문관으로 부친의 은음(恩蔭)을 통해 절서 지방에 있는 어느 주의 장관이 된 인물이다. 그는 그곳에서 손에 넣은 재부를 뇌물로 환관에게 건넸고, 그 보답으로 절서관찰사(浙西觀察使)와 제도염철전운사(諸道鹽鐵轉運使)의 지위를 얻어냈다. 그러곤 이번에는 그 지위를 이용하여 천하의 이권을 장악하고 남은 재물을 진봉했다. 이 재물들은 국고에 들어가지 않고 황제의 개인 재산이 되었는데, 당시의 황제인 덕종은 이기를 총애했다고 한다.

이리하여 이기는 황제와도 연결되면서 다음에는 사병 군단을 만들었다. 강력한 활을 당길 수 있는 사람을 모아 '만경수신'(挽硬隨身)이라 불렀고, 또한 강남 지역에서 떠돌고 있던 '호'(소그드)와 기마유목민인 해인(奚人)을 '번락건아'(蕃落健兒)라고 칭했다. 그리고 다른 병사의 10배에 달하는 급여를 주면서 우대했다. 훗날 이기는 '영정혁신'으로 인해 염철전운사의 직위에서 해임되고 그 직위로부터 얻어낸 이권을 상실했지만 그 대신에 절서관찰사에서부터 진해군절도사(鎭海軍節度使, 순종 시대에 절서의 윤주(潤州, 강소성 진강시鎭江市)에 진해군이 설치되었다)가 되어 군사권을 장악할 수 있었던 것에 만족했다고 한다.

그런데 앞서 서술했듯이 헌종의 시대가 되면 자립을 도모하려는 서천과 하수은(夏綏銀)에 대해 의연하게 대응하게 된다. 그때까지 조정을 가볍게 보던 절도사들은 이를 보고 복속의 의사를 표시하고자 했다. 절도사가 되어 기뻐하던 이기도 그렇게 하지 않을 수 없는 상황에 놓이게 되었다. 그래서 그는 겉으로는 부하를 유후로 지명했지만 실제는 입조하지 않았고 친위병에게 유후를 죽이게 하였으며, 게다가 심복에게 명하여 절서 영역 내에 있는 주의 장관을 죽이는 일을 모의하며 자립을 꾀했다. 그러나 이 계획이 실패하면서 한 달여 만에 진압되고 말았다(807년).

재정 개혁

이기의 사건이 매듭지어진 그해 12월, 재상 이길보(李吉甫)가 『원화국계부』(元和國計簿)라는 책을 편찬하여 헌종에게 바쳤다. 이것은 당시 당조 전역의 행정구획과 호구의 수를 제시하여 중앙정부에 납부되고 있는 조세의 상황을 일람할 수 있는 책이었다. 이에 따르면, 전국에는 48개의 번진이 있는데 그들 모두가 똑같은 유형은 아니었다. 본래 당조의 지배로부터 반독립적으로 할거하고 있던 하삭삼진과 하남이진 등은 중앙에 조세를 보내지 않았다. 그리고 장안의 서방과 북방에 배치되어 티베트 제국과 위구르 제국에 대한 방어 임무를 맡고 있던 여러 번진도 상공(上供)을 하지 않았을 뿐만 아니라 오히려 중앙에서 군사비가 지급되고 있었다.

그러한 당조의 재원을 지탱하고 있었던 것은 장강 중류와 하류 유역 및 동남해 연안에 있던 회남(淮南), 절서(浙西), 절동(浙東), 선흡(宣歙), 악악(鄂岳), 강서(江西), 호남(湖南), 복건(福建) 8개 번진이었다. 당시 당조가 파악하고 있던 전국의 호의 수는 244만이 조금 넘었고, 이 여덟 개의 번진에 전체의 66%에 해당하는 144만 호가 존재했

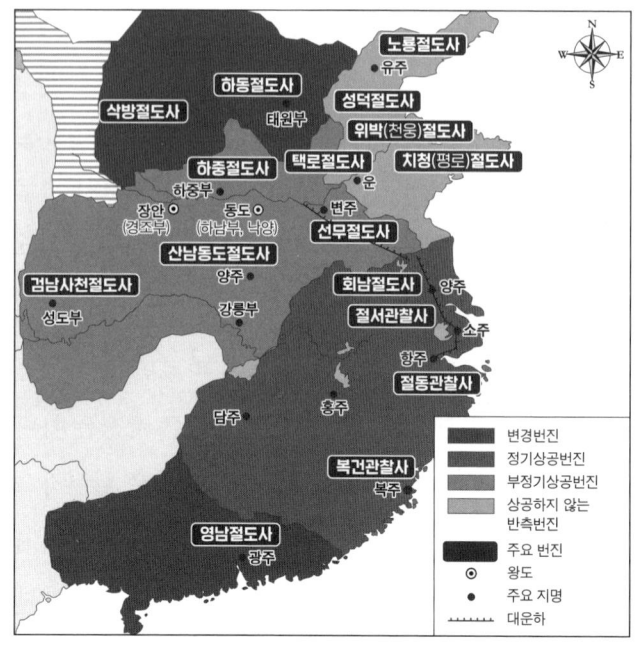

5-1 번진의 상공·불상공

다. 당조의 중앙 재정을 지탱하는 근간이 이 지역들이었다는 것은 이기의 회서절도사도 그러한 의미에서 가장 중요한 재원 지대 중 하나였음을 뜻한다(5-1).

각지의 번진은 몇 군데의 주들을 관할했다. 절도사가 있는 주에는 직속 군대가 배치되었고 또한 관할하는 주에도 군대(외진군外鎭軍)가 배치되었다. 번진의 재정은 그 군대를 유지하는 비용이 가장 큰 비중을 차지했다. 양세법이 시행된 이래 번진은 관할하는 주마다 거두어들인 조세를 셋으로 나누어 하나는 그대로 각 주의 비용이 되고(유주留州), 하나는 절도사의 창고로 들어왔으며(송사送使), 그리고 남은 하나를 중앙으로 보냈다(상공上供). 번진에서 상당한 액수를 중간에서 착취하고 있었던 것이다. 그래서 당시의 재상이던 배기(裴垍)는 양세법 개혁을 행하여 절도사가 있는 주의 조세를 모두 그 번진의 재정으로 삼고, 관할하는 주의 조세에서 송사하는 분량을 상공으로 편입했다. 이리하여 번진의 재정은 직속된 주의 조세만으로 한정되었던 것이다. 그 주요 대상이 강회 등 여덟 개의 번진이었음은 말할 것도 없다. 이는 당조의 통제로부터 자립하고자 한 이기를 제어하면서 가능하게 되었다고도 할 수 있을 것이다.

번진의 평정

서천, 하수은, 절서 각 번진의 자립화를 저지한 헌종은 드디어 하삭삼진을 평정하고자 했다.

이기의 사건으로부터 1년 정도가 지난 이후 성덕군절

도사가 사망하자 하삭삼진의 관행('하삭의 구사舊事'라고 한다)에 따라 그 아들이 마음대로 유후를 칭했다. 헌종은 하삭삼진을 제압하는 것은 시기상조라고 판단하여 이 세습을 인정해 주었지만, 그러는 한편으로 성덕이 영유하고 있는 주들 중에서 두 개의 주를 나누어 별도의 번진으로 삼아 그 세력을 약화시키려고 했다. 성덕은 당연히 이를 거부했기 때문에 헌종은 총애하는 환관인 토돌승최(吐突承璀)를 토벌군의 총대장으로 삼고 여러 번진에 명령을 내려 성덕 정벌의 군대를 일으켰다. 그러나 정벌은 뜻대로 되지 않았다. 또한 성덕도 귀순을 요청했기 때문에 이를 계기로 정벌을 중지해 버렸다(810년).

그런데 2년 후 하북과 하남에서 발호한 번진을 크게 뒤흔드는 대사건이 일어났다. 하삭삼진 중 하나인 위박절도사가 조정에 귀순하는 자세를 보였던 것이다. 위박절도사는 창건 이래 안록산의 무장인 전승사(田承嗣)의 자손이 세습했다. 헌종이 즉위한 7년째에 당시 위박절도사가 사망하자 위박 내부의 군정에 혼란이 발생했다. 그래서 위박의 아군(牙軍)은 방계인 전흥(田興)을 추대하고자 했다. 이에 대해 전흥은 절도사 취임의 조건으로 '안사의 난' 이래 약 반세기에 걸친 반독립 왕국의 자세를 버릴

것을 병사들에게 명령했고, 아군도 이에 응했던 것이다(812년). 이를 가상하게 여긴 헌종은 전홍에게 홍정(弘正)이라는 이름을 하사하고 다시 위박절도사로 임명했다.

헌종은 이 기세에 우쭐해지면서 하남이진의 회서절도사를 토벌하려 했다. 회서는 4장에서 살펴보았듯이 덕종의 시대부터 자립화로 나아가면서 절도사의 세습이 행해지고 있었다. 마침 위박이 당조로 귀순할 무렵에 회서절도사도 사망하여 그 아들이 유후를 칭했다. 그러나 헌종은 이를 인정하지 않고 여러 번진에게 명령하여 회서 토벌의 군대를 일으켰다(814년). 회서를 은밀하게 지원하던 곳이 성덕과 평로였다.

당시 평로절도사인 이사도(李師道, 이정기의 손자)는 자객이나 공작원을 육성하면서 우대하고 있었다. 그는 공작원에게 대운하와 황하의 결절점에 있는 하음(河陰, 하남성 형양시滎陽市의 동북쪽)에 설치된 전운원(轉運院)을 습격하게 했고, 여기에 저장되어 있던 견직물 30여만 필, 곡물 3만여 석을 불태워 없애 버리게 했다. 또한 수도 장안에 자객을 보내 재상의 암살을 시도했다. 당시 중앙에서 군무를 맡고 있던 재상이 이른 새벽, 아직 해가 뜨지 않은 시각에 조정에 들어가기 위해 집을 나서던 중에 습격을 받아 암살되었다. 또 번진에 대한 강경론자인 다른 재상도 습격을 받아 머리에 깊은 상처를 입고 도랑으로 떨어졌다. 다만 그 재상의 경우에는 다행히 방한용 펠트로 제작된 덮개가 두꺼웠기 때문에 죽음을 면했다. 이 사건은 장안 도성을 두려움에 떨게 만들었고, 재상이 외출할 때에 금오위(金吾衛, 장안성 내부의 경비를 담당하는 남아금군의 하나)가 호위를 하며 함께 다니게 되었다. 그리고 이사도는 사사명의 옛 장수로 지금은 승려가 되어 낙양의 남쪽 산에 거주한 사람과 결탁하여 그 도당에게 낙양의 거리를 습격하게 할 계획을 세웠지만, 이것은 미수에 그쳤다.

회서(淮西)의 진압에 애를 먹고 있었던 당조는 새로운 장군을 보냈다. 그는 회서의 회부(會府)인 채주(蔡州)를 직접 공격하는 작전을 펼쳤다. 덕종의 시대 이래 30년 이상에 걸쳐 채주성은 공격을 받은 적이 없어서 대비가 소홀했다. 그래서 채주성이 함락되고 결국 회서는 평정되었다(817년).

원화(元和)의 중흥과 헌종의 암살

회서의 평정에 커다란 충격을 받은 사람은 평로절도사 이사도였다. 평로는 '안사의 난'이라는 혼란에 편승하여 고구려인 이정기가 자립한 이래로 4대에 걸쳐 세습되어 반독립 왕국을 만들어 산동반도 일대의 15개 주(훗날에는 12개 주)를 영유한 큰 번진이었다. 그러나 상황이 이에 이르자 이사도는 장남을 궁중에 들여보내 숙위하게 하고 3개의 주를 바치겠다고 조정에 요청했다.

그런데 이사도는 장군과 막료의 말을 받아들이지 않고 부인과 가노(家奴) 및 측근 하인들의 진언을 듣고 당조와 대결하는 자세로 돌아서 버렸다. 그래서 헌종은 평로를 토벌하기로 결정했다. 게다가 당시의 추세는 당조 측에게 있었고 평로는 내부에서부터 무너지고 있었다. 그 결과 평로는 세 개의 번진으로 분리되고 그 세력은 삭감되기에 이르렀다(819년).

평로를 평정하자 헌종은 전국의 번진에 군정 개혁을 실시하기로 결단했다. 본래 절도사는 몇 군데의 주를 영유했고, 절도사가 있는 주(회부)의 군대와 그 이외의 주에 배치된 군대의 지휘권을 통괄하고 있었다. 그래서 절도사의 군사권이 강대했던 것이다. 헌종은 절도사의 군사권을 회부의 군대만으로 한정하고 그 이외 주의 군대는 그 주의 장관이 지휘하게 했다. 즉 절도사가 직접 지휘할 수 있는 병력을 줄인 것이다. 그리고 새롭게 임명한 절도사에는 문관을 임명하고 그 임기를 짧게 하였으며 또한 항상 감군사로 임명한 환관을 번진에 보내서 직접 황제에게 번진의 정세를 보고하게 하는 경로를 확립했다.

이렇게 번진에 대한 강경책을 취한 헌종의 시대에 당조는 다시 위광을 빛내는 데에 성공했다. 그래서 그의 치세는 연호를 따서 '원화(元和)의 중흥'이라고 불린다. 또한 헌종은 조부인 덕종이 재상을 멀리하고 혼자 정무를 결정한 결과, 아첨하는 신하가 만연했던 전례를 반성하고 재상을 부활시켜서 국가의 중요 정무를 함께 논의했다.

이렇게 정치 개혁에 의욕을 보인 헌종이었지만 평로를 항복시키고 불과 몇 개월이 만에 갑자기 사망하고 말았다. 향년 43세. 헌종도 역대의 일부 중국 황제들이 탐닉했던 불로장생을 동경했고, 도사들이 만든 금단(金丹)이라는 불로불사의 약(수은과 다른 광물을 섞은 아말감)을 마신 것이 죽음의 원인이었다고 한다. 그러나 실제는 금단에 중독된 헌종은 걸핏하면 화를 내고, 주위의 환관들에게 마구 화풀이를 했는데 때로는 환관을 죽음에 이르게 하는 경우까지 있었다. 그래서 환관들이 음모하여 헌종을 암살했다는 것이 진실에 가까운 것 같다.

2. 게으른 황제들

목종의 즉위

헌종의 뒤는 셋째 아들인 26세의 이유(李宥, 황태자로 즉위한 이후에 항恒으로 개명)가 계승했다. 묘호는 목종(穆宗, 재위 820~824)이다. 모친은 명장 곽자의의 손녀이다. 목종을 옹립한 것도 환관들이었다. 이후 당의 황제들은 경종(敬宗)과 최후의 애제(哀帝)를 제외하면 모두 환관이 옹립하게 되었다.

헌종은 최후에는 불로불사의 꿈에 빠졌고 결국에는 환관에게 시해되었다. 그러나 그 국정의 수완은 번진에 대한 강경책을 취하고 당조의 위광을 회복했다는 평가를 받고 있다. 그에 비해 목종은 단순히 노는 것을 좋아했다.

부친인 헌종이 정월에 사망했는데, 상을 치러야 하는

그해 9월 9일 중양절(重陽節)에 대연회를 계획하는 상황이었다. 당대의 중양절은 관료들에게 하루의 휴가가 주어졌고, 사람들은 높은 언덕에 오르고 국화를 띄운 술을 마시면서 연회를 여는 관습이 있었다. 목종도 이에 따라서 연회를 열려던 것이겠지만, 본래대로라면 상중이고 부친 헌종의 연호인 '원화'조차 바꾸지 않은 때에 대연회를 개최한다는 것 등은 예절을 어기는 일이었다. 신하들은 다시 생각하라고 상주했지만, 목종은 전혀 귀담아듣지 않았다고 한다.

하삭삼진의 귀순과 이반

헌종이 암살된 그해 10월, 성덕절도사 왕승종(王承宗)이 사망했다. 성덕의 부장들은 그의 동생에게 세습을 시키려고 했지만 왕승종의 동생은 이를 거부했다. 당조는 이를 기회로 삼아 인근의 위박절도사인 전홍정(田弘正)을 성덕절도사에 임명하여 성덕으로 보냈다. 또 이듬해 2월에는 유주절도사 유총(劉總)이 절도사의 지위를 버리고 승려가 되겠다고 청원했다. 그는 이전에 부친과 형을 죽이고 절도사가 되었는데, 그 죄에 괴로워했고 위박과 성덕이 당조에 귀순한 것을 보고 귀순을 결심했다고 한다. 유주절도사는 시대에 따라 다소 달라지긴 하지만 9개의 주를 거느린 큰 번진이었다. 당조는 '반측'(反側)의 웅번인 유주절도사에 결국 당조가 직접 임명한 사람을 보내는 데에 성공했고, '안사의 난' 이래 반독립적으로 할거하던 하삭삼진이 모두 귀순했다.

그런데 유주 지역은 안록산 이래 상무(尙武)의 기풍을 가지고 있었고 역대 절도사들은 더위와 추위를 아랑곳하지 않으면서 사졸과 똑같이 생활했다. 그러나 신임 절도사는 마치 귀족 같았다. 그는 사병을 동원하여 가마를 매게 하고 여기에 올라타서 유주로 입성했다. 유주 사람들은 "이 사람이 우리의 새 절도사인가?"라면서 크게 놀랐다고 한다. 그리고 유주 사람들을 실망시킨 것은 이 절도사가 안록산의 묘를 파헤쳐서 그의 관을 파괴한 일이었다. 신임 절도사의 입장에서 보면 안록산은 당조를 배반한 반역자였겠지만 유주 사람들에게 안록산이 영웅이었다는 점을 신임 절도사는 전혀 알아채지 못한 것이다.

그리고 신임 절도사의 부하들은 매일 밤마다 술을 마시고 취하여 귀가하면서 유주의 길거리를 등불로 훤하게 만들어 놓았다. 이러한 행태는 본래 꾸밈이 없고 강건한 유주의 모습이 아니었다. 그래서 마침내 유주의 군대와 백성의 불만이 폭발했고, 이 절도사를 유폐시켜 버렸다. 그리고 유주 군대의 장수 중에서 절도사를 선발하게 되었는데, 이리하여 유주절도사는 다시 당조의 통제에서 벗어나고 말았다.

이에 뒤이어 번진 성덕에서도 군사 반란이 일어났다. 목종은 곧바로 유주와 성덕의 토벌을 명령했지만 헌종의 시대에 재력을 거의 다 소모했고 조정의 군대가 통솔이 되지 않으면서 이 계획은 실패로 끝났다. 그뿐만 아니라 조정에서 평화론자가 대두하면서 목종도 이에 동조하는 기색을 보였고, 결국 조정은 유주와 성덕의 자립을 인정하고 말았다. 마치 추격을 가하듯 이어서 당조에 타격을 준 것은 위박에서도 병란이 일어나 자립해 버렸다는 사실이다. 이리하여 하북 지역은 다시 당조의 통제에서부터 이탈했고, 당조가 멸망할 때까지 마치 독립 왕국처럼 존속하게 되었다.

당, 티베트, 위구르의 삼국회맹

 헌종의 시대에 조정에서는 번진 억압을 추진하는 강경론자가 재상의 지위에 있었는데, 헌종이 사망하고 목종이 즉위하자 평화론자 일파가 점차 세력을 확대해 갔다. 본래 강경론자들은 강경한 정책을 통해 황제의 권위를 회복하고 왕조의 위신을 되찾으려고 한 사람들이었는데, 유감스럽게도 이는 이상주의에 가까웠다. 이에 반해 평화론자들은 매우 현실주의적인 사람들이었다. 그들의 입장에서 보면, 하삭삼진이 다시 자립했지만 그 지역에는 당조를 위협할 만한 강대한 번진이 존재하지 않게 되었기 때문에 현상을 유지하면 충분하다고 보았던 것이다.

 그러나 이러한 평화론자의 생각은 국제 관계에도 영향을 끼치게 되었다.

 '안사의 난' 이후 당은 매년이라고 말할 수 있을 정도로 티베트 제국의 침입을 받았다. 그러나 목종이 즉위할 무렵에는 티베트 제국을 둘러싼 국제 환경이 크게 변해 있었다. 덕종의 시대에 재상 이필이 제안한 티베트 포위망이 점차 주효하면서 목종의 시대에 이르러 당은 위구르,

남조와 제휴하여 오르도스와 운남, 사천에 있던 티베트 군대를 물리치는 데에 성공했다.

이러한 상황에서 티베트가 당에 강화조약의 체결을 요청해 왔다. 평화 노선을 취하고 있던 목종은 이에 응하면서 양국은 장안에서 화평의 의식을 거행하고(821년), 이듬해에는 티베트의 라싸 근교에서도 의식을 집행했다. 이를 목종의 연호를 따서 장경(長慶) 회맹이라고 부른다. 이때 회맹 기념을 위해 세운 비석(당번회맹비唐蕃會盟碑)은 지금도 라싸의 투루낭 사원(조캉 사원)에 현존하고 있다(장안의 비석은 소실된 것으로 보인다). 이후 당과 티베트 제국 사이에 국경이 획정되었고, 티베트 제국이 멸망할 때까지 양국 사이에 전쟁은 일어나지 않았다.

이 장경 회맹은 동유라시아 역사상 특별히 언급되어야 할 것 중 하나인데, 실은 이때 위구르 제국과 티베트 제국 사이에서도 강화조약이 맺어졌다. 이 사실은 프랑스 파리와 러시아 상트페테르부르크에 각각 소장된 돈황문서(1900년에 감숙성 돈황에 있는 막고굴莫高窟의 제17굴에서부터 발견된 고문서들의 총칭)의 단편을 서로 연결해서 이를 해독한 결과로 알 수 있게 되었다. 이를 통해 9세기 전반에 당·티베트·위구르 삼국 사이에 강화조약이 맺어졌고, 삼국 사이

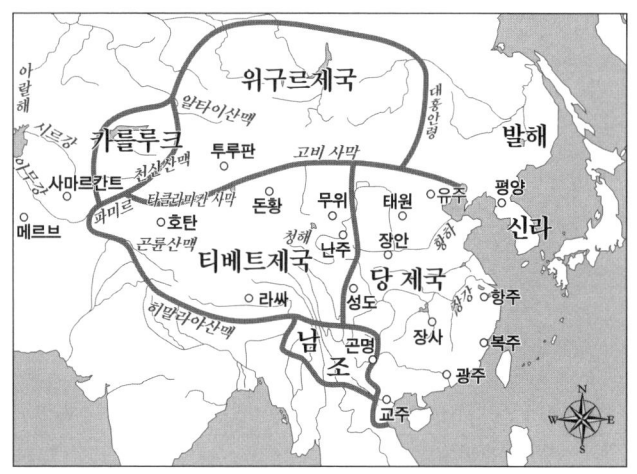

5-2 당, 위구르, 티베트 삼국의 회맹

의 국경이 정해졌다는 점이 명확해졌다(5-2).

 그런데 이때 삼국이 회맹한 이후, 당과 티베트의 전쟁이 끝났고, 그때까지 티베트 세력에 의해 압박을 받는 형태로 당의 영역 내로 이동하던 민족 집단의 움직임도 거의 멈추게 되었다. 티베트 제국의 침공이 극심했던 8세기 후반부터 9세기 초에 걸쳐서 투르크계 사타(沙陀)가 천산 동부에서부터 감숙·오르도스를 거쳐 산서 북부로 이동했고, 또한 티베트 계열이라고 일컬어지는 탕구트도 청해에서 감숙을 거쳐 오르도스로 이동했다. 그리고 토욕혼, 투르크계인 계필(契苾)이라는 집단도 산서 북부로

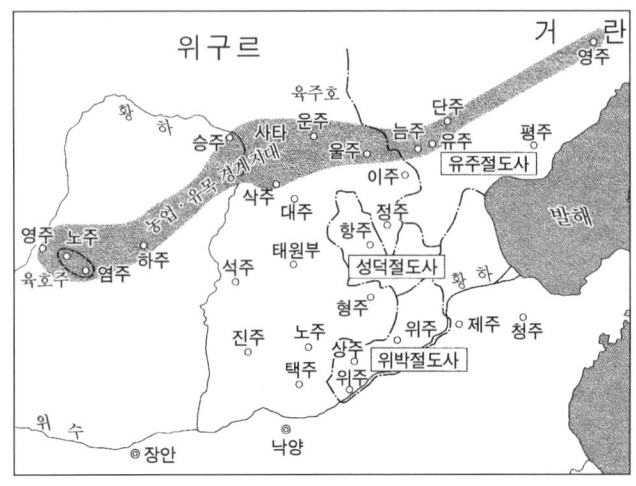

5-3 농업 · 유목 경계지대

이동했다. 이 집단들이 이동했던 곳은 당이 직접 지배하는 농경 세계와 그 북쪽에 널리 퍼져 있는 초원 세계의 경계 지대로, 농경과 유목이 모자이크 형태로 드러나는 농업과 유목의 경계 지대(이하에서는 농목 경계 지대로 서술)라 불리는 띠 모양의 지대였다(5-3).

농목 경계 지대란, 유라시아의 동부 지역에는 요녕성의 남부와 북경의 북쪽에서부터 시작하여 산서성 북부, 오르도스를 동서 방향으로 통과하는 띠 모양의 지대이다. 후한과 당은 이 띠 모양의 지대에 귀순해 온 유목 집단을 배치하여 왕조 북변의 방위 라인을 구축했다. 중국

왕조가 안정되어 있을 때는 이 기능도 효과가 있었지만, 중국 국내의 정세가 한 차례 불안정해지면 이 유목 세력은 때로는 독립된 세력을 형성했다. 이른바 '오호십육국' 시대와 북위의 탄생, 그리고 이 지역에 있었던 무천진(武川鎭)에서부터 북주·수·당이 탄생한 것도 이러한 흐름으로 설명할 수 있다.

이러한 띠 모양의 지대로 이동한 다양한 민족 집단들은 이제 티베트 세력으로부터 위협을 받지 않았고, 당조의 느슨한 지배 아래에 들어가 유목 생활을 하면서 복속하다가 머지않아 다가오게 될 때를 기다리고 있었다. 1세기 후의 일이지만, 이후 사타는 당의 후계자로서 군벌 정권을 수립했고 탕구트는 송 시대에 서하(西夏)를 건국하게 된다. 불과 4년인 목종의 치세였지만, 그사이에 행해진 장경 회맹 그리고 삼국회맹이 그 이후 동유라시아의 역사에 끼친 영향은 막대했던 것이다.

청년 황제에서 소년 황제로

 목종이라는 황제는 평화주의자의 측면도 있었지만, 그보다 하여간 노는 것을 좋아했다. 그리고 마음도 약했던 것이 아닌가 생각된다. 이렇게 말하는 이유는 어느 날 목종이 환관들과 폴로 경기에 열중하던 도중에 환관 한 사람이 말에서 떨어졌고, 이를 본 목종이 놀라면서 그것이 원인이 되어 '풍질'(風疾)에 걸려 걷지도 못하게 되어 버렸기 때문이다. 그 이후 목종은 완전하게 회복하지 못해 불과 4년의 재위 이후 사망했다.

 이야기를 약간 앞으로 되돌리면, 목종의 증상이 악화되었을 때에 황태자가 아직 소년이라는 이유로 환관들은 목종의 모친인 곽(郭) 황태후에게 정무를 대행할 것을 청원했다. 그러나 곽 황태후는 "이전에 무후가 정무를 장악했기 때문에 국가가 존망의 위기에 빠졌다. 나의 집안은 지금까지 충의를 지켜 왔으니 무씨와는 다르다. 황태자는 소년이지만 현명한 재상에게 보좌하게 하고 자네들 환관이 정무에 간여하지 않으면, 국가의 불안을 걱정할 것은 없다"라면서 거부했다. 이리하여 여성이 섭정이 되는 일이 없어졌다고 한다.

목종의 뒤를 이은 사람은 장남 이담(李湛)으로 이때 16세의 소년 황제였다. 묘호는 경종(敬宗, 재위 824~826)이다. 소년이라고 할 수 있을지 모르겠지만, 경종도 아버지와 마찬가지로 노는 것을 좋아해서 즉위하고 1개월이 지난 후에는 벌써 폴로에 열중하는 모습이었다. 또한 경종은 밤새도록 연회를 열어 다음 날에는 해가 높이 떠올랐는데도 나타나지 않아 백관들이 궁전 문밖에서 줄 서서 기다렸는데, 나이가 들었거나 병 기운이 있는 사람은 쭈그리고 앉아 버티는 상황이었다. 또한 폴로 이외에도 수박(手搏, 씨름과 유도를 결합한 것과 같은 무술)을 좋아해서 좌·우신책군의 병사들을 경합하게 했다고 한다. 경종이 좋아하는 취미로는 심야에 여우나 너구리를 잡으러 돌아다니는 것이었다. 경종은 속이 좁고 성미가 급한 성격이어서 환관들이 조금이라도 잘못을 범하면 느닷없이 채찍으로 갈겼기 때문에 모두 경종을 두려워하면서 원망을 품었다.

어느 겨울 한밤중에 경종은 취미인 야간 사냥 후 궁전으로 돌아와 수행한 환관 및 폴로 경기를 함께했던 동료들 28명과 술을 마셨다. 경종이 옷을 갈아입으려고 방에 들어갔을 때에 등잔불이 갑자기 꺼졌다고 생각한 순간, 함께 술을 마시던 자들이 경종을 시해했다. 이때 경종은 불과 18세였다.

경종 시해의 주모자는 하급 환관들이었다. 그들은 헌종의 황자를 옹립하고 당시 환관의 거목인 추밀사 왕수징(王守澄) 등을 몰아내려 했다. 그러나 이를 알아챈 왕수징은 목종의 차남이자 경종의 배다른 동생인 이함(李涵, 즉위 이후 앙昻으로 개명)을 옹립하고, 신책군을 출동시켜 경종을 암살한 범인들을 참살했다. 이리하여 이함이 19세로 즉위했다. 묘호는 문종(文宗, 재위 827~840)이다. 문종은 즉위 이듬해에 대화(大和)로 연호를 바꾸었다. 경종 암살 사건은 환관 세계에서도 하극상의 풍조가 형성되기 시작했음을 보여 준다.

격화하는 붕당의 싸움

관료제가 옛날부터 발달한 중국에서는 관료들의 파벌 투쟁이 확인된다. 이러한 파벌을 중국사에서는 '붕당'(朋黨)이라고 한다. 당 초기에는 관롱 집단, 산동 문벌, 강남 문벌 등의 파벌이 있고 또한 과거제도를 통해 정계에 진출한 신흥 집단도 있어서 그들 사이에서 정쟁이 있었음이 분명하다. 그러나 관료 사이의 분쟁이 격화했던 것은 당 후반기이고, 이것이 당조를 쇠망시킨 하나의 요인이었다고도 할 수 있다.

당 후반기에 보이는 것은 우승유(牛僧孺)·이종민(李宗閔)을 영수로 하는 파벌과 이덕유(李德裕)를 영수로 하는 파벌의 대립으로 이 궁정 투쟁을 '우이(牛李)의 당쟁'이라고 부른다. 그러나 이 명칭은 당이 멸망한 이후 오대부터 송의 시대에 걸쳐 만들어진 것이고, 실제로는 우승유와 이종민이 도당을 조직하는 것을 싫어한 이덕유가 그들을 '우이당'(牛李黨)이라고 불렀다는 주장도 있다.

이 분쟁의 시작은 일반적으로는 헌종의 치세 초년에 우승유와 이종민이 제거(制擧, 황제가 직접 문제를 내어 정책을 묻는 시험. 과거의 합격자나 임관자가 승진을 위해서 다시 시험을 치렀다)에 응하여 이덕유의 부친으로 당시 재상이던 이길보를 비판한 것이라고 알려져 있다. 그러나 뒤에서 서술할 '유주 사건'(維州事件)이 두 파벌이 대립하는 직접적인 계기가 되었다는 분석도 있다. 그리고 이 대립은 9세기 중반의 선종(宣宗) 시대에 이덕유가 좌천지인 해남도에서 사망할 때까지 계속되었다.

두 파벌의 분쟁은 이덕유가 산동 문벌 출신으로 번진

억압정책을 취하고, 다른 쪽의 우승유와 이종민은 과거 출신으로 평화론자였던 것에 원인이 있다고 알려졌다. 그러나 연구가 진행되면서 우당(牛黨)에도 문벌 출신 인물이 있었고, 이덕유의 파벌에도 과거제도 출신 인물이 있는 등 종래의 견해로는 설명되지 않는 점이 드러나게 되었다.

현재까지 연구자들의 일치된 견해는 없지만 대략 다음과 같이 정리할 수 있다. 먼저 관계에서 세력을 확대하고자 한 우승유·이종민 등 관롱계 출신자가 중심이 되어 과거제도 네트워크를 이용하여 결속을 굳건히 하고 평화노선과 현상 유지라는 정책을 이념으로 삼아 파벌을 만들었다. 이 우당의 움직임에 반응하여 결속된 것이 산동 문벌 출신 이덕유의 이당(李黨)이었다. 이당은 우당의 과거제도를 통한 붕당 결속을 싫어했고, 우당의 정책에 반발하면서 이전의 강력했던 당조의 부활을 지향했다. 그러나 우당에 대항하는 형태로 만들어졌던 파벌이기 때문에 그 결속은 취약했다. 또한 두 파벌의 분쟁은 한쪽이 정권의 중심이 되면 상대방을 전부 중앙에서부터 추방했기 때문에, 그 격렬함에 대해서는 문종이 "하삭의 번진을 제거하는 것은 간단했는데, 조정의 붕당을 없애는 것은 어렵다"라고 한탄을 했을 정도였다.

당대의 과거

그렇다면 우당의 결속을 강화했던 과거 네트워크는 어떻게 형성된 것일까?

본래 과거는 시험을 통해 관료를 등용하려는 것으로 수 문제가 남북조시대 이래의 문벌 세력을 배제하기 위해 만든 시스템이었다. 그러나 좀처럼 현실에서는 기능하지 못했고, 당의 무측천 시대가 되면서 겨우 과거에 의한 인재 등용이 본격화되었다.

과거란, 과목(科目)에 따른 선거(選擧)를 말하는데 당대에는 수재(秀才), 명경(明經), 진사(進士), 명법(明法), 명서(明書), 명산(明算)의 여섯 과목이 있었다. 그중에서 수재는 어려웠기 때문에 응시하는 자가 없게 되어 당 초기의 이른 단계에 폐지되었다. 명법은 법률, 명서는 문자학, 명산은 수학이라는 한 가지 기능을 시험하는 것으로 평가는 높지 않았다. 명경은 유교의 경서에 밝은지를 의미하는 것인데, 시험 자체는 암기인 경우가 많았다. 이에 비해 진사는 경서의 시험에 더해 시(詩)와 부(賦)라고 하는 두 종류의 운문과, 책(策)이라고 하는 산문을 공부해야 했다. 경서에 통달한 것은 당연하다고 여겨졌기 때문에 여기에서는 거의 우열의 차이가 나지 않았다. 그래서 시문(詩文)을 추가하여 만능의 재능을 시험했던 것이다. 그래서 명경의 합격자는 30세여도 늙었다고 할 정도로 쉬운 시험인 반면, 진사 합격자는 50세여도 젊다고 할 정도로 어려운 관문이었다.

당의 과거는 처음에는 이부에서 담당했다. 이부는 상서성에 속한 육부의 하나로 관료의 인사를 맡았다. 이부에는 장관·차관 휘하에 4개의 부서가 설치되고 그중 한 부서의 차장(근무의 평정評定을 시행한 고공조고功曹의 원외랑員外郎. 종6품상)이 과거의 시험관이 되었다. 그런데 현종의 시대에 어느 수험생이 이 시험관과 논의를 하면서 끽소리도 못하게 몰아세워 버린 사건이 일어났다. 그 결과 과거의 시험을 같은 상서성에 속한 예부 관할로 옮기고 예부의 차관(예부시랑. 정4품하)이 시험 감독관을 담당하게 되었다. 이는 수험생의 숫자도 수준도 올라갔기 때문에 부서의 차장 단계는 적임자가 아니게 된 시대 배경도 있다.

그런데 예부가 과거를 맡게 되자 과거의 성격도 이때

까지의 임용 시험에서부터 자격시험으로 크게 바뀌게 되었다. 그래서 과거에 합격했던 자는 관료가 되기 위해 이부가 시행하는 시험을 새로 수험하게 되었던 것이다. 경우에 따라서는 진사에 합격하고 관료에 임용되기까지 '낭인'(浪人)이 되는 경우도 존재했다. 이러한 인재에 눈을 돌린 것이 지방의 절도사였고, 그들은 이 '낭인'을 스카우트(벽소辟召)하여 자신의 막료에 가담하게 한 것이다.

이야기를 과거 시험으로 되돌려보자. 과거의 시험 감독관을 지공거(知貢擧)라고 부른다. 매년 진사의 합격자는 대체로 30명 정도였다. 합격 발표 이후, 새로운 진사들은 지공거의 집을 방문하여 합격 인사를 드렸다. 지공거의 집으로 가서 경의를 표시하는 방문은 3일째에 지공거의 사퇴로 마무리되고 그 이후 대명궁(大明宮)에서 근무하는 재상을 향한 인사와 황제의 공식적인 비서관인 중서사인(中書舍人)에게 인사를 행했다.

이렇게 엄격한 행사가 끝나면, 장안성의 동남쪽 구석에 있었던 곡강지(曲江池)에서 대연회를 거행했다. 이 연회에는 장안의 길거리가 텅 비게 되었다고 할 정도로 많은 구경꾼이 몰려들었고, 황제나 고귀한 가문 사람들도 찾아왔다고 한다. 그중에는 장래의 유망주를 사위로 고르려고 계획한 사람도 있었다. 이리하여 대연회가 끝나면 신입 진사들은 근처의 자은사(慈恩寺)로 가서 대안탑(大雁塔) 아래의 벽에 이름을 적었다.

과거의 합격자들은 그해의 지공거를 좌주(座主)라고 불렀고, 자신들을 문생(門生)이라고 칭하면서 사제 관계를 맺었다. 또한 같은 해에 합격한 동료의 관계도 강력했다. 이것이 당 후반기의 붕당을 형성하게 만드는 하나의 연원이었다.

우이의 당쟁

우승유는 목종의 시대에 재상의 반열에 올랐지만 경종의 시대에는 새로 설치된 절도사에 임명되어 지방에 나가 있었다. 문종이 즉위했을 무렵에 조정에서는 평화론자 관료가 주류를 점했다. 이러한 와중에 그 대표라고 할 수 있는 우승유가 중앙으로 돌아오게 하여 그를 다시 재상으로 불러들였다.

마침 그 무렵에 유주에서 군사 반란이 일어나 절도사가 부하 장수에 의해 쫓겨나는 사건이 발생했다. 유주에 파견되어 있던 감군으로부터 보고를 받은 문종은 재상을 불러 대책을 강구했다. 이때 우승유는 유주의 자립을 묵인하는 대신에 거란과 해에 대한 당의 동북변 국방의 임무를 맡겨야 한다고 대답했다.

그러나 이러한 우승유의 평화론은 다른 곳에서 큰 파문을 일으키게 되었다. 당시 이덕유는 서천절도사로서 성도에 부임해 있었다. 그때 당과 티베트 제국의 경역에 있었던 유주(維州, 사천성 아파장족강족자치주阿壩藏族羌族自治州 이현理縣. 성도의 서북쪽 100km에 위치)를 수비하고 있던 티베트의 장군이 이덕유에게로 찾아와 귀순을 요청했다. 이덕유가 조정에 어떻게 대응해야 할지를 상주했을 때에 우승유는 이 장군을 받아들이면 장경의 회맹 이래 당과 티베트 제국과의 우호 관계가 손상된다는 이유로 귀순을 허락지 않았다. 그 결과 장군은 티베트로 돌려보내졌고 그 지역에서 잔학한 형벌을 받았다. 이리하여 면목이 없어진 이덕유는 이 사건 이후로 점점 우승유를 적대시하게 되었다고 한다.

이 사건에 대해서 우승유의 입장을 대변하자면, 당과 티베트 제국은 이미 장경의 회맹을 맺었고 그런 의미에서 티베트 제국을 자극하지 않는다는 대응은 비난을 받아야 하는 것이 아니다. 그러나 일시적인 평화주의는 당조의 위광을 추락시킨다고 생각하는 사람들도 있었고 이들의 목소리가 조정에서 점점 높아졌다. 그리고 문종의 우승유에 대한 신뢰도 약해졌다. 그래서 우승유는 다시 지방으로 전출해 줄 것을 청원했다. 대신에 이덕유가 중앙정부로 복귀했지만, 조정에는 또 한 사람의 평화론자인 이종민이 재상으로서 군림하고 있었기 때문에 이덕유의 의견은 좀처럼 조정에서 반영되지 않았다. 이러한 붕당의 분쟁과는 별도로 장안 도성에서는 커다란 움직임이 시작되려 하고 있었다. 환관 말살 계획이었다.

왕수징 암살

문종은 우유부단한 성격이었지만 조부인 헌종과 형인 경종을 암살한 환관에 대한 원한을 잊지 않았고, 환관을 박멸하겠다는 집념을 계속 가지고 있었다. 그러나 이를 함께 논의할 상대방이 없었다. 붕당의 영수들과 환관은 서로 손을 잡고 있어서 도무지 환관 소탕을 함께 논의할 수가 없었던 것이다. 그래서 문종은 붕당에 속하지 않은 재상 송신석(宋申錫)과 환관을 주멸할 계책을 도모했다. 그러나 이 계획은 송신석이 끌어들여 신뢰하던 경조부의 장관으로부터 누설되어 송신석이 좌천되면서 실패했다. 이 사건 후 환관들은 더 극도의 전횡을 휘둘렀다.

이때 문종의 측근이 된 사람이 정주(鄭注)와 이훈(李訓)이라는 두 명의 관료였다. 정주는 본래 약을 만드는 재주가 뛰어났고, 환관 왕수징이 그 재능으로 문종에게 추천한 결과 문종의 눈에 들게 된 인물이다. 이훈은 관롱계 농서 이씨 일족으로 진사 출신이었다. 종부(從父, 백부 혹은 숙부)는 헌종·목종·경종의 시대에 재상을 역임한 이봉길(李逢吉)이었다. 이훈은 한때 지방에 좌천되어 있었는데, 『역』(易)에 통달했기 때문에 왕수징과 정주에 의해 문종에게 추천되었고 머지않아 한림시강학사가 되면서 문종의 측근이 된 인물이다. 이렇게 두 사람 모두 환관의 우두머리 왕수징의 추천으로 문종과 가까워진 외조 관료였다. 그런데 기회를 살피는 것에 민첩한 두 사람은 문종이 환관을 박멸하려는 것을 알고 이에 협력하게 된다.

문종이 그들을 특별히 돌보아 준 이유 중의 하나는 두 사람 모두 이당과도 우당과도 거리를 두고 있었기 때문이다. 뿐만 아니라 정주와 이훈은 문종의 붕당에 대한 혐

오를 이용하여 두 파벌의 관료들을 중앙에서부터 지방으로 쫓아냈다. 그리고 정주와 이훈이 모두 환관의 내부 사정에 통달했다는 것도 문종에게는 안성맞춤이었다. 그들로부터 환관 세력이 한 덩어리가 아니라는 정보를 문종이 듣게 되었다. 문종 옹립에 가담한 환관들 중에는 찬밥 취급을 받으면서 불만을 가진 사람들이 있었던 것이다. 그래서 왕수징과 대립 관계에 있는 환관인 구사량(仇士良)을 좌신책군의 장관(호군중위)에 임명하고, 우신책군을 장악하고 있던 왕수징과 대립하게 하여 환관 사이의 분쟁을 부채질했다. 그리고 왕수징에게 독주를 하사하여 결국 그를 죽이는 데에 성공했다. 문종의 환관 박멸 작전의 제1단계였다.

감로의 변

제2단계는 구사량 등 남아 있는 환관 세력을 배척하는 것이었다. 앞서 구사량에게 신책군의 지휘권을 준 것은 어떤 의미에서는 오산이었다. 정주와 이훈 모두 병력을 보유하지 않았기 때문이다. 그래서 정주는 장안의 서쪽

대명궁의 정문인 단봉문(丹鳳門). 복원된 것으로 내부에는 문의 유구(遺構)를 보존 전시하고 있다.

에 있는 봉상절도사(鳳翔節度使, 회부는 기주岐州(봉상부). 섬서성 봉상현)로 전출(轉出)하여 이 군대를 동원해서 장안에 남은 이훈과 호응해 환관을 주멸하고자 했다. 본래의 계획은 장안 교외에서 거행되는 왕수징의 장례에 모인 환관을 정주의 군대가 토벌한다는 것이었다. 그러나 이렇게 되면 이훈은 자신의 역할이 없어지고 만다. 그래서 이훈은 계획을 크게 변경해서 환관 박멸의 실행일도 앞당겼다.

 그것은 대명궁의 좌금오위 청사에 있는 석류나무에 상서로운 감로(甘露)가 내렸다고 하는 상주에서부터 시작되

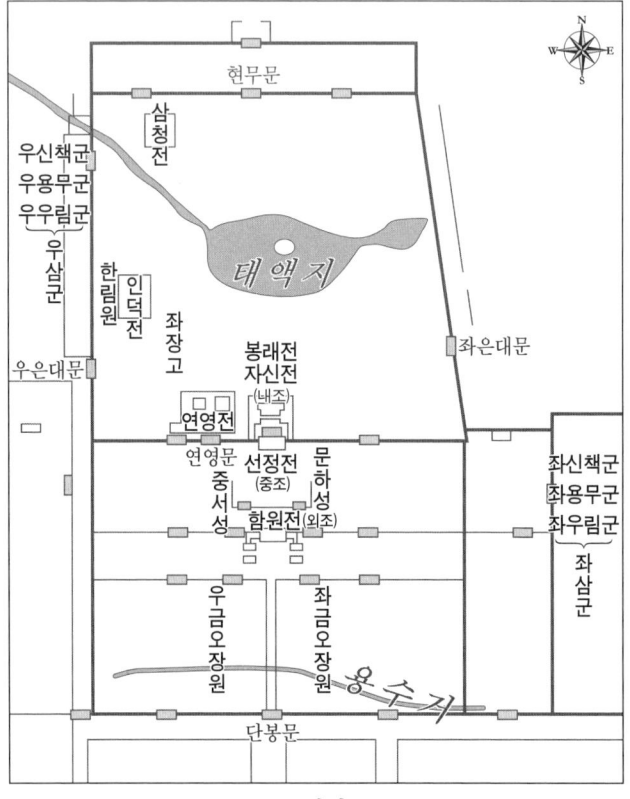

5-4 대명궁

었다. 문종은 사실의 진위를 확인하기 위해 먼저 재상들에게 가서 살펴보게 했다. 돌아온 재상 중에 이훈이 대표하여 "어디에도 진짜 감로는 없는 것 같습니다. 신중하게 판단하는 것이 좋겠습니다"라고 보고했다. 문종은 "정말로 그러한가?"라고 하면서 다시 확인을 시키기 위해 환관 구사량 등에게 가서 살펴보게 했다. 실제로 이것은 모두 문종과 이훈의 속임수였고, 감로가 내렸는지 확인하러 간 환관들을 일망타진하려고 했던 것이다.

그런데 구사량 등이 좌금오위의 청사에 도착해서 석류나무를 살펴보려고 했을 때에 바람이 불면서 석류나무의 주변에 펼쳐져 있던 장막이 걷어 올려졌다. 그러자 장막의 맞은편에 무기를 손에 들고 있는 많은 병사의 모습이 보이고 무기가 맞닿는 소리도 들려왔다. 구사량은 멈춰서서 환관 암살의 계획임을 알아채곤 매우 당황한 채로 궁전으로 되돌아와서 문종을 받들고 후궁으로 도망쳐 버렸다(5-4).

이렇게 환관 주멸의 기회는 실패로 끝났다. 이 사건을 '감로의 변'이라고 부른다. 구사량은 이 사건에 문종이 관여되어 있음을 알게 되자 크게 분노해 황제에 대해 불손한 말을 내뱉었지만 문종은 어떤 말로도 대답할 수가 없었다고 한다. 구사량 등 환관의 반격은 강력했다. 신책군을 이끌고 나가서 대명궁 내에 있던 금오위의 병사와 여러 관청의 관리뿐만 아니라 술을 파는 서민까지도 살해해 버렸다. 그 숫자는 모두 1,600명 이상에 달했다. 사건 이후에 장안을 탈출한 이훈과 봉상에 있던 정주는 참수되어 바쳐졌고, 대명궁 밖으로 도망친 재상들도 모조리 체포되어 처형되었다.

이 사건 이후, 문종은 목숨은 건졌지만 정치의 실권은 완전히 환관들이 장악하고 말았다. 문종은 사망하기 직전에 "짐은 가노(환관)에 의해 억압을 당하고 있다"면서 눈물을 흘렸다고 한다. 머지않아 문종은 이전에 걸렸던 '풍질'이 재발하면서 병으로 사망했다. 감로의 변이 있고 4년 이후의 일로, 향년 32(사료에는 33으로 되어 있다)세의 젊은 나이였다.

3. 종교 탄압의 돌풍

무종의 즉위

문종이 사망하자 그의 동생으로 목종의 다섯 번째 아

들 이전(李瀍, 사망하기 직전에 염炎으로 개명)이 27세로 황제에 즉위했다. 묘호는 무종(武宗, 재위 840~846)이다.

실은 생전의 문종은 형인 경종의 아들을 황태자로 삼고 그를 황제에 즉위시키려고 생각하고 있었다. 이를 후원한 것이 문종의 뜻을 받은 우당의 재상들이었다. 그러나 환관 구사량 등은 이대로는 새로운 황제 옹립에 자신들이 관여하지 못하고 공적을 올릴 수 없을 것이라는 불안에 빠지면서 서둘러서 이전을 황태제로 세웠다. 그리고 문종의 사망과 함께 반대파에게 죽음을 내리고, 이전을 즉위시킨 것이다.

무종은 우당의 재상을 지방으로 멀리 보냈고, 거꾸로 지방의 절도사로 있던 이덕유를 수도로 불러들여 재상으로 삼았다. 이렇게 무종과 이덕유의 콤비가 탄생하여 이덕유는 무종의 치세 7년의 정무를 처리하게 되었던 것이다.

동유라시아 재편의 태동

무종이 즉위한 그해에 몽골리아에 있던 위구르 제국이 멸망했다(840년). 이미 제4장에서 살펴보았듯이 위구르 제국은 당조, 티베트 제국과 정립하면서 동유라시아 세계에 군림하는 대국이었다. 그러나 830년대에 위구르에서는 매년 자연재해가 계속되고 있었다. 또한 카간의 자리를 둘러싼 내부의 분쟁이 끊이지 않았다. 그러던 중 위구르 내부의 항쟁에 키르기스의 원군을 끌어들인 결과 오히려 10만에 달하는 키르기스 군대가 위구르의 수도 카라발가순(하르 발가스 유적)을 공격하여 불태웠고, 이렇게 위구르 제국은 멸망했다.

국가를 잃은 위구르인들은 크게 두 집단으로 나뉘었다. 그중 15개 부족은 서쪽으로 도망가 중앙아시아를 목적지로 삼았고, 도중에 일부분은 감숙의 티베트 세력권에 들어갔으며(훗날의 감숙 위구르 왕국), 또 일부분은 언기(카라샤르) 부근으로 들어갔다(훗날의 천산 위구르 왕국). 위구르 카간의 본영 근처에 있었던 13개 부족은 오개(烏介) 테긴(위구르 카간의 아들들에게 주어졌던 관칭호)을 카간으로 삼아 남쪽으로 도망쳐 당의 북쪽 변경으로 오게 되었다. 남쪽으로 도망친

위구르는 당으로부터 공격을 받았고, 자신들끼리의 분열을 반복하는 등의 원인으로 인해 9년도 되지 않는 기간에 역사로부터 자취를 감추었다.

그리고 티베트 제국에서는 젠뽀인 다르마(재위 841~842)가 암살되었다. 티베트어 불교 역사서에서는 폐불(廢佛)을 단행했기 때문에 어느 승려에 의해 살해되었다고 기록했고, 한문 사료에서는 어느 궁정 신료가 살해했다고 기록되어 있다. 그가 사망한 이후, 송첸감포가 개창한 티베트 제국이 붕괴해 갔던 것은 확실하다. 이렇게 8세기 중반부터 1세기 가까운 시간에 걸쳐서 동유라시아 세계에서 당과 함께 정립했던 세력 중 두 국가가 9세기 중반에 소멸되었다.

몽골리아에서는 그때까지 하나의 유력한 유목국가가 멸망하면 곧바로 다음 유목국가가 탄생했다. 흉노를 시작으로 선비, 유연, 돌궐, 위구르로 이어지는 일련의 유목 왕조이다. 그런데 흥미롭게도 위구르 제국이 멸망한 이후에 몽골리아에는 여러 유목민을 통합하는 세력이 나타나지 않았다. 티베트고원에서도 티베트 제국을 대신할 강한 힘을 보유한 세력은 대두하지 않았다. 그 결과, 이전에는 이들 세력권의 주변에 있었던 민족 집단이 점차 세력을 키우면서 통합하기 시작했다. 산서 북부에 있던 사타(沙陀), 오르도스에 있던 탕구트, 몽골리아 동부에 있던 거란 등이 그러했는데, 이들 여러 세력의 흥기가 10세기에 보이는 새로운 동유라시아 세계의 시작이었다.

소의(昭義)의 자립

당의 후반은 번진이 발호했다는 이미지가 강한데, 실제로는 조금 이야기가 다르다. 확실히 하삭삼진과 같이 헌종의 시대를 제외하고 반독립 할거의 모습을 계속 유지한 경우도 있었다. 그러나 헌종 이후 대체로 번진은 당조에 공순한 태도를 취했고, 어떤 의미에서는 균형이 유지되고 있었다.

그중에서 유일하게 이상했던 것이 소의절도사(昭義節度使)였다. 소의는 현재 하북성 남부와 산서성 동남부에 걸쳐 있던 번진인데, 당조의 입장에서 보면 하삭삼진에 쐐기를 박는 것과 같은 형태였다. 그래서 당조가 하삭삼진을 억제하는 데에 중요한 역할을 하는 번진이었다. 그러나 때때로 당조에 반항하는 모습을 보인 적도 있었다.

대대로 소의절도사는 중앙에서 임명했고, 헌종의 시대까지는 내부의 장군이 승진하는 사례가 많았다. 그러나 그 이후에는 조정이 절도사를 보내게 된다. 목종이 산동에 있던 평로를 셋으로 분할했을 때 이에 공적이 있는 유오(劉悟)라고 하는, 원래 평로절도사 휘하의 부장이던 인물이 소의절도사가 되었다. 그런데 그가 사망하자 하삭 삼진을 따라 그의 아들 유종간(劉從諫)이 절도사를 세습하여 반독립적 태도를 보이게 되었다. 그래서 감로의 변으로 환관의 박해로부터 도망친 조정의 관료 일부가 난을 피해 소의절도사에게로 간 사례도 확인된다. 감로의 변의 주모자 중 한 사람인 정주가 이전에 소의절도사였던 것도 관계가 있을 것이다. 그랬기 때문에 유종간과 구사량은 사이가 나빴다.

무종이 즉위했을 때에 유종간은 축하의 뜻으로 말을 헌상했으나 무종은 이를 받지 않았다. 이를 구사량의 소행이라고 생각한 유종간은 군사적 대비를 갖추기 위해 세금을 부과하고 소금, 철의 전매를 시행하는 등 공공연히 소의의 자립을 드러내기 시작했다. 그리고 유종간이 사망하자 조카인 유진(劉稹)이 마음대로 유후(留後)를 칭하기에 이르렀다.

그러나 당연한 일이지만, 무종과 이덕유는 이를 인정하지 않고 곧바로 소의 토벌을 위한 군대를 일으켰다. 이때 당조는 토벌군에 하삭삼진의 성덕과 위박을 끌어들이는 것에 성공했고, 3대에 걸쳐서 세습을 계획한 소의는 결국 진압되고 말았다(844년).

이리하여 외부의 침입과 내란을 통제하는 것에 성공한 무종은 드디어 유명한 폐불을 실행했다.

숭불과 폐불

당의 역사를 전체적으로 살펴보면, 역대 황제들은 숭불과 폐불 사이에서 항상 흔들리고 있었던 것으로 보인다. 고조와 태종은 도교를 중시했지만 무측천이 불교의 논리를 이용하여 쿠데타에 성공한 것으로 인해 대대적으로 수정되었다. 그러나 그 무측천의 세력을 일소한 현종은 다시 도교로 기울어졌다.

그런데 현종의 말년에 발발한 '안사의 난'으로 인해 당 왕조는 존망의 위기에 놓이게 되었다. 그 기회를 이용하여 국가의 진호(鎭護)를 주장한 불공의 밀교가 대두했고,

당의 황실도 이를 보호하게 되었다. 숙종과 대종은 정도를 넘어서 불교 보호를 단행했다. 그래서 대종을 계승한 덕종은 처음에는 불교에 대해 냉담했다. 그러나 덕종은 번진 억제 정책의 실패로 인해 수도가 함락되는 처지에 놓이게 되고 그 과정에서 불교를 신앙하게 되었다.

내정(內廷)에 있는 황후와 환관도 열심히 불교를 숭배했고, 그들의 활동도 무시할 수 없다. 왜냐 하면 그들은 '안사의 난'이라는 혼란을 계기로 정치의 세계에서 힘을 가지기 시작했기 때문이다. 그들은 외조의 유교 이데올로기로 지탱되고 있던 관료 집단에 대항하기 위해 불교를 정치적으로 이용하고자 했다. 이후에 정치 세계에서부터 황후의 세력은 배제되고 환관이 신책군의 힘을 배경으로 정치의 실권을 장악하게 된다.

그 환관이 더 불교와 연계된 이유는 덕종의 시대에 신책군의 장관(호군중위)이 좌가공덕사(左街功德使)와 우가공덕사(右街功德使)를 겸임했기 때문이다. 본래 공덕사는 사원의 건축, 불상의 제조, 사경(寫經) 등 공덕을 닦는 사업을 담당하는 데에 불과했지만, 덕종의 시대에는 장안에 있는 불교·도교를 필두로 하는 종교계를 책임지고 관리하는 권한을 부여받게 되었던 것이다. 관련하여 '좌가,

우가'란, 장안의 중심 축선인 주작문가(朱雀門街)를 경계로 그 동쪽을 좌가, 서쪽을 우가라고 한 것이다. 좌신책군, 우신책군의 호군중위가 각각 좌가공덕사와 우가공덕사를 겸임하며 장안성 내의 동서 거리 구역을 감독했던 것이다.

무종이 즉위했을 때에 좌가공덕사인 사람이 좌신책군 호군중위 구사량이었다. 불교의 보호자이기도 한 구사량은 무종 즉위에 큰 공적이 있었다. 그래서 환관을 싫어한 무종이지만 구사량에게는 예의를 표시했던 부분이 있다. 이러한 이유로 환관이 큰 힘을 가지게 되는 8세기 후반부터 9세기 전반에는 불교를 배척하려는 커다란 움직임은 일어나지 않았다. 그러나 머지않아 구사량이 은퇴하자 무종은 가차 없이 불교를 배척하기 시작했다. 곧바로 불교에 손을 쓴 것은 아니고 그 전초전이 있었다.

마니교 탄압

그 효시는 마니교 탄압이었다. 사산조 페르시아의 마니를 시조로 하는 마니교가 당으로 전래된 것은 무측천의 시대였다고 전한다(694년). 그 이후에 점차 한인들 사이로 확산되었기 때문에 현종은 한인이 마니교를 신앙하는 것을 금지했다. 그러나 한인들의 신앙은 계속 유지되었던 것 같다. 왜냐 하면 '안사의 난'이 종식되기 직전에 낙양까지 출병해 있던 위구르의 모우 카간이 4명의 마니교 승려와 만나 몽골리아로 함께 돌아갔는데, 그중 한 사람이 한인 승려였기 때문이다.

모우 카간은 마니교로 개종하여 국교화하려고 했다. 그 이유는 마니교도인 소그드인을 수용하여 그 상업 네트워크를 이용하기 위한 목적, 혹은 본래 신앙하고 있던 샤머니즘으로부터의 탈피, 마니교를 지주로 삼은 당에 대항할 수 있는 제국의 건설을 지향했기 때문이라고 알려져 있다. 다만 전자에 대해서는 많은 소그드인이 조로아스터교도였고 또한 불교도나 기독교도 역시 존재했기 때문에, 위구르인이 마니교를 국교로 삼았던 이유는 실제로는 여전히 풀리지 않은 의문이 많다.

위구르 제국은 압도적인 힘을 당조에게 보여 주었기 때문에 8세기 후반부터 9세기 초반에 3회에 걸쳐 자신들의 국교인 마니교의 사원(대운광명사大雲光明寺) 건립을 당에 요청했다. 이를 받아들여 장안을 필두로 형주(荊州, 호북

오대산, 남선사(南禪寺) 대전(大殿).
782년에 건립되었다. 현존하는 중국 최고(最古)의 목조 건축물이라고 알려져 있다.

성), 양주(揚州, 강소성), 홍주(洪州, 강서성), 월주(越州, 절강성), 하남부(河南府, 하남성), 태원부(太原府, 산서성) 등 각지에 마니교 사원이 건립되었다는 것이 역사서에 기록되어 있다. 그러나 당에서의 마니교 신앙은 어느 정도 이루어지고 있었던 것으로 보이지만, 위구르의 힘이 컸던 시대에도 당의 영역 내의 마니교 사원 숫자는 얼마 되지 않았다고 한다. 그리고 위구르 제국이 멸망하자 당은 곧바로 강회 지역의 마니교 사원을 폐쇄해 버렸다(841년).

마침 이 무렵에 어느 일본인이 장안 도성에서 체재하

고 있었다. 일본의 천태종을 개창한 시조인 사이초의 제자 엔닌(圓仁)이다. 엔닌은 43세일 때 견당사와 함께 당으로 건너왔는데, 당초에는 장안으로 갈 수가 없어서 그대로 귀국할 운명이었다. 그런데 이를 납득할 수 없었던 엔닌은 도중에 일본으로 돌아가는 배에서 내려 산동반도에 취락을 만들어서 거주하고 있던 신라인의 도움을 얻어 당에 머무르게 되었다. 그 이후 산서성에 있는 불교의 성지인 오대산(五臺山)으로 갔고, 문종 말년에 장안에 도착하여 그곳에서 밀교를 배웠다.

엔닌은 당에서의 체재 기록을 일기로 남겼다. 『입당구법순례행기』(入唐求法巡禮行記)라는 전체 4권의 일기에 대해, 일본사 연구자인 미국인 라이샤워 박사(1910~1990)는 그 기록이 마르코 폴로보다도 400년 이상 빠르고 또 엔닌 자신이 매일 견문한 것을 자세하게 기록한 것이어서 그 정확함은 『동방견문록』과는 비교할 수 없는 것이라고 했다.

엔닌은 무종이 행한 종교 탄압 모습을 기록으로 남겼고, 그중에는 마니교의 박해도 기록되어 있다. 그에 따르면, 무종은 불교 탄압에 앞서 마니교 승려의 머리카락을 자르고, 가사를 입혀서 불교 승려로 보이게 한 후 그들을 죽였다고 한다. 그 이유에 대해 엔닌은 위구르인이 마니교 승려를 존경했기 때문이라고 서술했다.

회창의 폐불

무종의 불교 탄압은 그의 연호를 따서 '회창(會昌)의 폐불'이라고 부른다. 이른바 '삼무일종의 법난'의 하나로 그 규모와 철저함으로 인해 북주(北周) 무제의 폐불과 함께 그 이후 중국 불교의 성격과 운명을 결정지었다고 일컬어진다. '폐불'이라는 단어를 통해서 불교의 배척이 강조되지만 실은 도교를 제외한 모든 종교가 탄압의 대상이 되었다.

무종은 본래 도교를 선호하여 불로장생 등의 방술에 심취했다. 그는 즉위하자마자 곧바로 문종의 시대에 추방된 문제의 도사를 궁중으로 불러들일 정도였다. 머지않아 이 도사가 무종에게 불교의 배척을 부추긴다. 무종 스스로도 '이적'(夷狄)의 종교인 불교가 융성한 것을 좋게 생각하지 않았다. 불교 사원이 가진 장원이 늘어남으로써 왕조의 수입이 줄어들었고, 또한 멋대로 승니(僧尼)가 되는 사람들이 증가해 조세를 납부해야 하는 노동력의 감소를 초래했기 때문이다. 그래서 이러한 현상에 대한 단속이 행해졌다.

무종의 불교 탄압에서 보이는 무시무시함은 '삼무일종의 법난' 중에서도 두드러진다고 해도 좋을 것이다. 장안과 낙양에서 네 곳의 사원과 각 사원에 30명의 승려를 남겼고, 전국에서는 절도사와 관찰사가 있는 주 이외에, 수도권에 있던 네 곳의 주에 사원을 한 곳씩만 남기게 했다. 전국에서 폐기된 사원의 수는 4,600여 곳에 달했고, 환속시킨 승니는 26만 5천 명이었으며, 몰수된 경작지는 수십만 경(頃, 1경은 100무. 대략 5.8헥타르)이었고, 해방된 노비는 15만 명이 넘었다는 당시 사부(祠部, 예부에 속한 네 곳의 부서 중 하나. 승니의 호적 등을 관리했다)의 보고가 있다. 또한 기독교, 이슬람교, 조로아스터교도 배격되었다(845년).

이리하여 당대에 '삼이교'(三夷教)라 불린 '경교'(景教, 동방기독교), '천교'(祆教, 조로아스터교), '명교'(明教, 마니교)는 중국 본토에서 자취를 감추었고, 혹은 복건에 혹은 몽골초원에 남게 되었다.

배외사상의 대두

이 시대의 변화는 중국 사회 내부의 변용(變容)만으로는 설명할 수 없다.

이야기의 시점은 이전으로 거슬러 올라간다. '안사의 난'으로 인해 당조의 국력은 약해졌다. 동시에 위구르 제국과 티베트 제국, 두 세력이 대두하면서 당조는 동유라시아에 군림하는 대제국에서 중국 본토만을 지배하며 존속하는 국가로 변모했다. 이에 수반하여 한족과 비한족이 대립함으로써 '화이(華夷) 사상'이 생겨나 수에서부터 당 초기에 보였던 국제성과 보편성이 사라져 갔다.

9세기 전반에 일어난 회창의 폐불은 이러한 당 초기 왕조의 성격이 사라지고 배외사상이 대두한 것과 병행해서 일어난 필연적인 현상이었다고 할 수 있다. 이렇게 보면, 초기의 당조에서 다양한 가치관이 존재하는 중국 세계를 통치하는 원리로 기능하게 만들고자 했던 도교와 불교는 '안사의 난'을 경계로 그 의미를 상실했다고 할 수 있다.

그런데 종교의 대탄압을 거행한 무종은 그 이듬해에 사망하게 되는데, 도교에 경도된 무종은 도사들이 바친 금단을 복용한 나머지 그 독으로 인해 몸이 상했을 것이다. 앞서 소개한 엔닌은 폐불 때문에 환속되어 쫓겨나 일본으로 돌아오는 도중에 무종이 사망했다는 정보를 들었다. 엔닌은 일기에 '천자는 몸이 크게 상하면서 사망하게 되었다'라고 기록했다. 향년 33세였다.

제6장

이어지는 시대로 — 9세기 후반 ~ 10세기 초

1. 일어나는 군인과 민중

'소태종'의 치세

무종의 몸 상태가 악화되어 위독한 상황에 빠지자 다시 환관들이 암약하기 시작했다. 그들은 은밀히 논의하여 헌종의 13번째 아들이자 무종의 숙부에 해당하는 이이(李怡, 즉위 이후 침忱으로 개명)를 황태숙으로 삼아 국정을 맡게 했다.

어렸을 때의 이이는 '불혜'(不慧)라고 궁중에서 여겨졌고, 성장하고 난 이후에도 과묵하여 자신의 재능을 숨기고 있었다. 그러나 무종은 이이가 무엇인가 재능을 숨기고 있는 것이 아닐까 생각하여 그에 대해 무례한 태도를 보였다고 한다. 그런데 환관들은 범용(凡庸)하다는 느낌을 주는 이이를 좋아했던 것 같다. 무종이 사망하고 그다음 날에 이렇게 이이가 즉위했다. 묘호는 선종(宣宗, 재위 846~859)이다.

목종 이래 10대, 20대의 소년, 청년 황제들이 계속 등장했으나 선종은 한창 세상의 이치를 분별할 37세였다. 그리고 그는 주위의 평가와는 달리 총명한 인물이었다. 선종은 즉위하자 무종의 시대에 전횡을 휘두른 이덕유와 그 일파를 중앙 정계에서 몰아냈다. 조정에는 우당만이 남게 되고, 문종조 이래 정치 혼란을 초래한 '우이의 당쟁'은 머지않아 종결되었다고 한다.

이후 선종은 정치 개혁을 적극적으로 시작했다. 궁중의 규율을 바르게 하고, 재정지출을 억제하였으며, 무종이 배척한 불교를 다시 보호하여 사원을 재건하고 승니의 면허장 발행을 사부(祠部, 예부에 속한 부서)에 명령했다. 또한 수입을 늘리기 위해 소금과 차에 관한 법을 정비하고 밀매에 대한 단속을 강화했다. 이러한 정책을 추진한 선종은 '소태종'(小太宗)이라는 평가를 받는다.

그리고 그때까지 약 60년 동안 티베트 제국이 지배하던 돈황 지역을 당조에 귀속시켰다. 9세기 중반에 티베트 제국이 붕괴하자 이 지역에 있던 한인 호족 장의조(張議潮)가 세력을 일으켜 돈황에 남아 있던 티베트 군대를 몰아낸 것이다. 선종은 그의 공적을 기쁘게 받아들이고 그에게 절도사의 지위를 주었다(851년). 이를 하서귀의군 절도사(河西歸義軍節度使)라고 한다.

그러나 돈황이 티베트 제국에서 당의 지배로 들어갔다는 것은 명목상의 일이고 실제 이 지역은 독립 왕국이었다. 그 이유는 장의조가 이곳에서 독자적인 군단을 만들어 이 지방의 유력자를 받아들여 자립하는 체제를 정비했기 때문이다. 귀의군절도사의 지위는 장씨 일족 사이에서 세습되고 훗날에 당조가 멸망했을 때 그 혼란을 틈타서 서한금산왕국(西漢金山王國, 910~914년)으로 독립하게 된다.

군대의 연이은 반란

소태종이라는 평가를 듣는 선종이지만 그의 치세 말기 무렵부터 당조의 지배가 점차 흔들리는 징후가 보이게 되었다.

그것은 절동관찰사(절강성)를 휘하의 군인들이 추방한 일에서부터 시작된다(855년). 그 2년 후에는 용주(容州)에서 군사 반란이 일어나 용관관찰사(容管觀察使, 광동성)가 추방되고, 그 이듬해에는 영남절도사(광동성), 호남관찰사(호남성), 강서관찰사(강서성), 선흡관찰사(안휘성)가 부하 장군들에 의해 추방되거나 혹은 사로잡혔다. 용관(容管)과 영남을 제외하면 이 군사 반란이 발생한 곳은 『원화국계부』에서 보였던, 재정적 측면에서 당조를 지탱하는 8개의 번진 중에서 강회에 있던 번진과 일치한다. 그런데 9세기 중반이 되어 강회의 번진에서 군사 반란이 일어난 이유는 무엇일까?

여기에서는 사료가 비교적 남아 있는 선흡의 군사 반란을 살펴보자. 이 반란의 주모자는 강전태(康全泰)라는 인물이다. 그는 본래 두 차례나 장형(杖刑)을 받았을 정도로 '흉적무뢰'(凶賊無賴)인데, 곧 용병이 되어 번진에 잠입하여 장교로 승진한 사람이었다. 그러나 그는 이용된 것일 뿐, 실제 사건을 조종한 사람은 같은 용병인 이유진(李惟眞)과 여웅(余雄)이었다고 한다. 이유진은 현지의 부유한 상인이고 여웅은 대지주였다. 그들이 번진의 용병이 된 것은 그를 통해 납세와 요역에서 도피할 수 있었기 때문이다. 이를 우산의 그림자에 들어갔다는 의미로 '영비'(影庇)라고 부른다. 강전태의 반란으로 추방된 선흡관찰사 정훈(鄭薰)은 진사 출신의 문인 관료로 청렴하고 성실한 인물이었다고 한다. 아마 정훈은 영비를 통해 납세·요역에서 도피한 자들을 적발하려고 했을 것이다. 그리고 그것이 군대에 있다는 점을 핑계로 삼고 있던 부유한 상인이나 대지주의 권익을 손상시켰고, 군사 반란이 일어나게 된 것이다.

강회 번진의 착취

그러나 강회에서 일어난 군사 반란의 원인은 그것뿐만이 아니었다. 번수(藩帥)들 중에 정훈처럼 청렴하고 성실한 사람만 있었던 것이 아니기 때문이다. 강회라는 당조의 재원 지대에 중앙정부에서 파견된 번수들은 어떤 업적이라도 올려서 중앙의 관계로 돌아갈 궁리를 하고 있었다. 그 업적이라는 것은 번진의 창고에 얼마나 잉여 재물을 저장하는가였다. 이 잉여분이 궁정으로 진봉되었기 때문이다.

하지만 번진의 재정지출액은 정해져 있었기에 여기에서부터 잉여를 어떻게 축적하는지가 문제였다. 번수들은 병사들을 재조정했을 뿐만 아니라 병사의 급여를 떼어먹으며 잉여를 산출했다. 그리고 민중으로부터 양세도 가혹하게 징수했다. 이러한 정세가 한층 뚜렷해졌던 것이 선종의 시대였다.

그렇다면 중앙정부가 이를 단속하지 않았는가에 대해서 말한다면, 도무지 그렇게 할 재정적 상황이 아니었다. 당시 중앙에서는 신책군에 충당하는 군사 비용, 증대하는 관료의 인건비, 궁정의 사치 등으로 지출이 자꾸 팽창

했다. 한편 9세기 중반, 소금 전매에 의한 수입은 9세기 초와 비교해 절반 정도였고 국고 전체의 수입이 크게 감소했다. 선종 치세 때의 재정은 양세(兩稅), 술과 차에 대한 과세, 소금의 전매로 922만 민(緡, 1민은 동전 1천 개)의 수입이 있었지만 지출에서는 여전히 300여만 민이 부족한 상태였다. 그래서 그 부족분은 장래에 징세할 분량까지 미리 거두는 일이 있었다고 한다. 이러한 국고 부족분은 진봉된 재물을 저장하는 내고(內庫)에서부터 메워서 보충하는 구조가 만들어지고 있었다. 따라서 진봉에 의한 수입은 당조에게 반드시 필요한 것이었다.

이 진봉의 폐해는 번진의 병사들에게만 영향을 끼친 것이 아니라 민중에게까지 전파되고 있었다. 특히 제5장에서 살펴보았듯이 강회의 민중들은 당조와 현지의 번수들에게 가혹하게 수탈당하고 있었다. 이러한 민중의 불만이 새로운 형태의 저항운동을 탄생시키게 된다.

절동(浙東)의 구보(裘甫)

당 말기의 황제 중에서 명군 평가를 받는 선종이지만

만년에는 그도 도사들이 처방한 약을 마시고 등에 종기가 생겨 그 원인으로 사망했다. 향년 50세. 선종은 본래 셋째 아들을 후계자로 삼으려 생각했지만 환관들의 책략으로 장남 이온(李溫, 즉위 직전에 최漼로 개명)이 옹립되었다. 그가 27세에 즉위한 의종(懿宗, 재위 859~873년)이다. 의종은 평범한 사람으로 그의 14년 치세 동안 좋은 일은 하나도 없었다고 한다. 그리고 이 의종의 시대부터 눈에 띄는 것이 번진의 병사만이 아닌 민중의 저항운동이었다(6-1).

의종이 즉위한 해 12월, 함통(咸通)으로 연호를 바꾸기 이전의 일이다. 동중국해에 면하고 있는 상산(象山, 절강성)에 구보(裘甫/仇甫)라는 사람이 불과 100명을 이끌고 궐기했다. 구보는 '절동의 도적' 혹은 '초적'(草賊)이라고 불렸다. 그러나 그의 생업이 무엇이었는지는 알 수가 없다. 그가 궐기한 절동 지역(절강성 동부의 해안 지대)은 소금의 생산지였기 때문에 이와 연관된 것이거나 혹은 어민이나 해적이었을지도 모르겠다.

이 지역을 관할하는 사람이 절동관찰사였다. 그러나 이곳은 인근 절서(浙西)와 함께 오랫동안 평화로웠기 때문에 병사들은 전쟁을 하지 않았고 군대의 장비도 빈약했다. 그래서 번진의 군대가 구보의 토벌에 나섰음에도

6-1 당말 반란 지도

패배할 것은 당연한 일이었다. 그 결과, 구보의 휘하에는 이 지역의 산적과 해적은 물론이고 다른 지역의 무뢰배와 도망자 들까지도 모여들며 그 숫자가 3만 명까지 불어났다. 구보는 스스로 천하도지병마사(天下都知兵馬使)를 칭하고 연호를 나평(羅平)이라고 했다.

나평은 절강에 모습을 드러낸다는 상서로운 새의 이름으로, 그곳 민중들은 이를 그림으로 그려서 신앙하고 있었다고 한다. 구보는 이 민간신앙을 이용하여 인심을 사려고 했을 것이다. 이와 관련하여 당 말기에 이 지방에서 독립 정권을 세운 동창(董昌)이라는 사람이 대월나평국(大越羅平國)이 칭한 것도 같은 이유였다.

이러한 구보의 위세는 중원에 알려질 정도로 커졌다. 당황한 조정은 이전에 안남(베트남 북부)에서 군사 반란을 진압한 공적이 있던 왕식(王式)을 절동관찰사로 임명했다. 그러자 구보의 군영에서 이에 어떻게 대응할지 의견이 갈라졌다. 하나는 장강 하류의 전역으로 전선을 확대하면 호응하는 자들이 세력을 일으켜서 당조의 재원 지대를 통제할 수 있을 것이라는 적극적인 의견이었다. 이는 민중의 대표가 낸 의견이었다.

또 하나는 아직 당의 세상이 평화로워서 전선 확대는 비현실적이므로 절동 지역에서 자체 방어하면서 만일의 경우가 생기면 바다의 섬으로 도망치는 것이 만전의 계책이라는 소극적인 것이었다. 이는 구보 군대에 객인의 신분으로 참가하고 있던 몰락한 지식인들의 의견이었다. 구보 군대에는 지방에서 진사 수험 자격을 얻었지만 과거에 실패한 지식인 중에서 불만을 가진 사람이 포함되어 있었다. 이는 당 말기의 '반란'에서 광범위하게 보이는 현상이다.

이렇게 의견이 나뉘면서 구보가 판단을 내리지 못하고 우물쭈물하는 사이에 정세는 당조에 유리하게 전개되었다. 왕식이 현의 창고를 개방하여 굶주린 민중에게 곡물을 나누어 주면서 인심을 얻어 나갔다. 한편, 그는 이 지역으로 유배되어 차별을 받고 있던 티베트인, 위구르인을 기용하여 기마부대를 편성하여 구보의 군대를 각지에서 격파하며 막다른 곳으로 몰았다. 궐기한 지 7개월이 지난 후 결국 구보는 항복했다. 목에 칼을 쓰고 장안으로 보내진 구보는 동시(東市)에서 처형되었다(860년).

구보가 일으킨 저항운동은 처음으로 민중이 광범위하게 들고일어난 것이었다. 그때까지 강회에서는 번진 내부에서 병사들이 번수를 따라 군사 반란을 일으켰지만, 구보의 운동은 그것과는 선을 긋는 사건이라는 점에 커다란 의미가 있었던 것이다.

무녕군절도사(武寧軍節度使)와 그 군대

구보의 반란이 수습된 이후에 무녕군절도사(회부는 서주 徐州(강소성 서북부))가 군대의 반란에 의해 추방되는 사건이 벌어졌다. 조정은 곧바로 왕식을 무녕절도사로 삼아서 파견했다.

이 번진은 본래 덕종의 시대에 중앙에 반항하는 하남의 평로절도사 등을 견제하고, 당조에 재정상 매우 중요한 강회와 변주(汴州)를 연결하는 조운 경로를 지키기 위해 설치된 것이었다. '무녕군'이라는 명칭은 헌종의 시대에 이 번진의 아군(牙軍)에 하사된 군의 명칭이었다.

그러나 목종의 시대에 왕지흥(王智興)이라는 장수가 문관인 절도사를 쫓아내고 스스로 절도사가 되는 사건이 일어났다. 왕지흥은 조운을 이용하여 이 지역을 통과하는 진봉이나 상인의 재물 등을 빼앗아 그 이득을 차지하고 그것을 이용하여 2천 명을 넘는 아군을 만들었다. 이 아군은 7개의 부대로 편성되어, 각각에 은도도(銀刀都) 등과 같은 이름이 붙여졌다. 덧붙여서 무녕군절도사 전체에는 3만 명의 병사가 있었다고 한다.

이 아군의 병사들은 부모에서 자식으로 세습되며 특권

집단이 되어 갔다. 그 결과, 조정에서 파견되어 온 문관 절도사를 위협하여 많은 급여를 받아내고 사치스러운 생활을 영위하게 되었다. 그래서 어떤 절도사들은 병사들과 어울려 술을 마시고 어깨동무하며 등짝을 어루만지거나 병사들 노래에 장단을 맞춰 주는 등 그들의 비위를 맞추었다. 그럼에도 병사들은 결국 마음에 들지 않는 절도사를 추방하는 사건을 일으킨 것이었다.

왕식은 부임한 이후 곧 이 아군을 숙청했다. 그 숫자가 3천 명이 넘었다. 학살을 피해 민간으로 숨어들어 간 자들에게는 한 달 이내에 자수하면 죄를 묻지 않겠다고 했다. 이에 응한 사람도 있었지만 그대로 숨어서 불온분자가 된 사람도 있었다. 이리하여 서주에서는 당조와 무녕군절도사를 증오하는 씨앗이 뿌려지게 되고 이것이 커다란 동란을 불러오고 만다.

냉대받는 서주(徐州)의 병사

그런데 선종이 사망하고 의종이 즉위한 무렵에 운남에 있던 남조(南詔)가 당조의 지배에서 벗어나 독립했다. 그뿐만 아니라 안남도호부(교주, 현재 베트남의 하노이)에 침공하여 두 차례 이 지역을 점령하는 사태가 발생했다. 이 정세를 심각하게 보고 있던 당조는 남조에 대한 방어력을 강화하기 위해 각지의 병력을 남방으로 보냈다. 서주에서도 2천 명의 병사를 모집하여 지원하게 했다. 이때 왕식의 숙청으로부터 도피해 있던 은도도 등의 잔당도 이에 응하게 되었던 것으로 보인다. 이 2천 명 중에서 800명은 도중의 계주(桂州, 광서장족자치구 계림)에서 수비를 맡았다.

계주, 즉 현재의 계림은 이강(漓江) 연안에 있는 도시다. 그 주변은 카르스트 지형으로 숲처럼 늘어서 있는 기암(奇巖) 풍경은 지금도 많은 사람을 끌어들이는 중국 굴지의 관광지이다. 이강은 남쪽으로 흘러서 곧 주강(珠江)으로 흘러들어 간다. 한편 이강은 계림 북쪽의 분수령 부근에서 진시황 시대에 개착된 영거(靈渠)라는 운하를 통해 상수(湘水)와 연결된다. 상수는 북쪽으로 흘러서 장사(長沙)를 거쳐 동정호(洞庭湖)로 흘러들어 가고 그곳에서 장강으로 흐른다. 즉 계주는 지금의 호남과 광서를 연결하는 교통의 요충지인 것이다.

이 지역의 수비대로 주둔하고 있던 서주의 병사들은

처음에는 3년 뒤에 교대하는 것으로 약속이 되어 있었다. 그런데 그 임기는 지켜지지 않았고 점점 임기가 늘어나더니 결국 6년이나 이 지역에 주둔하게 되었을 뿐만 아니라 또 1년을 연장한다는 이야기가 나왔다. 교대에 많은 비용이 들어간다는 것이 그 이유였다.

본래 서주의 정규 병사로 파견되었던 사람들도, 이전에 군대에서 쫓겨났다가 변경 방위의 임무를 맡게 되어 다시 고향인 서주로 돌아가서 원래의 안락한 군인 생활을 보낼 수 있을 것이라고 생각했던 병사들도, 이 처우에 분노하면서 폭발했다. 그들은 양료판관(糧料判官, 군량 조달을 맡은 관리)인 방훈(龐勛)을 지도자로 추대하고 고향인 서주로 돌아가기로 했다(868년).

방훈의 운명

방훈 등은 고향인 서주로 향해 북상을 시작했다. 도중에 민간에 숨어 있던 은도도의 잔당들이 방훈에 합류했다. 그러나 방훈 등의 목적은 사태를 악화시키지 않고 서주로 돌아가는 것이었다. 그러나 당조는 이를 '반란'으로 간주했기 때문에 양쪽은 충돌하기에 이르렀다.

초기에는 방훈 측이 서주 등 주요 도시를 함락시키는 데에 성공하면서 주변의 회서, 산동, 절강 등지에서 도적들이 연이어 합류하였다. 또한 농민들도 부친이 아들을 격려하고 부인은 남편을 북돋우며 농기구의 끝을 날카롭게 만들어 그것을 손에 쥐고 참가했다고 한다. 처음에는 병사들의 군사 반란이던 것이 이렇게 망명자와 농민 등을 광범위하게 포함하는 동란으로 변해 간 것이다.

그때까지 당조의 가혹한 지배에 고통을 겪고 있던 강회 지역 민중의 에너지 폭발과, 이 지역에 배치되어 있던 번진의 군사적 대비가 약했던 것은 방훈 측에게 유리한 상황이 전개되었음을 뒷받침했다. 그러나 방훈에게는 아쉽게도 앞을 내다보는 재능이 없었던 것 같다. 그는 이 유리한 입장에 있으면서도 당조에 절도사의 지위를 요구했다. 이 시점에서 방훈은 민중 측의 입장에서부터 벗어나고 말았다.

당조는 방훈의 요구를 받아들이지 않고 토벌을 위해 금군의 대장군을 파견했다. 각지의 번진들로부터도 병력을 출동시켰고, 게다가 현재의 산서성 북부에서 유목을 하면서 기마병 전력을 유지하고 있던 사타족(沙陀族)을 동원했다. 한편 방훈은 군사적 대비를 증강하기 위해 부유한 상인들로부터 재화를 받고 농민으로부터는 강제적으로 징병을 하는 상황이었다. 이렇게 되면 당연히 민중으로부터의 지지를 얻지 못한다. 이리하여 방훈이 일으킨 '반란'은 1년 4개월 후에 진압되고 말았다(869년). 그러나 그 잔당들은 하남도의 각지에 잠복하여 도적이 되는데, 그 속에서 당조를 괴멸 상태로 몰아넣는 황소(黃巢)의 대란이 발생하게 된다.

2. '황소의 난'

희종(僖宗)과 전령자(田令孜)

의종이 41세의 나이로 사망하자 환관의 수뇌부는 의종의 다섯 번째 아들로 불과 12세인 이엄(李儼, 태자로 책립되었을 때에 현儇으로 개명)을 옹립했다. 이 사람이 18대 황제인 희종(재위 873~888)이다.

희종의 치세는 14년 반에 이르는데 그 시대의 2/3는 당의 전역을 혼란에 빠뜨린 동란의 시절로 희종은 두 번이나 장안에서 도망치게 된다. 그리고 희종과 행동을 함께

한 사람은 환관 전령자였다.

전령자는 사천 출신으로 의종의 시대부터 내정에 출사(出仕)했다. 희종은 어렸을 때부터 전령자를 대단히 좋아했고 함께 잠을 잘 정도의 사이였다. 그래서 희종은 즉위하자 전령자를 신책군의 호군중위로 등용했다. 아이였던 희종은 전령자를 아버지라고 하면서 정치를 맡겼고, 자신은 새 싸움(鬪鵝)나 경마 같은 유희에 전념하는 상황이었다. 그리고 자신이 좋아하는 궁중의 악인(樂人)과 무희에게는 계속해서 엄청난 포상을 주다 보니 결국 부고가 텅 비어 버리게 되었다. 그러자 전령자는 희종을 꼬드겨서 장안의 동시와 서시의 상인들 재물을 빼앗아서 내고를 채우고 있었다.

왕선지(王仙芝)와 황소

조정이 이러한 상태였던 당시에 사천에서 남조가 침입하여 성도(成都)로 다가오면서 위력을 드러내고 있었다. 그리고 산동과 하남에서는 매년 가뭄이 이어지면서 여름과 가을의 수확도 충분하지 못해 민중의 생활은 극도로 궁핍해져 있었다. 중앙의 관료는 조세를 면제하고 정부의 창고를 개방하여 대처해야 한다는 의견을 상주했다. 그러나 의종 이래 조정에서는 사치와 군사 비용 때문에 재정지출이 늘어나 있었으므로 조세를 엄격히 거두지 않을 수가 없었다.

이러한 상황 아래에서 산동과 하남의 이곳저곳에서 민중들이 들고일어났다. 이를 진압해야 할 관군은 평화가 오래 지속된 탓에 각지에서 패배를 거듭했다. 얼마 후, 희종이 즉위하고 2년도 채 되지 않았을 때에 당을 뿌리부터 뒤흔드는 대란이 산동에서 발생했다. 소금 밀매상인인 왕선지가 들고일어났고(874년) 이어서 황소가 여기에 참가한 것이다(875년).

황소는 지금의 산동성 서남부, 당조의 행정구획으로 말하면 조주(曹州) 원구현(冤句縣, 산동성 하택시荷澤市 서남쪽) 사람이었다. 그의 집안은 부유한 소금 상인이었는데, 황소 자신은 소금의 밀거래에도 손을 대고 있었다고 한다. 그리고 황소는 학문에 소양이 있어 수도로 와서 몇 차례 과거 시험을 치렀지만 번번이 실패했다고 한다. 이 불만이 머지않아 '반란'으로 연결되었던 것이다.

염상(鹽商)과 염적(鹽賊)

 당조를 멸망으로 몰아넣은 계기를 만든 염적인 황소가 실은 부유한 소금 상인 출신이었다는 것은 도대체 어떠한 의미가 있는 걸까?

 본래 당조에서 소금 취급을 허락받은 상인은 염적(鹽籍)에 등록되어 요역(徭役, 209쪽)을 면제받는 이외에 각지에서 부과되는 세금도 면제를 받았다. 그리고 자유로운 이동이 가능하여 막대한 이익을 올릴 수 있었다. 특히 당대의 강회 연안은 소금의 일대 생산지였기 때문에 이 지역의 부유한 농민이나 부유한 상인, 지주와 같은 사람들은 당조의 허가를 얻어 공인을 받은 소금 상인이 되었다. 이를 당시의 사료에서는 '토염상'(土鹽商)이라고 부르고 있다. 그들은 강회의 소금을 취급하면서 다른 지방에서부터 찾아온 상인들에게 소금을 팔기도 했다.

 소금 상인은 소금의 산지에 설치된 관청에 대금(代金)을 지불하고 소금을 수취했다. 이 대금은 소금의 원가와 당조가 정한 세금 액수의 합계였다. 이후에는 소금 상인이 자유롭게 판매할 수 있었고 그것이 상인의 이익이 되었다. 소금을 현금으로 구매하는 민중은 문제가 없지만 그렇지 못한 사람들은 곡물 등으로 대신 대금을 치렀고 혹은 빚을 내서 구매하기도 했다. 소금 상인은 곡물을 다시 팔아서 또 이득을 올렸고, 빚을 갚지 못한 농민으로부터는 토지를 빼앗아서 대토지소유자가 되었다. 한편 몰락한 농민들은 사회의 불온분자가 되어 갔다.

소금의 생산지는 많이 존재하고 있어서 염장(鹽場)을 통제하는 관리들은 업적을 올리기 위해서 많은 상인을 모을 필요가 있었다. 그래서 소금 상인에게 팔 수 있는 소금의 양을 실제보다 늘리거나 혹은 소금의 구입 대금에 현금뿐만 아니라 진귀한 현물을 받는 것도 인정하게 되었다. 이렇게 되면서 당조로서는 겉으로는 그 수입액이 많은 반면에 실제로는 납세되는 액수가 많지 않았다. 전매의 수입 감소라고 하는, 실제로는 곤궁해지는 현상이 일어나게 되었던 것이다.

그 결과, 당조는 소금의 유통 관리를 강하게 통제하지 않을 수 없었다. 또한 각지의 번진도 진봉을 위한 재물을 염출하고자 하면서 자신의 영역 내부를 통과하는 소금 상인들에게 세금을 받게 되었고, 소금을 관리하는 관청도 소금 상인들에게 가혹한 주구(誅求)를 시행하게 되었다. 이리하여 몰락하는 소금 상인들이 나타나기 시작했다. 당연히 소금 상인들은 더욱 큰 이익을 찾게 되었고, 혹은 당조의 수탈로부터 스스로의 재산을 지키기 위해 사염(私鹽)을 취급하게 되었다. 사염의 입수는 앞서 살펴보았듯이 몰래 유출된 소금 이외에, 이후에 서술하는 것처럼 강탈한 소금도 있었다. 당조는 이러한 자들을 '적'(賊)이라고 불렀다.

당조는 전매 수입을 지키기 위해서 사염을 모으는 '적'들을 철저하게 단속하지 않으면 안 되었다. 한편 염적 무리는 이에 대항하여 무장을 하고 저항했다. 황소는 임협(任俠)을 좋아하여 '망명한 무리'(당시 사회에 수용되지 못한 사람들)들을 돌보아 주었다고 하는데, 이는 밀매할 소금을 모으기 위한 대비책이었던 것이다. 밀매할 소금을 모으는 상인들은 네트워크를 만들어서 서로 정보를 공유했다. 이것이 중국 사회 특유의 비밀결사의 연원이 되었다고 한다. 왕선지나 황소는 이러한 사람들과 한패였던 것이다.

강적(江賊)

이러한 '적'(賊)의 활동이 두드러지기 시작하면서 마침내 중앙정부에 보고된 것은 '황소의 난'보다 이전인 무종의 시대의 일이었다.

당시 장강 유역에 있던 지주(池州, 안휘성 서남부. 선흡관찰사의 관할 영역)의 장관 두목(杜牧)이 강회 지역을 도적 무리가 습격하여 막대한 손해가 났다는 사실을 보고했다. 이 도적 무리는 '강적'이라고 불리는데 두 개의 집단이 존재했다. 하나는 대운하 연안의 여러 주(호주濠州·박주亳州·서주徐州·사주泗州·변주汴州·송주宋州)를 근거지로 삼아 장강 하류 유역을 습격하고 있던 집단이고, 또 하나는 회수 상류의 여러 주(허주許州·채주蔡州·신주申州·광주光州)를 근거로 삼아 장강 중류 유역을 습격하고 있던 집단이었다.

강적들은 20명에서 30명, 많을 때는 100명을 넘는 인원으로 도당을 조직하여 2~3척의 배에 나누어 타고 장강 중류와 하류 유역으로 와서 여상(旅商)들을 죽여 재물을 빼앗거나, 혹은 장강 연안의 농촌 등지에 개방되어 있던 비공식적 정기시장(초시草市)을 습격하여 재물을 강탈했다. 그 재물을 가지고 찻잎의 생산지가 있는 산에 들어

가서 강탈한 재물을 차와 교환하여 고향으로 가지고 돌아와서 전부 팔았다고 한다. 두목의 보고에서 강적의 활동은 문종의 시대부터 보이고 있다고 서술되어 있다.

당 제국 시대에는 민중 사이에서도 차를 마시는 풍습이 확산되어 유명한 육우(陸羽)의 『다경』(茶經)은 '안사의 난' 무렵에 서술되었다고 한다. 또한 '차'라고 하는 글자가 이른바 '다도'(茶道)를 의미하는 것으로 정착한 것도 당 제국 시대였다. 그러한 민중의 풍습도 배경이 되어 당조가 차에 세금을 부과하자 차를 비공식 경로로 팔게 되면 큰 이익이 남게 되었던 것이다.

강회 지역에서 이러한 '도적 무리'의 활동은 선종의 치세에 더욱 활발해졌고, 차는 물론이고 소금까지도 손에 넣어 판매했다고 한다. 강회를 습격한 '도적 무리'의 근거지는 바로 왕선지와 황소의 출신 지역과 가깝다. 또한 이 지역들은 당 후반기에 평로와 회서라고 하는, 당조를 받들지 않는 번진이 지배하는 공간이기도 했다. 그러한 반측(反側)의 기풍도 왕선지, 황소와 같은 자들을 탄생시키는 요인이었을지 모르겠다.

유적(流賊)

  그러면 이야기를 왕선지와 황소의 난으로 돌려보자. 왕선지는 처음에 3천 명 정도를 데리고 들고일어났고, 황소가 수천 명을 데리고 여기에 합류했다. 그리고 하남도의 15개 주를 잇달아 황폐화시키면서 갑자기 수만 명의 집단으로 세력이 불어났다. 그들은 관군과 싸우면서 남쪽의 강회를 향해 나아갔다. 이 '반란'을 토벌하라는 명령을 받은 절도사들은 "반란군을 타파해도 은상(恩賞)을 주기는커녕 때로는 벌을 내리기도 한다. 그러니 도적 무리의 세력을 내버려두는 것이 제일이다. 그들이 천자가 될 때에는 공신의 반열에 들어갈 수도 있기 때문이다"라며 추이를 지켜보면서 결정하는 사람도 있었다.

  머지않아 왕선지와 황소는 다툼이 있어 갈라지게 되었다. 왕선지는 하남을, 황소는 산동을 황폐화시켰다. 그 이후 왕선지가 관군에 격파되어 참수되자 그 잔당이 황소에게 합류했다. 황소의 군대가 항상 관군에게 승리를 거둔 것은 아니었다. 이곳저곳에서 패배도 당했다. 그래서 장강을 남쪽으로 건너서 절강으로 향했다. 이곳은 관군이 허술하게 배치되어 있었지만, 각지에서 자경단(自警

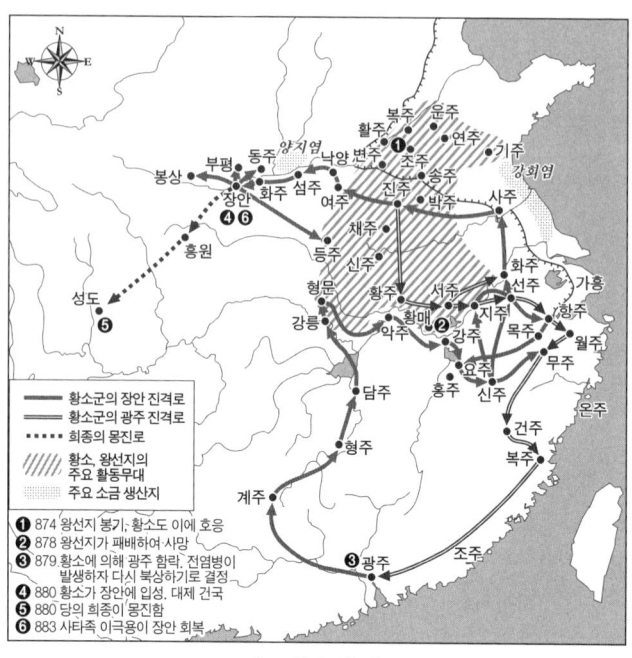

6-2 황소의 난

團)이 저항을 하고 있었기 때문에 황소는 산을 넘어 복건으로 나아갔고, 이어서 광주를 공격하여 함락시켰다(879년). 한문 사료에서는 상세한 정보를 확인할 수 없지만, 이슬람 사료에 따르면 이때 광주에서 살고 있던 중국인 이외에 12만 혹은 20만에 달하는 이슬람교도, 기독교도, 유대교도, 조로아스터교도들이 살해되었다고 한다(6-2).

당시의 광주는 남해 교역의 최대 창구였고, 이미 현종

의 시대에 해외 교역을 감독하는 시박사(市舶司)가 설치되어 있었다. 광주 지역에는 아랍계나 이란계의 무슬림 상인 이외에 인도계, 말레이계의 상인이 교역에 종사하고 있었다. 앞서 서술했듯이 살해된 외국인의 숫자와 종교를 확실히 알 수 있는 것은 당조가 종교와 신앙을 함께하는 외국인 거류자를 각각 분리시켜 거주하게 했기 때문이라고 이슬람의 기록자는 전하고 있다.

그리고 황소의 공격으로 광주 지역의 뽕나무밭도 파괴되었다. 그 결과, 견직물의 생산량이 격감하여 남해 교역이 일시적으로 중단되었다고 한다. 아마도 그뿐만 아니라 황소에 의한 외국 상인의 학살도 큰 영향을 끼쳤을 것이다. 이로 인해 '황소의 난'도 중국 국내에서 완결된 사건으로 간주하지 말고, 이 시기 동서 교류와 유라시아 세계를 시야에 넣어서 이해할 필요가 있다.

왕선지가 들고일어나고 황소가 광주를 함락시키기까지 4년여에 걸친 이 동란의 특징은 북중국에서부터 남중국까지 대대적으로 이동을 하면서 닥치는 대로 각지를 파괴하여 큰 목표도 없었고 거점을 마련하지도 않았다는 점이다. 이는 하남과 산동의 경계에서 발생하는 열대기후압이 각지를 돌아다니면서 계속 전전(轉戰)하다가 점차 거대한 태풍으로 성장하는 것과 같은 모습이었다. 그 성장이라는 것은 말할 것도 없이 당조에 대해 불만을 가진 유망(流亡) 농민들이 참가하여 황소군의 세력이 눈사람이 커지는 것처럼 불어났던 일이다. 이러한 황소의 움직임을 나이토 코난은 '유적의 원조'라고 불렀다.

황소, 북상하다

그런데 황소는 당조에 광주절도사의 지위를 요구했지만 거절을 당했다. 그래서 황소는 수도 장안의 탈취를 선언하면서 확실히 당조와의 대결 자세를 드러냈다.

이러한 상황에서 광주에 있던 황소의 군중에 전염병이 유행하여 30~40%의 병사가 사망했다. 이를 계기로 황소는 장안을 향해 진군을 시작했다. 광주에서 단숨에 북상하여 장강 중류 유역을 건넜을 때에 당조 군대에 격파되었기 때문에 장강을 따라 내려가면서 절강으로 들어갔다. 이때 당조의 번진(藩鎭) 연합군은 장강 북쪽에 방위선을 배치하고 있었고, 그 총대장군이 공적을 독점하고자 황소군의 평정이 임박했다고 상주하여 배치한 진영을 해체하고 말았다. 황소는 이 기회를 놓치지 않고 곧바로 장강을 북쪽으로 건넜다. 이제 곧 당조와의 결전을 벌이게 된다. 이때 황소는 솔토대장군(率土大將軍)이라고 칭했다. 솔토란, 지상의 모든 것이라는 의미이다. 황소는 이제껏 같은 약탈을 행하지 않고 군대의 질서를 정비하여 북진했고 마침내 낙양을 함락시켰다.

이 정보가 조정에 전해지자 19세가 된 희종은 두려워하며 눈물만 흘릴 뿐이었다. 재상들은 곧바로 신책군을 출동시켜 동관(潼關)을 지켜야 한다고 진언했다.

그런데 당시 신책군의 병사들은 모두 장안의 부유한 가문의 자제들이 환관에게 뇌물을 주고 군적(軍籍)을 구매한 패거리들이었다. 그들은 황제에게 사여(賜與)를 받고, 화려한 군장을 입고 말을 질주시키는 것만이 목적이어서 신책군에 적을 두고 있는 것에 불과했다. 출정하라는 명령을 들은 그들은 부모와 자식이 함께 울기만 했고, 급기야 병방(病坊, 관에서 운영하는 요양소) 사람이나 가난한 자를 돈을 주고 고용하여 군역을 대신하게 하는 상황이었다. 무기도 지니지 못한 사람들이 장안 방어를 위해 동관으로 보내졌지만 쓸모가 있을 리가 없었다. 황소는 동관을 돌파하여 순식간에 장안으로 다가왔다.

전령자는 패배의 책임이 자신에게 올 것이 두려워 다른 자에게 죄를 뒤집어씌우고, 신책군 5천 명과 함께 희종을 받들고 장안을 탈출했다. 전령자는 이전부터 촉(蜀)으로 도망치려는 계획을 세우곤 친형을 서천절도사로 삼았다. 이렇게 희종은 성도로 달아나는 도중에 조서를 내려 각지의 번진에게 출병하여 장안을 회복하라고 명했다.

장안 입성, 피의 강이 흐르다

한편 황소는 황금으로 만든 가마에 타고 화려하게 치장한 호위병과 많은 기병을 따르게 하여 행렬을 이루어 장안에 입성했다. 그리고 대명궁 정문 위의 단봉루(丹鳳樓)에 올라서 사면의 문서를 내리고 국호를 대제(大齊)로 정하였으며 금통(金統)으로 연호를 바꾸었다(880년).

'제'는 황소의 고향인 조주(曹州)를 포함한 산동의 옛 명칭이다. 연호를 '금통'이라고 한 것은 당조는 토덕(土德)의 왕조이고, 오행사상(오행상생설)에서는 토덕에서 금덕(金德)이 생긴다는 것과 연관된 것이라고 한다. 이와 관련하여 황소가 병력을 일으키기 전에 '금색의 두꺼비가 싸우면서 화가 난 눈을 가지게 되었고, 조주를 쓰러뜨려 천하는 배반했다'라는 노래가 유행했는데, 이것도 같은 문맥으로 설명할 수 있다.

이때 당의 연호는 '광명'(廣明)이었는데 이는 바로 황소가 천하를 취한다는 예언이라고 말하는 사람도 나타났다. 왜냐 하면 이 연호는 '당'(唐)이라는 글자에서 '사'(⺊)와 '구'(口)를 빼고 황소의 '황'(黃)을 넣은 '광'(廣)과 '명'(明), 즉 해와 달을 나타나게 하여 '황씨 집안의 해와 달이 된다(황소의 천하는 해와 달과 같이 밝아진다 혹은 황소가 성인이다)'를 의미하는 상서(祥瑞)라는 것이다. 완전한 억지지만 혼란한 사회에서는 진실처럼 보였을지도 모르겠다.

실제로 장안 점거는 순조롭게 진행되었다. 조정에서는 3품 이상의 고관은 배제되었지만 4품 이하의 관료는 원래의 직위에 머무르게 되었다. 그리고 황소의 병사들은 파산한 농민이나 도적 무리 출신이 많아 가난한 자를 보면 재물을 베풀어 주었다고 한다. 그런 반면에 관리를 몹시 증오해서 닥치는 대로 살해했다. 그런데 여기에 일반 민중까지 휘말리게 되면서 거리에 도착하면 사람이 살해되었는데, 황소는 이를 중지시키지 못했다.

이러한 상황에서 당조 측의 번진 군대가 황소의 군대

를 격파하고 일단은 장안을 탈환하는 데에 성공했다. 그러나 번진 군대의 병사들은 장안성 내에서 약탈을 행했고 이에 편승하여 성내의 무뢰배 소년들도 도둑질을 하는 등 무법적 상태에 빠졌다. 한편 황소는 이 틈을 타서 번진 군대를 격파하고 장안을 다시 점령했다. 이때 앞서 관군을 맞아들였다는 이유로 8만 명의 장안 주민들을 살육했다. 이로 인해 엄청난 피가 강처럼 흐르면서 장안의 거리를 씻어 내리듯이 흘렀기 때문에 이를 '세성'(洗城)이라 했다고 사료는 전하고 있다.

그러나 황소 군대와 번진 군대의 거듭되는 교전으로 인해 황소 군대의 세력은 점차 힘을 잃어 갔다. 그러한 와중에 장안의 동쪽에서 수비를 하던 황소 군대의 대장인 주온(朱溫, 훗날의 주전충朱全忠)이 당조에 항복했다. 그러나 번진 군대의 공세와 황소 군대의 일부 부장의 항복만으로는 황소를 완전히 타파하여 장안을 회복하기에는 당조의 힘이 부족했다. 그래서 특별히 선발한 사람이 사타족(沙陀族) 이극용(李克用)이었다.

사타족

　사타족은 본래 천산 북쪽 기슭의 초원에서 유목을 하던 투르크계 종족으로 알려져 있다. 처음에는 서돌궐의 지배 아래에 있었는데, 고종의 시대에 당이 서돌궐을 멸망시키자(제2장) 사타족은 때로는 당조에, 때로는 티베트 제국에 복속하게 되었다. '안사의 난' 때에는 당조의 군대로 참전했는데, 훗날 덕종의 시대에는 티베트 제국에 복종했고 위구르 제국과의 북정(北庭) 쟁탈전에 참가했다(제4장). 이때 티베트 제국에 의해 신강(新疆)의 옛 지역으로부터 동쪽의 감주(甘州, 감숙성 장액시張掖市)로 옮겨졌다.

　사타족의 수령은 본래 '사타' 성씨의 일족이었다. 그러나 헌종의 시대에 사타족은 티베트의 지배를 벗어나 당조로 귀순하려 했을 때 티베트 군대의 추격을 받아 사타 성씨의 수령이 사망했다. 그를 대신해 사타의 수령이 된 사람은 '주야'(朱邪) 성씨의 인물이었고 그 인물이 이극용의 조부였다. 당조에 귀순한 사타족은 처음에는 오르도스에 배치되었다가 머지않아 대북(代北, 산서성 북부)으로 이동했다.

　현재 산서성의 성도인 태원(太原)에서 북쪽으로 가면

대현(代縣)이라는 작은 도시가 있다. 이곳이 당대의 대주(代州)이다. 대주의 북쪽에는 산이 줄지어 위치해 있는데 여기에 안문관(雁門關)이 있다. 여기를 넘으면 대동분지(大同盆地)가 나오고 초원 세계로 연결된다. 이곳을 대주의 북쪽, 즉 대북이라고 불렀고 당의 시대에는 운주(雲州, 산서성 대동시)와 삭주(朔州, 산서성 삭주시)가 위치해 있었다. 이 일대는 농경 세계와 유목 세계가 교차하는, 이른바 농목 경계 지대이다. 농경지도 있고 유목이 가능한 초원도 펼쳐져 있다(5-3).

대동분지로 이주한 사타족은 이곳에서 유목 생활을 계속해 나갔고, 기마전력을 유지했다. 당조는 이 사타의 기마전력에 주목하여 여러 차례 이들을 이용했다. '방훈의 난' 때에도 사타족이 기용되어 이극용의 부친인 주야적심(朱邪赤心)이 진압에 공적을 올렸다. 그로 인해 주야적심은 당조로부터 황실의 성씨인 이씨와 국창(國昌)이라는 이름을 하사받고 이후 사타족의 수령은 이씨 성을 칭하게 되었다. 그러나 이러한 당조의 우대가 사타족을 성장시키게 했던 것일지도 모른다. 사타는 점차 당조의 통제로부터 벗어나는 기색을 보이고 있었다.

마침 그 무렵에 황소가 거병하여 중국 전역을 대혼란

에 빠뜨렸다. 당시 이국창의 아들 이극용은 운주의 동쪽에 있는 울주(蔚州, 하북성 울현蔚縣)를 수비하고 있었는데, 바로 이 기회에 편승하여 당으로부터 자립하고자 운주를 점거하는 행동에 나섰다. 당조는 하남의 황소 이외에 대북의 사타에도 대응하지 않으면 안 되었다.

그래서 당조는 유주절도사에게 조서를 내려서 대북으로 이동해 있던 선비족 계열의 토욕혼과 함께 이극용을 토벌하게 했다. 이때 이극용 측도 굳건하게 단합이 되지는 않았던 것 같다. 사타족 내부에 분열이 있었고, 게다가 대북에 있던 소그드계 돌궐(육주호. 덕종의 시대에 토번의 압박을 받아 오르도스에서 대북으로 이동했다)도 당조 측에 가담했기 때문에 이극용은 패배하여 몽골리아 남부에 있던 몽골계 유목 집단인 달단(韃靼)으로 망명했다. 이때 마침 황소가 장안을 향해 진격했고, 하남을 통과하고 있었다.

이극용, 용서를 받다

황소가 장안을 점거하자 각지의 절도사와 유력자들은 당조에 협력하여 장안을 회복하고자 했다. 대북에 파견된 감군사 진경사(陳景思)도 그중 한 사람이었다. 그는 사타와 소그드계 돌궐, 토욕혼을 규합하여 장안 탈환을 계획했다. 그러나 여전히 병력이 충분하지 않아 병사를 모집했고, 다양한 유목계 여러 집단이 급히 참여하여 3만에 달하는 군단으로 불어났다. 하지만 이렇게 잡다한 군단들을 통솔할 수 있는 인물이 없었기 때문에 달단으로 망명해 있던 이극용을 불러 돌아오게 했다. 이에 응하여 당조도 이극용의 죄를 용서했다. 이극용에게는 유목계 집단들을 통솔할 수 있는 카리스마가 있었다. 이리하여 대북의 유목계 여러 집단은 이극용의 휘하에 하나로 통합되어 장안 회복의 군대를 일으켰던 것이다.

한쪽 눈이 애꾸가 되어 작아지면서 '독안룡'(獨眼龍)이라고 불리던 이극용은 자신이 이끄는 군대의 군장을 검은색으로 통일했다. 그래서 이극용의 군대는 '아군'(鴉軍, 까마귀 부대)이라고 불리는 두려운 존재였다. 이극용의 군대는 단숨에 관중으로 진입하여 황소의 군대를 흩어 놓았고 장안을 탈환하는 데에 성공했다. 이 공적으로 이극용은 하동절도사 직함을 받았다.

황소가 장안을 점거한 기간은 거의 30개월이었다. 마지막에는 궁전에 불을 지르고 도망치면서 미리 준비해 둔 도주 경로를 따라 이동하여 남산(진령산맥)으로 도피했다. 이를 추격한 관군은 황소의 군대가 길에 뿌려 놓은 진귀한 보물을 탈취하고 있었기 때문에 그 틈을 타서 황소는 도망칠 수 있었다. 황소는 하남의 남부로 멀리 달아났고, 이 지역의 채주에 근거지를 두고 있던 진종권(秦宗權)을 항복시키고 이곳에 자리를 잡았다. 장안을 버리고 도망친 황소였지만 그 세력은 아직 충분한 강력함을 보유하고 있었다.

그런데 채주의 동쪽에 위치한 변주(汴州)에서는 원래 황소의 부장이었다가 당에 항복한 주전충이 있었다. 그러나 그와 다른 절도사들로는 황소의 세력에 맞설 수가 없었다. 그래서 장안을 회복한 이후에 태원으로 돌아가 있던 이극용에게 다시 구원을 요청했다. 황소가 변주로 접근했을 때에 급히 달려온 이극용이 이를 여지없이 격파하면서 황소의 군대는 거의 괴멸 상태에 빠졌다.

한편 황소를 격파한 이극용은 병사도 말도 모두 지치고 식량도 떨어졌기 때문에 변주로 되돌아갔다. 이를 맞이한 주전충은 이극용을 성안으로 들여 주연을 마련하며 정중하게 위로했다. 이때 이극용이 29세였다. 술에 취해 말투와 태도가 매우 무례해지자 이것이 이극용보다 나이 많은 주전충의 기분을 상하게 했다고 역사서는 전하고 있다. 혹은 황소를 격파한 이극용의 공적을 주전충이 질투한 것일지도 모른다. 주전충은 술에 만취한 이극용을 암살하려고 했다. 갑작스러운 일로 이극용 일행이 돌연 피의 제물로 바쳐지게 된 것이다. 이극용은 친위대의 보호로 겨우 변주성을 탈출할 수 있었지만 반격을 하지 못하고 본거지인 태원으로 돌아왔다.

동란의 종언

이극용에게 패배한 황소는 산동의 태산 부근에 있는 낭호곡(狼虎谷)이라고 하는 곳까지 달아났고, 마침내 어떻게도 할 수 없는 상황이 되자 죽음을 선택했다. 스스로 목을 베었지만, 몸통에서 머리가 분리되지 않아 조카가 그의 목을 베었다고 한다. 그 조카도 참수되었고, 황소의 머리와 함께 희종이 몽진해 있던 성도에 바쳐졌다(884년).

이때 황소에 의해 납치된 당조의 후궁 여성들도 성도로 되돌아왔다. 희종은 "너희들은 명문 집안의 딸로 이때까지 계속 당의 국은(國恩)을 받아 온 사람들인데 어째서

도적을 따라간 것인가?"라고 질문했다. 그러자 그중 한 사람이 "폐하께서는 국가에 100만이나 되는 군대가 있음에도 불구하고 종묘를 지키지도 못하고 도성을 버리고 사천으로 달아나지 않으셨습니까? 지금 폐하는 그 책임을 여자에게 덮어씌우고 대신과 장군들을 용서하는 것은 어떤 이유이십니까?"라고 대답했다. 이를 들은 희종은 과연 아무런 반박도 말할 수 없었다고 한다. 이 여성들은 모두 성도의 시장에서 처형되었다. 사람들은 그녀들을 위로하고자 앞 다투어 술을 주었다. 많은 사람들은 슬픔과 두려움이 극에 달하여 의식을 잃을 정도로 술을 마시고 취했지만, 희종에게 항의한 그 여성만은 술을 마시지 않고 울지도 않으며 숙연한 채로 처형을 당했다고 한다.

3. 당의 멸망

희종, 도성으로 돌아오다

희종은 수도가 함락되고 4년 만에 장안으로 돌아올 수 있었다(885년). 그러나 전란으로 황폐해진 도성은 가시나무가 우거져 있었고 여우와 토끼가 돌아다니는 모습이었다. 마음이 상한 희종은 천하에 대사면령을 내리고 광계(光啓)라는 새 연호로 바꾸면서 당조의 재건을 목표로 삼고자 했다.

그런데 10년에 달한 '황소의 난'은 수도의 모습을 변화시킨 것만이 아니었다. 각지의 번진에서는 장군이 절도사를 죽이거나, 조정의 임명을 기다리지 않고 멋대로 절도사를 칭하면서 자립하고 있었다. '황소의 난'이 일어나기 전, 당조가 번진을 통제하는 체제는 무너지고 말았다. 그 결과 당조의 위령(威令)이 이른 곳은 겨우 관중과 감숙의 동부, 사천, 광동 등 수십여 주에 불과했다. 그리고 조세를 거둘 수 있었던 곳은 수도와 그 주변 몇 개 주뿐이었다.

두 번째 몽진

이때 외조의 관료와 내조의 환관을 합하면 1만여 명의 관원이 있었고, 게다가 전령자가 사천에서 모집하여 신책군에 새롭게 편성한 54,000명의 병사가 있었다. 환관의 권력 기반인 신책군 병사의 급여 지급이 지체되면서 그들의 이반을 초래하지 않을 수가 없었다. 자신의 권위를 강화할 필요가 있었던 전령자의 입장에서 신책군 병사들의 급여를 계속 지불하는 것은 절실한 문제였다. 그래서 그가 눈을 돌린 것이 하동의 소금이었다.

하동, 즉 현재 산서성의 서남쪽에는 당 제국 시대에 포주(蒲州, 산서성 영제시永濟市)가 위치했고 그 휘하에 해현(解縣)과 안읍현(安邑縣)이 있었다. 두 현에는 염지(鹽池, 당대의 명칭은 양지兩池. 훗날의 해지解池이다)가 있어 예전부터 소금의 산지로 유명했다. 본래 소금의 전매는 탁지사와 염철사의 직무였지만 당 말기가 되면 지방의 절도사들이 이를 좌우지했다. 양지의 소금 전매를 독점하고 있던 사람은 하중절도사(회부는 하중부(포주蒲州))의 왕중영(王重榮)이었다. 그는 본래 하중절도사의 장수였는데, 황소의 난이 진행되던 중에 절도사까지 올라간 인물로 이극용과 함께 장안을 황소로부터 회복한 공적도 있었다.

전령자는 하동 소금의 전매 권한을 중앙으로 되돌리자고 희종에게 상주했고, 직접 양지권염사(兩池權鹽使)가 되어 소금의 이익을 손에 넣고자 했다. 그러나 왕중영이 이를 따를 리가 없었다. 전령자는 왕중영을 다른 번진으로 이동시키려 했기 때문에 두 사람은 대립하게 되었고, 그

당의 대력 연간에 창건된 양지의 지신묘

지신묘에서 본 양지(해지)

래서 왕중영은 이극용에게 도움을 요청했다.

이극용도 당조에 원한을 품고 있었다. 그는 자신이 황소의 마지막 숨통을 끊은 최대의 공적을 올린 사람인데도 주전충에 의해 암살될 뻔하고 그 공적을 주전충에게 빼앗겼기 때문이다. 그리고 하중절도사 왕중영이 토벌되면 그 북쪽에 있는 자신이 다음 표적이 될 것이라는 점도 이극용은 감지하고 있었다.

전령자는 실력 행사를 호소하면서 봉상절도사인 이창부(李昌符)와 빈녕절도사(邠寧節度使, 회부는 빈주(邠州, 섬서성 빈주시彬州市))인 주매(朱玫)에게 왕중영 토벌을 명령했다. 이에 대해 왕중영의 구원 요청을 받은 이극용은 군대를 이끌고 관중으로 침공했다. 과연 사타의 군대는 강했다. 봉상의 군대와 빈녕의 군대를 격파하고 장안으로 진격했다. 매우 당황한 전령자는 희종을 받들고 또 다시 수도를 탈출하여 장안의 서쪽에 있는 봉상으로 향했다. 게다가 떠나기 싫어하는 희종을 납치하는 형태로 남쪽의 흥원부(興元府)까지 달아났다. 희종의 장안 체재는 불과 11개월이라는 짧은 기간이었다.

당연히 전령자의 죄를 물어야 한다는 목소리가 여기저기에서 나왔다. 그래서 그는 책임에서 벗어나고자 추밀

사이던 환관 양복공(楊復恭)을 좌신책군 호군중위로 삼고, 자신은 형이 절도사를 역임하고 있는 서천의 감군사가 되어 서둘러 촉으로 도망치는 상황이었다. 덧붙여서 이후에 전령자는 그를 아버지로 존경하고 있던 왕건(王建)이라는 무장에 의해 살해되는 운명을 맞이했다. 왕건에 대해서는 뒤에서 살펴보게 될 것이다.

희종 시대의 종언

이극용과 싸운 이창부와 주매는 전령자가 희종을 데리고 도성을 빠져나갔다는 것을 듣자 혼란에 휩싸였다. 이대로 전령자와 손을 잡고 이극용과 싸울 것인가? 아니면 이극용과 손을 잡아야 하는 것인가? 고민 끝에 주매는 숙종의 현손(玄孫)인 이온(李熅)을 황제로 세우고 장안에 입성했다. 한때는 천하의 여러 번진의 절반 정도가 이를 지지했다고 한다. 그러나 주매와 이창부는 어느 쪽이 주도권을 장악할지를 놓고 사이가 틀어지면서 각자의 길을 걷게 되었다.

새 황제를 옹립한 주매는 이극용과의 관계 회복을 유

리하게 진행시키고자 했다. 그러나 이극용은 이를 받아들이지 않고 주매를 토벌하기 위한 병사를 출격시켰다. 홍원에 있던 양복공도 주매의 머리를 취하는 자에게 포상을 내리겠다는 격문을 관중으로 보냈다. 그래서 주매는 부하인 왕행유(王行瑜)에게 배신을 당해 참수되었다. 이온은 하중절도사 왕중영의 휘하로 달아났다가 그곳에서 붙잡혀 살해되었다.

이리하여 희종은 수도로 돌아가려고 했지만 이번에는 봉상에 있던 이창부가 희종을 붙잡았고, 자신의 세력이 미치는 곳으로 맞아들였다. 희종을 끼고 유리한 입장을 구축하고자 했을 것이다. 그러나 이창부가 봉상의 길거리에서 신책군의 부장과 다툼을 벌인 것을 계기로 봉상의 군대와 신책군의 충돌로 발전했다. 그 전투에서 격파된 이창부는 봉상의 서쪽에 있는 농주(隴州, 섬서성 농현隴縣)로 달아나는 처지가 되었다가 그곳에서 살해되었다. 여기에서 공적을 올린 신책군의 장군 이무정(李茂貞)이 봉상절도사가 되었다.

봉상에 있던 희종은 머지않아 병을 얻었고, 장안으로 돌아왔지만 불과 2주 만에 병이 악화되면서 세상을 떠났다(888년). 향년 27세의 젊은 나이였다.

소종(昭宗)과 양복공

희종이 사망하자 환관 양복공이 희종의 동생이자 의종의 일곱 번째 아들인 이걸(李傑, 즉위할 때에 민敏으로 개명. 이후에 엽曄으로 개명)을 황제로 옹립했다. 당시 22세였다. 그가 소종(재위 888~904)이다. 소종은 형의 시대에 당조의 위령이 시행되지 않게 된 것을 한탄하고, 옛날과 같은 강력한 당 왕조를 회복하려는 의사를 가지고 있었다. 또한 환관을 상당히 증오했다.

소종에게 양복공은 자신을 황제로 옹립해 준 은인이었다. 그 반면에 양복공은 숙위 병사를 통솔하면서 조정에 참견하여 많은 가짜 아들(假子)을 절도사나 자사로 삼았고, 환관의 아들들을 양육하여 각지에 감군으로 보내는 등 절대적인 권력을 휘두르는 눈엣가시와 같은 존재이기도 했다.

소종은 양복공의 힘을 약화시키기 위해 그를 봉상의 감군사에 임명해서 장안에서 밀어내려고 했다. 그런데 그것이 마음에 들지 않던 양복공은 재빨리 은퇴하여 장안에 계속 머물렀다. 이때에 양복공이 양자에게 보낸 편지에 소종의 처사에 대해서 '문생(생도)에 불과한 천자가 계책을 정하는 국로(國老, 황제를 옹립한 국가의 중신. 즉, 환관을 가리킨다)를 은퇴시켰다'는 불손한 말을 남겼다. 절대적인 권세를 과시하던 당 말기의 환관의 자신감이 드러나는 말이다.

그러나 그런 양복공도 모반의 혐의를 받게 되자 장안에서 탈출하여 흥원부로 달아났고, 이후 봉상절도사 이무정에게 공격을 받고 각지를 전전하며 도망치는 처지가 되었다. 그러다 결국엔 사로잡혀 마침내 장안에서 처형되고 말았다. 그러나 환관 그 자체의 세력은 그대로 남아 있었으므로 그 이후 당조가 멸망할 때까지 운명의 대결은 계속되었다.

이무정과 이극용의 대립

내부에서 환관의 폐해를 안고 있던 당조에는 외부에서도 방심할 수 없는 상대방이 많았다. 그중에서 장안 주변의 작은 번진인 봉상의 이무정과, 주매를 참수한 공적으로 빈녕절도사가 된 왕행유, 그리고 장안 동쪽의 진국군절도사(鎭國軍節度使, 회부는 화주(華州, 섬서성 위남시渭南市 화주구華州區))인 한건(韓建), 이 3명이 서로 함께하면서 중앙의 중직을 요구하거나 신책외진군(神策外鎭軍)의 지배권을 요구하는 등 까다로운 존재였다. 한건은 촉 지방에 근거를 두던 왕건과 같은 허주(許州) 사람으로, 처음에는 진종권(秦宗權)의 군대에 있었지만 이후에 촉으로 향했고, 전령자에 의해 신책군의 장군으로 등용되어 이후에 화주자사가 된 사람이었다.

우연히 해지(解池)의 소금에서 나오는 권익을 장악한 하중절도사 왕중영(王重盈, 왕중영王重榮의 형)이 사망하자 그의 아들과 왕중영(王重盈)의 형의 아들이 상속을 둘러싸고 분쟁을 벌였다. 전자는 이무정 등에 의지하고 후자는 이극용에게 원조를 요청했기 때문에 두 세력의 대립은 선명해졌다.

이렇게 혼잡한 상황을 틈타 이무정, 왕행유, 한건은 정예 병력 수천 명을 이끌고 장안으로 향했고, 평소 비위에 거슬린 재상이나 환관을 살해하고 종국엔 소종을 암살하는 쿠데타를 일으키려고 했다. 그런데 이극용이 태원에서 병력을 일으켰다는 소식을 듣고 쿠데타를 중지하고 이극용의 남하에 대비했다.

이극용이 수도에 접근해 오자 장안은 대혼란에 빠졌다.

이때 북아금군은 좌삼군(신책, 용무, 우림)과 우삼군으로 불렸고, 각각 왕행유와 이무정이 좌지우지하고 있었다. 두 군대는 각각 소종을 받들고 몽진하고자 장안성 내부에서 다투다 결국 궁문에 불을 지르는 상황이 되고 말았다. 두 군대에 의해 납치될 것이 두려워 소종은 신책군 병사들을 호위로 삼아 장안의 남쪽의 종남산(終南山)으로 달아났다. 수십만이 넘는 민중이 소종과 함께 도망치다가 열사병 때문에 1/3이 사망했고, 밤이 되어 도적들의 습격을 받게 되자 울음소리가 계곡에 울려 퍼졌다고 한다.

관중으로 진군한 이극용은 소종을 맞이하여 장안으로 귀환시키는 한편, 왕행유를 공격하며 그를 몰아붙였다. 근거지인 빈주에서 달아난 왕행유는 결국 부하에게 살해되어 그 머리가 궁정으로 바쳐졌다. 기회를 잡은 이극용은 이무정에 대한 토벌을 요청했지만 사타의 세력 확대를 꺼려한 조정에서 이를 허락지 않았다. 이리하여 이극용은 태원으로 돌아가고 이무정은 다시 원래대로 오만하게 굴며 횡포를 자행했다.

금군 재건의 실패

 장안으로 돌아온 소종은 신책군 이외에 새롭게 금군을 두어 제왕(諸王)에게 이 금군을 거느리게 하고자 했다. 그러나 이는 이무정을 자극하게 된다. 자신이 토벌되는 것이 아닌지 의심을 한 이무정은 장안으로 병력을 진격시켰다. 소종은 다시 장안을 탈출하여 태원의 이극용에게로 달아나려다, 도중에 화주에 있는 한건에게 가로막히게 되었다.

 장안에 입성한 이무정의 군대는 황소의 난 이후에 계속 재건되고 있던 장안의 궁전과 거리를 다시 파괴했다. 한편 소종을 맞이해서 들어온 한건은 새 금군의 지휘권을 제왕에게서 빼앗고 새 금군마저 해산시켜 버렸다. 그리고 왕들이 한건을 암살하고 소종과 함께 하중으로 이동하려 했다는, 있지도 사실을 날조하여 그들을 모조리 살해해 버렸다. 이렇게 당조 권위의 상징이랄 수 있는 장안을 파괴하고 황제를 지켜야 할 친위군을 일소하는 것에 성공한 이무정과 한건이지만, 두 사람은 유감스럽게도 천하에 호령을 내릴 만한 실력이 따라오지는 못했다.

주온에서 주전충으로

그런데 황소에서 벗어나 당에 귀순한 주전충은 황소의 난이 진압된 이후 조정의 정쟁에 연루되지 않고 오로지 자신의 세력을 차분히 기르고 있었다.

주전충의 본래 이름은 주온이며 송주(宋州) 탕산(碭山, 안휘성) 사람이다. 그 가문은 낮은 신분이었다고 전해지는데, 주온의 부친은 유가 경전인 오경을 강의하며 생계를 유지했다고 한다. 그러한 의미에서 주온은 완전한 무뢰배의 무리는 아니고 어느 정도 지식을 가지고 있었을 것이다. 다만 부친이 일찍 사망했기 때문에 생활은 곤궁했을 터이고 그것이 주온의 성격 형성에 커다란 영향을 주었을 것으로 보인다.

주온이 태어난 송주는 대운하 연변에 있는데 이전의 '강적' 거점과도 일치했다. 주온은 선종의 치세에 태어나(852년), 방훈의 난이 일어났을 때 17세였기 때문에 참전했을 가능성이 있다.

왕선지와 황소가 연달아 병력을 일으켰을 때 23세 혹은 24세이던 주온은 여기에 참가했고, 황소가 장안을 점령하자 그 동쪽에 있는 동주(同州)의 방어사가 되었다. 그러나 황소의 열세를 보고 당조로 귀순했다. 이때 32세가 된 주온은 '전충'(全忠)이라는 이름을 하사받고 선무군절도사(宣武軍節度使)에 임명되었다.

주전충, 세력을 확립하다

 훗날 당조를 찬탈하여 후량(後梁)을 건국하고 이른바 '오대십국 시대'의 막을 올리게 되는 주전충이지만, 처음부터 커다란 힘을 가지고 있었던 것은 아니다. 당조에 가담하고 선무군절도사에 임명되어 부임했을 때 그의 군대는 많아야 500명 정도였다. 한편 선무군의 아군은 자주 절도사를 추방하는 교만한 병사들로 유명했으며, 또한 주위에는 강력한 여러 번진이 있었다.
 이러한 상황 속에서 주전충은 자신의 군대를 만들어야만 했다. 본래의 선무군 병사와 황소의 잔당 등도 편입했지만, 산동과 하남에서 '모병'이라는 이름 아래 납치한 민중을 반강제적으로 자신의 군대에 끌어들여 그들이 가장 많이 차지했다. 그들의 얼굴에 먹물을 새겨 도망치지 못하게 했다고 한다. 이들을 훈련시켜 새로운 주전충의 군대로 정비가 된 것이다.

　변주에 있는 주전충의 서쪽에는 채주를 거점으로 삼은 진종권이 있었다. 진종권은 황소의 잔당을 받아들여 주전충의 10배가 넘는 세력을 보유했고, 당조에 반항하는 태도를 보여 한때는 황제라 칭했을 정도였다. 그러나 주전충의 거듭되는 공격에 진종권은 계속 패배하고 결국은 주전충의 포로가 되고 말았다. 진종권은 수도로 보내져 곧 처형되었다(889년).

　이극용이 당 황실을 받들며 조정을 지키기 위해 당조와 관중의 여러 번진 사이의 분쟁에 관여할 수 없는 상황을 이용하여 주전충은 중앙 정계의 움직임에서 거리를 두고 착실하게 세력을 키워, 마침내 하남도 전역(대략 현재의 하남성과 산동성)을 거의 장악하는 데에 성공했다(897년).

　일반적으로 주전충은 변주를 통제하면서 세력 기반을 강화했다고 알려졌다. 대운하 연변에 있는 변주는 남쪽에서 북쪽으로 운송되는 물자의 유통 거점으로 발달했고, 이곳을 장악한 절도사는 그 경제력을 배경으로 큰 세력을 구축할 수 있었다는 것이다.

　그러나 당 말기 무렵의 대운하는 터져서 무너져 있었고, 변주와 장강 사이는 사용이 불가능했던 것으로 보인다. 또한 장강 하류 유역에는 양주(揚州)에 거점으로 둔 양행밀(楊行密)이 세력권을 형성하고 있었고, 항주를 거점으로 전류(錢鏐)가 장강 이남을 장악했기 때문에 물자가 강회에서 변주로 운송되지 못했다. 그렇다면, 주전충의 세력 팽창 이유를 다른 각도에서 설명해야 할 것이다.

첫 번째는 황소의 난으로 인해 황폐해진 낙양이 재건됨에 따라 그 주변의 농업 생산력이 회복되고 경제도 안정되면서 이를 재빠르게 주전충이 장악했다는 관점이 있다. 그리고 산동 방면에서부터의 물자 수송을 통제하고 이후에 하중절도사를 수중에 넣으면서 이곳에서 나오는 소금의 이익을 통제한 것도 주전충이 세력 기반을 강화할 수 있던 이유라고 할 수 있을 것이다. 이리하여 주전충은 하남도를 장악하게 되고, 하북의 여러 번진을 복속시키면서 이극용의 하북·하남 방면으로의 진출을 봉쇄하는 데에 성공했다.

소종의 유폐

드디어 주전충은 다음 단계로 나아가고자 했다. 낙양

의 궁전을 다시 짓고 소종을 맞이해 들일 준비를 시작한 것이다.

이 정보를 들은 이무정과 한건은 소종에게 조서를 내려서 이극용과의 분쟁을 중지하게 했다. 그리고 이극용에게 화해를 요청하면서 함께 장안 수복을 도모했다. 이리하여 소종은 장안으로 돌아오게 되었다(898년).

당시 재상 중에 산동 문벌 출신인 최윤(崔胤)이라는 인물이 있었다. 그는 환관을 싫어한 소종과 연합하여 환관의 세력 삭감을 궁리하고 있었다. 그래서 환관들은 소종과 최윤을 경계하고 있었다.

그런데 화주에서 수도로 돌아온 소종은 몹시 우울한 감정에 쌓일 때가 많아졌고, 술에 만취하여 희노애락의 감정이 격해지게 되었다. 어느 날 소종이 궁성의 북쪽에 있는 금원(禁苑)에서 사냥을 하던 때에 술잔치를 벌어졌고, 술에 취해서 궁성으로 돌아왔다. 그러자 소종은 갑자기 환관인 하인과 시녀를 살해하고 그대로 잔뜩 취한 채 잠이 들고 말았다. 다음 날, 궁전의 문이 열리지 않자 환관의 수령이 살펴보러 갔을 때 이 참극을 목격하게 되었다. 소종과 대립하고 있던 환관들은 이를 계기로 소종을 유폐하고 황태자 이유(李裕)의 이름을 진(縝)으로 바꾸고 황위에 옹립했다. 그리고 소종이 총애하던 자들도 모두 살해해 버렸다.

소종, 봉상으로

이 쿠데타는 성공한 것으로 보이지만, 최윤이 신책군 장교들과 손을 잡고 소종을 유폐된 곳에서 구출하여 쿠데타는 미수로 끝났다. 이 사건 이후에도 환관이 금군의 지휘권을 계속 장악했으나, 최윤은 환관이 장악한 이권 중 하나를 빼앗는 데에 성공했다.

이전에 환관 양복공은 술을 만들기 위한 누룩의 판매권을 탁지에서 빼앗아 그 비용을 신책군의 유지비로 충당했다. 최윤은 누룩의 제조를 민간에 허락하고 세금만 납부하게 하여, 신책군이 이전에 정해 놓은 누룩의 가격을 인하하여 팔게 하면서 신책군의 수입이 생기지 않도록 한 것이다.

이 정책을 계기로 궁정 내부에서 최윤과 환관의 대립이 극심해졌다. 최윤이 군국의 정무를 모두 도맡게 되자 환관들은 최윤의 염철사 직위를 해제시키면서 대항했다. 결국 양쪽은 조정 외부의 세력과 손을 잡고 우위에 서고자 하는 상황이 전개되었다. 최윤은 주전충과, 그리고 환관들은 이무정과 손을 잡았다. 당시에 주전충은 하중절도사가 지닌 소금의 이득을 손에 넣었고, 또한 태원의 이극용을 격파하면서 그 세력이 북중국의 동부를 거의 장악할 정도로 성장해 있었다.

주전충은 낙양으로 소종을 맞이해 들이려고 한 반면, 이무정은 봉상으로 소종을 불러들이고자 했다. 최윤은 이것을 알고 주전충을 장안으로 이끌어 이무정보다 먼저 소종의 신변을 확보하려 했다. 그러나 이를 알아챈 환관들이 재빨리 소종을 억지로 데리고 나와 이무정에게로 달아났다. 이리하여 '도성에 천자가 없고, 행재(行在)에 재상이 없는' 상황이 발생했다(901년).

소종 암살

최윤은 어떻게든 소종을 다시 데려오고자 주전충에게 울면서 호소했다. 주전충도 천자를 받드는 것의 중요함을 알고 있었다. 그래서 먼저 이극용을 다시 격파하여 그 세력을 태원에 봉쇄하고, 봉상을 공격하는 것에 전념했다. 주전충의 공격은 굉장했고, 차츰 막다른 곳에 몰리게 된 이무정은 환관의 주요 멤버를 주살하고 주전충과 화해할 것을 소종에게 상주했다. 소종은 곧바로 환관의 수령들 20여 명을 살해하고 그 머리를 주전충에게 보냈다. 이때 봉상에서 72명의 환관이 살해되었다고 한다. 이리하여 소종은 장안으로 돌아올 수 있었다.

상당수의 환관이 봉상에서 목숨을 잃었지만 주전충과 재상 최윤은 여전히 환관 추격에 고삐를 늦추지 않았고, 장안에서도 환관 수백 명을 살해했다. 처형을 모면한 사람은 신분이 낮은 환관 30명뿐이었다고 한다. 또한 지방의 번진에 감군으로 부임해 있던 환관 몇몇도 살아남을 수 있었다. 이리하여 당 후반기 궁정정치를 좌지우지하던 세력의 하나인 환관은 괴멸 상태에 빠지게 되었다.

관중까지도 세력에 둔 주전충의 다음 목표는 당연히 당의 황제를 대신하는 것이었다. 최윤은 이를 알아채고 새로운 금군을 조직했지만 주전충 쪽이 한 수 위였다. 휘하의 군사들을 이 금군에 보냈던 것이다. 그 결과 최윤의 계획을 모조리 주전충이 알게 되었다. 주전충은 더 이상 최윤을 이용할 가치가 없다고 판단하고 그가 반역을 기도한다며 은밀히 상주한 후 휘하의 병사를 동원하여 최윤의 저택을 포위해 그 측근과 함께 살해해 버렸다.

황제를 장안에 두게 되면 제2, 제3의 이무정이나 최윤이 등장할지도 모를 일이었다. 이렇게 판단한 주전충은 곧바로 낙양으로 천도하자고 청하곤 막무가내로 소종과 백관을 낙양으로 몰고 갔다. 이때 장안의 궁실과 민간의 집들을 헐어 그 목재를 취했고, 그것을 위수에 띄워 황하의 물결에 실어 운반했기 때문에 장안은 폐허가 되었다고 한다.

이렇게 되면서 이제 당조의 운명은 결정된 것이나 마찬가지였다. 낙양의 궁전을 다시 짓고 이곳에 소종을 맞아들인 주전충은 드디어 암살을 결행했다.

어느 날 밤, 황후의 궁전에 있던 소종을 주전충의 후원을 받은 사람들이 습격했다. 소종은 술에 취해 자고 있다가 곧바로 달려 나갔고, 홑옷만 입은 채 궁전 안에서 도망치며 우왕좌왕하다가 마침내 살해되고 말았다(904년). 향년 38세였다.

선양

주전충은 소종의 아홉 번째 아들 이조(李祚)를 황태자로 세우고 축(祝)으로 이름을 바꾼 다음 황제에 즉위시켰다. 당조의 마지막 황제인 소선제(昭宣帝, 재위 904~907)이다. 이때 13세였다. 주전충의 계획에는 허술함이 없었다. 거추장스러운 존재가 될 것 같은 소종의 아들들을 술자리에 초대해 술에 취하게 한 후 목을 졸라 살해하곤 연못에 던져 버렸다.

또한 재상을 필두로 요직에 있던 사람들을 산동 방면의 지방관으로 좌천시켰다. 그들 30여 명이 임지로 향하던 중 활주(滑州)의 백마역(白馬驛)에 도착했을 때 주전충은 그들에게 자살하라는 칙령이 내려졌다며 살해하고 그 시신들을 황하에 던져 버렸다. 일설에는 이것이 과거 시험에 합격하지 못한 이진(李振)이라는 사람이 과거에 합격한 관료들을 깊이 원망하면서 주전충에게 "이 무리는 항상 자신들을 청류(淸流)라고 말해 왔습니다. 이들을 황하에 던져 넣어서 탁류(濁流)로 만들어 버리는 것이 좋겠습니다"라고 건의했기 때문이라고 한다. 이 사건은 남북조시대 이래 왕조 정치에 깊이 관여해 온 '문벌귀족'의 종언을 보여 주는 상징적인 사건이라고 말하기도 한다.

또한 주전충 본인도 서생(書生)을 싫어했던 것 같다. 어느 날, 주전충이 막료와 객인(客人)들과 함께 큰 버드나무 아래에 앉아서 혼잣말처럼 "이 버드나무는 거곡(車轂, 수레바퀴의 한 부품)으로 쓰는 것이 좋겠다"라고 중얼거렸다. 주전충의 측근들은 누구도 이에 대답하지 않았지만, 여러 명의 서생들이 "그렇습니다"라고 응답했다. 그러자 주전충은 갑자기 안색을 바꾸고 목소리를 높이면서 "서생이라는 무리는 아첨하는 말만 해서 사람을 우롱한다. 너희도 그러한 부류들이다. 거곡으로 쓰기에는 느릅나무가 적합하다"라고 하자 이번에도 "그렇습니다"라고 말한 서생들이 있어 그들을 모두 살해해 버렸다고 한다.

소선제가 즉위하고 2년 반 정도가 지난 후 결국 주전충은 황제 자리를 선양받았다. 소선제는 황위를 양(梁)에게 '선'(禪)한 것이다. 이후 의례에 따라 주전충이 제위에 오르고, 국호는 대량(大梁)으로 정했으며, 연호를 개평(開平)이라고 했다(907년). '양'을 국호로 삼은 중국 왕조가 또 있어서 주전중의 양을 '후량'(907~923)이라고 부른다. 이로써 290년 동안 지속된 당조는 명실상부 멸망했다.

퇴위한 소선제는 제음왕(濟陰王)이 되어 조주(曹州)로 옮겨졌다. 그리고 후량 건국 이듬해의 2월 21일에 독을 하사하여 사망하게 했는데, 향년 17세였다. 시호는 애황제(哀皇帝)로 정해졌다. 애제(哀帝)라고 불리는, 당의 마지막 황제의 최후였다.

종장

세계사 속의 '당송변혁'

1. '오대십국 시대'의 관점
당 이후의 세계

당이 멸망한 이후 북중국에는 주전충이 세운 후량, 현재의 산서성에 근거한 이극용의 사타 군벌, 하북의 여러 군벌, 관중에서 살아남아 있던 이무정의 기(岐) 등 여러 세력이 있었다. 남중국에는 오(吳), 오월(吳越), 형남(荊南, 남평南平), 초(楚), 남한(南漢), 민(閩), 전촉(前蜀)이 분립했다. 이른바 '오대십국'이라 불리는 시대의 시작이다.

'오대'는 북중국에서 흥망한 5개의 '정통' 왕조를 가리킨다. 즉 후량(後梁), 후당(後唐), 후진(後晉), 후한(後漢), 후주(後周)이다. '십국'은 남중국에서 분립한, 위에서 말한 7개 국가 가운데 오(吳)를 대체한 남당(南唐), 사천의 후촉(後蜀), 그리고 북중국에서 후한이 멸망한 이후 그 일족이 건국한 북한(北漢), 이 세 나라를 더한 것이다.

그러나 '오대십국'이라는 표현은 북송의 구양수(歐陽脩)가 『오대사기』(五代史記, 이른바 『신오대사』)에 정리하여 서술한 것으로, 실제로는 '십국'에 포함되지 않은 왕국이나 후진, 후한 사이에 잠깐 북중국을 통치했던 '요(거란국)'도 있다는 점에 주의하지 않으면 안 된다.

후량에서 후당으로

 '황소의 난' 이후 중원의 패자가 되기 위해 다투던 이극용과 주전충이지만, 당이 멸망할 때까지는 주전충의 작전이 주효하여 이극용을 태원에 묶어 놓는 데에 성공한 일은 이미 서술한 바이다.

 그러나 손을 놓고 기다리고 있을 이극용이 아니었다. 주전충이 소종을 억지로 장안에서 낙양으로 데리고 가 천도하고 끝내 소종을 암살하자 이극용은 내심 초조함을 느꼈다고 한다. 그는 거란족 중에서 두각을 드러내던 야율아보기(耶律阿保機)와 맹약(운주雲州의 회맹)을 맺고 함께 주전충을 공격하려 했다. 그러나 이 맹약은 실행되지 않아 이극용에게 주전충을 격파할 기회는 생기지 않았다. 그러다 이극용은 당조의 멸망 소식을 듣고 병으로 쓰러져 이듬해 정월에 사망한다. 향년 53세였다.

 이극용은 사망할 때까지도 어디까지나 당의 신하라는 입장을 무너뜨리지 않았다. 1989년에 산서성 대현(代縣)에서 이극용의 묘가 발굴되어 묘지(墓誌)가 출토되었는데, 그 묘지의 제목은 '당의 고(故) 하동절도관찰처치등사·개부의동삼사·수태사·겸중서령인 진왕의 묘지명과 서(序)'였고 이극용이 사망한 해는 '천우 5년'(908)이라는 당조의 연호가 기록되었다. 이때 주전충은 이미 '개평'이라는 연호를 쓰고 있었는데, 이극용은 이를 받아들이지 않았던 것이다. 이극용의 뒤를 이은 아들 이존욱(李存勖)도 당의 정삭(正朔)을 받들어 '천우' 연호를 계속 사용했다.

한편 주전충은 그의 후계를 둘러싸고 아들 주우규(朱友珪)에게 암살되고 말았다. 그 이후 후량의 기세는 내리막길을 걷기 시작했다. 이 기회를 포착한 이존욱은 하북 지역을 통제하고 위주(魏州)에서 황제에 올라 국호를 '당'이라 칭했다. 묘호는 장종(莊宗)이다. 당조의 부흥을 내건 것이었다. 이를 역사상 '후당'(923~936)이라고 한다. 이어서 후량을 멸망시키고 후당은 북중국을 장악했지만, 오르도스에는 훗날의 서하(西夏)를 건국하는 탕구트가 있었고 남중국에서도 독립한 정권이 할거하는 상태였다.

사타 왕조

후당이라는 왕조는 주야(朱邪) 씨족(이미 '이씨' 성을 하사받았지만, 편의상 이렇게 부르겠다)을 중심으로 한 사타 부족에, 대북(代北)에 있던 소그드계 돌궐 및 투르크계와 몽골계의 여러 유목 부족과 한인 등이 모인 연합체였다. 장종이 사망하자 이극용의 양자인 이사원(李嗣源, 후당의 명종. 재위 926~933)이 뒤를 이었고, 여러 제도의 개혁을 행하면서 이를 성공시켰다.

그러나 명종의 사후, 후계 다툼이 발생했고 그 와중에 사타 군단의 소그드계 무인인 석경당(石敬瑭)이 대두하여 후진(後晉)을 건국했다(936~946). 석경당은 거란의 야율요골(耶律堯骨, 태종)의 도움을 받아 건국했기 때문에 그 보답으로 거란에 영토를 할양했다. 이곳이 '연운십육주'(현재의 북경시·하북성 북부·산서성 북부)라고 불리는 지역이다.

하지만 석경당이 사망하자 그 뒤를 이은 후진(後晉)의 황제가 거란과의 우호 관계를 배신하여 거란의 분노를 사 거란에게 멸망하고 말았다. 거란은 직접 중원을 통치해 보려고 시도했으나 아직은 시기상조였는지 통치는 원활히 이루어지지 않았다. 이때 태원에서 절도사로 있던 사타 부족 출신 유지원(劉知遠)이 들고일어나서 후한(後漢, 947~950)을 건국했다.

한편 거란의 중국 지배는 민중의 저항으로 실패하고

야율요골은 거란국으로 돌아가던 도중 사망하고 말았다. 이를 대신해 유지원이 개봉에 입성했지만 머지않아 그도 병으로 사망하고 그의 아들이 뒤를 이었다. 그러나 후한의 왕권은 불안정했으므로 장군 곽위(郭威)가 군대에서 추대되어 후주(後周, 951~960)를 건국했다. 이때 유지원의 일족이 태원에 근거하면서 '한'을 유지했는데 이를 '북한'(北漢)이라 부르고 북송 시대까지 지속되었다.

후주에서는 곽위가 사망한 이후 그의 양자인 시영(柴榮)이 뒤를 이었다. 그가 세종(世宗)이다. '삼무일종의 법난'이라고 총칭되는 불교 탄압의 '일종'에 해당하는 인물이다. 그가 병으로 사망하자 금군은 조광윤(趙匡胤)을 추대하는데 이로써 송조가 탄생하게 된다(960년).

이 '오대'의 여러 왕조 중에서 후량과 그 이외의 4개 왕조 사이에는 커다란 차이가 있다. 그것은 후당·후진·후한·후주의 건국자가 모두 사타족 출신 혹은 사타 군단에 소속되어 있던, 즉 사타화된 무인이라는 점이었다. 이를 통해 보면, 10세기에 북중국에서 흥하고 망한 왕조는 후량을 제외하고 사타 부족 연합체의 출신자가 건국한 왕조이고, 그런 의미에서 '사타 왕조'라고 할 수 있다. 그렇다면 당 말기의 주전충과 이극용의 대결은 그 이후 시대까지 포함해서 살펴보자면 최종적으로 사타가 승리했다고 간주할 수 있을 것이다.

남중국의 역사적 전개

후량의 남쪽에 있던 오(吳)는 여주(廬州, 안휘성 합비슴肥) 사람 양행밀(楊行密)이 건국했다. 그는 '도적 무리'로부터 몸을 일으켜 실력으로 이 지역의 자사에 오른 인물이다. 강회의 소금 집적지인 양주(揚州)를 장악하고, 또 주전충의 침공을 방어하면서 강회로부터 강서 방면에 이르는 지배를 확립했다. 그는 당조로부터 오왕(吳王)에 봉해졌고(902년), 당이 멸망하기 1년 전에 사망했지만 오 왕국은 그 이후에도 존속했다. 머지않아 이 국가에서 실권을 장악한 서지고(徐知誥)가 남당(南唐, 937~975)을 건국하게 된다.

장강의 남쪽 항주(杭州)를 거점으로 삼은 것은 이 지역 출신으로 소금 도적이던 전류(錢鏐)였다. 그는 본래 동창(董昌)의 무장이었지만 동창이 대월나평국(大越羅平國)을 건국하고 황제를 칭하자 당의 소종은 이를 인정하지 않고 전류에게 토벌 명령을 내렸다. 명령을 받은 그는 동창을 포박하고 이 지역에 근거지를 세웠다. 이것이 훗날 오월국(吳越國, 907~978)이 된다.

사천에 근거한 왕건(王建)은 하남의 진주 항성(陳州項城, 하남성 심구현沈丘縣) 혹은 허주 무양(許州舞陽, 하남성 남부) 사람이라고 한다. 젊었을 때는 무뢰배였고 사염(私鹽)의 판매에도 간여했으며 이후에는 충무군절도사의 군적(軍籍)에 이름을 올렸다. 황소가 장안을 함락하고 희종이 촉으로 몽진하자 왕건은 그 호위부대로서 촉으로 향했고 그 지역에서 전령자의 양자가 되었다. 그 이후 전령자가 실각하자 왕건도 사천의 벽주(壁州, 사천성 통강현通江縣)로 좌천되었다. 그러나 이를 계기로 이 지역을 거점으로 삼고, 머지않아 성도의 서천절도사와 그의 휘하에서 몸을 의탁하던 이전의 양아버지 전령자를 죽이고 이를 대신해 왕건이 서천절도사가 되었다. 또한 동천절도사의 지역도 아울렀으며, 당이 멸망하자 왕건은 독립하여 황제를 칭하고 국호를 대촉(大蜀)이라고 했다. 이것이 '십국' 중의 하나인 전촉(前蜀, 907~925)이다.

전촉은 왕건이 사망한 이후 후당의 장종에게 멸망했다. 장종은 하북의 형주(邢州, 하북성 형대시邢臺市) 출신의 무인 맹지상(孟知祥)을 보내 이 지역의 통치를 맡겼다. 그러나 후당이 내분으로 멸망하자 이 기회를 편승하여 독립하는데 이를 후촉(後蜀, 934~965)이라고 한다.

초(楚, 907~951)를 건국한 마은(馬殷)도 허주 출신 사람으로 본래는 '목공'(木工)이었다고 한다. 목재를 벌채하는 사람이었거나 혹은 솜씨가 좋은 장인이었을 것이다. 당 말기에 채주에서 진종권이 들고일어났을 때에 마은은 이에 종군했고, 이후에 그 부장이던 손유(孫儒)의 지휘 아래로 들어갔다. 손유가 전사한 이후에는 호남으로 들어가 담주(潭州, 호남성 장사시長沙市)의 자사가 되었으며 이어서 무안군절도사(본래 호남관찰사)가 되어 이 지역에 할거하게 되었다.

복건에 근거를 둔 민(閩, 909~945)을 건국한 왕심지(王審知)는 광주(光州, 하남성 황천현 潢川縣) 사람이었다. 광주는 당에서는 회남도(淮南道)에 속하여, 회남도의 채주 남쪽에 인접해 있었다. 왕심지는 농민 출신으로 당 말기의 동란 시기에 형인 왕조(王潮)와 함께 군대로 들어갔고, 하남 지방의 쟁란을 피해 강서를 거쳐 복건으로 들어가 이 지역을 지배하기에 이른 것이다.

남한(南漢, 917~971)을 건국한 유은(劉隱)도 본적은 하남이었다. 조부가 하남에서 복건으로 이주하여 남해 교역으로 재부를 축적했다. 부친 대에 광주(廣州)로 옮겨와 상업에 종사하고 있었다. 유은의 용모는 한인과는 달라서 비한인이었다는 것이 정설인 것 같다. 훗날 송대에 접어들면 광주의 외국인 거류지(번방蕃坊)에 유씨 성을 가진 사람들을 확인할 수 있는데, 이를 통해 아랍인 계열 무슬림 상인이었다는 주장이 있다. 그리고 광동의 '만료'(蠻獠)였다는 주장도 있다. 그러나 만약 그의 조상이 하남 사람이라고 한다면 이 두 가지 주장은 성립하기 어렵다. 혹은 현종의 시대에 하남 지역으로 육주호(소그드계 돌궐)를 이주시켰는데 그 혈통을 물려받았기 때문에 용모가 한인과는 달랐을 수도 있다. 덧붙여서 유은의 둘째 딸인 유화(劉華)는 민의 왕심지의 아들인 왕연균(王延鈞)과 혼인했다. 그리고 남한의 두 번째 황제인 유암(劉巖, 이후에 엄龑으로 개명)은 초의 마은의 딸과 혼인하고 그녀를 황후로 삼았다. 2003년에 광주에서 유은과 유암의 무덤이 발견되었으며, 유암의 무덤(강릉康陵)에서는 애책(哀冊, 묘지)도 출토되었다.

형남(荊南, 907~963)은 주전충의 무장이던 고계창(高季昌, 이후에는 계흥季興)을 시조로 한다. 후량(後梁) 멸망 이후에는 후당으로부터 남평왕(南平王)에 봉해졌으며 북송 초기까지 지속되었다.

유목 세력과 하남 세력

이렇게 당이 멸망한 직후에 탄생한 몇 개의 국가를 살펴보면 매우 흥미로운 사실이 떠오르게 된다. 후량, 전촉, 초, 민, 남한의 왕가가 하남 출신의 농민이나 무뢰, 사염의 판매인 등이었다는 점이다. 그중에서 허주, 광주(光州) 출신자가 있는데, 이 지역들이 당 후반기에 활동했던 '강적'의 거점이었다는 사실은 이미 제6장에서 서술했다. 또한 오, 오월의 창건자도 지역은 다르지만 도적 무리, 염적 출신으로 당 말기에 강회에서 '동란'을 일으켰던 자들과 생업이 대체적으로 같았다.

당 말기의 대규모 동란이 일어난 에너지는 하남에서 강회에 걸친 민중과 번진 병사들의 당조를 향한 불만이었다. 그것은 경제적 착취에 의한 불만 이외에, 또 한 가지 눈에 띄는 것은 앞서 서술했듯이 현종의 시대에 이 지역에 육주호(소그드계 돌궐)를 이주시켰다는 점이다. 그들은 이후에 다시 오르도스의 옛 지역으로 돌아갔지만, 미야자키 이치사다(宮崎市定)는 하남에 잔류하는 자들도 있었다고 추측했다. 그러한 관점에서 사료를 읽어 보면 확실히 변주(汴州)의 주전충에 속했던 장교들 중에 강씨 등 소그드의 성을 가진 자를 찾아낼 수 있다.

그러나 하남 지역으로 이주되었을 때부터 당 말기까지 100년 이상이 경과하면서 육주호가 본래 가지고 있던 기마전투능력을 끝까지 유지하고 있었는지는 단정할 수 없다. 이 점에 대해서 미야자키 이치사다는 이러한 자들이 현지 사회에 융합되지 못하고 소외되어 무뢰로 변해 사회가 불안정한 상황이 되자 가장 먼저 날뛰었다고 한다.

당 말기의 하남부터 강회까지 이러한 불만분자가 존재했는데, 그런 한쪽이 '황소'가 되어 반당(反唐)의 움직임을 드러냈다. 또 다른 한쪽은 '황소'와 대치하는 형태로 모습을 드러내면서 남중국의 각지에 세력권을 만드는 데에 성공했다.

이러한 관점에서 살펴보게 되면 '오대십국'이라는 것은 북중국을 지배한 사타 왕조와, 당 말기에 남중국 각지에서 할거한, 즉 하남과 강회, 절강의 민중과 군인들로부터 탄생한 왕권이라는 양극 구조였다는 관점도 가능해진다. 이는 당 말기에 발생한 '이극용의 난'이나 '황소의 난'과 평행한 현상이며, 양자가 '오대십국'의 분열 상황으로 작용했던 것이다. 그리고 이 양자가 다시 결합되기까지는 북송(北宋)이라는 시대를 기다려야 했다.

2. 동유라시아 세계 속의 당조

다시 당조를 파악하는 방법

 당은 일반적으로는 중국 역대 왕조의 하나로 간주되고 또한 많은 전문가도 그러한 관점으로 당의 역사를 연구하고 있다. 서장에서 서술했듯이 이러한 관점에 입각해 보았을 때 당의 역사는 대체로 안사의 난을 전후로 크게 변한다. 전반의 역사는 위진남북조시대부터 지속된 귀족제의 전개, 그리고 '호한'(胡漢)의 융합 과정으로 설명이 된다. 후반의 역사는 송대 이후로까지 연속성이 중시되면서 당 후반기에 탄생한 다양한 시스템의 전개가 언급된다. '당송변혁'이라 부르는 이러한 시각은 여전히 중국사 연구의 명제로서 계속 생존해 오고 있다.

 그러나 당은 단순히 중국사의 구조 안에서 단절하여 파악할 수 있지 않다. 예를 들면 당을 뒤흔든 '안사의 난'과 '황소의 난'을 비교해 보자. 얼핏 보면 '안사의 난'은 당시 발생한 유라시아 전역에서의 인적 이동과 깊이 연관되어 있고 그런 의미에서 '국제적' 사건이라고 할 수 있다. 한편 '황소의 난'은 하남에서부터 발생한 국내의 동란으로 파악되는 경향이 있다.

그런데 '황소의 난'도 중국 국내에서 완결된다고 하기에는 이미 상황이 그렇지 못했다. 실제로 황소가 광주(廣州)를 함락시켰을 때에 그때까지 지속되고 있던 이슬람 세계와의 해상 교역이 중지되고 말았다. 아쉽게도 당시의 교역이 어느 정도의 규모로 행해지고 있었는지 명확하지 않지만, 광주성 안에 12만 명이 넘는 이슬람 세계의 사람들이 거주하고 있었다는데 상당히 대규모였다고 상정할 수 있다.

즉 당조는 당시 유라시아 전역(全域) 속에서 어떠한 위치에 있었는지, 그런 관점 자체가 앞으로 더욱 필요해지게 될 것이다.

거란국의 건국

10세기 초의 중국이라는 공간이 앞 절에서 서술한 것과 같은 정세였을 때에 동유라시아라고 하는 보다 광역적 세계에서도 커다란 변동이 일어나고 있었다.

당이 멸망한 907년은 당조의 연호로 하면 천우(天祐) 4년이 된다. 이해 정월 13일에 거란족 야율아보기는 소리를 높여 건국을 선언했다. 당이 멸망한 3월 27일보다 먼저 건국된 것이고, 불과 2개월 전의 일이었다.

이 책에 등장한 당대의 거란족은 아직 복수의 집단으로 분리되어 있었고, 때로는 당조의 지배에 편입되거나 때로는 몽골리아의 유목 정권에 종속하는 위약한 세력이었다고 해도 과언이 아니다. 그 거란이 통일과 독립을 향해 나아가는 조건이 점차 갖추어진 것이다. 그것은 '안사의 난'의 피해 때문에 당조가 외부로 팽창할 힘이 약해진 것과, 9세기 중반에 위구르 제국이 붕괴한 이후에 몽골리아에 위구르를 대체하는 유목 정권이 탄생하지 않았던 것에 있었다. 그래서 몽골리아와 만주에 커다란 정치적 공백이 생겨났고 이에 편승하여 거란족이 통합을 이루었다. 그리고 9세기 말까지 카간을 배출하는 요련(遙輦, 거란어로 예외르)씨를 중심으로 하는 거란 부족연합체를 형성했다.

그런데 10세기 초에 요련씨와는 다른 계통의 질랄(迭剌, 거란어로 데라가) 부족 출신인 야율아보기가 거란 부족연합체 속에서 두각을 드러냈다. 그리고 그는 실력으로 거란의 카간이 되어 거란국을 세웠다. 이때 아직 존속하고 있던 당조로부터 독립을 선언한 것은 분명했다. 그 이후 야율아보기는 그때까지 3년 임기제이던 거란의 카간 제도를 바꾸어서 직접 종신 카간이 될 것을 선언하고 새롭게 중국풍의 '황제'로 즉위하여 국호를 한자로 '대거란'이라 칭했다(916년).

당에서부터 탄생했던 중앙유라시아형 국가

이 거란국은 종래 일본의 동양사학계에서 여진족이 세운 금, 몽골의 원, 만주족의 청과 함께 '중국 정복왕조'라고 불리며 중국 역대 왕조의 하나로 파악되어 왔다. 그러나 최근에는 거란국을 필두로 하는 이러한 왕조들을 중국사의 구조에서 해석하지 않고, 시기구분으로는 제2기에 유라시아 각지에서 탄생하여 몽골제국에서 완벽하게 달성되었다고 보는 '중앙유라시아형 국가'로 다시 파악하는 것이 좋지 않겠는가라는 의견이 나오고 있다.

중앙유라시아형 국가라는 것은 모리야스 다카오(森安孝夫)가 제창한 것으로, 인구가 적은 기마유목민들이 강력한 기마군사력과 교역을 통한 경제력, 그리고 문서 행정 등의 노하우를 받아들여 초원 세계에 계속 입각하여 인구가 많은 농경민과 도시민이 거주하는 농경 세계를 안정적으로 지배하는 시스템을 확립한 국가를 말한다. 이러한 형태의 왕조는 종래 '정복왕조'로서 파악되어 온 거란국, 금, 원, 청에 그치지 않고, 광범한 유라시아 각지에서 탄생한 서하 왕국, 서위구르 왕국, 카라한왕조, 가즈니왕조, 셀주크왕조 등도 포함된다. 그리고 모리야스 다카오는 중앙유라시아형 국가의 모범으로 발해국, 안록산 세력, 위구르 제국이었다고 말한다. 안록산 세력이란, 안록산과 그 휘하의 정치·군사적 집단을 가리키는데 그 잔존 세력이 당에 대항해 150년에 걸쳐 반(¥)독립을 유지하던 하삭삼진이었다.

이 책에서 이미 서술했듯이 하삭삼진은 헌종 시대에 일시적으로 당조에 귀순하지만, 대체로 당조로부터 반독립의 상태에서 계속 할거한 번진이었다. 그래서 종래의 연구에서는 하삭삼진을 당에서 송으로 변혁이 이루어지는 과정에서 그 위치를 부여하려 했으나, 직접 당조를 변화시켜 다음 시대의 새로운 세력을 구축하지 않았기 때문에 당송변혁 과정에 정합적으로 끼워 맞출 수는 없다고 할 수 있다.

그렇다면 하삭삼진은 역사상 의미가 없는 존재냐고 묻

는다면 그렇지는 않다. 하삭삼진의 역대 절도사는 대부분 해, 거란, 위구르, 소그드계 돌궐인이었다. 그중에는 한인도 있었지만 유목 문화에 익숙했던 것만큼은 틀림이 없다. 또한 휘하의 군단에는 상무적 기풍이 넘쳐흘렀던 다양한 민족 집단 출신의 무인들이 있었다. 절도사는 이 무인 집단을 유지하는 것이 가장 중요한 과제였으므로 그들에 대한 급여를 계속 보장해 주지 않으면 안 되었다. 그래서 관할 영역 내에서부터 조세를 징수하고, 게다가 관할 지역 내 농민도 보호하는 원활한 행정을 수행할 필요가 있었다. 그렇다면 하삭삼진에서는 이러한 노하우를 어떻게 만들어낼 수 있었을까?

그것은 과거 시험에 합격했음에도 불구하고 관직에 오르지 못한 '실직자'들을 하삭삼진에서 스카우트하여 막료로서 이용한 것이 그 비결이었다. 유목 집단 출신의 지도자와 그 부하들로 구성된 군단 휘하에서 고도의 한자를 읽고 쓰는 것, 문서를 작성하는 노하우를 가진 관료 후보생을 배치함으로써 농경 세계의 통치 방법이 구축된 것은 아니었을까? 당조가 멸망한 이후 하삭삼진은 후당과 거란에 흡수되었다. 그때 사타 계열의 후당과 거란국이 이 하삭삼진의 노하우를 받아들이게 되었다. 그 결과 유목 사회에 거점을 둔 소수의 유목계 지배자 집단이 대다수의 농경민을 지배하는 왕조가 탄생했다.

이러한 의미에서 290년 동안 동유라시아 지역에 군림한 당조의 역사적 존재 의의 중 하나는 이러한 중앙유라시아형 왕조를 준비한 데 있었다고 할 수 있을 것이다.

덧붙이는 말

'전기'(轉機)라는 것은 언제, 어디에서부터 찾아올지 알 수 없다. 중국 우표를 수집하고 있었던 초등학생이 중국 무술에 빠져든 중학생이 되어 머지않아 중국 무술을 깊이 연구하기 위해서는 중국에 장기간 거주할 필요가 있으므로, 중국어를 습득하여 특파원이 되겠다고 생각한 것은 고등학생 때의 일이었다. 그러나 모 외국어대학에 들어갈 정도로는 영어를 잘하지 못한다는 것을 깨달은 고등학교 3학년 때에 좋아하는 역사와 중국어를 함께 배우는(배울 것이라는) 동양사를 연구하겠다고 결심했다.

처음에는 동네의 국립대학에 진학하려고 했는데 아이치(愛知)대학의 존재를 '알아채' 버렸다. 전쟁 이전 상해에 있었던 동아동문서원(東亞同文書院)의 흐름을 이어받은 '중국학'의 메카이다. 또 『중일대사전』을 편찬한 곳이기도 하다. 입학을 하고, 이후 당시의 북경어언학원(北京語言學院)에 두 차례나 언어 공부를 하러 유학했다. 그리고 1년 동안 천진의 남개(南開)대학에서 유학을 했기 때문에 알아채고서 5년이 지나 졸업을 했다.

  당시 아이치대학에는 대학원이 없었기 때문에 외국으로 나가려 했다. 망설인 끝에 당의 염정(鹽政)과 장안 연구에서 명성을 떨치던 세오 다쓰히코(妹尾達彥) 선생님이 계신 쓰쿠바(筑波)대학 대학원으로 진학했다. 처음에는 당대의 군벌, 이 책의 후반에 등장하는 '번진'의 연구로 출발했다. 어떤 의미에서는 정통적인 연구였다. 대학원 4년째에 하산회(霞山會)의 장학금을 받고 북경대학에 유학하여 당시 34세이신 룽신장(榮新江) 선생님에게 지도를 받았다. 관련하여 하산회의 전신은 동아동문회(東亞同文會)라고 하고, 동아동문서원이 경영의 모체(母體)였다.

  이 유학의 최대 목적은 석사학위 논문에서 다룬 번진에 관한 사료 중 어느 묘지(墓誌)를 조사하는 것이었다. 하삭삼진의 하나인 위박절도사 하홍경(何弘敬)의 묘지였다. 이 묘지는 아주 거대해서 당시 간행되어 있던 석각 사료집에 수록된 탁본의 사진으로는 대부분의 문자를 읽을 수 없었다. '비석은 하북성 한단시(邯鄲市)의 총대공원(叢臺公園)의 비각관(碑刻館)에 있다'라는 정보에만 의지하여 한단을 방문했고, 묘지를 찾아냈다. 실물을 보았을 때의 감동은 '굉장하다!'로 끝났다. 당시는 아직 필름 카메

하홍경(何弘敬)의 묘지. 하홍경은 하진도(何進滔)의 아들이다(사진은 필자).

라 시대여서 36매의 필름을 몇 통이나 사용하면서 자세히 사진을 찍었고, 또한 그 자리에서 메모했다.

　북경으로 돌아와서 현상한 사진과 메모를 바탕으로 돌에 새겨진 문자를 종이에 적고, 매주 롱신장 선생과 대면하여 조금씩 읽으면서 문장의 뜻을 해석했다. 연구의 '전기'가 찾아온 것은 이때였다. 롱신장 선생이 "이 하홍경은 소그드인 혈통을 이어받았을 것이기 때문에 그 관점에서 연구하는 것은 어떤가?"라는 조언을 던져 주셨던 것이다. 이것이 중국에서의 소그드인의 활동을 연구하게 된 계기였다. 머지않아 그 성과는 박사(문학박사) 학위 청구 논문으로 결실을 맺어 『소그드인의 동방 활동과 동유라시아 세계의 역사적 전개』라는 제목으로 출간되었다. 최근에는 요녕성 조양시(朝陽市, 당대의 영주營州)에서 발견된 당대의 묘지를 분석하면서 이 지역에 있었던 거란인과 당의 지배 형태를 조사하고 있다.

이렇게 결코 당대사의 전반을 연구하고 있는 것이 아닌 필자에게 당의 290년에 달하는 역사를 서술하는 일은 무거운 부담이었다. 돌이켜 보면, 시작은 2017년 11월 15일에 중공신서(中公新書) 편집부의 후지요시 료헤이(藤吉亮平) 씨가 보내 준 한 통의 메일 때문이었다. 그 이후 일부러 오사카의 간사이(關西)대학의 연구실까지 찾아온 후지요시 료헤이 씨는 '중공신서에서 중국통사(1인으로 기획)'라는 장대한 플랜(꿈? 무모함?)을 가지고 있다는 이야기를 하던 중에 '집필'이라는 주제가 나왔던 것이다.

사과의 말씀을 드리지 않으면 안 되는 것은 290년이라는 당의 역사를 재조사하는 사이에 시간이 지체되면서 후지요시 료헤이 씨가 문예편집부로 옮겨 갔다는 점이다. 그 뒤를 이어받은 분은 편집장인 다나카 마사토시(田中正敏) 씨였다. 도쿄의 마루노우치 호텔(丸の内ホテル)의

'폼 다담'에서 식사를 하면서 엄숙하게 인계 의식을 한 때가 2019년 6월 21일이었다.

일념발기(一念發起). 그러나 호사다마(好事多魔)라고 했던가. 마침 같은 때에 은사이신 세오 다쓰히코 선생님으로부터 다른 작업의 권유가 찾아왔다. 모 출판사의 기획으로, 거란국(요 왕조)의 건국자 야율아보기의 집필을 의뢰받은 것이었다. 완전히 전공을 넘어서는 일이어서 어떻게든 피하려 했는데 결국 붙잡히고 말았다. 여러 사정으로 인해 겨우 제6장까지 집필이 끝났고, 전망이 보이던 2022년 9월에 다나카 마사토시 씨에게 연락했을 때에는 단숨에 간행까지의 스케줄이 제시되었고, 새로 오셔서 기백이 날카로운 고우쓰 다카시(胡逸高) 씨에게 담당을 넘겼다. 이번에는 온라인으로 인계가 이루어졌다. 이렇게까지 오랜 시간에 걸쳐서 적당히 방치하고 알맞을 때에 상기시켜 주면서, 마치 '기미'(羈縻)되고 있는 것처럼 지금까지 올 수 있었던 것은 세 분 편집자의 격려와 관심이 있었기 때문이다. 특히 최종 단계에서 문장 표현, 도판의 선정과 작성에까지 조언을 해 주신 고우쓰 다카시 씨에게 감사드린다.

이 책의 집필 과정에서 많은 동료의 협력을 받았다. 마루하시 미쓰히로(丸橋充拓, 시마네대학)와 야마시타 쇼지(山下將司, 일본여자대학) 씨는 원고 전체를 살펴봐 주고 코멘트와 비평을 해 주었다. 야마네 나오키(山根直生, 후쿠오카대학) 씨는 출판 전에 황소에 관한 원고를 읽어 주었다. 티베트사에 대해서는 이와오 가즈시(岩尾一史, 류코쿠대학) 씨가, 돌궐은 사이토 시게오(齊藤茂雄, 데이쿄대학) 씨와 요시다 유타카(吉田豊, 교토대학 명예교수) 선생님께서, 불교 정치사는 나카다 미에(中田美繪, 교토산업대학) 씨가, 수의 소 황후(蕭皇后)는 무라이 교코(村井恭子, 고베대학) 씨가, 당 초기 정치는 아이다 다이스케(會田大輔, 메이지대학) 씨가 각각 전문적 관점에서 조언을 해 주었다. 또한 '문헌 안내'에 실은 선학의 업적으로부터도 당연히 많은 학은(學恩)을 받고 있다. 이 기회에 감사를 드린다. 그러나 이 책에 있는 내용에 대한 최종적인 책임은 필자에게 있다는 점은 말할 것도 없다.

오사카에 있는 간사이대학에 부임한 것은 2005년의 일이었다. 사립대학에서 흔히 있는 강의의 숫자가 적지 않고 학교 내외의 잡무도 많지만 연구 환경에서는 상당한 혜택을 받고 있다. 2016년부터 2017년의 1년 동안 해외 연구의 기회를 받아서 파리로 향했다. 중국은 학부, 대학원을 통해 3년 이상 유학을 했기 때문에 미국의 하버드 엔칭연구소에도 다녀오면 좋겠다는 선배, 동료의 말을 확대해석하여 전쟁 이전에 교토, 북경과 함께 세계적인 중국학의 메카였던 파리를 선택했다. 경애하고 꿈에까지 나왔던(만나 뵙지는 못했다) 미야자키 이치사다 박사와도 인연이 깊은 도시이다. 소그드 연구를 통해 알고 있던 에티엔 드 라 바시에르 씨(프랑스 사회과학고등연구원)에게 부탁해서 프랑스 국립과학연구소(CNRS)의 동아시아문명연구센터(CRCAO, Centre de recherches sur les civilisations de l'orientale)에 연구원으로 들어갈 자격을 받았다.

파리의 중국사 연구 환경은 열악하지 않다. 석각 사료집 등 최근의 대형 책은 간간이 입수하고 있는 정도이지만, 고전 문헌에서부터 신간 서적(일본어 서적은 적다)까지 대체로 갖추고 있다. 그중에서 대만중앙연구원의 한적전자문헌자료고(漢籍電子文獻資料庫)는 완전히 자유롭게 접속할 수 있고, CNKI와 같은 중국 대륙의 잡지논문 데이터베이스도 마음대로 활용할 수 있다. 여기에서 알게 된 것도 이 책에 일부 반영되어 있다. 캠퍼스에서의 연구 환경과 해외 연구의 기회를 주신 간사이대학에 감사의 말씀을 드린다.

마지막으로, 이 책을 집필하는 동안 가사분담까지는

면제해 주지는 않았지만 여러 가지를 배려하고 협력해 준 가족과, 대학·대학원·유학이라는 상당히 자유로운 인생을 허락하고 지켜봐 주신 부모님께 감사의 말씀을 드리고자 한다. 감사드립니다.

센리야마(千里山)에서

모리베 유타카

문헌 안내

아래에는 이 책을 집필할 때에 참고했던 문헌과 이 책의 내용과 깊은 관계가 있는 문헌을 적어 두고, 독자를 위한 문헌 안내로 삼고자 한다. 중국어로 서술된 전문서 등에 대해서는 여기에서 언급한 문헌으로부터 더듬어 찾아볼 수 있다. 또한 이 책은 정치사의 흐름을 중심으로 당의 여러 제도나 해당 시기의 민족 집단에 대해서 조금 상세하게 서술했지만, 당시 사람들의 삶이나 문화사 등은 거의 서술하지 못했다. 이러한 것들과 관련된 문헌도 언급하여 함께 참고할 수 있게 했다. 다만 문헌은 기본적으로 일본어로 서술된 것과 재판, 재간된 최신 문헌을 게재했다.

1. 통사

- 아라카와 마사하루(荒川正晴), 「중화세계의 재편과 유라시아 동부中華世界の再編とユーラシア東部」, 아라카와 마사하루 편, 『이와나미 강좌 세계역사 6 중화세계의 재편과 유라시아 동부 4~8세기岩波講座世界歷史 6 中華世界の再編とユーラシア東部 4~8世紀』, 이와나미쇼텐(岩波書店), 2022년, 3-77쪽.

  → 이와나미 강좌 세계역사는 제1회가 1970년대, 제2회가 1990년대, 그리고 2020년대에 제3회가 기획되고 출판되었다. 각 회에서 당의 역사를 다루었던 책의 '총론'은 각 시대의 연구 배경과 집필자의 문제의식을 반영하여 서술되었다.

- 이케다 온(池田溫) 외 편, 『세계역사대계 중국사 2 - 삼국~당世界歷史大系 中國史 2 - 三國~唐』, 야마카와 출판사(山川出版社), 1996년.

  → 수당시대 부분의 집필은 오타기 하지메(愛宕元)와 가네코 슈이치(金子修一)가 맡았다. 정치사, 제도, 사회경제, 문화 등이 균형 있게 정리되어 있다.

- 이시다 미키노스케(石田幹之助)·다나카 가쓰미(田中克己), 『대당의 봄大唐の春』, 문예춘추(文藝春秋), 1967년.

  → 당대의 사회풍속에 관한 서술이 특색이다. 책의 토대가 되었던 『장안의 봄(長安の春)』(뒤에서 게시)도 함께 읽기를 바란다.

- 오카자키 후미오(岡崎文夫), 『수당제국오대사隋唐帝國五代史』, 헤이본샤(平凡社), 1995년.

  → 1950년대에 도호쿠대학에서 진행되었던 강의 노트를 기초로 편집한 것이다. 당 후반기의 서술이 상세하다.

- 게가사와 야스노리(氣賀澤保規), 『찬란한 세계제국(수당시대)絢爛たる世界帝國(隋唐時代)』, 고단샤(講談社), 2020년.

  → 20세기 수당사 연구의 집대성이라고 할 수 있는 개설서이다. 전체 11장 중에 정치사를 중심으로 한 통사는 세 장이고, 나머지는 서민의 삶, 여성, 상공업, 군제, 엔닌의 시각에서 본 당대의 사회, 주변 여러 국가, 문화에 관한 장을 배치하고 있다.

- 세오 다쓰히코(妹尾達彦), 「중화의 분열과 재생中華の分裂と再生」, 『이와나미 강좌 세계역사 9 중화의 분열과 재생 3-13세기岩波講座世界歷史 9 中華の分裂と再生 3-13世紀』, 이와나미쇼텐(岩波書店), 1999년, 3-82쪽.

  → 20세기의 중국사(중화제국사 전기) 연구를 총괄하고, 차세대로의 발전을 보

여 주었던 계몽적 통사이다.

- 도야먀 군지(外山軍治), 『중국문명의 역사 5 수당세계제국中國文明の歷史 5 隋唐世界帝國』, 주오코론신샤(中央公論新社), 2000년.

  → 초판은 1967년에 나왔다. 내용에는 오래된 것도 있지만, 저자의 평이한 문장은 읽기 쉽다. 그리고 저자의 독자적인 견해도 드러나 있다.

- 누노메 조후(布目潮渢)·구리하라 마스오(栗原益男), 『수당제국隋唐帝國』, 고단샤(講談社), 1997년.

  → 1970년대까지의 수당사 연구의 수준을 반영시킨 읽을 만한 개설서이다.

- 후루마쓰 다카시(古松崇志), 『초원의 제패: 대몽골까지草原の制覇 大モンゴルまで』, 이와나미쇼텐(岩波書店), 2020년.

  → 아래에서 언급하면서 소개할 마루하시 미쓰히로(丸橋充拓)의 『강남의 발전』과 와타나베 신이치로(渡邊信一郎)의 『중화의 성립』과 함께 이와나미신서(岩波新書) 시리즈로 출판되었다. 좁은 의미의 '중국'이라는 공간에 얽매이지 않고, 초원 세계와 해역세계를 포함하면서 또한 시간적으로도 1천 년을 넘는 긴 범주로 서술된 완전히 새로운 스타일의 중국 통사이다.

- 마루하시 마쓰히로(丸橋充拓), 『강남의 발전: 남송까지江南の發展 南宋まで』, 이와나미쇼텐(岩波書店), 2020년.

- 미야자키 이치사다(宮崎市定), 『대당제국 - 중국의 중세大唐帝國 - 中國の中世』, 주오코론샤(中央公論社), 1988년.

  → 제목을 보면 당의 통사인 것처럼 보이지만, 실제로는 당에 대한 서술은 전체의 1/5에 불과하다. 그러나 그 평이하면서도 저자의 독자적인 견해가 곳곳에서 확인된다.

- 모리야스 다카오(森安孝夫), 『실크로드와 당제국シルクロードと唐帝國』, 고단샤(講談社), 2016년.

  → 당의 역사라기보다도 이 책에서 제시했던 '동유라시아 역사'의 개설에 가깝다. 저자의 연구 성과가 곳곳에 수용되어 있는, 조금 고도의 내용으로 된 개설서이다.

- 야마다 노부오(山田信夫), 『당과 페르시아唐とペルシア』, 헤이본샤(平凡社), 1971년.

- 와타나베 신이치로(渡邊信一郎), 『중화의 성립: 당대까지中華の成立 唐代まで』,

이와나미쇼텐(岩波書店), 2020년.[1]

2. 정치와 제도(의례)

- 우치다 토오모(편)内田智雄(編) / 보(補)·우메하라 가오루(梅原郁), 『역주 속 역대형법지(보)譯注續歷代刑法志(補)』, 소분샤(創文社), 1971년.
  → 『구당서』 권50, 『신당서』 권56의 「형법지」를 수록하고 있다.
- 가네코 슈이치(金子修一), 『고대중국과 황제제사古代中國と皇帝祭祀』, 규코쇼인(汲古書院), 2001년.
- 가네코 슈이치(金子修一), 『중국고대황제제사의 연구中國古代皇帝祭祀の研究』, 이와나미쇼텐(岩波書店), 2006년.
- 가네코 슈이치(金子修一), 『대당원릉의주신석大唐元陵儀注新釋』, 규코쇼인(汲古書院), 2013년.
  → 대종(代宗)의 장송의례에 관한 사료의 역주이다.
- 구리하라 마스오(栗原益男), 『당송변혁기의 국가와 사회唐宋變革期の國家と社會』, 규코쇼인(汲古書院), 2014년.
  → 1950년대부터 1980년대에 집필되었던 율령제 붕괴에 수반한 새로운 군제의 탄생, 번진의 권력구조, 당말오대의 정치사회에 관한 두꺼운 논문들을 수록하고 있다.
- 시샤오쥔(石曉軍), 『수당외무관료의 연구 - 홍려시관료·견외사절을 중심으로隋唐外務官僚の研究 - 鴻臚寺官僚·遣外使節を中心に』, 도호쇼텐(東方書店), 2019년.
- 센다 유타카(千田豊), 『당대의 황태자제도唐代の皇太子制度』, 교토대학학술출판회(京都大學術出版會), 2021년.
- 다니가와 미치오(谷川道雄), 『다니가와 미치오 중국사논집谷川道雄中國史論集』 하권(下卷), 규코쇼인(汲古書院), 2017년.
  → 「당대의 번진에 대하여 - 절서(浙西)의 경우」, 「'안사의 난'의 성격에 대하여」, 「방훈의 난에 대하여」, 「무후조 말년부터 현종조 초년에 이르는 정쟁에 대하여 - 당대 귀족제 연구에 대한 한 시각」, 「하삭삼진에서 절도사 권력의 성격」 등 당대사에 관한 논문, 서평, 학계 전망을 수록하고 있다.

---

1) 와타나베 신이치로 지음, 이용빈 옮김, 『중화의 성립 - 당대까지』, 한울아카데미, 2023.

- 진인각(陳寅恪) / 모리베 유타카(역)森部豊(譯), 「진인각『당대정치사술론고』 '상편 통치계급의 씨족과 그 승강' 역주고陳寅恪『唐代政治史述論稿』上篇 統治階級之氏族及其升降' 譯注稿」(1) (2), 『간사이대학동서학술연구소기요關西大學東西學術研究所紀要』 54·55(2021·2022년), 283-303쪽·245-265쪽.

  → 진인각의 고전적 저작으로, 당대사 연구에서 필독 문헌인 『당대정치사술론고』(충경重慶: 상무인서관商務印書館, 1943년)의 일본어 번역이다. 완역은 아니며 간사이대학의 학술 리포지터리에서 열람이 가능하다. 진인각의 『수당제도연원약론고隋唐制度淵源略論稿』(상해고적출판사上海古籍出版社, 1982년)도 필독 문헌이지만, 일본어 번역은 아직 없다.

- 쓰키야마 지사부로(築山治三郞), 『당대정치제도의 연구唐代政治制度の研究』, 소겐샤(創元社), 1967년.

- 쓰지 마사히로(辻正博), 『당송시대형벌제도의 연구唐宋時代刑罰制度の研究』, 교토대학학술출판회(京都大學學術出版會), 2010년.

- 도나미 마모루(礪波護), 『당대정치사회사연구唐代政治社會史研究』, 도호샤(同朋舍), 1986년.

- 도나미 마모루(礪波護), 『당의 행정기구와 관료唐の行政機構と官僚』, 주오코론샤(中央公論社), 1998년.

- 도나미 마모루(礪波護), 『당말의 변혁과 관료제唐宋の變革と官僚制』, 주오코론신샤(中央公論新社), 2011년.

- 나카무라 유이치(中村裕一), 『당대제칙연구唐代制勅研究』, 규코쇼인(汲古書院), 1991년.

- 나카무라 유이치(中村裕一), 『당대관문서연구唐代官文書研究』, 주분출판사(中文出版社), 1991년.

- 니이다 노보루(仁井田陞), 『증정 중국법제사연구增訂 中國法制史研究』(전4권), 도쿄대학출판회(東京大學出版會), 1980년.

  → '형법', '토지법·거래법', '노예농노법·가족촌락법', '법과 관습·법과 도덕'으로 구성되어 있다.

- 니이미 마도카(新見まどか), 『당제국의 멸망과 동부유라시아 - 번진체제의 통사적연구唐帝國の滅亡と東部ユーラシア - 藩鎭體制の通史的研究』, 시분카쿠출판(思文閣出版), 2022년.

  → 당 후반기부터 오대 초기의 정치사와 번진을 논한 최신 연구 성과이다.

이 책의 4장부터 6장의 내용과 관계된다.
- 누노메 조후(布日潮渢), 『누노메 조후 중국사논집布日潮渢中國史論集』(상·하권 上·下卷), 규코쇼인(汲古書院), 2003·2004년.
  → 상권에 당대사 편1(정치사, 율령제), 하권에 당대사 편2(관인제)를 수록하고 있다.
- 하마구치 시게쿠니(濱口重國), 『진한수당사의 연구秦漢隋唐史の研究』(상·하권 上·下卷), 도쿄대학출판회(東京大學出版會), 1966년.
  → 상권에 「부병제에서 새로운 병제로」, 하권에 「당 현종조의 강회 상공미(上供米)와 지세(地稅)와의 관계」를 필두로 당대사에 관한 논고를 수록하고 있다.
- 하마구치 시네쿠니(濱口重國), 『당왕조의 천인제도唐王朝の賤人制度』, 동양사연구회(東洋史研究會), 1966년.
- 하야미 다이(速水大), 『당대훈관제도의 연구唐代勳官制度の研究』, 규코쇼인(汲古書院), 2015년.
- 히노 가이사부로(日野開三郞), 『당대번진의 지배 체제唐代藩鎭の支配體制』(히노 가이사부로 동양사학논집 제1권日野開三郎東洋史學論集第一卷), 산이치쇼보(三一書房), 1980년.
- 히노 가이사부로(日野開三郞), 『당말오대초자위의군고 상편唐末五代初自衛義軍考 上篇』, 사가판(私家版), 1984년.
- 히라타 요이치로(平田陽一郎), 『수당제국 형성기의 군사와 외교隋唐帝國形成期における軍事と外交』, 규코쇼인(汲古書院), 2021년.
  → '부병제'를 재검토하는 여러 논문들을 수록하고 있다.
- 후지노 쓰키코(藤野月子), 『왕소군에서 문성공주로 - 중국고대의 국제결혼王昭君から文成公主へ - 中國古代の國際結婚』, 규슈대학출판회(九州大學出版會), 2012년.
- 호리 도시카즈(堀敏一), 『당말오대변혁기의 정치와 경제唐末五代變革期の政治と經濟』, 규코쇼인(汲古書院), 2002년.
  → 전편(前篇)에 「번진친위군의 권력구조」, 「황소의 반란」, 「주전충 정권의 성격」 등 당 후반기부터 오대 시기에 걸친 정치사 논고를 수록했고, 후편(後篇)에 돈황·투루판 문서에 관한 논문 등을 수록하고 있다.
- 마에지마 신지(前嶋信次), 『동서문화교류의 제상東西文化交流の諸相』, 동서문

화교류의 제상 간행회(東西文化交流の諸相刊行會), 1971년.

→ 「탈라스 전투 고(考)」(129-200쪽)는 7세기부터 8세기의 중앙아시아와 당의 관계를 알기 위해서 반드시 읽어야 할 논문이다. 이 책의 2장, 3장과 관계된다.

- 마쓰모토 야스노부(松本保宣), 『당 왕조의 궁성과 어전회의 - 당대청정제도의 전개唐王朝の宮城と御前會議 - 唐代聽政制度の展開』, 고요쇼보(晃洋書房), 2006년.
- 마루하시 미쓰히로(丸橋充拓), 「당 후반기의 정치 · 경제唐後半期の政治·經濟」, 아라카와 마사하루(荒川正晴), 도미야 이타루(富谷至) 편, 『이와나미 강좌 세계역사 7 동아시아의 전개 8~14세기岩波講座世界歷史 7 東アジアの展開 8~14世紀』, 이와나미쇼텐(岩波書店), 2022년, 51~79쪽.
- 미타무라 다이스케(三田村泰助), 『환관宦官』, 주오코론샤(中央公論社), 1963년.[2]

  → 환관의 통사라고 할 수 있는 고전이다.
- 야마네 기요시(山根淸志), 『당 왕조의 신분제지배와 '백성'唐王朝の身分制支配と「百姓」』, 규코쇼인(汲古書院), 2020년.
- 야마모토 다카요시(山本隆義), 『중국정치제도의 연구中國政治制度の研究』(제8장 '당대'第八章「唐代」), 동양사연구회(東洋史研究會), 1968년.
- 율령연구회(律令研究會) 편(編), 『역주일본조령譯註日本令』 5 · 6 · 7(당률소의역주편唐律疏議譯註篇 1·2·3), 도쿄도출판(東京堂出版), 1979 · 1984 · 1987년.

3. 사회경제(교통)

- 아오야마 사다오(青山定雄), 『당송시대의 교통과 지지지도의 연구唐宋時代の交通と地誌地圖の研究』, 요시카와 홍문관(吉川弘文館), 1963년.
- 아라카와 마사하루(荒川正晴), 『오아시스 국가와 카라반 교역オアシス國家とキャラヴァン交易』, 야마카와 출판사(山川出版社), 2003년.
- 아라카와 마사하루(荒川正晴), 『유라시아의 교통 · 교역과 당제국ユーラシアの交通·交易と唐帝國』, 나고야대학출판회(名古屋大學出版會), 2010년.

---

2) 미타무라 다이스케 지음, 한종수 옮김, 『환관 이야기: 측근 정치의 구조』, 아이필드, 2015.

→ 주로 투루판 문서를 이용하여 서역에서의 교통과 교역 양상을 복원한 노작(勞作)이다.
- 이케다 온(池田溫), 『중국고대적장연구 개관·녹문中國古代籍帳研究 槪觀·錄文』, 도쿄대학출판회(東京大學出版會), 1979년.
- 이케다 온(池田溫), 『돈황문서의 세계敦煌文書の世界』, 명저간행회(名著刊行會), 2003년.
- 이케다 온(池田溫), 『당사논고唐史論攷』, 규코쇼인(汲古書院), 2014년.
  → 태종, 무측천 시기에 편찬되었던 『씨족지』와 돈황의 소그드인 취락에 관한 논고가 포함되어 있다.
- 오카모토 다카시(岡本隆司), 『중국경제사中國經濟史』, 나고야대학출판회(名古屋大學出版會), 2013년.[3]
  → 특히 제2장 '위진남북조~수당오대' 부분은 반드시 읽어보아야 한다.
- 오타기 하지메(愛宕元), 『당대지역사회사연구唐代地域社會史研究』, 도호샤(同朋舍), 1997년.
- 가토 시게시(加藤繁), 『지나경제사고증支那經濟史考證』 상권(上卷), 도요분코(東洋文庫), 1952년.
  → 당대의 장원(莊園), 초시(草市), '행'(行, 상업 길드) 등에 관한 논고를 수록하고 있다.
- 쥐칭위엔(鞠淸遠)/나카지마 사토시(역주)中島敏(譯注), 『당대재정사唐代財政史』, 국서출판(國書出版), 1944년.
- 기요코바 아즈마(淸木場東), 『당대재정사연구(운수편)唐代財政史研究(運輸編)』, 규슈대학출판회(九州大學出版會), 1996년.
- 기요코바 아즈마(淸木場東), 『제사의 구조 당대재정사연구 지출편帝賜の構造 唐代財政史研究 支出編』, 주고쿠쇼텐(中國書店), 1997년.
- 사에키 도미(佐伯富), 『중국염정사의 연구中國鹽政史の研究』, 법률문화사(法律文化社), 1987년.
  → 제3장의 5절 '당대의 염정'이 당대의 염정을 정리하고 있다.
- 사토 다케토시(佐藤武敏), 『중국고대견직물사연구中國古代絹織物史研究』 하(下), 가자마쇼보(風間書房), 1978년.

---

[3] 오카모토 다카시 엮음, 강진아 옮김, 『중국경제사: 고대에서 현대까지』, 경북대학교 출판부, 2023.

- 세키오 시로(關尾史郎), 『서역문서로 본 중국사西域文書からみた中國史』, 야마카와 출판사(山川出版社), 1998년.
- 도나미 마모루(礪波護), 『수당도성재정사논고隋唐都城財政史論考』, 호조칸(法藏館), 2016년.
- 도비 요시카즈(土肥義和), 『돈황문서의 연구燉煌文書の研究』, 규코쇼인(汲古書院), 2020년.
- 히노 가이사부로(日野開三郎), 『당대조조용의 연구唐代租調庸の研究』, 사가판(私家版), 「Ⅰ 색액편(色額篇)」, 1974년; 「Ⅱ과수편상(課輸篇上)」, 1975년; 「Ⅲ 과수편하(課輸篇下)」, 1977년.
- 히노 가이사부로(日野開三郎), 『당대양세법의 연구 전편唐代兩稅法の研究 前篇』 (히노 가이사부로 동양사학논집 제3권日野開三郎東洋史學論集 第三卷), 산이치쇼보(三一書房), 1981년.
- 히노 가이사부로(日野開三郎), 『당대양세법의 연구 본편唐代兩稅法の研究 本篇』 (히노 가이사부로 동양사학논집 제4권日野開三郎東洋史學論集 第四卷), 산이치쇼보(三一書房), 1982년.
- 히노 가이사부로(日野開三郎), 『당·오대의 화폐와 금융唐·五代の貨幣と金融』(히노 가이사부로 동양사학논집 제5권日野開三郎東洋史學論集 第五卷), 산이치쇼보(三一書房), 1982년.
- 히노 가이사부로(日野開三郎), 『당대선진지대의 장원唐代先進地帶の莊園』, 사가판(私家版), 1986년.
- 히노 가이사부로(日野開三郎), 『당대저점의 연구唐代邸店の研究』(히노 가이사부로 동양사학논집 제17권日野開三郎東洋史學論集 第一七卷), 산이치쇼보(三一書房), 1992년.
- 히노 가이사부로(日野開三郎), 『속 당대저점의 연구續 唐代邸店の研究』(히노 가이사부로 동양사학논집 제18권日野開三郎東洋史學論集 第一八卷), 산이치쇼보(三一書房), 1992년.
- 호리 도시카즈(堀敏一), 『균전제의 연구均田制の研究』, 이와나미쇼텐(岩波書店), 1975년.
- 마루하시 미쓰히로(丸橋充拓), 『당대북변재정의 연구唐代北邊財政の研究』, 이와나미쇼텐(岩波書店), 2006년.
- 요시다 유타카(吉田豊), 『호탄 출토 8-9세기의 호탄어 세속문서에 관한 각

서コータン出土8-9世紀のコータン語世俗文書に關する覺え書き』, 고베시외국어대학 외국학연구소(神戶市外國語大學外國學研究所), 2006년.
→ 호탄어로 기록된 세속문서를 이용하여 당의 '기미 지배' 아래 호탄국의 세금 제도를 논하고 있다.
- 와타나베 신이치로(渡邊信一郞), 『중국고대의 재정과 국가中國古代の財政と國家』, 규코쇼인(汲古書院), 2010년.
→ 한에서부터 당까지의 국가와 재정에 관한 논고를 수록했다. 특히 '제3부 수당기의 재정과 제국'은 당대 재정사에 그치지 않고 군제, 나아가 당조의 지배 시스템과 그것을 재검토하려면 반드시 읽어야 하는 논고를 수록하고 있다.
- 와타나베 신이치로(渡邊信一郞), 『『구당서』식화지역주『舊唐書』食貨志譯注』, 규코쇼인(汲古書院), 2018년.

4. 주변 여러 국가 · 민족 집단(첨부: 정사의 부분 번역)

- 아카바메 마사요시(赤羽目匡由), 『발해왕국의 정치와 사회渤海王國の政治と社會』, 요시카와 홍문관(吉川弘文館), 2011년.
- 이세 센타로(伊瀨仙太郞), 『중국서역경영사연구中國西域經營史研究』, 이와난도쇼텐(巖南堂書店), 1955년.
- 이나바 미노루(稻葉穰), 『이슬람의 동쪽 · 중화의 서쪽イスラームの東 · 中華の西』, 린센쇼텐(臨川書店), 2022년.
→ 당대의 중앙아시아에 관한 최신의 연구 성과를 다룬 일반인 대상의 책이다.
- 이와오 가즈시(岩尾一史) · 이케다 다쿠미(池田巧) 편(編), 『티베트의 역사와 사회 상チベットの歷史と社會 上』, 린센쇼텐(臨川書店), 2021년.
→ 티베트 제국(토번)에 관한 최신 개설을 포함하고 있다.
- 이와사 세이이치로(岩佐精一郞), 『이와사 세이이치로 유고岩佐精一郞遺稿』, 사가판(私家版), 1936년.
→ 「하서절도사의 기원에 대하여」, 「돌궐의 부흥에 대하여」 등의 논고를 수록하고 있다.
- 이와사키 쓰토무(岩崎力), 『서하건국사연구西夏建國史研究』, 규코쇼인(汲古書

院), 2018년.

→ 제1부 제1장 '수당시대의 탕구트에 대하여', 제2장 '하주정난군절도사의 건치建置와 전후의 정정政情', 제3장 '당 최만기最晩期의 탕구트의 동향'을 수록하고 있다.

- 이와미 기요히로(石見淸裕), 『당대의 국제 관계唐代の國際關係』, 야마카와 출판사(山川出版社), 2009년.
- 우에다 기헤이나리치카(植田喜兵成智), 『신라·당 관계와 백제·고구려 유민新羅·唐關係と百濟·高句麗遺民』, 야마카와 출판사(山川出版社), 2022년.
- 오하라 요시미치(大原良通), 『왕권의 확립과 수수 - 당·고대 티베트 제국(토번)·남조국을 중심으로王權の確立と授受 - 唐·古代チベット帝國(吐蕃)·南詔國を中心として』, 규코쇼인(汲古書院), 2003년.
- 오카자키 세이로(岡崎精郞), 『탕구트 고대사연구タングート古代史硏究』, 동양사연구회(東洋史硏究會), 1972년.

→ 제1편 제1장 '당대 탕구트의 발전'을 수록하고 있다.

- 가네코 슈이치(金子修一), 『고대동아시아세계사논고 - 개정증보 수당의 국제질서와 동아시아古代東アジア世界史論考 - 改訂增補 隋唐の國際秩序と東アジア』, 야기쇼텐(八木書店), 2019년.
- 사토 히사시(佐藤長), 『고대티베트사연구古代チベット史硏究』(상·하권上·下卷), 도호샤(同朋舍), 1977년.
- 시마자키 아키라(嶋崎昌), 『수당시대의 동투르키스탄 연구 - 고창국사연구를 중심으로隋唐時代の東トゥルキスタン硏究 - 高昌國史硏究を中心として』, 도쿄대학출판회(東京大學出版會), 1977년.
- 스가누마 아이고(菅沼愛語), 『7세기 후반부터 8세기 동부유라시아의 국제정세와 그 추이 - 당·토번·돌궐의 외교관계를 중심으로7世紀後半から8世紀の東部ユーラシアの國際情勢とその推移 - 唐·吐蕃·突厥の外交關係を中心に』, 게이스이샤(溪水社), 2019년.
- 나이토 미도리(內藤みどり), 『서돌궐사의 연구西突厥史の硏究』, 와세다대학출판부(早稻田大學出版部), 1988년.
- 니시무라 요코(西村陽子), 『당대사타돌궐사의 연구唐代沙陀突厥史の硏究』, 규코쇼인(汲古書院), 2018년.
- 히노 가이사부로(日野開三郞), 『소고구려국의 연구小高句麗國の硏究』(히노 가이사

부로 동양사학논집 제8권日野開三郎東洋史學論集第八卷)』, 산이치쇼보(三一書房), 1984년.
- 히노 가이사부로(日野開三郎), 『북동아시아 국제교류사의 연구(상)北東アジア國際交流史の硏究(上)』(히노 가이사부로 동양사학논집 제9권日野開三郎東洋史學論集第九卷), 산이치쇼보(三一書房), 1984년.
- 후지사와 요시미(藤澤義美), 『서남중국민족사의 연구西南中國民族史の研究』, 대안(大安), 1969년.
  → 남조(南詔)에 관한 논고를 수록하고 있다.
- 후루하타 도루(古畑徹), 『발해국이란 무엇인가渤海國とは何か』, 요시카와 홍문관(吉川弘文館), 2018년.
- 후루하타 도루(古畑徹), 『발해국과 동아시아渤海國と東アジア』, 규코쇼인(汲古書院), 2021년.
- 모리 마사오(護雅夫), 『고대유목제국古代遊牧帝國』, 주오코론샤(中央公論社), 1976년.
  → 일반인을 대상으로 서술된 돌궐 통사이다.
- 모리베 유타카(森部豊), 『소그드인의 동방활동과 동유라시아 세계의 전개ソグド人の東方活動と東ユーラシア世界の展開』, 간사이대학출판부(關西大學出版部), 2010년.
  → 안사의 난, 하삭삼진의 발호 그리고 사타 왕조의 흥기에 소그드계 돌궐이 크게 관여했다는 점을 논했다.
- 모리베 유타카(森部豊) 편(編), 『소그드인과 동유라시아의 문화교섭ソグド人と東ユーラシアの文化交渉』, 벤세이출판(勉誠出版), 2014년.
- 모리야스 다카오(森安孝夫), 『동서위구르와 중앙유라시아東西ウイグルと中央ユーラシア』, 나고야대학출판회(名古屋大學出版會), 2015년.
- 모리야스 다카오(森安孝夫) 편(編), 『소그드에서 위구르로ソグドからウイグルへ』, 규코쇼인(汲古書院), 2011년.
- 야마구치 즈이호(山口瑞鳳), 『토번왕국성립사연구吐蕃王國成立史研究』, 이와나미쇼텐(岩波書店), 1983년.
- 야마다 노부오(山田信夫), 『북아시아 유목민족사연구北アジア遊牧民族史研究』, 도쿄대학출판회(東京大學出版會), 1989년.
- 에티엔 드 라 베시에르(エチエンヌ・ドゥ・ラ・ヴェシエール)/가게야마 에쓰코(影

山悅子) 역(譯), 『소그드 상인의 역사ソグド商人の歷史』, 이와나미쇼텐(岩波書店), 2019년.

첨부: 정사의 부분 번역
- 우치다 진푸(內田吟風)·다무라 지쓰조(田村實造) 타(他) 역주(譯注), 『기마민족사1 - 정사북적전騎馬民族史1 - 正史北狄傳』, 헤이본샤(平凡社), 1972년.
  → 『구당서』 권199 하(下) 「북적전」 중에 거란, 해, 실위, 말갈 조항과 『신당서』 권219 「북적전」 중에 거란, 해, 실위, 흑수말갈 조항을 수록하고 있다.
- 사구치 토루(佐口透)·야마다 노부오(山田信夫)·모리 마사오(護雅夫) 역주(譯注), 『기마민족사2 - 정사북적전騎馬民族史2 - 正史北狄傳』, 헤이본샤(平凡社), 1972년.
  → 『구당서』 권199 하(下) 「북적전」 철륵 조항, 『구당서』 권194 상하·『신당서』 권215 상하 『돌궐전』, 『구당서』 권195·『신당서』 권217 상하 『회흘(회골)전』을 수록하고 있다.
- 하네다 아키라(羽田明)·사토 히사시(佐藤長) 타(他) 역주(譯注), 『기마민족사3 - 정사북적전騎馬民族史3 - 正史北狄傳』, 헤이본샤(平凡社), 1973년.
  → 『구당서』 권196 상하·『신당서』 권216 상하 「토번전」, 『신당서』 권218 「사타전」을 수록하고 있다.
- 이노우에 히데오(井上秀雄) 타(他) 역주(譯注), 『동아시아민족사2 - 정사동이전東アジア民族史2 - 正史東夷傳』, 헤이본샤(平凡社), 1976년.
  → 『구당서』 권199 상(上) 「동이전」, 『구당서』 권199 하(下) 「북적전·발해 말갈」, 『신당서』 권219 「북적전·발해」, 『신당서』 권220 「동이전(유귀流鬼는 번역 없음)」, 『통전』 권185 「변방·동이」 등을 수록하고 있다.
- 고타니 나카오(小谷仲男)·스가누마 아이고(菅沼愛語), 「『신당서』서역전역주 『新唐書』西域傳譯注」 (一)(二), 『교토여자대학대학원문학연구과연구기요 사학편京都女子大學大學院文學研究科研究紀要 史學編』 9, 2010년, 81-128쪽 / 10, 2011년, 127-193쪽.

5. 도시·풍속·여성·문학
- 이시다 미키노스케(石田幹之助), 『증정 장안의 봄增訂 長安の春』, 헤이본샤(平凡

社), 1967년.[4]
- 우에키 히사유키(植木久行), 『당시세시기唐詩歳時記』, 고단샤(講談社), 1995년.
- 우에키 히사유키(植木久行), 『당시의 풍경唐詩の風景』, 고단샤(講談社), 1999년.
  → 우에키 히사유키(植木久行)의 두 책은 당시(唐詩)를 통해 당대의 사회 풍속도 소개하고 있다.
- 오자와 마사아키(大澤正昭), 『처와 딸의 당송시대 - 사료에게 말하게 하자妻と娘の唐宋時代 - 史料に語らせよう』, 도호쇼텐(東方書店), 2021년.
- 오가와 다마키(小川環樹), 『당시개설唐詩概說』, 이와나미쇼텐(岩波書店), 2005년.
- 가오시위(高世瑜)/고바야시 가즈미(小林一美)·닌메이(任明) 역(譯), 『대당제국의 여성들大唐帝國の女性たち』, 이와나미쇼텐(岩波書店), 1999년.
  → 일본어로 읽을 수 있는 당대 여성사 통사이다. 이시다 미키노스케(石田幹之助)의 『장안의 봄』, 오자와 마사아키(大澤正昭)의 『처와 딸의 당송시대』도 함께 읽어보시기를 권한다.
- 황넝푸(黃能馥) 타(他) 편(編), 후루타 신이치(古田眞一) 감수(監修)·번역(飜譯), 구리키 노부에(栗城延江) 번역, 『중국복식사도감中國服飾史圖鑑』 제2권第二卷, 과학출판사도쿄주식회사(科學出版社東京株式會社), 2019년.
  → 당대의 복식이 컬러로 소개되어 있다.
- 사토 다케토시(佐藤武敏), 『장안長安』, 고단샤(講談社), 2004년.
- 시오자와 히로히토(鹽澤裕仁), 『천년제도 낙양千年帝都 洛陽』, 유잔카쿠(雄山閣), 2009년.
- 시모사다 마사히로(下定雅弘), 『백거이와 유종원 - 혼미의 세상에서 삶의 찬가를白居易と柳宗元 - 混迷の世に生の讚歌を』, 이와나미쇼텐(岩波書店), 2015년.
- 쉬쑹(徐松)/오타기 하지메(愛宕元) 역주(譯注), 『당양경성방고 - 장안과 낙양唐兩京城坊攷 - 長安と洛陽』, 헤이본샤(平凡社), 1994년.
- 세오 다쓰히코(妹尾達彦), 『장안의 도시계획長安の都市計劃』, 고단샤(講談社), 2001년.[5]

---

4) 이시다 미키노스케 지음, 이동철·박은희 옮김, 『장안의 봄』, 이산, 2004.
5) 세오 다쓰히코 지음, 최재영 옮김, 『장안은 어떻게 세계의 수도가 되었나』, 황금가지, 2006.

→ '장안'을 제목에 붙이고 있지만, 약 1/3은 중국을 포함한 아시아 동부 역사의 새로운 파악 방식을 제언하는 매우 계몽적인 책이다.
- 탄찬쉐(譚蟬雪)/마리쥐안(麻麗娟) 역(譯), 『중국중세의 복식中國中世の服飾』, 주고쿠쇼텐(中國書店), 2022년.
→ 16국 시대부터 원까지의 복식 변천을 통사적으로 서술했다. 벽화나 문물의 컬러 도판을 많이 활용하고 있다.
- 청치엔판(程千帆)/마쓰오카 에이지(松岡榮志)·마치다 다카요시(町田隆吉) 역(譯), 『당대의 과거와 문학唐代の科擧と文學』, 가이후샤(凱風社), 1986년.
- 하라다 요시토(原田淑人), 『당대의 복식唐代の服飾』, 도요분코(東洋文庫), 1970년.
- 무로나가 요시조(室永芳三), 『대도장안大都長安』, 교이쿠샤(教育社), 1982년.
→ 당대 장안을 망라적으로 소개하고 있다.
- 란완리(冉萬里), 『당대금은기문양의 고고학적연구唐代金銀器紋樣の考古學的研究』, 유잔카쿠(雄山閣), 2007년.

6. 종교(첨부: 여행기)

- 오니시 마키코(大西磨希子), 『당대불교미술사논고 - 불교문화의 전파와 일당교류唐代佛教美術史論攷 - 佛教文化の傳播と日唐交流』, 호조칸(法藏館), 2017년.
- 소후카와 히로시(曾布川寬)·요시다 유타카(吉田豊) 편(編), 『소그드인의 미술과 언어ソグド人の美術と言語』, 린센쇼텐(臨川書店), 2011년.
- 도나미 마모루(礪波護), 『수당의 불교와 국가隋唐の佛教と國家』, 주오코론샤(中央公論社), 1999년.
- 도나미 마모루(礪波護), 『수당불교문물사논고隋唐佛教文物史論考』, 호조칸(法藏館), 2016년.
- 히다 로미(肥田路美) 편(編), 『아시아불교미술논집 동아시아Ⅱ 수·당アジア佛教美術論集 東アジアⅡ 隋·唐』, 주오코론미술출판(中央公論美術出版), 2019년.
- 후지요시 마스미(藤善眞澄), 『수당시대의 불교와 사회 - 탄압의 틈새에서隋唐時代の佛教と社會 - 彈壓の狹間にて』, 하쿠테이샤(白帝社), 2004년.
→ 수에서부터 당의 불교 사회사 혹은 불교 정치사의 측면을 일반인을 대상으로 서술한 책이다. 평이한 서술로 불교를 통해 파악한 시대상을 복원

시키고 있다.
- 후지요시 마스미(藤善眞澄), 『중국불교사연구 - 수당불교를 향한 시각中國佛敎史硏究 - 隋唐佛敎への視角』, 호조칸(法藏館), 2013년.
- 모리베 유타카(森部豊), 「수·당제국과 '종교' - 동유라시아에서부터 묻는다 隋·唐帝國と「宗敎」- 東ユーラシアから問いかける」, 우에지마 스스무(上島享)·요시다 가즈히코(吉田一彦) 편(編), 『세계 속의 일본종교世界のなかの日本宗敎』, 요시카와 홍문관(吉川弘文館), 2021년, 169~200쪽.

  → 이 책에서 깊이 다루지 못했던 당대 조로아스터교, 동방기독교(네스토리우스파), 마니교에 대해서 언급하고 있다.
- 요시카와 다다오(吉川忠夫), 『육조수당문사철논집六朝隋唐文史哲論集』(Ⅰ사람·가족·학술Ⅰ人·家·學術/Ⅱ종교의 제상Ⅱ宗敎の諸相), 호조칸(法藏館), 2020년.

첨부: 여행기
- 현장(玄奘) 역(譯)·변기(弁機) 찬(撰)/미즈타니 마사나리(水谷眞成) 역(譯), 『대당서역기大唐西域記』, 헤이본샤(平凡社), 1971년.[6)]
- 혜립(慧立)·언종(彦悰)/나가사와 가즈토시(長澤和俊) 역(譯), 『현장삼장 - 서역·인도기행玄奘三藏 - 西域·インド紀行』, 고단샤(講談社), 1998년.[7)]

  → 현장의 전기 『대당대자은사삼장법사전』 10권 중에 권1부터 권5까지를 일본어로 번역한 것이다.
- 의정(義淨)/미야바야시 쇼겐(宮林昭彦)·가토 에이지(加藤榮司) 역(譯), 『남해기귀내법전 - 7세기 인도 불교승가의 일상생활南海寄歸內法傳 - 七世紀インド佛敎僧伽の日常生活』, 호조칸(法藏館), 2022년.
- 구와야마 쇼신(桑山正進) 편(編), 『혜초왕오천축국전연구慧超往五天竺國傳硏究』, 린센쇼텐(臨川書店), 1998년.
- 엔닌(円仁)/아다치 기로쿠(足立喜六) 역주(譯注)·시모이리 료토(鹽入良道) 보주(補注), 『입당구법순례행기入唐求法巡禮行記』 1·2, 헤이본샤(平凡社), 1970·1985년.[8)]

---

6) 김규현 역주, 『대당서역기』, 글로벌콘텐츠, 2013.
7) 김영률 역, 『대당대자은사삼장법사전』, 동국대학교 부설 동국역경원, 1997.
8) 신복룡 역주, 『입당구법순례행기』, 선인, 2007.

7. 이 책의 각 장에 관한 문헌

서장

- 이케다 온(池田溫), 「당조처우외족관제약고唐朝處遇外族官制略考」, 당대사연구회(唐代史研究會) 편(編), 『수당제국과 동아시아 세계隋唐帝國と東アジア世界』, 1979년, 251~278쪽.
- 우노 노부히로(宇野伸浩), 「몽골제국의 궁정 케식텐과 칭기스 칸의 중앙 천호モンゴル帝國の宮廷のケシクテンとチンギス·カンの中央の千戶」, 『앵문논총(櫻文論叢)』 96, 2018년, 247~269쪽.
- 스기야마 마사아키(杉山正明), 『유목민으로 본 세계사 증보판遊牧民から見た世界史 增補版』, 일본경제신문출판사(日本經濟新聞出版社), 2011년.[9]
- 세오 다쓰히코(妹尾達彦), 『글로벌 히스토리グローバル·ヒストリー』, 주오대학출판부(中央大學出版部), 2018년.
- 다카하시 토루(高橋徹), 「'탁발 국가'비판'拓跋國家'批判」, 『야마가타현립 야마가타남고등학교연구기요山形縣立山形南高等學校研究紀要』 49, 2010년, 1~13쪽.
- 다니가와 미치오(谷川道雄) 편저(編著), 『전후일본의 중국사논쟁戰後日本の中國史論爭』, 제1장 '총론'第1章 '總論', 하합문화교육연구소(河合文化教育研究所), 1993년.[10]
- 티엔위칭(田余慶)/다나카 가즈키(田中一輝)·왕경(王鏗) 역(譯), 『북위도무제의 우울 - 황후·외척·부족北魏道武帝の憂鬱 - 皇后·外戚·部族』, 교토대학학술출판회(京都大學學術出版會), 2018년.
- 나이토 코난(內藤湖南), 「개괄적당송시대관概括的唐宋時代觀」, 『나이토 코난 전집內藤湖南全集』 8八, 쓰쿠마쇼보(筑摩書房), 1969년, 111~119쪽.
- 후루하타 도루(古畑徹), 「(동)(東)유라시아사라는 사고방식 - 근년 일본에서 고대 동아시아연구의 새로운 동향東(部)ユーラシア史という考え方 - 近年の日本における古代東アジア史研究の新動向」, 후루하타 도루 편, 『고구려·발해사의 사정 - 고대 동북아시아연구의 새로운 동향高句麗·渤海史の射程 - 古代東北アジア史研究の新動向』, 규코쇼인(汲古書院), 2022년, 209~227쪽.

---

9) 스기야마 마사아키 지음, 이경덕 옮김, 『유목민의 눈으로 본 세계사』, 시루, 2013.
10) 타니가와 미찌오 편저, 정태섭 외 공역, 『日本의 中國史論爭: 1945년 이후』, 신서원, 1996.

- 마에다 나오노리(前田直典), 「동아시아에서 고대의 종말東アジアに於ける古代の終末」, 『원조사의 연구元朝史の研究』, 도쿄대학출판회(東京大學出版會), 1973년, 205~221쪽.
- 모리베 유타카(森部豊), 「중국 '중고사' 연구와 '동유라시아 세계'中國「中古史」研究と「東ユーラシア世界」」, 『당대사연구唐代史研究』 23, 2020년, 5~13쪽.

제1장

- 이케다 온(池田溫), 「율령관제의 형성律令官制の形成」, 『이와나미 강좌 세계역사 5 동아시아 세계의 형성 II岩波講座世界歷史 5 東アジア世界の形成 II』, 이와나미쇼텐(岩波書店), 1970년, 277~323쪽.
- 이와미 기요히로(石見淸裕), 『당의 북방문제와 국제질서唐の北方問題と國際秩序』, 규코쇼인(汲古書院), 1998년.
- 이와미 기요히로(石見淸裕) 편저(編著), 『소그드인묘지연구ソグド人墓誌研究』, 규코쇼인(汲古書院), 2016년.
- 구와야마 쇼신(桑山正進), 『서역기 - 현장삼장의 여정西域記 - 玄奘三藏の旅』, 쇼가쿠칸(小學館), 1995년.
- 오긍(吳兢)/이와미 기요히로(石見淸裕) 역주(譯注), 『정관정요 전역주貞觀政要全譯注』, 고단샤(講談社), 2021년.
- 사이토 시게오(齊藤茂雄), 「돌궐 유력자와 이세민 - 당 태종기의 돌궐 기미지배에 대하여突厥有力者と李世民 - 唐太宗期の突厥羈縻支配について」, 『간사이대학동서학술연구소기요關西大學東西學術研究所紀要』 48, 2015년, 77~98쪽.
- 사쿠마 히데노리(佐久間秀範)·치카모토 겐스케(近本謙介)·모토이 마키코(本井牧子) 편(編), 『현장삼장 - 새로운 현장상을 찾아서玄奘三藏 - 新たなる玄奘像をもとめて』, 벤세이출판(勉誠出版), 2021년.
- 스즈키 고세쓰(鈴木宏節), 「돌궐 아사나사마 계보고 - 돌궐 제1가한국의 가한 계보와 당대 오르도스의 돌궐집단突厥阿史那思摩系譜考 - 突厥第一可汗國の可汗系譜と唐代オルドスの突厥集團」, 『동양학보(東洋學報)』 87-1, 2005년, 37~68쪽.
- 다니가와 미치오(谷川道雄), 『당의 태종唐の太宗』, 인물왕래사(人物往來社), 1967년.

- 쓰지 마사히로(辻正博), 「수당국제의 특질隋唐國制の特質」, 아라카와 마사하루(荒川正晴) 편(編), 『이와나미 강좌 세계역사 06 중화세계의 재편과 유라시아 동부 4~8세기岩波講座世界歷史 06 中華世界の再編とユーラシア東部 四~八世紀』, 이와나미쇼텐(岩波書店), 2022년, 149~179쪽.
- 도나미 마모루(礪波護), 『당의 행정기구와 관료唐の行政機構と官僚』, 주오코론샤(中央公論社), 1998년.
- 나이토 겐키치(內藤乾吉), 「당의 삼성唐の三省」, 『중국법제사고증中國法制史考證』, 유히카쿠(有斐閣), 1963년, 1~25쪽.
- 니이다 노보루(仁井田陞), 『당령습유唐令拾遺』(첫 출판 1933년), 도쿄대학출판회(東京大學出版會), 1964년.
- 니이다 노보루(仁井田陞)/이케다 온(池田溫) 편(編), 『당령습유보唐令拾遺補』, 도쿄대학출판회(東京大學出版會), 1997년.
- 누노메 조후(布目潮渢), 「수당제국의 성립隋唐帝國の成立」, 『이와나미 강좌 세계역사 5 동아시아 세계의 형성 II岩波講座世界歷史 5 東アジア世界の形成 II』, 이와나미쇼텐(岩波書店), 1970년, 245~276쪽.
- 누노메 조후(布目潮渢), 『수당사연구隋唐史研究』, 도호샤(同朋舍), 1979년.
- 누노메 조후(布目潮渢), 『수의 양제와 당의 태종 - 폭군과 명군, 그 허실을 찾다隋の煬帝と唐の太宗 - 暴君と明君, その虛實を探る』, 시미즈쇼인(淸水書院), 2018년.
- 후쿠시마 메구미(福島惠), 『동부유라시아의 소그드인東部ユーラシアのソグド人』, 규코쇼인(汲古書院), 2017년.
- 호리이 히로유키(堀井裕之), 「당조 정권의 형성과 태종의 씨족정책 - 김유약 허찬 '배씨상공가보지비'에 인용된 당 배도 찬 『배씨가보』를 단서로唐朝政權の形成と太宗の氏族政策 - 金劉若虛撰『裴氏相公家譜之碑』所引の唐裴滔撰『裴氏家譜』を手掛かりに」, 『사림(史林)』 95-4, 2012년, 1~32쪽.
- 마에지마 신지(前嶋信次), 『현장삼장 - 사실서유기玄奘三藏 - 史實西遊記』, 이와나미쇼텐(岩波書店), 1952년.
- 야마시타 쇼지(山下將司), 「당 초기 『정관씨족지』의 편찬과 '팔주국가'의 탄생唐初における『貞觀氏族志』の編纂と「八柱國家」の誕生」, 『사학잡지(史學雜誌)』 111-2, 2002년, 1~32쪽.
- 야마시타 쇼지(山下將司), 「현무문의 변과 이세민 휘하의 산동집단玄武門の變と李世民配下の山東集團」, 『동양학보(東洋學報)』 85-2, 2003년, 173~203쪽.

- 야마시타 쇼지(山下將司), 「새로 출토된 사료를 통해 본 북조 말기·당 초기 사이 소그드인의 존재 형태 - 고원 출토 사씨 묘지를 중심으로新出土史料より見た北朝末·唐初期間ソグド人の存在形態 - 固原出土史氏墓誌を中心に」, 『당대사연구(唐代史研究)』 7, 2004년, 60~77쪽.
- 야마시타 쇼지(山下將司), 「수·당초의 하서 소그드인 군단 - 덴리도서관 소장 『문관사림』 '안수인묘지명' 잔권을 둘러싸고隋·唐初の河西ソグド人軍團 - 天理圖書館藏『文館詞林』「安修仁墓碑銘」殘卷をめぐって」, 『동방학(東方學)』 110, 2005년, 65~78쪽.
- 야마시타 쇼지(山下將司), 「당의 태종 거병과 산서 소그드 군부 - '당·조이묘지'를 단서로唐の太宗擧兵と山西ソグド軍府 - 「唐·曹怡墓誌」を手がかりに」, 『동양학보(東洋學報)』 93-4, 2012년, 397~425쪽.
- 요시다 유타카(吉田豊), 「소그드인과 투르크인의 관계에 대한 소그드어 자료 2건ソグド人とトルコ人の關係についてのソグド語資料2件」, 『서남아시아연구西南アジア研究』 67, 2007년, 48~56쪽.

제2장
- 가마타 시게오(鎌田茂雄), 「무주 왕조에서 화엄사상의 형성武周王朝における華嚴思想の形成」, 『중국화엄사상의 연구中國華嚴思想史の研究』, 도쿄대학출판회(東京大學出版會), 1965년, 107~149쪽.
- 게가사와 야스노리(氣賀澤保規), 『측천무후則天武后』, 고단샤(講談社), 2016년. → '측천무후'에 관한 최신의 전기이다. 저자는 '무측천'이라는 호칭을 근대 이후의 조어(造語)로 보면서 물리치고 있다.
- 고가치 류이치(古勝隆一), 「무측천'승선태자비' 입비의 배경武則天「升仙太子碑」立碑の背景」, 『중국중고의 학술과 사회中國中古の學術と社會』, 호조칸(法藏館), 2021년, 337~361쪽.
- 세오 다쓰히코(妹尾達彦), 「무측천의 낙양, 현종의 장안武則天の洛陽, 玄宗の長安」, 마쓰바라 아키라(松原朗) 編, 『두보와 현종황제의 시대杜甫と玄宗皇帝の時代』, 벤세이출판(勉誠出版), 2018년, 30~44쪽.
- 다나카 탄(田中淡), 「수조 건축가의 설계와 고증隋朝建築家の設計と考證」, 『중국건축사의 연구中國建築史の研究』, 고분도(弘文堂), 1989년, 181~292쪽.

→ 대흥성 설계의 우문개(宇文愷)를 시작으로 하는 수의 궁정 디자이너에 관한 논고이다.
- 도야마 군지(外山軍治), 『측천무후則天武后』, 주오코론샤(中央公論社), 1966년.
→ '측천무후'의 전기이다. 출판 연대는 오래되었지만, 당 초기 정치사의 흐름도 알기 쉽고 읽기도 쉽다.
- 나카다 미에(中田美繪), 「장안·낙양에서 불전 번역과 중앙아시아 출신자長安·洛陽における佛典翻譯と中央アジア出身者」, 모리베 유타카(森部豊)·하시테라 도모코(橋寺知子) 편(編), 『아시아에서 문화 시스템의 전개와 교류アジアにおける文化システムの展開と交流』, 간사이대학출판부(關西大學出版部), 2012년, 93~127쪽.
- 니시다 유코(西田祐子), 『당 제국의 통치체제와 '기미' - 『신당서』의 재검토를 단서로唐帝國の統治體制と「羈縻」-『新唐書』の再檢討を手掛かりに』, 야마카와 출판사(山川出版社), 2022년.
→ 당조의 기미 지배가 일원적인 것이 아니었다는 점을 『신당서』에 사료 비판을 가하여 명확하게 한 획기적인 논고이다.
- 하네다 토루(羽田亨), 「파사국추장아라감구명波斯國酋長阿羅憾丘銘」, 『하네다 박사사학논문집羽田博士史學論文集』 하권 언어·종교편下卷 言語·宗教篇, 동양사연구회(東洋史研究會), 1957년, 385~395쪽.
- 하야시 도시오(林俊雄), 「약탈·농경·교역으로 본 유목국가의 발전 - 돌궐의 경우掠奪·農耕·交易から觀た遊牧國家の發展 - 突厥の場合」, 『동양사연구(東洋史研究)』 44-1, 1985년, 110~136쪽.
- 후루하타 도루(古畑徹), 『발해국이란 무엇인가渤海國とは何か』, 요시카와 홍문관(吉川弘文館), 2018년.[11]
- 후루하타 도루(古畑徹), 『발해국과 동아시아渤海國と東アジア』, 규코쇼인(汲古書院), 2021년.
- 마에지마 신지(前嶋信次), 「탈라스 전고タラス戰考」, 『동서문화교류의 제상東西文化交流の諸相』, 동서문화교류의 제상 간행회(東西文化交流の諸相刊行會), 1971년, 129~200쪽.
- 미야자키 이치사다(宮崎市定), 『옹정제雍正帝』, 주오코론샤(中央公論社), 1996

---

11) 후루하타 도루 지음, 권용철 옮김, 『발해국이란 무엇인가』, 민속원, 2025.

년.[12]
- 무기타니 구니오(麥谷邦夫), 「당대봉선의소고唐代封禪議小考」, 고미나미 이치로(小南一郎) 편(編), 『중국문명의 형성中國文明の形成』, 호유쇼텐(朋友書店), 2005년, 311~340쪽.
- 모리베 유타카(森部豊), 「당대 전반기의 기미주·번병·군제에 관한 각서 - 영주를 사례로唐代前半期における羈縻州·蕃兵·軍制に關する覺書 - 營州を事例として」, 미야케 기요시(宮宅潔) 편(編), 『다민족사회의 군사통치 - 출토사료가 말하는 중국고대多民族社會の軍事統治 - 出土史料が語る中國古代』, 교토대학출판회(京都大學出版會), 2018년, 311~326쪽.
- 모리베 유타카(森部豊), 「당조의 기미정책에 대한 일고찰 - 당 전반기의 영주도독부 예하 '기미부주'를 사례로唐朝の羈縻政策に關する一考察 - 唐前半期の營州都督府隷下「羈縻府州」を事例として」, 『동양사연구(東洋史研究)』 80-2, 2021년, 1~44쪽.

제3장
- 가와모토 요시아키(川本芳昭), 「최치원과 아베노 나카마로 - 고대 조선·일본에서의 '중국화'와의 관련을 통해 보다崔致遠と阿倍仲麻呂 - 古代朝鮮·日本における「中國化」との關連から見た」, 『규슈대학동양사논집(九州大學東洋史論集)』 31, 2003년, 181~204쪽.
- 기쿠치 히데오(菊池英夫), 「절도사제 확립 이전에 있어서 '군' 제도의 전개節度使制確立以前における「軍」制度の展開」, 『동양학보(東洋學報)』 44-2, 1961년, 208~242쪽.
- 기쿠치 히데오(菊池英夫), 「절도사제 확립 이전에 있어서 '군' 제도의 전개(속편)節度使制確立以前における「軍」制度の展開(續編)」, 『동양학보(東洋學報)』 45-1, 1962년, 33~68쪽.
- 기쿠치 히데오(菊池英夫), 「부병제도의 전개府兵制度の展開」, 『이와나미 강좌 세계역사 5 동아시아 세계의 형성 Ⅱ岩波講座世界歷史 5 東アジア世界の形成 Ⅱ』, 이와나미쇼텐(岩波書店), 1970년, 407~439쪽.
- 게가사와 야스노리(氣賀澤保規), 『부병제의 연구府兵制の研究』, 도호샤(同朋舍),

---
12) 미야자키 이치사다 지음, 차혜원 옮김, 『옹정제』, 이산, 2001.

1999년.
- 가오밍스(高明士)/다카세 나쓰코(高瀨奈津子) 역(譯), 「빈공과의 성립과 발전 - 동아시아의 인사에 열려 있었던 중국왕조 사관법의 탐구賓貢科の成立と發展 - 東アジアの人士に開かれていた中國王朝仕官法の探究」, 『아시아·아프리카문화연구소연구연보(도요대학)アジア·アフリカ文化研究所研究年報(東洋大學)』 36, 2001년, 37~50쪽.
- 사이토 시게오(齊藤茂雄), 「돌궐 제2가한국의 내부 대립 - 고티베트어 문서(P.t.1283)에 보이는 북-초르를 단서로突厥第二可汗國の內部對立 - 古チベット語文書(P.t.1283)にみえるブグチョル('Bug-chor)を手がかりに」, 『사학잡지(史學雜誌)』 122-9, 2013년, 36~62쪽.
- 사마광(司馬光)/다나카 겐지(田中謙二) 편역(編譯), 『자치통감資治通鑑』, 쓰쿠마쇼보(筑摩書房), 2019년.[13]
- 스즈키 고세쓰(鈴木宏節), 「삼십성돌궐의 출현 - 돌궐 제2가한국을 둘러싼 북아시아 정세三十姓突厥の出現 - 突厥第二可汗国をめぐる北アジア情勢」, 『사학잡지(史學雜誌)』 115-10, 2006년, 1~36쪽.
- 스즈키 고세쓰(鈴木宏節), 「당대 막남에서 돌궐 가한국의 부흥과 전개唐代漠南における突厥可汗國の復興と展開」, 『동양사연구(東洋史研究)』 70-1, 2011년, 35~66쪽.
- 세오 다쓰히코(妹尾達彦), 「장안 751년 - 유라시아의 변모長安七五一年 - ユーラシアの變貌」, 『750년 보편세계의 정립750年 普遍世界の鼎立』, 야마카와 출판사(山川出版社), 2020년, 182~228쪽.
- 다마이 제하쿠(玉井是博), 「당대방정고唐代防丁考」, 『지나사회경제사연구支那社會經濟史研究』, 이와나미쇼텐(岩波書店), 1942년, 231~244쪽.
- 도야마 군지(外山軍治), 「당대의 조운唐代の漕運」, 『사림(史林)』 22-2, 1937년, 264~304쪽.
- 하야시 겐이치로(林謙一郎), 「남조 왕권의 확립·변질과 당·토번 관계 - 화친(공주 강가)이 의미하는 것南詔王權の確立·變質と唐·吐蕃關係 - 和親(公主降家)の意味するもの」, 『당대사연구(唐代史研究)』 12, 2009년, 57~87쪽.
- 하야시 미키(林美希), 『당대전기북아금군연구唐代前期北衙禁軍研究』, 규코쇼인

---
13) 『자치통감』의 전체 한글 번역은 권중달에 의해 도서출판 삼화에서 전49권으로 출간되었다.

(汲古書院), 2020년.
- 풀리블랭크(プーリィブランク), 「안록산 반란의 정치적 배경(상)安祿山の叛亂の政治的背景(上)」, 『동양학보(東洋學報)』 35-2, 1952년, 186~205쪽.
- 풀리블랭크(プーリィブランク), 「안록산 반란의 정치적 배경(하)安祿山の叛亂の政治的背景(下)」, 『동양학보(東洋學報)』 35-3·4, 1953년, 332~357쪽.
- 호시 아야오(星斌夫), 『대운하 - 중국의 조운大運河 - 中國の漕運』, 곤도출판사(近藤出版社), 1971년.
- 호리 도시카즈(堀敏一), 「균전제와 조용조제의 전개均田制と租庸調制の展開」, 『이와나미 강좌 세계역사 5 동아시아 세계의 형성 II岩波講座世界歷史 5 東アジア世界の形成 II』, 이와나미쇼텐(岩波書店), 1970년, 365~406쪽.
- 무라야마 요시히로(村山吉廣), 『양귀비 - 대당제국의 영화와 멸망楊貴妃 - 大唐帝國の榮華と滅亡』, 고단샤(講談社), 2019년.
- 모리 기미유키(森公章), 『아베노 나카마로阿倍仲麻呂』, 요시카와 홍문관(吉川弘文館), 2019년.
- 모리베 유타카(森部豊), 「번장들의 활약 - 고선지·가서한·안록산·안사순·이광필蕃將たちの活躍 - 高仙芝·哥舒翰·安祿山·安思順·李光弼」, 마쓰바라 아키라(松原朗) 편(編), 『두보와 현종황제의 시대杜甫と玄宗皇帝の時代』, 벤세이출판(勉誠出版), 2018년, 135~146쪽.

제4장

- 이나바 미노루(稻葉穰), 「안사의 난 시기에 입당했던 아랍 병사에 대하여安史の亂時に入唐したアラブ兵について」, 『국제문화연구(國際文化研究)』 5, 2001년, 16~33쪽.
- 오노가와 히데미(小野川秀美), 「하곡 육주호의 연혁河曲六州胡の沿革」, 『동아인문학보(東亞人文學報)』 1-4, 1942년, 193~226쪽.
- 오바타 다쓰오(小畑龍雄), 「신책군의 성립神策軍の成立」, 『동양사연구(東洋史研究)』 18-2, 1959년, 151~172쪽.
- 오바타 다쓰오(小畑龍雄), 「신책군의 발전神策軍の發展」, 『다무라박사송수동양사논총田村博士頌壽東洋史論叢』, 다무라박사퇴관기념사업회(田村博士退官記念事業會), 1968년, 205~220쪽.

- 가나이 유키타다(金井之忠), 「당의 염법唐の鹽法」, 『문화(文化)』 5-5, 1938년, 9~45쪽.
- 고가 노보루(古賀登), 『양세법 성립사의 연구兩稅法成立史の研究』, 유잔카쿠(雄山閣), 2012년.
- 사이토 마사루(齊藤勝), 「당·회골 견마교역 재고唐·回鶻絹馬交易再考」, 『사학잡지(史學雜誌)』 108-10, 1999년, 33~58쪽.
- 소네 마사토(曾根正人), 『구카이 - 일본 밀교를 개혁했던 편력행자空海 - 日本密敎を改革した遍歷行者』, 야마카와 출판사(山川出版社), 2012년.
- 나카타 미에(中田美繪), 「불공의 장안불교계 대두와 소그드인不空の長安佛敎界擡頭とソグド人」, 『동양학보(東洋學報)』 89-3, 2007년, 293~325쪽.
- 후지요시 마스미(藤善眞澄), 『안록산安祿山』, 주오코론신샤(中央公論新社), 2000년.
- 후지요시 마스미(藤善眞澄), 『안록산과 양귀비 - 안사의 난 시말기安祿山と楊貴妃 - 安史の亂始末記』, 시미즈쇼인(淸水書院), 2017년.
- 후나코시 다이지(船越泰次), 『당대양세법연구唐代兩稅法研究』, 규코쇼인(汲古書院), 1996년.
- 풀리블랭크(プーリィブランク), 「안록산의 출자에 대하여安祿山の出自について」, 『사학잡지(史學雜誌)』 61-4, 1952년, 330~345쪽.
- 마에지마 신지(前嶋信次), 「안사의 난 시대의 1-2의 호어安史の亂時代の一二の胡語」, 『동서문화교류의 제상東西文化交流の諸相』, 동서문화교류의 제상 간행회(東西文化交流の諸相刊行會), 1971년, 201~212쪽.
- 모리베 유타카(森部豊), 「안록산 사위 이헌성 고安祿山女婿李獻誠考」, 『동서학술연구소 창립 60주년 기념논문집東西學術研究所創立六十周年記念論文集』, 간사이대학출판부(關西大學出版部), 2011년, 243~267쪽.
- 모리베 유타카(森部豊), 「증보: 7~8세기의 북아시아 세계와 안사의 난增補: 7~8世紀の北アジア世界と安史の亂」, 모리야스 다카오(森安孝夫) 편(編), 『소그드에서 위구르로ソグドからウイグルへ』, 규코쇼인(汲古書院), 2011년, 175~205쪽.
- 모리베 유타카(森部豊), 「'안사의 난' 삼론「安史の亂」三論」, 모리베 유타카·하시테라 도모코(橋寺知子) 편(編), 『아시아의 문화 시스템의 전개와 교류アジアにおける文化システムの展開と交流』, 간사이대학출판부(關西大學出版部), 2012년, 1~34쪽.

- 모리베 유타카(森部豊), 『안록산安祿山』, 야마카와 출판사(山川出版社), 2013년.
- 요코야마 히로오(橫山裕男), 「당의 관료제와 환관 - 중세적 측근정치의 종언 서설唐の官僚制と宦官 - 中世的側近政治の終焉序說」, 중국중세사연구회(中國中世硏究會) 편(編), 『중국중세사연구 - 육조수당의 사회와 문화中國中世史硏究 - 六朝隋唐の社會と文化』, 도카이대학출판회(東海大學出版會), 1970년, 417~442쪽.
- 리위이(李宇一), 「중당기의 좌·우 신책군에 관한 일고찰中唐期における左·右神策軍に關する一考察」, 『간사이대학동서학술연구소기요(關西大學東西學術硏究所紀要)』 51, 2018년, 373~401쪽.
- 역사학연구회(歷史學硏究會) 편(編), 『세계사사료 3 동아시아 · 내륙아시아 · 동남아시아 Ⅰ - 10세기까지世界史史料 3 東アジア·內陸アジア·東南アジア Ⅰ - 10世紀まで』, 이와나미쇼텐(岩波書店), 2009년(특히 '양세법' 항목).

제5장

- 이나바 이치로(稻葉一郞), 「『순종실록』고『順宗實錄』考」, 『중국사학사의 연구中國史學史の硏究』, 교토대학학술출판회(京都大學學術出版會), 2006년, 368~415쪽.
- 오가타 토루(大形徹), 『불로불사 - 선인의 탄생과 신선술不老不死 - 仙人の誕生と神仙術』, 시가쿠샤(志學社), 2021년.
- 오노 가쓰토시(小野勝年), 『입당구법순례행기의 연구(전4권)入唐求法巡禮行記の硏究』(全四卷), 호조칸(法藏館), 1989년.
- 도사키 데쓰히코(戶崎哲彥), 『유종원 아시아의 루소柳宗元 アジアのルソー』, 야마카와 출판사(山川出版社), 2018년.
- Angela Schottenhammer, "Yang Liangyao's Mission of 785 to the Caliph of Baghdad: Evidence of an Early Sino-Arabic Power Alliance?", Bulletin de l'Ecole francaise d'Extreme-Orient, 101, pp.177~241, 2015.
- 무라이 교코(村井恭子), 「9세기 위구르 가한국 붕괴 시기에 당의 북변정책九世紀ウイグル可汗國崩壞時期における唐の北邊政策」, 『동양학보(東洋學報)』 90-1, 2008년, 33~67쪽.

- 무라카미 데쓰미(村上哲見),『과거 이야기 - 시험제도와 문인관료科擧の話 - 試驗制度と文人官僚』, 고단샤(講談社), 2000년.
- 무로나가 요시조(室永芳三),「당 장안의 좌우가공덕사와 좌우가공덕순원唐長安の左右街功德使と左右街功德巡院」,『나가사키대학교육학부사회과학논총(長崎大學教育學部社會科學論叢)』 30, 1981년, 1~9쪽.
- 요코야마 히로오(橫山裕男),「'감로의 변' 시말 - 당대정치사의 한 장면「甘露の變」始末 - 唐代政治史の一齣」,『나가노대학기요(長野大學紀要)』 5, 1975년, 89~99쪽.
- 요시다 유타카(吉田豊)·후루카와 쇼이치(古川攝一) 편(編),『중국강남마니교회화연구中國江南マニ教繪畫研究』, 린센쇼텐(臨川書店), 2015년.
- 에드윈 O. 라이샤워(エドウィン·O·ライシャワー)/다무라 간세이(田村完誓) 역(譯),『엔닌 당대 중국으로의 여행円仁 唐代中國への旅』, 고단샤(講談社), 1999년.
- 리위이(李宇一),「당대'신책외진' 재고唐代「神策外鎮」再考」,『사천(史泉)』 133, 2021년, 1~39쪽.
- 와타나베 다카시(渡邊孝),「우이의 당쟁 연구의 현상과 전망 - 우이당쟁연구서설牛李の黨爭研究の現狀と展望 - 牛李黨爭研究序說」,『사경(史境)』 29, 1994년, 69~107쪽.

제6장

- 아카기 다카토시(赤木崇敏),「소그드인과 돈황ソグド人と敦煌」, 모리베 유타카(森部豊) 편(編),『소그드인과 동유라시아의 문화교섭ソグド人と東ユーラシアの文化交渉』, 벤세이출판(勉誠出版), 2014년, 119~139쪽.
- 구보타 가즈오(久保田和男),「오대송초의 수도문제五代宋初の首都問題」,『송대 개봉의 연구宋代開封の研究』, 규코쇼인(汲古書院), 2007년, 23~58쪽.
- 사타케 야스히코(佐竹靖彦),「주온 집단의 특성과 후량 왕조의 형성朱溫集團の特性と後梁王朝の形成」,『중국근세사회문화사논문집中國近世社會文化史論文集』, 타이베이·중앙연구원역사어언연구소(台北·中央研究院歷史語言研究所), 1992년, 481~530쪽.
- 다니가와 미치오(谷川道雄)·모리 마사오(森正夫) 편(編),『중국민중반란사 1

진~당中國民衆叛亂史 1 秦~唐』, 헤이본샤(平凡社), 1978년.[14]
- 나이토 코난(內藤湖南), 『중국근세사中國近世史』, 이와나미쇼텐(岩波書店), 2015년.
- 누노메 조후(布目潮渢)·나카무라 다카시(中村喬) 편역(編譯), 『중국의 다서中國の茶書』, 헤이본샤(平凡社), 1976년.
- 누노메 조후(布目潮渢), 『다경 전역주茶經 全譯注』, 고단샤(講談社), 2012년.
- 바이위둥(白玉冬), 「8세기 실위의 이주로 본 구성 타타르와 삼십성 타타르의 관계8世紀の室韋の移住から見た九姓タタルと三十姓タタルの関係」, 『내륙아시아사연구(內陸アジア史研究)』 26, 2011년, 85~107쪽.
- 바이위둥(白玉冬), 「사타후당·구성 타타르 관계고沙陀後唐·九姓タタル関係考」, 『동양학보(東洋學報)』 97-3, 2015년, 1~25쪽.
- 히노 가이사부로(日野開三郎), 『당말혼란사고唐宋混亂史考』(히노 가이사부로 동양사학논집 제19권日野開三郎東洋史學論集第一九卷), 산이치쇼보(三一書房), 1996년.
- 마쓰이 슈이치(松井秀一), 「당대 후반기의 강회에 대하여 - 강적과 강전태·구보의 반란을 중심으로唐代後半期の江淮について - 江賊及び康全泰·裵甫の叛亂を中心として」, 『사학잡지(史學雜誌)』 66-2, 1957년, 1~29쪽.
- 야지마 히코이치(家島彦一) 역주(譯注), 『중국과 인도의 제정보 1 - 첫 번째 책中國とインドの諸情報1 - 第一の書』, 헤이본샤(平凡社), 2007년.
- 야지마 히코이치(家島彦一) 역주(譯注), 『중국과 인도의 제정보 2 - 두 번째 책中國とインドの諸情報2 - 第二の書』, 헤이본샤(平凡社), 2007년.
- 야마네 나오키(山根直生), 「당조의 파괴자, 새로운 시대의 건설자?唐朝の破壞者, 新時代の建設者?」, 『아시아인물사 3 유라시아 동서 두 제국アジア人物史 3 ユーラシア東西ふたつの帝國』, 슈에이샤(集英社), 2023년.
- 요코야마 히로오(橫山裕男), 「당대의 염상唐代の鹽商」, 『사림(史林)』 43-4, 1960년, 1~18쪽.

종장
- 히노 가이사부로(日野開三郎), 『오대사의 기조五代史の基調』(히노 가이사부로 동양사학논집 제2권日野開三郎東洋史學論集第二卷), 산이치쇼보(三一書房), 1980년.

---
14) 다니가와 미치오·모리 마사오 펴냄, 송정수 옮김, 『중국 민중 반란사』, 혜안, 1996.

- 후지타 도요하치(藤田豊八), 「남한 유씨의 선조에 대하여南漢劉氏の祖先につきて」, 『동양학보(東洋學報)』 6-2, 1916년, 247~257쪽.
- 미야자키 이치사다(宮崎市定), 「당말오대 - 『송과 원』('민족의 시련' '겨울이 오면')唐末五代 - 『宋と元』「民族の試練」「冬來たりなば」」, 『미야자키 이치사다 전집宮崎市定全集』 구(九), 이와나미쇼텐(岩波書店), 1992년, 295~341쪽.
- 모리베 유타카(森部豊), 「거란국의 건국과 동유라시아의 새로운 전개契丹國の建國と東ユーラシア史の新展開」, 『아시아인물사 3 유라시아 동서 두 제국アジア人物史 3 ユーラシア東西ふたつの帝國』, 슈에이샤(集英社), 2023년.
- 모리베 유타카(森部豊)·이와미 기요히로(石見清裕), 「당말사타 '이극용묘지' 역주·고찰唐末沙陀「李克用墓誌」訳注·考察」, 『내륙아시아 언어의 연구(內陸アジア言語の研究)』 18, 2003년, 17~52쪽.

사진 출전

* 서명의 축약 표기에 대해서는 '문헌 안내' 참조

당 역대 황제 계보도 오타기 하지메(愛宕元)·도미야 이타루(富谷至), 『중국의 역사 상 - 고대·중세』(쇼와도昭和堂, 2005년), 251쪽을 토대로 작성
당 전도 모리야스 다카오(森安孝夫), 2016년, 184~185쪽을 토대로 작성
10절도사 군사력 비교 모리베 유타카(森部豊), 2013년, 37쪽을 토대로 작성

제1장
1-1 북주, 수, 당의 혼인 계보도 오타기 하지메(愛宕元)·도미야 이타루(富谷至), 『중국의 역사 상 - 고대·중세』(쇼와도昭和堂, 2005년), 249쪽을 토대로 작성
1-2 수말 군웅도 누노메 조후(布目潮渢)·구리하라 마스오(栗原益男), 1997년, 66쪽을 토대로 작성
1-3 당의 율령관제 옌경왕(嚴耕望), 「당대 상서성의 직권과 지위 논의論唐代尙書省之職權與地位」, 『당사연구총고唐史研究叢稿』(신아연구소新亞硏究所 출판, 1969년), 59쪽을 토대로 작성
1-4 장안의 궁성·황성 세오 다쓰히코(妹尾達彦), 2001년, 123쪽을 토대로 작성
소릉 육준 중 하나인 '청추'(靑騅) 2005년에 필자 촬영

제2장
2-1 무측천 일족의 계보도 게가사와 야스노리(氣賀澤保規), 2016년, 11쪽을 토대로 필자가 가필
낙양의 용문석굴 2009년에 필자 촬영

사진 출전 493

2-2 고종·무측천 시기의 개원 필자 작성
2-3 장안성 이케다 온(池田溫) 외(外) 편(編), 1996년, 509쪽을 토대로 필자가 가필
2-4 낙양성 이케다 온(池田溫) 외(外) 편(編), 1996년, 511쪽을 토대로 필자가 가필
2-5 낙양의 궁성과 황성 세오 다쓰히코(妹尾達彦), 2020년, 201쪽을 토대로 작성

제3장
3-1 당대 전기의 급전 규정 필자 작성
3-2 관인영업전의 규정 필자 작성
현종과 양귀비의 러브 로맨스의 무대가 된 화청지(華淸池, 화청궁) 2006년 필자 촬영

제4장
4-1 안사의 난 박한제(朴漢濟) 편저(編著), 요시다 미쓰오(吉田光男) 역(譯), 『중국역사지도中國歷史地圖』(헤이본샤平凡社, 2009년), 79쪽을 토대로 작성
소그드계 돌궐인 위박절도사 하진도(何進滔)의 덕정비(德政碑) 2006년 필자 촬영
정주고성(庭州故城) 2006년 필자 촬영

제5장
5-1 번진의 상공·불상공 박한제(朴漢濟) 편저(編著), 요시다 미쓰오(吉田光男) 역(譯), 『중국역사지도中國歷史地圖』(헤이본샤平凡社, 2009년), 81쪽을 토대로 작성
5-2 당, 위구르, 티베트 삼국의 회맹 모리야스 다카오(森安孝夫), 2016년, 365쪽을 토대로 작성
5-3 농업·유목 경계지대 모리베 유타카(森部豊), 2013년, 95쪽을 전재(轉載)

대명궁의 정문인 단봉문(丹鳳門) 2010년 필자 촬영
5-4 대명궁 세오 다쓰히코(妹尾達彦), 2001년, 177쪽을 토대로 작성
오대산, 남선사(南禪寺) 대전(大殿) 2010년 필자 촬영

제6장
6-1 당말 반란 지도 게가사와 야스노리(氣賀澤保規), 2020년, 139쪽을 토대로 작성
6-2 황소의 난 박한제(朴漢濟) 편저(編著), 요시다 미쓰오(吉田光男) 역(譯), 『중국역사지도中國歷史地圖』(헤이본샤平凡社, 2009년), 82쪽을 토대로 작성
지신묘와 양지(해지) 2010년 필자 촬영

덧붙이는 말
하홍경(何弘敬)의 묘지(墓誌) 2005년 필자 촬영

당 관련 연표

연도	항목
566	이연(李淵), 북주의 수도 장안에서 탄생(565년이라는 주장도 있음)
613	양현감의 반란이 일어남. 수 말기 군웅할거의 시대가 시작됨
617	이연이 태원에서 거병. 대흥성에 입성하여 수의 공제 옹립
618	양제가 강도에서 암살됨. 이연이 당 건국. 연호를 무덕으로 정하고, 장안을 수도로 삼음. 설거(薛擧)와 그의 아들인 설인고(薛仁杲) 토벌
621	왕세충과 두건덕을 평정
624	무덕율령을 공포(公布). 동돌궐이 관중에 침공. 천도 논의
626	현무문의 변이 일어남. 고조가 퇴위하고 태종 즉위. 동돌궐의 힐리 대카간이 장안의 북쪽까지 침입. 편교(便橋)의 맹약 체결
628	양사도를 평정하고 국내 통일
630	동돌궐을 멸망시킴. 태종이 몽골리아 유목계 여러 부족으로부터 텡그리 카간의 칭호를 봉헌받음
633	돌궐 유민을 오르도스 동쪽 지역에서부터 산서성 북부로 배치. 그리고 몽골리아 남부에 정양도부와 운중도독부를 설치
635	토욕혼을 격파하여 복속시킴
637	정관율령을 공포
639	돌궐 왕족에 의한 태종 암살 미수사건이 일어남. 아사나사마를 카간으로 삼고, 오르도스의 돌궐인과 소그드인을 함께 황하의 북쪽으로 돌아가게 함
640	고창국을 멸망시키고 서주(西州)를 설치하고 또 안서도호부를 설치함. 천산 북쪽 기슭의 가한부도성(可汗浮圖城)에 정주(庭州)를 설치함
641	문성공주가 티베트 제국의 송첸감뽀, 혹은 그의 아들과 결혼함
643	아사나사마가 돌궐 유민의 통치에 실패. 오르도스로 돌아옴
645	태종의 고구려 원정(1차). 현장이 당으로 돌아옴. 그 이후 『대당서역기』를 편찬
646	설연타를 멸망시킴

연도	항목
647	태종의 고구려 원정(2차). 연연도호부를 설치
648	태종의 고구려 원정(3차). 거란의 굴가가 귀순하니 송막도독부를 설치. 서돌궐의 아사나하로가 귀순함. 구자왕국을 멸망시키고 이 지역으로 안서도호부를 이동
649	태종이 사망하고 고종이 즉위. 티베트 제국의 송첸감뽀 사망
651	영휘율령을 공포함. 아사나하로가 다시 독립운동을 일으킴. 당의 서역 지배가 무너짐
653	장손무기가 영휘율에 주석을 붙여 『율소』를 완성. 『오경정의』 완성
655	무씨가 황후가 됨. 고구려 원정
657	서돌궐 아사나하로의 독립운동을 진압
658	안서도호부를 서주에서 구자로 이동하고 구자·우전·소륵·언기에 안서사진을 설치
660	백제를 멸망시킴. 고종이 '풍현'의 발작을 일으킴
661	파미르 서쪽의 소그디아나에서부터 토하리스탄, 그리고 시스탄에 서역 16개의 도독부를 설치
663	연연도호부를 몽골리아 북부로 옮기고, 한해도호부로 개칭. 몽골리아 남부에 운중도호부를 설치하여 돌궐 유민을 통치. 토욕혼이 티베트 제국에 의해 멸망됨
664	운중도호부를 선우도호부로 개칭
666	고종이 태산에서 봉선의 의식을 거행함
668	고구려를 멸망시킴. 평양에 안동도호부를 설치
669	한해도호부를 안북도호부로 개칭
670	티베트의 서역 침공으로 인해 안서도호부를 서주로 철수. 안서사진을 폐지
674	황제를 천황, 황후를 천후로 개칭
676	한반도 지배에 실패하여 안동도호부를 요동성으로 철수
679	선우도호부의 아사덕 씨족이 독립운동을 일으켰으나 실패. 오르도스에 육호주를 설치. 수이아브에 쇄엽성을 건설함
682	아사나골록이 독립하여 돌궐 제2제국 건국. 일테리쉬 카간을 칭함
683	고종이 낙양에서 사망하고 중종 즉위
684	중종이 폐위되어 여릉왕이 되고 방주에 유폐됨. 예종 즉위. 무 황태후가 낙양을 신도로 삼음. 이경업이 무 황태후에 반기를 들었으나 실패함
688	명당(明堂) 완성

연도	항목
689	무 황태후가 주 왕조의 역법을 채용. 측천문자를 제정
690	무 황태후가 황제에 즉위. 국호는 주
691	돌궐 제2제국의 일테리쉬 카간이 사망하고, 동생인 묵철이 카프간 카간으로 즉위. 전국에 대운사를 설치
692	당조의 군대가 티베트 제국 군대를 격파하고, 안서사진을 부활. 안서도호부를 구자에 설치
696	거란인 송막도독 이진충이 반란을 일으켜서 영주를 함락
698	여릉왕(중종)이 황태자로 복귀. 대조영이 독립하여 진국왕을 칭함. 발해국 탄생
700	주의 역법을 원래대로 돌이킴
705	재상 장간지가 우림위장군인 이다조 등과 쿠데타를 일으킴. 장역지·장창종 형제를 암살. 중종이 복위하고 국호를 당으로 되돌림. 무측천 사망
706	중종이 장안으로 돌아옴
707	이중준 등이 쿠데타를 일으켜 무삼사 부자를 암살 시도했지만 실패함
710	위후와 그녀의 딸 안락공주가 중종을 독살. 이융기와 태평공주가 쿠데타를 일으켜 예종을 복위시킴
712	현종 즉위
713	태평공주가 쿠데타를 계획했으나 실패하고 사형에 처해짐
717	돌궐의 카프간 카간이 전사함. 빌게 카간이 뒤를 이음
721	육호주에서 반란
723	우문융의 괄호정책, 전성기에 도달함
725	태산에서 봉선의 의식을 거행함. 확기제(彍騎制) 성립
734	이림보가 재상이 됨
737	경계 지역 방어를 위해 장정건아 제도를 도입
742	안록산이 평로절도사가 됨. 돌궐의 카간이 위구르·바스밀·카를루크 연합군에 의해 격파되고 패주. 돌궐 제2제국이 사실상 멸망함
744	안록산이 범양절도사 겸임. 위구르의 쿠틀룩 보일라가 퀼 빌게 카간으로 즉위. 위구르 제국 탄생
749	절충부의 부병을 수도로 상번(上番)하는 것을 정지
751	탈라스 강변에서 당조와 아바스왕조의 군대가 충돌, 당 측의 패배
755	안록산이 당조에 대한 독립운동을 일으킴
756	숙종이 영무에서 즉위

연도	항목
758	제오기가 염철사에 임명되고, 소금의 전매 개시
762	현종, 숙종이 잇달아 사망하고 대종 즉위
763	안사의 난 종결. 티베트 제국의 군대가 장안을 점거
764	유안이 전운사가 되어 조운 개혁을 실시. 복고회은의 '난'(~765)
779	대종이 사망하고 덕종 즉위
780	양세법 시행
781	성덕절도사 이보신 사망. 후계자의 승인을 둘러싸고 당조와 대립하면서 반란. 회서절도사인 이희열이 반격함. 이 해에 '대진경교유행중국비' 건립
783	당이 티베트 제국과 맹약을 맺어 '국경선'을 정함(건중의 회맹). 번진 토벌의 군사비를 확보하기 위해 간가(間架, 가옥 세금)와 제맥전(除陌錢, 거래 세금)을 부과함. 경원의 병사가 반란을 일으켜 주차를 옹립함. 덕종이 장안 탈출
784	덕종이 자신을 벌하는 조서를 내리면서 간가, 제맥전을 폐지. 주차가 살해되고, 덕종이 장안으로 돌아옴
786	돈황(사주)가 티베트 제국에 점령되고, 티베트가 하서회랑도 장악함
787	재상인 이필이 위구르, 남조, 천축, 아바스왕조와 연계하여 티베트 제국을 봉쇄하자는 계획을 건의
792	위구르와 티베트 제국의 북정 쟁탈전(789~). 투루판을 포함한 천산 동부 지역에서부터 타림분지의 북변은 위구르의 세력권, 타림분지의 남변에서부터 하서회랑은 티베트의 세력권이 됨
794	운남이 다시 당에 귀속, 남조 왕으로 책립
796	신책호군중위를 설치, 환관을 그 직위에 임명
805	덕종이 사망하고 순종 즉위. 왕숙문을 중심으로 정치 개혁이 시작되지만(영정혁신), 146일만에 실패. 헌종 즉위. 번진에 대한 강경책 시작
807	이길보가 『원화국계부』 헌상
812	위박절도사가 하삭의 옛 사안을 방기하고 당조에 귀순함
814	회서절도사 토벌(~817년에 진압)
819	평로절도사를 해체하고 셋으로 분할
820	헌종이 환관에 의해 암살됨. 환관이 목종 옹립. 성덕절도사인 왕승종 사망. 위박절도사 전홍정을 성덕절도사에 임명
821	유주절도사 유총이 절도사를 방기하 유주, 성덕에 이어 군란을 일으켜 다시 자립함. 위박도 병란이 일어나면서 자립. 당은 티베트와의 강화조약을 체결(장경의 회맹). 이때 티베트와 위구르 사이에도 강화조약 체결

연도	항목
824	목종이 사망하고 경종 즉위
827	경종이 하급 환관에 의해 암살됨. 추밀사 왕수징 등이 문종 옹립. 문종 시기에 '우이의 당쟁' 격렬화
835	이훈 등이 환관 말살을 시도했으나 실패(감로의 변)
840	문종이 병으로 사망하고 무종 즉위. 이덕유가 재상으로 복귀. 위구르 제국 멸망
841	강남의 마니교 사원 폐쇄(회창의 폐불 시작)
842	티베트 제국의 젠뽀인 다르마 암살. 티베트 제국 붕괴
844	소의절도사가 자립을 도모했으나 실패
845	불교 탄압 이외에 기독교, 이슬람교, 조로아스터교도 배격
846	무종이 사망하고 선종 즉위. 이덕유와 그 일파가 중앙 정계에서부터 추방. '우이의 당쟁' 종식
851	돈황이 당조로 돌아오고 장의조에게 사주귀의군절도사 직함 수여
855	이해부터 남중국의 번진에서 군란이 빈발함
858	강전태가 선흡절도사를 추방함
859	선종이 중독으로 사망하고, 의종 즉위. 절강에서 구보가 봉기
860	구보가 체포되어 장안에서 처형. 무녕군절도사가 군란으로 추방됨. 당조는 왕식을 무녕군에 보내 아군(牙軍)을 숙청
868	계주에서 수비를 맡고 있던 서주의 군대가 방훈을 중심으로 봉기하여 북쪽으로 돌아감. 당조와 충돌. 서주의 경계에서 전투 상태
869	방훈을 진압
873	의종이 사망하고 희종 즉위
874	왕선지가 봉기함
875	황소가 봉기하여 왕선지에 합류
878	사타의 이극용이 운주를 점거
879	황소가 광주를 공격하여 함락하고 중국인 이외에 12만 혹은 20만에 달하는 외국 상인을 살해. 남해 교역이 일시 중단됨. 황소가 당조와 전면 대결의 자세로 전환하여 북상함
880	이극용이 패배하여 달단으로 망명. 황소가 장안 입성. 국호를 대제로 하고, 금통으로 연호를 정함
882	주온이 당에 귀순. 전충이라는 이름을 하사함
883	이극용이 황소 토벌에 참가하여 장안을 수복함. 황소가 장안에서부터 탈출하여 채주를 점거함. 이극용은 변주에서 황소를 격파함. 이극용은 귀환 도중에 주전충에 의해 암살될 위기에 처함

연도	항목
884	황소가 자살하면서 반란 종결
885	희종이 장안으로 귀환. 전령자가 이극용과 대립하여 희종을 받들고 흥원부로 도망감. 전령자가 사실상 실각하고 양복공이 좌신책군호군중위가 됨
888	희종이 장안으로 귀환. 얼마 지나지 않아 병으로 사망. 동생인 소종이 즉위
895	이무정이 장안으로 진군하여 장안 점령. 소종이 도망쳐서 화주에 도착
898	소종이 장안으로 귀환. 환관이 소종을 유폐. 재상인 최윤이 소종을 구출함. 이때부터 최윤은 주전충과 손을 잡고 환관들은 이무정과 손을 잡으면서 대립 격화
901	환관이 소종을 납치하여 봉상의 이무정 휘하로 도망침
903	주전충이 이무정을 격파하고, 소종은 장안으로 돌아옴
904	소종이 낙양으로 이동함. 소종이 암살되자 주전충은 소선제를 옹립
907	소선제가 주전충에게 선양. 당조가 멸망함
908	소선제는 제음왕이 되고, 조주로 옮겨졌다가 독살됨. 시호는 애제로 정해짐

색인

〈가〉

가서한 236, 265, 267, 487
감군사 332, 410, 418, 420
감로의 변 354, 357, 358, 363
감목(監牧) 80, 290
감주(甘州) 407
강대빈 247, 248
강도 51, 52, 53, 62, 493 → 양주(揚州)
강아의굴달한 250
강염전 103
강전태 379, 491, 497
강회 152, 221, 223, 283, 291-295, 327, 368, 379-381, 385, 386, 394, 397-400, 428, 443, 447-449, 491
객호 212, 218
거란 18, 19, 177, 179-182, 186, 187, 205, 217, 237, 238, 258, 263, 264, 266, 284, 351, 362, 441, 451, 452, 454, 459, 476, 494
건아 218
건중의 회맹 301, 496
검남절도사 9, 239, 342, 287
격(格) 64, 66
견당사 10, 199, 200, 202, 312, 313, 369
견마교역 289, 488
경원(절도사) 301-303, 499

경조부 213, 215, 281, 291, 296, 353
경종 8, 333, 343, 344, 350, 352, 353, 359, 497
경주(涇州) 90, 301
계주(桂州) 9, 388, 400, 497
계필 339
계필하력 114
고계창 446
고구려 18, 42, 104-106, 124, 135, 179, 181, 182, 186, 252, 474, 480, 493, 194
고력사 231-234, 265, 275
고사렴 90, 96
고선지 236, 252, 253, 265, 266, 487
고양공주 111, 112
고종 8, 47, 81, 101, 103, 104, 106, 108, 112, 114, 118, 121, 125-137, 140-146, 154, 166, 173, 174, 181, 183, 185, 186, 190, 192, 220, 240, 241, 244, 245, 268, 407, 494
고환 48
공덕사 365
공학부 167 → 봉신부
과거(科擧) 94, 97, 168, 171, 199-202, 206, 211, 215, 221, 229, 230, 231, 235, 244, 345-350, 385, 434, 454, 478, 489

과거(출신)관료 199, 211, 215, 221, 229, 230
곽위 442
곽자의 266-268, 280-282, 333
관롱 집단 33, 34, 95, 96, 98, 127, 137, 186, 199, 211, 227, 228, 344
관찰사(관찰처치사) 286, 287, 371
광주(光州) 397, 445, 447
구보 381-385, 491, 497
구분전 208
구사량 354, 357-359, 363, 366
구시(九寺) 142
구자 9, 102, 104, 123, 184, 239, 307, 494, 498
구카이 312, 313, 488
구품관인법 31, 94
궁시(宮市) 317
귀의군(절도사) 377, 378, 497
균전제 206, 207
금강지 226
금성(군) 9, 62, 63
금성공주 278, 281
급사중 71
급전제 206, 207, 210
기(岐) 438
기독교 39, 166, 269, 367, 371, 400, 497
기미지배 12, 180, 473, 481, 484
기주(岐州) 292, 355→봉상(부/절도사)

〈나〉

나이토 코난 21-23, 31, 402, 480, 491
낙빈왕 153, 154
낙양 9, 42, 43, 45, 55, 60, 62, 76, 134, 136, 145-148, 150-152, 154-161, 165, 169-171, 173, 190, 191, 214, 220-223, 241, 244, 264, 266, 271-274, 301, 330, 367, 371, 400, 403, 428, 431, 433, 439, 477, 483, 484, 498
남당 438, 443
남조 18, 310, 311, 321, 328, 338, 387, 388, 392, 474, 475, 486, 496
남한 438, 445-447, 491
내시감 235, 277, 280
내시성 73, 234, 235
농목(농업·유목)경계 지대 340, 408
농우절도사 9, 236, 237, 265, 266, 279
니이다 노보루 67, 468, 482

〈다〉

단련병 187
당송변혁 21, 23, 30, 437, 449, 453, 467
대명궁 136, 148, 150, 245, 246, 349, 355, 356, 358, 404
대운광명사 367
대운사 163, 225, 495
대운하 9, 42, 45, 286, 293, 329, 397, 425, 427, 487
대조영 182, 495
대종 8, 268, 276, 277, 279-281, 291, 293-295, 302, 365, 467, 496
대진경교유행중국비 166, 270, 496
대진사 150, 269
대흥성 44, 46, 50, 51, 54, 56, 61, 148, 150, 484, 493
덕종 8, 254, 269, 280, 295, 296, 298-306, 309, 311, 312, 316, 318, 319, 321, 323, 329, 330,

332, 337, 365, 386, 407, 409, 496
도독부 105, 122
독고신 46, 58, 97
돈황문서 471, 472
돌궐 제1제국 87-89
돌궐 제2제국 176, 178, 249, 250, 257, 258, 263, 494, 495
돌리 카간 99
동관 62, 265, 266, 403
동돌궐 18, 38, 52, 62, 81-83, 89-94, 98-100, 102, 104, 175, 177, 493
동방기독교(네스토리우스파) 371, 479
동유라시아 9, 20, 27-29, 36, 38, 41, 57, 60, 93, 104, 123, 174, 179, 186, 217, 251, 256, 263, 267, 309, 338, 341, 360-362, 449, 450, 455, 466, 475, 479, 481, 490, 492
동중서문하평장사 74
동창 384, 443
동투르키스탄 9, 17-19, 38, 252, 474
두건덕 62, 76, 361, 493
두목 397, 398
두여회 78, 84
두우 254, 318
두의 48, 58
두환 254
두 황후 75

〈라〉

령(令) →영(令)

〈마〉

마니교 39, 366, 368, 369, 371, 479, 490, 497

마에다 나오노리 23, 481
마은 445, 446
만기 195, 197, 216
만주리아 9, 17-19, 22, 205, 217
말갈 9, 18, 238, 476
맹지상 444
모리야스 다카오 452, 453, 466, 475, 488
모우 카간 274, 367
목종 8, 201, 333, 334, 336-338, 341-344, 350, 353, 358, 363, 376, 386, 496, 497
몽골리아 9, 18, 19, 22, 28, 29, 38, 47, 49, 52, 87-89, 91, 93, 98-100, 102, 104, 105, 122, 123, 177, 179, 186, 205, 217, 237, 238, 249, 250, 256, 263, 308, 360-362, 367, 409, 451, 493, 494
무 혜비 228, 230, 232, 233, 240
무녕군(절도사) 386, 497
무덕 54, 493
무덕율령 64, 493
무사확 127, 128
무삼사 128, 156, 165, 170, 191-195, 228, 240, 495
무승훈 128, 192, 194
무승사 128, 152, 156, 160, 170
무연수 128, 178
무위 60, 62, 63, 79, 237, 247, 339
무유녕 128
무유의 128, 181
무의종 128, 181
무종 8, 224, 358-360, 363, 364, 366, 369-373, 376, 377, 397, 497
무천진 33, 43, 46-48, 57, 186, 341
무측천 8, 69, 110, 125, 126, 128,

142, 162-173, 177, 178, 180, 181, 184, 185, 187, 190-192, 196, 198, 199, 202-206, 215, 218, 220, 225, 228, 233, 244, 262, 347, 364, 366, 471, 483, 495
묵철 177, 495
문성공주 106, 469, 493
문종 8, 344, 346, 350-354, 357-359, 369, 370, 377, 398, 497
문하성 69-74, 96, 147, 356
문하시랑 71
문하시중 71, 74, 147
미야자키 이치사다 76, 125, 448, 462, 466, 484, 492
미타무라 다이스케 87, 470
민(閔) 438, 445

〈바〉

발해 19, 268, 339, 473, 476, 495
방어사 287, 425
방인 209, 214, 216, 218
방정 218
방추 283, 302
방현령 78, 84, 90, 111
방훈 389-391, 408, 425, 467, 497
배염 153
배요경 220-223, 231, 295
배행검 183, 184
백기 172, 216
백제 105, 106, 124, 186, 474, 478, 494
번진 283, 286-289, 291, 296, 300, 301, 303, 304, 306, 311, 318, 320-322, 325-333, 335-337, 345, 346, 365, 379-382, 385, 386, 390, 398, 402, 404-406, 414, 415, 418, 421, 426-428, 432, 447, 453, 457, 467-469, 496, 497
범양절도사 9, 236, 238, 250, 259, 266, 495
법장 163-165
병모 216, 218
복고회은 268, 274, 282, 496
봉박 70, 71
봉상(부/절도사) 266, 292, 355, 358, 400, 417, 419-421, 430-432, 497
봉신부 167
부병제 12, 213, 469, 485
북문학사 143, 157, 168, 173
북정절도사 9, 239, 307, 308
불공 226, 227, 270, 313, 364, 488
붕당 119, 344, 346, 350, 352, 353
비기 172, 194
빈공과 201, 485
빈녕(절도사) 417, 421
빈주(邠州) 280, 417, 423
빌게 카간 204, 249, 495

〈사〉

사가탑 61, 80, 81
사리 122, 176
사마광 12, 203, 228, 486
사마르칸트 9, 59, 103, 253, 339
사봉관 193, 203
사사명 271-273, 284, 330
사조의 273, 274
사주(沙州) 9, 210, 496, 497
사직(使職) 219, 292, 318
사타 38, 339, 341, 362, 407-409, 417, 423, 438, 441-443, 454, 474, 491, 492, 497, 510
사타왕조 440, 442, 448, 475

삭방절도사 9, 229, 238, 256, 266, 267, 269, 282
삭주(朔州) 62, 408
산남동도(절도사) 286, 287, 300
삼무일종의 법난 224, 370, 371, 442
삼사사 299
삼이교 371
상관완아 192, 194
상관의 141, 192
서역 9, 55, 101, 111, 123, 183, 184, 236, 268, 307, 471, 476, 479, 494
서주(徐州) 386-390, 397, 400, 497
서지고 443
서천(절도사) 310, 321, 322, 324, 327, 351, 404, 418, 444
석경당(후진 고조) 441
석만년 102
선무군(절도사) 286, 426
선무외 226
선우도호부 123, 174, 178, 494
선종 8, 245, 376-378, 380-382, 387, 398, 425, 497
선흡(관찰사) 325, 378, 379, 397, 497
설거 62, 63, 76, 493
설연타 92, 98, 100, 104, 105, 493
설회의 155, 156, 158, 159, 163, 164, 167
섬주(陝州) 221, 222, 280, 400
성덕 288, 300, 305, 327-329, 334-336, 364, 496
세오 다쓰히코 457, 460, 465, 477, 480, 483, 486
세이신세이 199, 201
소그드계 돌궐 174-176, 204, 236, 246, 250, 258, 263, 285, 409, 410, 441, 446, 447, 454, 475
소그드인 11, 35, 39, 51, 57, 59-63, 77, 79-81, 90, 100, 103, 164, 165, 175, 247, 258, 259, 263, 269, 271, 284, 367, 458, 459, 471, 475, 478, 481-483, 488, 490, 493
소륵 9, 123, 307, 494
소선제 8, 434, 435, 498
소의 129, 134, 362
소의(절도사) 362-364, 497
소종 8, 420, 422-424, 428-434, 439, 443, 498
손유 445
송경 202, 203, 206
송막도독부 179, 494
송주(宋州) 397, 400, 425
송첸감뽀 106, 113, 361, 493, 494
쇄엽 9, 184
수이아브 107, 184, 494
수정(輸丁) 222
숙종 8, 232, 266-273, 275, 276, 287, 291, 365, 495, 496
순종 8, 316, 318-320, 324, 489, 496
스기야마 마사아키 33, 480
시박사 401
시영 442
식(式) 66
신도 147, 148, 159, 220, 494
신라 105, 106, 124, 182, 186, 339, 474
신책군 280, 302, 306, 307, 319, 344, 354, 358, 365, 366, 380, 392, 403, 404, 414, 415, 418, 419, 422-424, 430, 487
실차난타 164
십이대장군 58, 98

〈아〉

아바스왕조 251, 253, 254, 269, 310, 495, 496
아베노 나카마로 199-201, 485, 487
아사나골돌록 176, 177, 494
아사나사마 100, 122, 481, 493
아사나하로 123, 183, 494
아사덕 174, 176, 177, 257, 264, 494
아사덕원진 176
아포사 250, 251
안남(도호부) 9, 384, 388
안동도호부 124, 182, 186, 494
안락공주 128, 192-197, 495
안록산 176, 177, 204, 236, 238, 243, 248, 250, 254, 256-271, 273, 279, 284, 292, 320, 328, 335, 453, 486-488, 495
안북도호부 123, 186, 494
안사의 난 19, 20, 38, 238, 243, 251, 254, 256, 261, 262, 266, 270, 274, 275, 278-284, 287-293, 295, 307, 318, 328, 331, 335, 337, 364, 365, 367, 372, 398, 407, 449, 467, 475, 487, 488, 496, 510
안서도호부 103, 104, 123, 184, 493, 494
안서사진 123, 183, 184, 307, 494, 495
안서절도사 9, 236, 239, 252, 265, 307
안수인 63, 79, 483
안원수 35, 79, 90, 247
안흥귀 63, 79
애제 8, 333, 436, 498 → 소선제
야율아보기 450-452, 460

야율요골 441, 442
양국충 239, 242, 243, 260, 264, 265
양귀비 239-243, 256, 260, 265, 487, 488
양량요 245, 310
양복공 418-421, 430, 498
양사욱 194, 234
양세법 295-299, 327, 472, 488, 489, 496
양염 296
양정도 52, 89
양주(揚州) 9, 51, 53, 153, 368, 428, 443
양지 292, 400, 415, 416
양행밀 428, 443
양현감의 반란 43, 493
어조은 280
언기 9, 123, 184, 307, 360, 494
엔닌 369, 370, 373, 465, 479, 490
연연도호부 105, 122, 123, 494
염철사 293, 294, 299, 318, 430, 496
영(슈) 65, 66, 68, 69
영남오부경략사 9, 239
영무(영주) 9, 266, 267, 269, 270, 275, 495
영비(影庇) 379
영업전 207, 208, 210
영정혁신 317, 319, 324, 496
오(吳) 438, 443, 447
오방의 소아 318
오월 438, 447
왕건 418, 422, 444
왕선지 392, 393, 396, 398-401, 425, 500
왕세충 55, 62, 76, 496

왕수징　344, 352-355, 500
왕숙문　316-320, 499
왕심지　445, 446
왕중영(王重榮)　415, 417, 419, 422
왕중영(王重盈)　422
왕행유　419, 421-423
요숭　202, 203, 206, 224
용무군　216
용문석굴　134, 158, 493
용윤　61
용주(容州)　378
우림군　147, 172, 194, 197, 216
우림위　172, 173, 798
우문개　148, 151, 484
우문융　211, 212, 220, 227, 498
우문태　57, 58, 97, 127
우선객　219, 229
우승유　345, 346, 350-352
우이의 당쟁　350, 377, 490, 500
우전　9, 123, 307, 797
운주(雲州)　408, 409, 439, 500
운중도독부　99, 122, 496
운중도호부　123, 497
울지경덕　78, 79
원주(原州)　61, 63
원화의 중흥　331, 332
위고　310, 311, 321, 322
위구르 제국　38, 237, 249, 268, 271, 274, 289, 308, 309, 322, 325, 338, 360, 361, 367, 368, 372, 407, 451, 453, 498, 500
위박　300, 305, 328, 329, 334, 336, 364, 399
위사(衛士)　209, 212, 214-216
위징　85-87, 104
위후　128, 192-197, 498
유수　49
유식교학　108, 164

유안　293, 294, 299, 499
유은　445, 446
유주(維州)(사건)　345, 351
유주노룡군　283
유주절도사　236, 258, 287, 302, 334-336, 407, 499 → 범양절도사
유지원　441, 442
유진　363
유후　322, 324, 328, 329, 363
육부　72, 147, 229, 348
육우　398
육주호　175, 248, 409, 446-448, 487
육호주　174, 176, 246, 247, 497, 498
율(律)　65, 66
은음　227, 229, 323
의종　8, 382, 387, 391-393, 420, 500
이건성　8, 75-79, 83, 86, 109
이경업　153, 497
이궤　62, 63
이극용　400, 406-412, 415, 417-419, 421-424, 427-429, 431, 438-442, 448, 500, 501
이기　323-327
이길보　325, 345, 499
이다조　171, 194, 215, 498
이단(예종)　128, 147, 196, 197
이덕유　345, 346, 351, 352, 359, 364, 376, 500
이림보　128, 227-232, 235, 236, 239, 240, 243, 260, 498
이무정　419, 421-424, 429, 431-433, 438, 501
이밀　43, 62, 85, 133
이보국　275-278
이사도　329-331

이사원(후당 명종) 441
이세민 49, 50, 74-81, 83, 84, 86, 90, 93, 114, 128, 247, 481, 482
이세적 105, 120, 121
이슬람교 371, 500
이승건 118, 119, 131, 235
이연 43, 45-51, 53-64, 69, 75-77, 81-83, 94, 109, 127, 128, 155, 227, 244, 496
이원길 8, 75, 77-79, 83
이융기 128, 196, 197, 216, 498
이의부 133, 137, 138, 143
이적 121, 133-135, 153, 182 → 이세적
이적지 235, 236
이정기 284, 329, 331
이존욱(후당 장종) 440
이종민 345, 346, 352
이중무(상제) 196
이중준 193-195, 216, 234, 498
이진충 180-182, 498
이창부 418, 419
이치 113, 118, 120, 121, 128
이태 118-120
이필(李㔻) 43, 97
이필(李泌) 309-311, 337, 499
이현(장회태자) 128, 144, 268, 278
이현(중종) 128, 144, 146, 162, 190, 191
이호 43, 46, 47, 54, 58, 97
이홍 128, 130, 136, 144
이회광 303-305
이훈 353-355, 357, 358, 500
이희렬 300, 301, 305, 306
일테리쉬 카간 177, 497, 498

⟨자⟩

잡요 209

장간지 171, 191, 193, 215, 498
장경의 회맹 351, 499
장구령 228-232
장손무기 78, 113, 120, 121, 132-134, 136, 137, 497
장안 9, 45, 54, 60, 62, 73, 78, 82, 90, 92, 93, 100, 101, 105, 107, 109, 113, 124, 148, 151, 152, 164, 166, 177, 184, 200, 210, 213, 220-223, 226, 241, 243-246, 248, 250, 253, 258, 262, 264-266, 269-272, 274-276, 278-283, 289, 290, 293, 294, 301-303, 305, 306, 309, 312, 313, 317, 319, 322, 325, 329, 330, 338, 339, 349, 352, 355, 358, 365-369, 371, 385, 391, 392, 400, 402-406, 409-411, 413, 415, 417-425, 429, 431-433, 439, 444, 457, 465, 476-478, 483, 484, 486, 488, 490, 493, 496, 498-501
장역지 167, 168, 170, 171, 191, 215, 242, 498
장열 168, 206, 215, 248
장의조 377, 500
장정건아 218, 498
장창종 167, 168, 170, 171, 191, 215
재무 관료 206
재인, 129
재정 국가 219, 299
저수량 104, 113, 121, 134, 135, 137
전령자 391, 392, 404, 414, 415, 417, 418, 444, 501
전류 428, 443
전운사 292, 294, 318, 499

전중성 80, 202
절도사 216, 219, 236-238, 260, 266, 284, 286-288, 300, 303, 305, 306, 321, 322, 324, 326-329, 331, 332, 334-336, 349, 350, 359, 363, 371, 377, 386, 387, 390, 399, 409, 400, 415, 418, 420, 426, 427, 441, 454, 467, 493, 499
절동(관찰사) 325, 378, 381, 382, 384
절서(관찰사/절도사) 323-325, 327, 382, 467
절충부 213-215, 498
정관 53, 74, 78, 84, 85, 87, 97, 98, 103, 121, 210
정복왕조 452, 453
정양도독부 99, 122, 496
정역(正役) 209, 222, 223
정원진 276, 277, 279, 281
정주(庭州) 103, 239, 308, 494, 496
정주(鄭注) 353-355, 358, 363
제오기 291-293, 299, 499
젠뽀 106, 185, 278, 279, 361, 500
조광윤 442
조로아스터교 39, 61, 150, 371, 479
조용조 12, 209, 487
조이 61, 483
조조역제 209, 213, 295
조주(曹州) 266, 393, 400, 404, 405, 435, 501
좌주 350
주매 417-419, 421
주온 406, 425, 426, 490, 500 → 주전충

주전충 406, 411, 412, 417, 425-428, 431-435, 438-440, 442, 443, 446, 447, 469, 500, 501
주차 302-305, 310, 499, 504
중서령 71, 74, 277
중서사인 71, 133, 304, 349
중서성 69, 71, 73, 74, 81, 133, 356
중앙유라시아형 국가 452, 453
중종 8, 128, 146, 147, 153, 154, 162, 171, 172, 185, 190-196, 203, 215, 224, 225, 241, 497, 498
지공거 349, 350
지세 212, 295, 469
진국군(절도사) 421
진봉 318, 323, 380, 381, 386, 395
진사 229, 304, 322, 347-350, 353, 379, 384
진인각 33, 468
진종권 411, 422, 427, 445
진주(秦州) 62
진주(陳州) 400, 444
진주비가 카간 92

⟨차⟩

참천가한도 9, 105
천가한 93
천기 171, 172, 194, 195
천성령 67, 68
철륵 88, 92, 104, 105, 122, 123, 476
첩여 129, 192, 194, 196
청주(青州) 284
초(楚) 438, 445
최민간 96, 97, 140
최윤 429-433, 501

추밀사 344, 500

〈카〉

카간 75, 88, 90, 92-94, 99, 100, 107, 108, 111, 119, 122, 174, 176-178, 181, 204, 205, 238, 249, 256, 257, 271, 272, 274, 360, 367, 451, 452, 496-498
카툰 257, 274
카프간 카간 177, 178, 181, 204, 205, 238, 256, 257, 498
케식텐 36, 480
쿠틀룩 보일라 249, 498
퀼 빌게 카간 495
키르기스 107, 360

〈타〉

탁지사 292, 299, 318, 415
탕구트 339, 341, 362, 440, 474, 513
태종 8, 35, 47, 53, 69, 74, 81, 84-87, 90-100, 103-111, 113, 114, 118-123, 128-131, 133-135, 138, 145, 164, 172, 179, 181, 186, 204, 210, 218, 220, 225, 235, 241, 244, 245, 287, 307, 364, 471, 481-483, 496, 497
태평공주 8, 128, 155, 196-198, 203, 233, 498
텡그리 카간 75, 93, 94
토번 9, 18, 106, 409, 473-475, 486 → 티베트 제국
투르기쉬(돌기시) 236, 251
티데축첸 185
티베트 제국 18, 38, 103, 106, 107, 113, 183-185, 217, 237, 252, 268, 278, 279, 290, 301, 302, 305, 307, 309-311, 321, 325, 337-339, 351, 360, 361, 372, 377, 407, 473, 474, 496
티송데첸 279

〈파〉

팔주국(가) 43, 47, 58, 94, 97, 98, 482
평로절도사 9, 236, 258, 259, 266, 284, 286, 300, 301, 321, 329, 331, 363, 386, 498, 499
평양공주 51
포주(蒲州) 415

〈하〉

하동절도사 9, 238, 266, 410
하삭삼진 284, 286, 300, 301, 321, 325, 327, 328, 334, 335, 337, 362-364, 453, 454, 457, 467
하서 9, 38, 63, 257, 278, 281, 307, 309, 483
하서절도사 9, 229, 236-238, 266, 279, 473
하중(절도사) 415, 417, 419, 422, 424, 428
한림학사 304, 316
한해도호부 123, 497
해(奚) 18, 205, 237, 258, 263, 264, 351, 454
허경종 132, 137, 138, 143
허주(許州) 397, 422, 444, 445, 447
헌종 8, 316, 320, 322, 324, 325, 327-329, 331-334, 336, 337, 345, 352, 353, 362, 363, 376, 386, 407, 453, 499
현무문 73, 78-80, 90, 150, 158, 171, 194, 356

현무문의 변 77, 79-81, 84, 90, 247, 482, 496
현장 107-112, 164, 479, 481, 482, 496
현종 8, 66, 69, 86, 125, 128, 166, 181, 190, 197-200, 202, 203, 205, 206, 209, 212, 216, 218, 220, 224-236, 239-246, 249-251, 254, 258-260, 265-268, 273, 275, 276, 279, 287, 291, 293-295, 304, 307, 310, 348, 364, 367, 400, 446, 447, 467, 469, 483, 487, 494, 498, 499
형남 438, 446
형부 70, 72
호군중위 306, 354, 365, 366, 392, 418
호부조 299
화엄교학 164
화주(華州) 400, 421, 424, 429, 501
확기(제) 215, 498
황소 294, 391-394, 396-406, 408-412, 414, 415, 424-428, 439, 444, 448-450, 461, 469, 495, 500, 501
회부(會府) 237-239, 283, 284, 286, 308, 330-332, 355, 386, 415, 417, 421
회서(절도사) 286, 300, 301, 305, 306, 326, 329-331, 390, 398, 499
회창의 폐불 370, 372, 500
후당 438-442, 444-446, 454, 491
후량 426, 435, 436, 438-440, 442, 443, 446, 447, 490
후주 224, 438, 442
후진 11, 438, 441, 442

후촉 438, 445
후한(오대십국) 438, 441, 442
흘두릉 57
홍원부 305, 417, 421
희종 8, 391-393, 400, 403, 404, 412-415, 417-420, 444, 500, 501
힐리 대카간 90-93, 177, 496

〈기타〉

『구당서』 77, 46, 126, 173, 467, 473, 476
『대운경』 159, 163·

역자 후기

　역자는 대학원 시절부터 몽골제국, 원 제국 역사를 중점적으로 공부했고 학위논문을 포함하여 발표했던 논문들 역시 13~14세기의 동아시아 역사와 관련된 것들이 많다. 그런데 학위 과정을 마치고 여러 대학교에서 강의를 맡게 되고 이를 준비하는 과정은 결코 '전공 시대'에만 매몰될 수 없게 만들었다. 모든 시대를 세부적으로 다 검토한다는 것은 당연히 무리한 시도이지만, 중국의 고대사부터 현대사까지 전반적인 흐름을 파악하고 이를 최대한 쉽게 학생들에게 전달해야 했다. 그러기 위해서는 적절한 교재 선정도 필요했다.

　이미 한국에 출간된 중국사 혹은 동아시아사 서적이 많이 있기 때문에 그 성과들로부터 큰 도움을 받았고, 지금도 받고 있다. 그렇게 이전의 개설서 종류의 책들을 통해 강의를 준비하다가 최근에 외국에서 나온 중국사 개설서를 번역해 보면 좋겠다는 생각이 머리를 스쳐 지나갔고, 그래서 2022년에는 기시모토 미오의 『중국의 역사』(도서출판 온샘)를 내놓았고 2023년에는 『천하와 천조의 중국사』(AK)를 출간했다. 결이 다른 두 권의 '중국통사'를 번역한 셈이었다. 번역을 하는 과정에서 역자가 새로운 관점을 가지게 되고, 알지 못했던 지식도 배울 수 있게 되어 시간과 공력이 많이 들어갔지만 보람 있는 작업이었다고 생각하고 있다.

그런데 관심은 또 다른 관심으로 이어지는 것인지, 2024년 1학기부터 경기대학교 사학과에서 중국사의 여러 수업을 맡으면서 새롭게 강의를 준비해야 했는데 유독 '중세사'가 역자의 관심 대상이 되었다. 위진남북조, 수·당을 포함하는 장기간의 역사인데 이 시대의 특징 중의 하나가 바로 '북방 민족'의 활약이기 때문에 몽골을 전공한 역자가 자연스럽게 이끌리게 되었던 것이라고 생각한다. 그래서 또 다른 책의 번역을 시작했고, 2024년 여름에 아이다 다이스케의 『남북조시대』(마르코폴로)를 출간했다. 5호 16국 시대부터 수의 통일까지를 다룬 책을 번역하면서 중국중세사 수업 준비에 지대한 도움을 받았다. 그리고 중국중세사에 대해서 단편적으로 알고 있었던, 즉 '위진남북조시대에 형성된 여러 제도, 문화, 사회 등이 수·당 시대로 이어지는' 과정이 『남북조시대』는 주로 정치사, 제도사 위주로만 서술되어 있음에도 불구하고 굉장히 복잡하고 '다이나믹'하다는 것을 절감했다.

이 '절감'은 또 다른 관심을 낳았다. 그렇게 해서 탄생한 수·당은 어떤 제국이었을까? 마침 2023년에 『남북조시대』와 마찬가지로 일본 중공신서 시리즈로 출간된 히라타 요이치로(平田陽一郎)의 『수 — '유성왕조(流星王朝)'의 빛줄기』와 모리베 유타카의 『당 — 동유라시아의 대제국』이 눈에 들어왔다. 이 두 책 중에서 역자는 당을 선택했고, 그 번역의 결과가 바로 이 책이다.

역자가 모리베 유타카의 책을 선택한 이유는 두 가지이다. 하나는 모리베 유타카의 전공이 중국에서 활약한 '소그드인'이라는 점이고, 또 하나는 책의 부제에 있는 '동유라시아'이다. 소그드인의 국제적 활동을 연구하기 위해서는 당의 역사는 물론이고 중앙아시아의 오아시스 국가들, 북방 초원의 돌궐 및 위구르 유목제국, 그리고 티베트(토번) 제국의 역사도 파악할 필요가 있고, 또한 각 국가들 사이의 관계에도 주목하면서 그 속에서 소그드인이 어떠한 활약을 하면서 역사적 의미를 남겼는지를 파악해야 한다. 이미 그러한 광범한 시야에서 연구를 진행하고 있는(진행할 수밖에 없는) 학자인 모리베 유타카이기 때문에 그가 저술한 당의 통사는 이전의 개설서와는 또 다른 특징을 가지고 있을 것이라고 보았다.

또 한 가지는 '동유라시아'라는 용어인데, 최근 일본 학계에서 '중국사'에 한정되는 관점에서 벗어나 넓은 시야를 확보하기 위한 역사 이해의 공간적 범주로 설정한 개념이 '동유라시아' 혹은 '동부 유라시아'이다. '중앙 유라시아'라는 용어도 현재 많이 사용되고 있는데, 워낙 지리적 범주가 넓다 보니 관련 책들을 읽어 보면 '유라시아 세계사'로 연결되는 경우가 많다. 그래서 그 범주를 조금 좁혀서 기존의 동아시아와 직접적으로 연결되면서도 중국사에 매몰되지 않는 개념으로 '동(부)유라시아'를 설정한 것이다. 이 용어가 부제에 들어가 있다는 것은 모리베 유타카가 당 제국을 중국의 왕조라는 범위에서만 보지 않고, 더 넓은 시야에서 당을 바라보려고 한 개설서를 집필했음을 암시한다고 생각했다. 그래서 이 책을 선정하고 이른바 '중국중세사'의 후반부를 공부하기 위한 역자의 교재로 삼았다.

'전공 시대'에 매몰된 탓인지 '세계제국'이라고 하면 항상 몽골만을 떠올렸던 역자가 이 책을 번역하면서 당도 또 다른 차원의 '세계제국'이라는 점을 분명히 깨닫게 되었다. 당 초기에는 북방의 동돌궐과 서돌궐을 모두 멸망시키면서 초원 세계를 제패하면서 이른바 '기미 지배'라는 특유의 통치 체제를 만들어냈다는 것은 이미 잘 알려져 있다. 이 통치 체제가 당 초기의 '세계제국' 특성에서 굉장히 중요한 역할을 하는 것인데, 이것이 광범한 지역의 통제를 위해서 다양한 민족 출신의 인재들을 등용하고 그들을 적재적소에서 활용하는 당 제국의 정책으로 연결되기 때문이다. 이것을 통해 '세계제국'의 면모를 지닌 당의 모습을 구체적으로 확인할 수 있다.

또 한 가지 중요한 점은 바로 '안사의 난' 이후 당 제국의 역사를 비교적 상세히 설명했다는 것이다. 교과서 등에서는 '안사의 난' 이후 당이 멸망할 때까지 약 150년 동안의 역사를 자세히 설명하지 않는 경향이 있는데, 모리베 유타카는 그 흐름 및 후세에 끼친 영향을 설명하고자 했다. 당 제국 후반기의 역사로 인해 이른바 '당송변혁'이라 불리는 총체적인 변화가 일어나면서 10세기 동유라시아 역사의 새로운 전개를 야기했다는 점을 강조한 것이다. 특히 사타, 탕구트, 거란이 당의 약화를 배경으로 점차 세력을 키워 나갔던 것은 동유라시아 역사 전개의 결정적인 요소였다는 지적은 당 제국 후반기의 역사를 우리가 왜 상세히 알아야 하는지를 일깨워 주는 것이기도 하다. 따라서 동유라시아라는 넓은 관점에서 당 제국을 바라보았을 때에 얻을 수 있는 것이 무엇인지를 끊임없이 생각하게 만드는 이 책은 당 제국을 전후한 시기의 역사를 함께 공부하는 데에도 큰 도움이 되리라 생각한다.

이제 이 책의 번역에 도움을 주신 분들에게 감사의 인사를 드릴 순서이다. 먼저 당 제국 역사의 여러 측면을 연구하고 관련 논문과 서적을 집필하신 여러 선생님께 감사드린다. 기존의 연구 성과 덕분에 역자가 당의 역사 흐름을 파악하고, 이 책의 번역에 도전할 수 있게 된 것이기 때문이다. 그리고 책 번역의 또 다른 동기가 되어 준 역자의 여러 강의를 인내심을 가지고 들어준 경기대학교 사학과의 학생들께 다시 한 번 감사하다는 말씀을 드리고 싶다. 또한 번역서 출간 제안을 흔쾌히 받아 주고 책을 꼼꼼하게 편집해 주신 AK커뮤니케이션즈의 모든 관계자 여러분께도 진심으로 감사하다는 말씀을 드리고자 한다.

역자가 10여 권의 책을 번역하는 데에 있어서 가장 큰 힘이 되어 주신 분은 부모님이다. 항상 역자의 공부를 응원해 주고 힘을 불어넣어 주시는 부모님께 감사의 말씀을 올리고 싶다. 그리고 역자가 〈벌거벗은 세계사〉나 〈역사저널 그날〉이라는 TV 프로그램에 가끔 출연하게 되면서 굉장히 낯선 모습을 보여드리게 되었을 때에 부모님께서 기뻐하시는 모습을 지켜보았던 것 역시 역자에게는 또 다른 커다란 힘이 되었다는 점을 말씀드리고 싶다. 그 모든 영향력이 이 책의 번역으로 이어지게 되었던 것은 역자의 큰 행운이라고 믿고 있다.

광교의 연구실에서
권용철

AK 인문 시리즈

001 이와나미 신서의 역사 　가노 마사나오 지음 | 기미정 옮김
이와나미 신서의 사상·학문적 성과의 발자취

002 논문 잘 쓰는 법 　시미즈 이쿠타로 지음 | 김수희 옮김
글의 시작과 전개, 마무리를 위한 실천적 조언

003 자유와 규율 　이케다 기요시 지음 | 김수희 옮김
엄격한 규율 속에서 자유의 정신을 배양하는 영국의 교육

004 외국어 잘 하는 법 　지노 에이이치 지음 | 김수희 옮김
외국어 습득을 위한 저자의 체험과 외국어 달인들의 지혜

005 일본병 　가네코 마사루, 고다마 다쓰히코 지음 | 김준 옮김
일본의 사회·문화·정치적 쇠퇴, 일본병

006 강상중과 함께 읽는 나쓰메 소세키 　강상중 지음 | 김수희 옮김
강상중의 탁월한 해석으로 나쓰메 소세키 작품 세계를 통찰

007 잉카의 세계를 알다 　기무라 히데오, 다카노 준 지음 | 남지연 옮김
위대하고 신비로운 「잉카 제국」의 흔적

008 수학 공부법 　도야마 히라쿠 지음 | 박미정 옮김
수학의 개념을 바로잡는 참신한 교육법

009 우주론 입문 　사토 가쓰히코 지음 | 김효진 옮김
물리학과 천체 관측의 파란만장한 역사

010 우경화하는 일본 정치 　나카노 고이치 지음 | 김수희 옮김
낱낱이 밝히는 일본 정치 우경화의 현주소

011 **악이란 무엇인가**   나카지마 요시미치 지음 | 박미정 옮김
선한 행위 속에 녹아든 악에 대한 철학적 고찰

012 **포스트 자본주의**   히로이 요시노리 지음 | 박제이 옮김
자본주의·사회주의·생태학이 교차하는 미래 사회상

013 **인간 시황제**   쓰루마 가즈유키 지음 | 김경호 옮김
기존의 폭군상이 아닌 한 인간으로서의 시황제를 조명

014 **콤플렉스**   가와이 하야오 지음 | 위정훈 옮김
탐험의 가능성으로 가득 찬 미답의 영역, 콤플렉스

015 **배움이란 무엇인가**   이마이 무쓰미 지음 | 김수희 옮김
인지과학의 성과를 바탕으로 알아보는 배움의 구조

016 **프랑스 혁명**   지즈카 다다미 지음 | 남지연 옮김
막대한 희생을 치른 프랑스 혁명의 빛과 어둠

017 **철학을 사용하는 법**   와시다 기요카즈 지음 | 김진희 옮김
'지성의 폐활량'을 기르기 위한 실천적 방법

018 **르포 트럼프 왕국**   가나리 류이치 지음 | 김진희 옮김
트럼프를 지지하는 사람들의 생생한 목소리

019 **사이토 다카시의 교육력**   사이토 다카시 지음 | 남지연 옮김
가르치는 사람의 교육력을 위한 창조적 교육의 원리

020 **원전 프로파간다**   혼마 류 지음 | 박제이 옮김
진실을 일깨우는 원전 프로파간다의 구조와 역사

021 **허블**   이에 마사노리 지음 | 김효진 옮김
허블의 영광과 좌절의 생애, 인간적인 면모를 조명

022 **한자**   시라카와 시즈카 지음 | 심경호 옮김
문자학적 성과를 바탕으로 보는 한자의 기원과 발달

023 **지적 생산의 기술**   우메사오 다다오 지음 | 김욱 옮김
지적인 정보 생산을 위한 여러 연구 비법의 정수

024 **조세 피난처**   시가 사쿠라 지음 | 김효진 옮김
조세 피난처의 실태를 둘러싼 어둠의 내막

025 고사성어를 알면 중국사가 보인다
이나미 리쓰코 지음 | 이동철, 박은희 옮김
중국사의 명장면 속에서 피어난 고사성어의 깊은 울림

026 수면장애와 우울증
시미즈 데쓰오 지음 | 김수희 옮김
우울증을 예방하기 위한 수면 개선과 숙면법

027 아이의 사회력
가도와키 아쓰시 지음 | 김수희 옮김
아이들의 행복한 성장을 위한 교육법

028 쑨원
후카마치 히데오 지음 | 박제이 옮김
독재 지향의 민주주의자이자 희대의 트릭스터 쑨원

029 중국사가 낳은 천재들
이나미 리쓰코 지음 | 이동철, 박은희 옮김
중국사를 빛낸 걸출한 재능과 독특한 캐릭터의 인물들

030 마르틴 루터
도쿠젠 요시카즈 지음 | 김진희 옮김
평생 성서의 '말'을 설파한 루터의 감동적인 여정

031 고민의 정체
가야마 리카 지음 | 김수희 옮김
고민을 고민으로 만들지 않을 방법에 대한 힌트

032 나쓰메 소세키 평전
도가와 신스케 지음 | 김수희 옮김
일본의 대문호 나쓰메 소세키의 일생

033 이슬람문화
이즈쓰 도시히코 지음 | 조영렬 옮김
이슬람 세계 구조를 지탱하는 종교·문화적 밑바탕

034 아인슈타인의 생각
사토 후미타카 지음 | 김효진 옮김
아인슈타인이 개척한 우주의 새로운 지식

035 음악의 기초
아쿠타가와 야스시 지음 | 김수희 옮김
음악을 더욱 깊게 즐기는 특별한 음악 입문서

036 우주와 별 이야기
하타나카 다케오 지음 | 김세원 옮김
거대한 우주 진화의 비밀과 신비한 아름다움

037 과학의 방법
나카야 우키치로 지음 | 김수희 옮김
과학의 본질을 꿰뚫어본 과학론의 명저

038 교토 하야시야 다쓰사부로 지음 | 김효진 옮김
일본 역사학자가 들려주는 진짜 교토 이야기

039 다윈의 생애 야스기 류이치 지음 | 박제이 옮김
위대한 과학자 다윈이 걸어온 인간적인 발전

040 일본 과학기술 총력전 야마모토 요시타카 지음 | 서의동 옮김
구로후네에서 후쿠시마 원전까지, 근대일본 150년 역사

041 밥 딜런 유아사 마나부 지음 | 김수희 옮김
시대를 노래했던 밥 딜런의 인생 이야기

042 감자로 보는 세계사 야마모토 노리오 지음 | 김효진 옮김
인류 역사와 문명에 기여해온 감자

043 중국 5대 소설 삼국지연의·서유기 편 이나미 리쓰코 지음 | 장원철 옮김
중국문학의 전문가가 안내하는 중국 고전소설의 매력

044 99세 하루 한마디 무노 다케지 지음 | 김진희 옮김
99세 저널리스트의 인생 통찰과 역사적 증언

045 불교입문 사이구사 미쓰요시 지음 | 이동철 옮김
불교 사상의 전개와 그 진정한 의미

046 중국 5대 소설 수호전·금병매·홍루몽 편 이나미 리쓰코 지음 | 장원철 옮김
『수호전』, 『금병매』, 『홍루몽』의 상호 불가분의 인과관계

047 로마 산책 가와시마 히데아키 지음 | 김효진 옮김
'영원의 도시' 로마의 거리마다 담긴 흥미로운 이야기

048 카레로 보는 인도 문화 가라시마 노보루 지음 | 김진희 옮김
인도 요리를 테마로 풀어내는 인도 문화론

049 애덤 스미스 다카시마 젠야 지음 | 김동환 옮김
애덤 스미스의 전모와 그가 추구한 사상의 본뜻

050 프리덤, 어떻게 자유로 번역되었는가 야나부 아키라 지음 | 김옥희 옮김
실증적인 자료로 알아보는 근대 서양 개념어의 번역사

051 농경은 어떻게 시작되었는가 나카오 사스케 지음 | 김효진 옮김
인간의 생활과 뗄 수 없는 재배 식물의 기원

052 말과 국가 다나카 가쓰히코 지음 | 김수희 옮김
국가의 사회와 정치가 언어 형성 과정에 미치는 영향

053 헤이세이(平成) 일본의 잃어버린 30년 요시미 순야 지음 | 서의동 옮김
헤이세이의 좌절을 보여주는 일본 최신 사정 설명서

054 미야모토 무사시 우오즈미 다카시 지음 | 김수희 옮김
『오륜서』를 중심으로 보는 미야모토 무사시의 삶의 궤적

055 만요슈 선집 사이토 모키치 지음 | 김수희 옮김
시대를 넘어 사랑받는 만요슈 걸작선

056 주자학과 양명학 시마다 겐지 지음 | 김석근 옮김
같으면서도 달랐던 주자학과 양명학의 역사적 역할

057 메이지 유신 다나카 아키라 지음 | 김정희 옮김
다양한 사료를 통해 분석하는 메이지 유신의 명과 암

058 쉽게 따라하는 행동경제학 오타케 후미오 지음 | 김동환 옮김
보다 좋은 행동을 이끌어내는 넛지의 설계법

059 독소전쟁 오키 다케시 지음 | 박삼헌 옮김
2차 세계대전의 향방을 결정지은 독소전쟁의 다양한 측면

060 문학이란 무엇인가 구와바라 다케오 지음 | 김수희 옮김
바람직한 문학의 모습과 향유 방법에 관한 명쾌한 해답

061 우키요에 오쿠보 준이치 지음 | 이연식 옮김
전 세계 화가들을 단숨에 매료시킨 우키요에의 모든 것

062 한무제 요시카와 고지로 지음 | 장원철 옮김
생동감 있는 표현과 핍진한 묘사로 되살려낸 무제의 시대

063 동시대 일본 소설을 만나러 가다 사이토 미나코 지음 | 김정희 옮김
문학의 시대 정신으로 알아보는 동시대 문학의 존재 의미

064 **인도철학강의**　아카마쓰 아키히코 지음 | 권서용 옮김
난해한 인도철학의 재미와 넓이를 향한 지적 자극

065 **무한과 연속**　도야마 히라쿠 지음 | 위정훈 옮김
현대수학을 복잡한 수식 없이 친절하게 설명하는 개념서

066 **나쓰메 소세키, 문명을 논하다**　미요시 유키오 지음 | 김수희 옮김
나쓰메 소세키의 신랄한 근대와 문명 비판론

067 **미국 흑인의 역사**　혼다 소조 지음 | 김효진 옮김
진정한 해방을 위해 고군분투해온 미국 흑인들의 발자취

068 **소크라테스, 죽음으로 자신의 철학을 증명하다**
　　다나카 미치타로 지음 | 김지윤 옮김
철학자 소크라테스가 보여주는 철학적 삶에 대한 옹호

069 **사상으로서의 근대경제학**　모리시마 미치오 지음 | 이승무 옮김
20세기를 뜨겁게 달군 근대경제학을 쉽게 설명

070 **사회과학 방법론**　오쓰카 히사오 지음 | 김석근 옮김
여러 사회과학 주제의 이해를 돕고 사회과학의 나아갈 길을 제시

071 **무가와 천황**　이마타니 아키라 지음 | 이근우 옮김
무가 권력과 길항하며 천황제가 존속할 수 있었던 이유

072 **혼자 하는 영어 공부**　이마이 무쓰미 지음 | 김수희 옮김
인지과학 지식을 활용한 합리적인 영어 독학

073 **도교 사상**　가미쓰카 요시코 지음 | 장원철, 이동철 옮김
도교 원전을 통해 도교의 전체상을 파악

074 **한일관계사**　기미야 다다시 지음 | 이원덕 옮김
한일 교류의 역사를 통해 관계 개선을 모색

075 **데이터로 읽는 세계경제**　미야자키 이사무, 다야 데이조 지음 | 여인만 옮김
세계경제의 기본구조에 관한 주요 흐름과 현안의 핵심을 파악

076 **동남아시아사**　후루타 모토오 지음 | 장원철 옮김
교류사의 관점에서 살펴보는 동남아시아 역사의 정수

077 물리학이란 무엇인가 도모나가 신이치로 지음 | 장석봉, 유승을 옮김
현대문명을 쌓아올린 물리학 이야기를 흥미롭게 풀어낸 입문서

078 일본 사상사 스에키 후미히코 지음 | 김수희 옮김
일본의 역사적 흐름을 응시하며 그려나가는 일본 사상사의 청사진

079 민속학 입문 기쿠치 아키라 지음 | 김현욱 옮김
민속학의 방법론으로 지금, 여기의 삶을 분석

080 이바라기 노리코 선집 이바라기 노리코 지음 | 조영렬 옮김
한국 문학을 사랑했던 이바라기 노리코의 명시 모음

081 설탕으로 보는 세계사 가와키타 미노루 지음 | 김정희 옮김
설탕의 역사를 통해 들여다보는 세계사의 연결고리.

082 천하와 천조의 중국사 단조 히로시 지음 | 권용철 옮김
'천하'와 '천조'의 전모를 그려낸 웅대한 역사 이야기

083 스포츠로 보는 동아시아사 다카시마 고 지음 | 장원철, 이화진 옮김
동아시아 스포츠의 역사와 당시 정치적 양상의 밀접한 관계!

084 슈퍼파워 미국의 핵전력 와타나베 다카시 지음 | 김남은 옮김
미국 핵전력의 실제 운용 현황과 안고 있는 과제

085 영국사 강의 곤도 가즈히코 지음 | 김경원 옮김
섬세하고 역동적으로 그려내는 영국의 역사

086 책의 역사 다카미야 도시유키 지음 | 김수희 옮김
책을 사랑하고 지키려던 사람들과 함께해온 책의 역사

087 프랑스사 강의 시바타 미치오 지음 | 정애영 옮김
10개의 테마로 프랑스사의 독자성을 참신하게 그려낸 통사

088 일본 중세적 세계의 형성 이시모다 쇼 지음 | 김현경 옮김
고대에서 중세로 넘어가는 전환기 일본사의 큰 흐름

089 이슬람에서 바라보는 유럽 나이토 마사노리 지음 | 권용철 옮김
이슬람 세계의 눈을 통해 들여다보는 유럽 사회의 심층

당나라―동유라시아의 대제국

초판 1쇄 인쇄 2025년 9월 15일
초판 1쇄 발행 2025년 9월 20일

저자 : 모리베 유타카
번역 : 권용철

펴낸이 : 이동섭
편집 : 이민규
책임 편집 : 유연식
디자인 : 조세연
표지 디자인 : 공중정원
기획·편집 : 송정환, 박소진
영업·마케팅 : 조정훈
e-BOOK : 홍인표, 김은혜, 정희철
라이츠 : 서찬웅
관리 : 이윤미

㈜에이케이커뮤니케이션즈
등록 1996년 7월 9일(제302-1996-00026호)
주소 : 08513 서울특별시 금천구 디지털로 178, B동 1805호
TEL : 02-702-7963~5 FAX : 0303-3440-2024
http://www.amusementkorea.co.kr

ISBN 979-11-274-9398-1 04910
ISBN 979-11-7024-600-8 04080 (세트)

TOU - HIGASHI EURASIA NO DAITEIKOKU
by Yutaka Moribe
copyright © Yutaka Moribe, 2023
All rights reserved.
First published in Japan by CHUOKORON-SHINSHA, INC., Tokyo.
This Korean edition published by arrangement with CHUOKORON-SHINSHA, INC., Tokyo
in care of Tuttle-Mori Agency, Inc., Tokyo.

이 책의 한국어판 저작권은 일본 CHUOKORON-SHINSHA와의 독점계약으로
㈜에이케이커뮤니케이션즈에 있습니다.
저작권법에 의해 한국 내에서 보호를 받는 저작물이므로 무단전재와 무단복제를 금합니다.

*잘못된 책은 구입한 곳에서 무료로 바꿔드립니다.